PETER STRUCK

DIE KUNST DER ERZIEHUNG

PETER STRUCK

DIE KUNST DER ERZIEHUNG

Ein Plädoyer für ein zeitgemäßes Zusammenleben mit Kindern und Jugendlichen

WISSENSCHAFTLICHE BUCHGESELLSCHAFT
DARMSTADT

Einbandbild: Peter Volker Dorn.

Die Deutsche Bibliothek – CIP-Einheitsaufnahme

Struck, Peter:
Die Kunst der Erziehung: ein Plädoyer für ein zeitgemäßes Zusammenleben mit Kindern und Jugendlichen / Peter Struck. – Darmstadt: Wiss. Buchges., 1996
(WB-Forum; 103)
ISBN 3-534-80194-6
NE: GT

Gedruckt auf säurefreiem und alterungsbeständigem Werkdruckpapier
Gesamtherstellung: Wissenschaftliche Buchgesellschaft, Darmstadt
Printed in Germany
Schrift: Wilke, 8.5/9.5

ISBN 3-534-80194-6

Für Dietlind, Anna, Max und Lotte

„Deine Kinder sind nicht deine Kinder.
Sie sind die Söhne und Töchter
der Sehnsucht nach sich selbst.
Sie kommen durch dich,
aber nicht von dir.
Obwohl sie bei dir sind,
gehören sie dir nicht.
Du kannst ihnen deine Liebe geben,
aber nicht deine Gedanken,
denn sie haben ihre eigenen Gedanken."

Khalil Gibran (libanesischer Philosoph)

Inhalt

Vorwort XI

1. Schwangerschaft und Geburt 1
2. Die Bedeutung des Vornamens 4
3. Die prägende Phase der frühen Kindheit 7
4. Die erzieherische Phase im Kindesalter 11
5. Die bildende Phase der Jugend 17
6. Die Sprachentwicklung 22
7. Bewegungsbedürfnisse und psychomotorische Störungen . . 26
8. Vom Schwinden der Sinne 29
9. Vom Schwinden des Spielens – Kinderzimmer und Außenwelt 32
10. Stimmige Reizbilanzen und Zuwendungsdosierungen . . . 35
11. Psychosomatische Störungen 38
12. Ernährung und Erziehung – das schlaffe und das hyperaktive Kind 42
13. Bezugspersonenbedürfnisse 47
14. Mütterlichkeit, leibliche Versorgung und Wohnstubenatmosphäre 51
15. Liebevolle Väterlichkeit und brutale Männlichkeit 54
16. Unerwünschte und störende Kinder 59
17. Einsame, vernachlässigte und Schlüsselkinder 62
18. Überfürsorge und verplante Kinder 65
19. Streit und Gewalt in der Familie 68
20. Scheidungskinder 71
21. Einzelkinder, Geschwisterlichkeit und Geschwisterfolge . . 76
22. Kindesmißhandlungen und sexuelle Übergriffe 79
23. Vom Schwinden der Kindheit 83
24. Familie, Kind und Nachbarschaft 87
25. Aggressionen und ihre Kanalisierung 91
26. Exkurs: Wie wird ein 14jähriger Junge zum Messerstecher? . 98
27. Autoaggressionen als Gewalt gegen sich selbst 100
28. Kinder, die unter ihrem Aussehen leiden 109
29. Narzißmus und Eifersucht 111
30. Haut- und Körperkontakte 113
31. Umgang mit und Angst vor Nähe 116
32. Rauschbedürfnis, Sucht und Drogen 120

33. Die Lebenswelt der Gleichaltrigkeit als Familienersatz . . . 129
34. Jugendkultnischen 132
35. Gewalt als Kommunikationsmittel 134
36. Grenzsetzungen und Grenzüberschreitungen 140
37. Die Notwendigkeit des Fehlers 145
38. Loben, Ignorieren und Strafen 146
39. Vorbilder, Forderungen, Deutlichkeit und Konsequenz . . . 149
40. Das Durchhalten über Krisen hinweg 151
41. Leistung, Anerkennung, Feindbild, Wir-Bewußtsein und Hierarchiebedürfnis 154
42. Ängste und Zwänge 159
43. Freundschaft, Liebe und Sexualität 162
44. Freizeit 165
45. Musik und Sport 167
46. Umwelt 170
47. Frieden, Krieg und Tod 172
48. Krankheit, Gesundheit und Ruhebedürfnis 176
49. Die drei Bindungsbedürfnisse des jungen Menschen . . . 181
50. Religion, Weltbild und Ideologie 184
51. Werteerziehung und Verantwortung 187
52. Wenn Kinder lügen 190
53. Wenn Kinder stehlen 193
54. Wenn Kinder keine Freunde haben und sich einschließen . . 195
55. Wenn Kinder ausreißen 198
56. Außenseiterschicksale 200
57. Medieneinflüsse, Werbung und Trends 201
58. Lebenswelt Bildschirm: Fernsehen, Video und Computer . . 204
59. Materialismus, Geld, Konsum und Armut 210
60. Disziplin, Ordnung, Arbeit und Job 214
61. Die Schullaufbahnentscheidungen 218
62. Neurologische Störungen, Teilleistungsschwächen und Linkshändigkeit 221
63. Hochbegabte Kinder 228
64. Noten- oder Berichtszeugnisse 230
65. Schulerfolg, Schulstreß, Schulmüdigkeit und Schulversagen . 234
66. Hausaufgaben und Nachhilfe 237
67. Die unzeitgemäße Schule und ihre rasche Veränderung . . . 241
68. Der Bildungswahn und die profilierte Schule im pluralistischen Wettbewerb 246
69. Schulautonomie, Privatschulen und Internate 250
70. Zum Erziehungsauftrag der Schule 253
71. Der Lehrer als Bezugsperson und als Selektionsschicksal . . 257
72. Die Schule als Belastung für das Familienklima 259
73. Vom Schwinden der Schule 262

74. Resignierte, hilflose und besserwissende Eltern 267
75. Autoritäres, Antiautoritäres und die Notwendigkeit von Autoritäten 269
76. Schlußwort I: Die Zukunft der vier Lebenswelten Familie, Gleichaltrigkeit, Bildschirm und Schule 272
77. Schlußwort II: Erziehen, Beraten, Begleiten und Ablösen; von der Erziehung zur Beziehung 275

Literatur 279

Register 285

Vorwort

Pinguine haben auch „Schulen“. Aber obwohl es noch nicht ganz erwachsene Tiere, nämlich die Junggesellen sind, die bis zu 30 Kinder betreuen, während ihre Eltern weit weg auf Nahrungssuche sind, hat man noch nie gehört, daß es Konzeptionsdiskussionen über die Erziehungsmethoden der „Schulen“ gibt. Was Pinguine erzieherisch tun, ist instinktgesteuert und daher im Sinne der Arterhaltung richtig.

Menschen sind dagegen hochdifferenzierte Wesen, die überwiegend bewußt und nur in kleinen Anteilen instinktiv erziehen. Bei ihnen ist jede Methode einer Vor- und Nachteilsanalyse unterworfen, und gelegentlich wird alles, was Eltern, Lehrer und Erzieher tun oder nicht tun, in Frage gestellt.

Nach 1968 wurden viele über Jahrhunderte gewachsene Erziehungstraditionen „abgeholzt“; es sollte etwas ganz Neues mit den Leitideen des „Antiautoritären“, des „Emanzipatorischen“, der Integration und der Mobilität „aufgeforstet“ werden. Viele Eltern, die heute Kinder haben, sind damals selbst erzogen worden und sind deshalb heute, was Forderungen, Grenzsetzungen, aber auch Freilassen des Kindes anbelangt, unsicher und hilflos, selbst dann, wenn sie ihr Kind lieben und nur „das Beste“ für es wollen. Pädagogik ist mehr eine Kunst denn eine Wissenschaft, auch wenn es eine Reihe von durchaus richtigen wissenschaftlichen Untersuchungen und stimmigen Theorien in ihr gibt.

Kinder sind zu verschieden, die Vernetzung ihrer biographischen und milieuabhängigen Faktoren, die ihr Sosein bedingen, ist allzu unterschiedlich, als daß sich ein gemeinsamer Nenner für ihre Erziehung finden ließe. Das gilt für ihr Aufwachsen in der Familie ebenso wie für ihre schulische und gesellschaftliche Sozialisation.

Diese persönlichkeitsbestimmenden Faktoren wahrnehmen und verstehen zu können und angemessen handelnd darauf zu reagieren ist die Kunst, mit der der junge Mensch gut zu geraten vermag. Und gelingt diese Kunst nicht, mißrät er, ganz oder – was häufiger ist – teilweise. Dabei kommt es weniger auf grundsätzlich schon vor dem Erziehungsbeginn vorhandene große Leitideen zum Führungsstil an als vielmehr auf die kleinen pädagogischen Maßnahmen und Unterlassungen im Alltag. Nur derjenige, der Kinder und Jugendliche oft, lange und intensiv beobachtet, nimmt viel wahr, versteht sie besser und kann dann angemessen handeln. Die beste Erziehungswissenschaft ist die, die in der Seele des Kindes wie in einem Buch zu lesen vermag.

Wahrnehmen, Verstehen und Handeln ist der erzieherische Dreierschritt, auf den es in diesem Buch ankommt. Er setzt diagnostische und therapeutische Fähigkeiten voraus, an denen es Eltern, Lehrern und Erziehern um so mehr mangelt, je komplizierter, je pluralistischer, je widersprüchlicher und je schnellebiger die Lebenswelten und die damit einhergehenden Normen und Werte werden, in denen Kinder und Jugendliche heute aufwachsen.

Im wesentlichen sind das Familie, Schule, Gleichaltrigkeit und die Bildschirmwelt, wobei die Trends bzw. der Sog der Gleichaltrigkeit und die Einflüsse der Bildschirmwelt mehr funktional wirken, d. h. nicht bewußt erzieherisch gestaltet sind, wenn man von den konsumsteuernden Werbeabsichten einmal absieht, die Familie für viele Kinder de facto entweder gar nicht mehr vorkommt oder unstetig bzw. inkonsequent oder hilflos wirkt und die Schule als gesellschaftliche Institution mit manchen erzieherischen Strategien hoffnungslos den übrigen Entwicklungen hinterherhinkt.

In diesem Buch, das meine reichen Erfahrungen des Lebens mit Kindern hoffentlich auch anderen zugänglich macht, soll es bewußt um die vielen kleinen Erziehungsfaktoren gehen, die in großen Entwürfen oft vernachlässigt werden, also um Atmosphärisches, um Emotionalität, um Körperkontakt, um die Wahl des Vornamens, um die Bedeutung der Ernährung, um Väterlichkeit, um das Schicksal, als mittleres Kind einer Geschwisterreihe aufzuwachsen, und um die mittlere Dosierung aller auf das Kind einwirkenden Strukturen, sei es in bezug auf Forderungen und auf schulische Erwartungen, sei es in bezug auf Freunde, Taschengeld und Videospiele.

Antoine de Saint-Exupéry hat die Bedeutung von Stil, Ton, Takt, Spiel, Atmosphäre, Ästhetik und Emotionalität für die effektive Gestaltung von Mitmenschlichkeit einmal in seinem Büchlein „Der kleine Prinz“ in folgenden Satz geworfen:

„Die großen Leute haben eine Vorliebe für Zahlen. Wenn ihr ihnen von einem Freund erzählt, befragen sie euch nie über das Wesentliche. Sie fragen euch nie: Wie ist der Klang seiner Stimme? Welche Spiele liebt er am meisten? Sammelt er Schmetterlinge? Sie fragen euch: Wie alt ist er? Wie viele Brüder hat er? Wieviel wiegt er? Wieviel verdient sein Vater? Dann erst glauben sie, ihn zu kennen.“

Aktuell müssen wir diesen Katalog, der zum Glück in Deutschland eine noch nicht ganz so wichtige Rolle wie in den USA spielt, mit Fragen wie „Willst du Abitur machen?“, „Welches Auto fährt dein Vater?“ und „Hast du einen PC?“ ergänzen.

Beziehung ist wichtiger als Erziehung, sagen die Antipädagogen. Ohne Erziehung geht es nicht, sie muß aber in dem Maße zurücktreten, in dem Beziehung wächst. Die Gestaltung einer optimalen Beziehung zwischen Eltern und Kind, zwischen Lehrer und Schüler, zwischen Erzieher und jungem Menschen impliziert eine gute Erziehung; insofern ist der Beziehungsbegriff umfassender als der Erziehungsbegriff. Daher müssen Lehrer ihren Beruf heute mehr als einen des Zusammenlebens mit Schülern verstehen als einen der stundengebenden Beschulung und einen der professionellen Reparatur durch Spezialisten.

Wenn ich von Schülern und Lehrern spreche, meine ich selbstverständlich auch Schülerinnen und Lehrerinnen. Gelegentliche Wiederholungen im Text sind beabsichtigt, weil einige Aspekte zur Vollständigkeit unterschiedlicher Kapitel gehören, nicht aber alle Leser alle Kapitel lesen.

Hamburg, im Januar 1996 Peter Struck

1. Schwangerschaft und Geburt

Das erzieherische Schicksal des Kindes beginnt bereits ein dreiviertel Jahr vor seiner Geburt. Es hat etwas mit der Einstellung der Mutter zum Kind, mit ihren Lebensverhältnissen, mit ihrer Ernährung und ihrer seelischen Verfassung zu tun.

Über den gemeinsamen Blutkreislauf von Mutter und Embryo wirkt sich direkt aus, welche Spurenelemente, Vitamine, Fette, Eiweiße, Kohlehydrate und Gifte bis hin zu Medikamenten, Nikotin, Alkohol und illegalen Drogen sie aufnimmt. Ihre Arbeitsbelastung, ihre Wohnumwelt und ihr mitmenschliches Beziehungsgefüge tragen zu ihrem Wohlbefinden oder Unwohlsein bei und beeinflussen das Wohlbefinden und Gedeihen des in ihr wachsenden Menschen, ganz zu schweigen von Blutgruppen- und Rhesusfaktorenunverträglichkeiten sowie Krankheiten, die die Mutter erleidet.

Wenn Embryonen absterben, wenn es zu Früh- oder Totgeburten kommt, sind oft gravierende Erlebnisse, Unfälle, seelische Traumata oder schlimme Fehlernährungen vorausgegangen. Der Grad der Bejahung von Schwangerschaft und Geburt und das Maß von Freude auf das Kind oder seiner Ablehnung durch die Mutter selbst, durch ihre Umgebung oder durch ihren Partner sind weichenstellend für das gesamte spätere Leben des Kindes.

Ganz oder partiell unerwünschte Kinder, solche, die nicht gut in den Lebenszusammenhang der Mutter passen, und solche, die vom Vater oder vom neuen Freund der Mutter als störend empfunden werden, haben ein schweres Leben vor sich.

Das gilt auch für die Veränderung der Einstellung zum Kind:

- Es gibt Mütter, die sich über die Schwangerschaft als Selbsterfahrung und Selbstbestätigung freuen, manchmal auch noch darüber, daß sie eine Geburt erfolgreich hinbekommen, die aber danach das Kind als eher störend empfinden.
- Es gibt Kinder, auf die sich die Mutter freut, nicht aber der Vater oder der neue Lebenspartner der Mutter.
- Es gibt Kinder, die anders geraten sind, als sich die Eltern gewünscht hatten, die nicht das erhoffte Geschlecht haben, die anders aussehen als vermutet, die Angewohnheiten zeigen, die nicht einkalkuliert waren, also zum Beispiel die Neigung zu Schreiattacken zwischen 21 und 24 Uhr, die behindert zur Welt kommen oder die sich nicht als so pflegeleicht wie geplant herausstellen.
- Es gibt Kinder, die eigentlich von beiden Elternteilen nicht erwünscht

wurden, die eher als „Mißgeschick“ entstanden sind und überhaupt nicht zur Lebensplanung von Mutter und Vater passen.

- Und es gibt Kinder, die zunächst zwar freudig erwartet wurden, die dann aber in so rasch sich wandelnde Lebensverhältnisse der Eltern geraten, daß sie vor allem nur noch als Last empfunden werden, so bei akuten Beziehungskrisen, Scheidungen, plötzlicher Arbeitslosigkeit, wirtschaftlichen Katastrophen wie Konkurs, beruflichen Veränderungen, Suchterkrankungen, psychischen Leiden wie Depressionen oder sonstigem zunehmenden Alltagsstreß.

Die Mehrheit der deutschen Kinder wird eher an der Grenze zur „Neuen Armut“ geboren, was ungünstige Wohnverhältnisse, Wohnen in benachteiligten Stadtteilen mit unzulänglichen Bewegungs- und Spielbedingungen, massenhaft falsche Ernährung, vor allem aber einen geringeren Bildungsgrad der Eltern und damit ein zu geringes Wissen über die Kunst der Erziehung bedeutet.

900 000 Kinder leben in Deutschland von der Sozialhilfe, das sind 21 Prozent; in manchen Regionen wie der Hamburger Innenstadt und im Bezirk Hamburg-Harburg sind es gar etwa 50 Prozent. Ein Kind kostet monatlich etwa 900 Mark, seine Eltern verfügen aber oft nur über ein geringfügig höheres Einkommen, so daß etwa 500 000 Mädchen und Jungen in für ihre Entwicklung höchst unzumutbaren Wohnungen untergebracht sind.

In Hamburg leben nur noch 260 000 Kinder und Jugendliche bis zu 16 Jahren bei einer Einwohnerzahl von etwa 1,7 Millionen; das sind nur noch 15 Prozent der Bevölkerung, also so wenig wie nie zuvor. 18 Prozent der Mädchen und Jungen wachsen bundesweit in Ein-Eltern-Familien auf, von denen 84 Prozent alleinerziehende Mütter und nur 16 Prozent alleinerziehende Väter haben. 75 Prozent dieser Kinder sind gleichzeitig geschwisterlos; 31 Prozent der deutschen Kinder sind Einzelkinder, sie wachsen also mit einem Mangel an Bezugspersonen bzw. Bewegungs-, Spiel- und Kommunikationsgefährten auf. Von den 13jährigen jungen Menschen in Großstädten und Ballungsgebieten leben etwa 50 Prozent lediglich mit einem Elternteil, und dieser Anteil steigt rasch mit ihrem Älterwerden.

Wir sprechen, wenn wir diese Faktoren zusammenfassen, von einer „kinderfeindlichen Gesellschaft“ und meinen damit auch, daß bundesweit für etwa 800 000 Kinder Krippen-, Kindergarten-, Hort-, Kindertagesheim-, Ganztagsschul- und „Volle Halbtagsschul“-Plätze fehlen.

Kein Wunder ist also, daß die Zahl der Geburten in Deutschland im Moment stetig sinkt. Jährlich werden nur noch etwa 800 000 Babys geboren, und ihre Zahl nimmt alljährlich um fast 20 000 ab.

Während vom Geburtsjahrgang 1935 etwa neun Prozent der deutschen Frauen kinderlos blieben, sind es vom Geburtsjahrgang 1958 bereits 23 Prozent. Mütter mit Hauptschulabschluß bekommen übrigens ihr erstes Kind durchschnittlich im Alter von 24 Jahren, Mütter mit Abitur erst mit 30 Jahren.

Der Verzicht auf Kinder kommt immer mehr in Mode; das hat teils etwas mit Egoismus zu tun, denn immer mehr junge Menschen möchten das verdiente Geld für sich allein ausgeben, teils aber auch etwas mit dem sozialen Motto, in „diese schlechte Welt kein Kind setzen" zu wollen. Kein Wunder ist also, daß sich die Zahl der Ein-Person-Haushalte in Deutschland von 1972 bis 1994 etwa verdoppelt hat.

Wie macht man es nun aber richtig?

- Eltern sollten sich nur zu Schwangerschaft und Geburt entscheiden, wenn sie sich beide auf das Kind freuen und wenn sie vorhaben und sich sicher sind, es auch langfristig über alle Krisen hinweg in der Grundstimmung freudig mit dem Kind auszuhalten, und wenn sie bereit sind, möglichst viel Zeit mit dem Kind zusammenzuleben, zu sprechen und zu spielen.
- Die Mutter muß willens sein, ihre Belastungen während der Schwangerschaft zu dosieren, auf ihre Ernährung zu achten, Giftstoffe und Medikamente zu vermeiden, Mußezeiten freizuhalten und Bücher über Schwangerschaft, Geburt und Erziehung zu lesen.
- Das Zusammenleben mit ihrem Kind muß die Mutter schon während der Schwangerschaft intensiv gestalten, dazu gehört, daß sie oft mit ihrem Ungeborenen spricht und es auch über ihren Bauch streichelt.
- Die Umstände der Geburt sind das wichtigste Ereignis im Leben eines Menschen; der Vater gewinnt ein größeres Verständnis für und eine bessere Einstellung zu seinem Kind, wenn er bei der Geburt dabei ist.

Die Persönlichkeit eines Menschen entscheidet sich zu etwa 70 Prozent bis zum Ende des dritten Lebensjahres und ein großer Teil davon bereits während der Schwangerschaft. Weitere 20 Prozent werden bis etwa zum zehnten Lebensjahr gestaltet. Danach gibt es ungefähr nur noch zehn Prozent erzieherische Einflußmöglichkeiten. Wohlgemerkt, es geht dabei nicht um so etwas wie Wissenserwerb, denn der wird sich größtenteils nach dem zehnten Lebensjahr ereignen, sondern um persönlichkeitsbestimmende Einflüsse, die weitgehend auch durch Erbgutkonstellationen gesteuert werden.

Schon Embryonen spüren, ob sie erwünscht sind, ob sie das gewollte Geschlecht haben und ob die Mutter nur die Schwangerschaft genießen will oder auch späterhin das Kind bejahen wird. Das Kind lebt während der Schwangerschaft mit jeder Emotion der Mutter mit, sei es Freude oder Lachen, sei es Weinen oder Kummer; es lernt während dieser Zeit besonders viel im vegetativen und sensitiven Körperlichen; nie wird es wieder so innig mit der Mutter zusammenleben wie in diesen ersten neun Monaten. Spätere Empfindlichkeiten, die Fähigkeit zu Akzeptanz und Toleranz, Frustrationsfähigkeit und auch Verletzbarkeiten werden in der embryonalen Phase angelegt. Und bei Frühgeburten wirkt sich die Differenz zwischen der embryonalen Zeit und neun Monaten als Verhaltensprobleme förderndes Defizit aus.

Beruflicher Streß, Partnerschaftsprobleme und Krankheiten der Mutter werden vom Ungeborenen leiblich miterlebt. Der Abwehrkampf des werdenden Menschen gegen schlechtverträgliche Blutgruppeneigenschaften der Mutter und gegen Gifte und Krankheitserreger im Blut der Mutter bewirkt entweder eine lebenstüchtiger machende oder eine empfindlicher machende Persönlichkeit des Kindes, je nach Dosierung und Dauer der Unverträglichkeiten.

Viele Mütter spüren instinktiv ihre hohe Verantwortung gegenüber ihrem Kind während der Schwangerschaft. Sie strahlen deshalb oft eine besondere Ausgeglichenheit und Würde und eine den Embryo schützende größere Distanz gegenüber Alltagsproblemen aus. Je älter die werdende Mutter ist, desto mehr zeichnet sie Stärke und Kraft aus, je jünger sie ist, desto schwerer gelingt ihr die erforderliche Ausgeglichenheit.

Die nötige Ruhe der Mutter kann durch eine Reihe von Umständen gravierend gestört werden: Eine Sturzgeburt, das Einsetzen der Wehen zu einem unpassenden Augenblick, ein Unfall, die Geburt im Taxi, eine unerwartete Frühgeburt, die fehlende Zuwendungsbereitschaft von Arzt oder Hebamme, Krieg oder plötzliche wirtschaftliche Not wirken sich langanhaltend auf den jungen Menschen aus; auch medizinische Komplikationen gehören dazu, also beispielsweise ein Kaiserschnitt, eine Zangengeburt, eine zu geringe oder vorübergehend ausbleibende Sauerstoffversorgung nach der Geburt bei Strangulationen durch die Nabelschnur oder gar der Tod der Mutter bei der Geburt.

Letztlich ist schon entscheidend, ob die Mutter Angst vor der Geburt hat, ob sie schon Erfahrungen mit Geburten hat, ob sie das Kind in einem anonymen Großkrankenhaus oder mit einer erfahrenen Hebamme in der häuslichen Umgebung zur Welt bringt, ob die Mutter bei der Geburt unter Vollnarkose steht oder ob der Vater während der Geburt Körperkontakt zur Mutter hält.

Weil die Geburt so biographieentscheidend ist, fragen Psychologen und Pädagogen später immer dann, wenn sie es mit sieben-, zehn- oder 13jährigen verhaltensgestörten jungen Menschen zu tun haben, nach ihren Umständen und nach ihrem Ablauf.

Bereits während der Schwangerschaft unerwünschte Kinder fühlen sich übrigens auch späterhin oft noch als unerwünscht; zumindest zeigen sie vielfach ein auffällig geringes Selbstwertgefühl, das sie mit sie selbst und andere störenden Verhaltensabweichungen zu kompensieren suchen.

2. Die Bedeutung des Vornamens

Jedes Jahr stellt die Gesellschaft für deutsche Sprache die beliebtesten Vornamen zusammen. 1994 waren das bei den Mädchen Julia, Lisa, Katharina, Anna oder Anne, Sarah, Maria, Laura, Franziska, Vanessa, Stefanie, Sophie, Jennifer, Jessica, Jasmin, Michelle, Melanie, Josephine und Elisabeth, bei den Jungen Alexander, Daniel, Maximilian, Christian, Lukas, Tobias,

Kevin, Marcel, Philipp, Sebastian, Michael, Paul, Florian, Felix, Tom, Martin, Max und Patrick.

Bei den Mädchen ist Maria ein Dauerbrenner, bei den Jungen Christian, während Sabine, Bärbel, Egon und Peter beispielsweise „out“ sind.

Die Namensgebung unterliegt modischen Schwankungen. Nach dem Zweiten Weltkrieg hatten wir zunächst, durch die Reisewelle der 50er Jahre bedingt, auffällig viele italienische Namen wie Ramona oder Mario, dann kam eine französische Phase in den 60er Jahren mit René und Nadine; in den 70er Jahren wurden skandinavische und friesische Namen wie Ole, Nils, Hauke und Astrid bevorzugt, in den 80er Jahren angloamerikanische wie Kevin, Patrick oder Pamela; in den 90er Jahren gibt es eine Welle der biblischen Namen wie Sarah, David oder Daniel.

Nichts hört ein Kind häufiger als seinen Rufnamen; mit seiner Klangfarbe ist eine emotionale Botschaft verbunden, eher kalt wie bei Paul und Karl oder eher warm wie bei Mario oder Milan. Diese Klangfarbe spiegelt sich daher bei vielen Kindern im Gesicht wider, weil mit der Namenswahl durch die Eltern auch eine bestimmte Einstellung zum Kind signalisiert wird: Das Kind soll niedlich, gefühlsbetont, hart oder im Sinne eines Programms in seine Zukunft hinein gestaltet werden. Es gibt daher Lehrer, die aus langjähriger Erfahrung häufige Namen wie Dennis, Mark, Sarah oder Carolin bestimmten Schülergesichtern zuordnen können.

Fast jedes dritte Kind leidet unter seinem Vornamen und hätte lieber einen anderen. Bevorzugt werden Namen mit den Vokalen „a“, „o“ und „i“ und den Konsonanten „m“, „v“ und „l“; abgelehnt werden Namen mit einem „u“ in der Mitte, mit einem „k“ oder einem scharfen „s“. Der Buchstabe „e“ ist dagegen eher neutral.

Die meisten Vornamen fangen mit einem „m“ an, oft gefolgt von „a“ wie bei Martin, Mark, Matthias, Malte, Manuel, Marvin, Maria oder Martina.

Wenn Eltern im nachhinein spüren, daß der von ihnen gewählte Name nicht so gut zum Kind paßt, versuchen sie, ihn im Klang angenehmer zu machen, in dem sie ein „i“ (Klausi), ein „le“ (Peterle) oder ein „chen“ (Mäxchen) anhängen.

Da Kinder ihren Rufnamen meist ein Leben lang nicht mehr loswerden, sollten sich Eltern sehr viel Mühe mit der Namenswahl geben. Viele geben ihren Kindern daher zwei oder drei Vornamen mit auf den Weg, damit diese später denjenigen bevorzugen können, der ihnen am meisten zusagt. Einige entscheiden sich zwar zunächst für einen harten Namen wie Robert, nennen ihr Kind dann aber mit einer gewissen Reue doch Robby, Bob oder Bobby.

Schwebt Eltern eher eine asketisch-soldatische oder besonders elitäre Lebenskarriere für ihre Kinder vor, dann greifen sie oft zu Namen wie Katharina, Elisabeth, Wilhelm, Alexander, Ludwig, Maximilian oder Friedrich. Sehen Eltern aber ihr Kind vor allem in ihrer schutzbedürftigen Kleinheit, dann neigen sie zu Namen mit Wohlklang und hängen noch ein „i“ daran: aus Sebastian wird Basti, aus Manfred Manni, aus Christian Krischi, aus

Ulrich Uli, aus Oliver Oli, aus Katharina Kati oder Nina und aus Alexander Saschi oder Sascha.

Namen mit dunklem Klang wie Gudrun, Kurt oder Ruth werden von Elfjährigen so gut wie immer abgelehnt; bei anderen assoziieren sie aus ihrer Sicht eher mißliche Personen der Geschichte oder des Showgeschäfts wie bei Adolf oder Elvis. So klagte ein 14jähriges Mädchen namens Sieglinde, daß man bei ihrem Namen „doch direkt die alte Germanin mit dicken Muskeln und stämmigen Oberschenkeln" sehe, wenn man nicht gleich an die Kartoffelsorte denke.

Radikale Verfechter der Namensfreiheit für Kinder schlagen übrigens vor, daß sich Mädchen und Jungen von einem gewissen Alter an, also zwischen dem zehnten und zwölften Lebensjahr, ihren Namen selbst auswählen sollten, so wie das ja auch viele Sportler und Künstler unter dem Motto „nomen est omen" später handhaben (man denke nur an Pele, Heino, Prince oder Nicole), damit sie nicht unter Namen wie René, Renée, Eike oder Dietmut, deren Geschlecht nicht ohne weiteres erkennbar ist, oder unter Schöpfungen wie Pumuckel, Pepsi-Carola, Chanel, Woody, Karl-Heinz, Hans-Heinrich, Anne-Kathrin, Heidi-Christiane, Dakota, Georgia oder Chelsea ein Leben lang leiden müssen.

Ideal sind Namen, die eine positive Klangfarbe haben, über dem Zeitgeist schweben, frei von historischen Vorbelastungen sind, nicht zu abgegriffen, aber auch nicht ganz unbekannt sind. Sie legen die Menschen, die sie tragen, am wenigsten fest und lassen viel Freiraum für Individualität. Dazu gehören Fabian, Florian, Julian, Leif, Malte, Jana, Kati und Vanessa.

Gute Starthilfen sind Namen, die mit den weichen Konsonanten „v"; „m" oder „l" beginnen und in denen die Vokale „a", „i" oder „o" dominieren: Armin, Bastian, Benjamin, Jan, Martin, Milan, Sebastian, Valentin, Vincent, Jennifer, Lisa, Laura, Maren, Martina, Miriam, Nana, Natascha, Sarah, Verena, Viola und Viviane.

Von der Klangfarbe eigentlich optimal, aber weil zu exotisch, zu hochtrabend oder zu gut gemeint, mögen Kinder Namen wie Alain, Dominique, Luigi, Chantal, Florence, Jaqueline, Mireille oder Solange nicht so gern.

Namen, die seit Jahrzehnten „in" und unabhängig vom Zeitgeist sind, die zwar positiv klingen, aber zu häufig sind, sind Andreas, Axel, Michael, Stefan, Thomas, Alexandra, Barbara, Bettina, Kirsten und Silvia.

Eine zu hohe Erwartung der Eltern im Sinne eines Lebensprogramms verraten Namen wie Adam, Christopher, Johannes, Josef, Wilhelm, Zacharias, Beatrix, Elisabeth, Gloria, Magdalena und Viktoria.

Belastend sind Namen, die aktuell in Anlehnung an Stars aus Film, Fernsehen, Sport und Showwelt gegeben werden: Boris, Elvis, Winnetou, Cassiopeia, Steffi, Maja, Marilyn oder Momo.

Namen, die allzu lange beliebt waren und deshalb abgenutzt sind, sind Achim, Dirk, Frank, Holger, Jörg, Klaus, Hans, Peter, Rainer, Rüdiger,

Volker, Wolfgang, Angela, Anke, Bärbel, Gaby, Heidi, Helga, Karin, Monika, Sabine, Susanne und Ute.

Vom Klang her ungünstige Namen sind Alfred, Artur, August, Burkhard, Eckert, Edmund, Ernst, Gottfried, Ludger, Lutz, Rudolf, Rupert, Xaver, Agnes, Elfriede, Gertrud, Hiltraud, Ingrid, Rebecca, Ulrike und Waltraud.

Namen, die zwar nicht so klangvoll, aber wegen ihrer Seltenheit doch „edel" wirken, sind Birger, Björn, Götz, Helge, Rickmer, Tillmann, Urs, Bente, Berit, Temke, Kira und Pia.

Zeitgeist-Namen, die momentan als originell gelten, auch wenn ihre Klangfarbe nicht optimal ist, sind Carlo, Jacob, Lukas, Moritz, Viktor, Annika, Esther, Rachel und Thea.

Von Kindern total abgelehnte Namen sind Adam, Adolf, Alfred, Josef, Kaspar, Otto, Siegfried, Tristan, Eva, Gloria, Isolde, Brundhilde und Sieglinde.

Namen, deren Träger mit Schwulsein assoziert werden, sind Detlev und Karl-Heinz.

Während Jungen Namen, die zu lang sind (Maximilian), und Doppelnamen (Klaus-Dieter, Franz-Xaver) durchweg ablehnen, mögen Mädchen Doppelnamen (Lisa-Marie, Anna-Lena, Marie-Luise) sehr, offenbar weil Frauen momentan auch bei Nachnamen Doppellösungen wie Leutheusser-Schnarrenberger bevorzugen.

3. Die prägende Phase der frühen Kindheit

Die ersten drei Lebensjahre sind die entscheidendsten für das Gelingen des Menschen. Dann werden die Weichen für die Persönlichkeitsentwicklung gestellt, sowohl was Ernährungsverhalten und Sprachentwicklung betrifft als auch was Bewegungsgeschick, Verstandesentwicklung, Emotionalität und späteres Suchtverhalten anbelangt.

Kleine Kinder haben eigentlich nur nichtmaterielle Bedürfnisse; sie wollen im wesentlichen viel Zeit mit ihren Eltern verbringen, viel Ansprache und Zuhören erleben, viel Bewegung, Spiel, Körperkontakt und eine für ihren Körper stimmige Ernährung haben.

In diesem Alter kann man alles durch Über- oder Unterdosierung falsch machen. Wenn streßgeplagte, erschöpfte oder problembeladene Eltern, die ihr Kind eigentlich lieben, ihm statt des eigentlich von ihm Gewollten Nahrung, Spielzeug und später Geld geben, dann lernt es schon früh, daß das eigentlich Gemeinte auch stofflich substituiert werden kann. Und wenn dann die Lebensprobleme in der Pubertät zunehmen, erinnert sich der junge Mensch unbewußt an das früher schon eingefahrene Gleis, er versucht dann, Konflikten mit Hilfe von Stoffen, also mit Essen, mit Zuckerreichem, mit Nikotin, mit Schnüffeln, mit Alkohol, mit Hasch, mit anderen Drogen oder mit Tabletten, manchmal auch mit Sammelleidenschaft, Arbeitswut,

Spielsucht oder sexueller Überaktivität auszuweichen. Ersatzbefriedigung statt Konfliktfähigkeit ist daher für viele Jugendliche die Strategie ihrer Alltagsbewältigung.

Kinder bis zum dritten Lebensjahr sind in Krippen und Kinderhorten oft gestreßt, weil sie sich noch nicht auf ihre Spielgefährten einstellen können. Und Ärzte verordnen leider an Kinder im ersten Lebensjahr mehr rezeptpflichtige Medikamente als an Jungen und Mädchen zwischen zwei und fünfzehn Jahren.

Alles, was in den ersten drei Lebensjahren versäumt wird, kann später nur noch mit vielfachem Aufwand und nie mehr vollständig ausgeglichen werden. Das gilt insbesondere für die Sprachentwicklung.

Wir wissen von Wolfskind- und Kaspar-Hauser-Schicksalen, aber auch durch das Schicksal autistischer Kinder sowie über das Hospitalismusphänomen, also von unter Beziehungs- und Ansprachemangel leidenden Kindern, daß der Zug für eine elaborierte, also differenzierte, vokabel- und grammatikreiche Sprachkulturentwicklung sehr schnell abgefahren ist, wenn mit dem Kind zu selten und zu wenig kommuniziert wird. Die Sprachentwicklung bleibt dann hinter der körperlichen Entwicklung zurück; was das Kind ausdrücken will, gelingt ihm nur unzulänglich, weil ihm das verbale Instrumentarium fehlt, so daß es psychosomatisch auf das Auseinanderklaffen von Mitteilungsbedürfnis und geringen verbalen Möglichkeiten reagiert: Asthma, Stottern, Poltern (das Überschlagen im Sprechen), das Ausweichen auf Mimik und Gestik, später auf deftige Satzfragmente der Fäkaliensprache, auf Schlagen, Treten, Würgen, Kneifen und Spucken sowie Distanzlosigkeit auch gegenüber Freunden, Lügen, Legasthenie und die Unlust, sich mit Lesen und Schreiben zu befassen, das kompensatorische Ausweichen auf rechnerische, technische oder naturkundliche Leistungsbereiche bis hin zur übertriebenen Suche nach Nähe zu verballosen Wesen wie Puppen, Teddys, Tieren, Pflanzen oder Briefmarken und das verstärkte Beschäftigen mit Körpersprache, mit Sport, mit Musik oder mit sich selbst (Autismusansätze, Privatisieren, Single-Dasein, Außenseiterschicksal, Trebe- oder Ausreißbedürfnisse), aber auch ein Hang zur Linkshändigkeit, die ein Indiz für eine kompensatorische, also stärkere Entwicklung der rechten Hirnhälfte mit ihrer Zuständigkeit für Emotionales und Musisches ist, all das können Folgen sein.

Kinder, die keine Geschwister und keinen Vater haben und deren Großeltern weit weg wohnen, haben oft einen Mangel an Sprachanlässen, so daß ihre Sprachentwicklung darbt.

Das gleiche gilt für Bewegungsanlässe. Kinder, die nicht früh und oft genug gehen und laufen, die zu selten greifen, schaukeln, rutschen, klettern, hüpfen, balancieren und matschen können, bleiben in ihrer Bewegungs-, Koordinations-, Haut- und Gleichgewichtssinnesentwicklung zurück, sie können dann auch späterhin nur schlechter als andere Entfernungen, Geschwindigkeiten und Kräfte einschätzen, so daß sie eher verunfallen, überall gegenlaufen, öfter hinfallen und häufig etwas umwerfen; sie können nicht mehr so ohne weiteres Fahrradfahren und Rollschuhlaufen lernen, weil sie es mit der Balance nicht hinkriegen, sie können nicht mehr rückwärts gehen und daher auch nicht mehr rückwärts zählen, so daß in manchen Regionen, in denen Kinder nur wenige Bewegungs- und Spielmöglichkeiten haben, die Rechenschwäche, also die Dyskalkulie, die Lese- und Rechtschreibschwäche, also die Legasthenie, bei weitem überholt hat.

Wie man es richtig macht, haben wir schon angedeutet: Kleine Kinder brauchen viele Greif- und Bewegungserfahrungen; sie müssen ständig ihre Kräfte erproben und entwickeln können, und zwar mit verschiedenen Materialien wie Holz, Glas, Stein, Metall, Sand, Wasser, Matsch, Ton, Gummi und Wolle, mit dem beaufsichtigten und wohldosierten kleinen Risiko des Mißlingens beim Hüpfen, Schaukeln, Klettern, Rutschen und Gleichgewichthalten, mit Balgen und Spielen, also mit dem von Welpen her bekannten Austesten der sozialkommunikativen Möglichkeiten und Grenzen. Das Kind muß gewagt werden, es kann nicht nur versorgt und geschützt werden. Denn Laufen ist ständig aufgefangenes Fallen. Die Balance aus Fallen und Aufrichten ist das Kunststück des Gehens im vordergründigen Sinne, aber auch des Zurechtkommens im Leben im tieferen Sinne. Lebenstüchtigkeit ist nicht ohne Welt- und Handlungserfahrungen, ohne Fehlermachen und ohne Rückschritte zu erlangen.

Kleine Kinder benötigen viel Ansprache und geduldiges Zuhören; sie brauchen die spielerische Muße des zeitreichen Zusammenseins mit ihren Bezugspersonen, sie brauchen eine ausgewogene Ernährung mit vielen Spurenelementen und Vitaminen, sie benötigen viel frische Luft und gelegentlich Sonnenlicht, sie brauchen viel Körperkontakt und Nähe, denen die Erfindungen von Kinderbett, Kinderwagen und Kinderzimmer weitgehend entgegenstehen, und sie benötigen eigentlich mehrere Bezugspersonen zum Ausprobieren unterschiedlicher Arten von Sozialkontakten, also auch das Väterliche, das Geschwisterliche, das Großmütterliche, das Großväterliche und das Freundschaftliche; denn nur selten kann eine Mutter alles zugleich bieten, nämlich die leibliche Versorgungs- und Schutzfunktion, die in die weite Welt und in die Zukunft hinausfordernde, deutliche, konsequente und sanktionierende sowie die rationalisierende Funktion des Väterlichen, die wertetradierende Funktion des Großmütterlichen (Sitten, Bräuche, Koch- und Backrezepte überliefern, das Vorlesen aus der Bibel, das Erzählen von Märchen), die Lebenstüchtigkeit repräsentierende Funktion des Großväterlichen (von Kriegserlebnissen oder ausgestorbenen Handwerken wie dem des Hufschmieds berichten), die geschwisterliche Funktion (das Ausprobieren von Macht und Unterwerfung, von Geheimnissen und Intrigen, Lügen und Stehlen, das Balgen und Spielen) und zugleich noch die freundschaftliche Funktion des Gleichaltrigen.

Kleine Kinder werden vor allem von ihren Müttern erzogen, wenn sie nicht in Kinderkrippen oder in Pflegenestern über viele Stunden des Tages hinweg geparkt werden. Viele Mütter machen Unterschiede in der Behandlung von Jungen und Mädchen, und zwar entweder unbewußt oder kulturell bedingt: Während in Indien von 8000 abgetriebenen Kindern 7999 Mädchen sind, werden in Tunesien Jungen durchschnittlich zehn Monate, Mädchen aber nur sieben Monate gestillt. Wenn in Somalia Nahrung knapp ist, wird zunächst bei den Mädchen gespart, und in manchen arabischen Wüstenregionen essen die Frauen und Mädchen immer erst nach den Männern und Jungen, und zwar was an Resten übriggeblieben ist.

In Deutschland ist das anders. Bei Adoptionen werden kleine Mädchen bevorzugt, und Mütter sprechen mit ihren Töchtern in den ersten drei Lebensjahren etwa doppelt soviel wie mit ihren Söhnen, vorausgesetzt sie haben sowohl Töchter als auch Söhne, wahrscheinlich weil sie in ihren Töchtern eher „Verbündete“ gegen die Dominanz der Männlichkeit in der „macho“-wertelastigen Welt vermuten. Das wirkt sich auf Mädchen insgesamt sprachentwicklungsbegünstigend aus und spiegelt sich schließlich auch in Schulnoten für Englisch und Französisch sowie Deutsch wider.

Kleine Kinder benötigen Haut-, Körper- und Blickkontakte zu ihren Eltern; sie sollten daher, wie bei vielen Naturvölkern selbstverständlich, am Körper der Eltern getragen werden, am besten vorn, und in Berührungsnähe zu ihren Eltern schlafen können. Das einsame Schlafen in einem entfernt stehenden Kinderbett oder gar in einem separaten Kinderzimmer bewirkt emotionale Entwicklungsdefizite, baut unnötig Ängste im Kind auf und begünstigt damit neurotische oder psychotische Störungen, aber auch sexuelle Fehlentwicklungen, die meist erst im Jugend- oder Erwachsenenalter evident werden.

Das Im-Leib-der-Mutter-Leben des Kindes muß sehr langsam über das Am-Leib-der-Eltern-Leben in das In-der-Nähe-der-Eltern-Leben mit häufigem Kuscheln übergehen. Die Körperfeindlichkeit der soldatisch-asketischen Erziehungsideale Preußens und der Moralvorstellungen der katholischen Kirche des Mittelalters (und manchmal auch noch der Neuzeit) widerspricht ganz und gar den kindlichen Bedürfnissen, insbesondere denen der eher zerbrechlichen Jungen bis zum Alter von etwa sieben Jahren.

Wenn in den ersten fünf Lebensjahren ein Geschwisterkind erwartet wird, muß das vorhandene Kind sehr sorgfältig darauf vorbereitet werden, damit es die plötzliche Zuwendungsaufteilung der Eltern nicht als Schock erlebt. Über das zukünftige Geschwisterkind muß bei jeder Gelegenheit mit dem kleinen Kind gesprochen werden; es sollte starken Anteil an dem größer werdenden Bauch der Mutter und an der Zeit nach der Geburt im Krankenhaus sowie an der Hilfsbedürftigkeit des Neugeborenen in den ersten Wochen zu Hause nehmen dürfen. Gerade kurz nach der Geburt ist zunächst ein deutlich erhöhtes Maß an Zuwendung für die schon vorhandenen Kinder erforderlich, um Eifersuchts- oder Zurückgesetztseinsgefühlen entgegenzusteuern.

Mindestens ein Elternteil sollte in den ersten drei Lebensjahren nicht arbeiten, um dem immens großen Liebes-, Zeit-, Ansprache-, Zuhören-, Bewegungs- und Körperkontaktbedürnissen des Kindes entsprechen zu können. Der Versuch doppelt berufstätiger Elternpaare, alles am Abend, am Wochenende und in den Ferien ausgleichen zu wollen, erweist sich auch bei größter Mühe immer als teilweise unzureichend. Nicht so wichtig für das Kind ist allerdings, ob sich entweder der Vater oder die Mutter zur Rolle des Hausmenschen entscheiden, denn dem Kind gelingt der Bindungsaufbau zum Vater ebenso leicht wie zur Mutter, vorausgesetzt seine Grundbedürfnisse werden in der notwendigen mittleren Dosierung allseits befriedigt.

Jedenfalls wird am Anfang nur eine der beiden Elternpersonen zur Hauptbezugsperson; das ist normal und darf nicht zur Kränkung des jeweils anderen führen. Zwei „gleichwertige" Hauptbezugspersonen schafft das kleine Kind noch nicht, das geht erst vom dritten oder vierten Lebensjahr an. Mehr als zwei Bezugspersonen, die für seine leibliche Versorgung zuständig sind, erträgt ein Kind zwischen null und drei Jahren nur schwer, und die Addition ganz vieler Betreuer zu einer Rund-um-die-Uhr-Versorgung überfordert sogar noch ältere Kinder – wenn auch stetig abnehmend – bis zum Alter von etwa 16 Jahren. Aus der Sicht des Kindes ergibt sich aus Schichtdienstmodellen aller Art jedenfalls nie ein sinnvolles Ganzes.

4. Die erzieherische Phase im Kindesalter

Die Zeit von der Geburt bis zum dritten Lebensjahr ist die prägende der Führung, die vom vierten bis zum dreizehnten die wichtige der Erziehung, und im Jugendalter geht es mehr um Beziehung als um Erziehung, also um gestaltetes Zusammenleben.

Erziehung setzt die Zustimmung des Kindes voraus, sonst bleibt sie ziemlich wirkungslos oder entartet zur Dressur über Ängste. Zur Erziehung gehören Begründungen und Überzeugungen, aber auch Deutlichkeit, Konsequenz, Grenzsetzungen und die Bereitschaft, es mit dem Kind auch über Krisen hinweg auszuhalten.

Herkömmlicherweise gibt man das Kind bei schweren Problemen, wenn es seine bisherigen Bezugspersonen am dringendsten in ihrer kontinuierlichen und Orientierung ermöglichenden Zuverlässigkeit benötigt, vor allem auf: Man geht mit Liebesentzug auf Distanz, man droht mit dem Abschieben zum anderen, getrennt lebenden Elternteil, man beantragt eine Heimunterbringung, man läßt das Kind in der Schule sitzen oder beschert ihm ein Rückläuferschicksal und damit ein Versagenserlebnis. Kinder ertragen aber ein „Umtopfen" in ein neues Milieu und zu immer wieder anderen Bezugspersonen nur schlecht.

Zur Erziehung gehören aber auch Autoritäten, also Vor- und Leitbilder. Als man nach 1968 zu Recht das Autoritäre in der Erziehung abschaffen wollte, weil es nicht nach der Zustimmung des Kindes fragt, hat man aus Versehen gleich die Autorität mit über Bord zu kippen versucht. Das wäre schon vom Begriff her nicht nötig gewesen, denn die Autorität ist etwas durch und durch Positives, sie setzt die Zustimmung des Kindes voraus, und sie ereignet sich im Kind. Kinder brauchen Autoritäten zum Aufbau eines stimmigen Weltbildes; von ihnen geht ein Sog des in die Zukunft Führenden aus, sie liefern Normen und Werte, Ansporn bzw. Motivation, und sie geben Verhaltenssicherheit, wenn es um das Ausprobieren von Grenzübertritten, also von Normenverletzungen im Sinne der Spielregeln mitmenschlichen Zusammenlebens, geht.

Gute Erziehung setzt voraus, daß wir die Bedeutung von umfassenden und kontinuierlich wirkenden Bezugspersonen und die Wichtigkeit von Grenzerfahrungen wiederentdecken. Kinder müssen ausprobieren, was geschieht, wenn sie eine Grenze, um die sie eigentlich genau wissen, überschreiten. Enttäuschend ist für sie, wenn gar nichts oder jedes Mal etwas anderes passiert. Sie fühlen sich dann bei ihrem Bemühen um Verhaltenssicherheit alleingelassen, oft auch als wertlos, weil sich die Umgebung nicht einmal die Mühe macht, auf ihre Normenverstöße um ihrer selbst willen angemessen zu reagieren.

Es gibt nicht die Eltern an sich, sondern im wesentlichen drei Gruppen von ihnen:

- Eltern, die ihr Kind als störend empfinden oder es resignierend aus Enttäuschungen oder aus Erschöpfung heraus aufgegeben haben; das sind diejenigen, die noch nicht einmal mehr zu den schulischen Elternabenden gehen.
- Eltern, die ihr Kind total verplanen, die ein festes Bildungs- und ein an Idealen ausgerichtetes Erziehungsprogramm in eine Überforderungskonzeption einmünden lassen. Solche Eltern sorgen dafür, daß das Kind schon schwimmen kann, bevor es zu laufen vermag, sie legen Wert darauf, daß es schon lesen, schreiben und rechnen kann, bevor es eingeschult wird, sie chauffieren es täglich quer durch die Region zum Kindergeburtstag, zum Training oder zum Musikunterricht, sie erhoffen sich schon im Grundschulalter das Abitur für ihr Kind, so daß sie es auch gegen die Empfehlung der Lehrer zum Gymnasium melden, am besten zu einem altsprachlichen, sie traktieren das Kind, wenn es nicht die gewünschten Erfolge zeigt, zusätzlich zum Hockey-, Tennis- oder Reittraining und zum Klavier- oder Geigenunterricht mit Nachhilfe und mit fremdsprachlichen Computerprogrammen, sie schicken es, wenn es 15 Jahre alt ist, in den Sommerferien zum Sprachenaufenthalt nach England und mit 17 Jahren als Gastschüler für ein Jahr in die USA; vor allem wissen sie aber alles besser und nerven fast täglich in Gesprächen die Grundschullehrerin mit der Frage, ob es denn auch etwas mit dem Gymnasium wird. Und wenn das Kind sich dann wegen der ständigen Überdosis an Erwartungen und fast täglichen kleinen und großen Niederlagen doch anders entwickelt, mündet ihre Selbstgerechtigkeit meist in

den vorwurfsvollen Satz ein: „Wir haben es doch immer nur gut mit dir gemeint."

- Die größte Gruppe der Eltern besteht aber aus den erzieherisch hilflosen, die zwar ihr Kind lieben, aber völlig verunsichert mit den Fragen sind, wann es zu Bett gehen soll, was man tut, wenn es nicht zu Bett geht, wie man es mit dem Taschengeld, mit dem Klaps auf den Po, mit der Pünktlichkeit des Nachhausekommens nach dem Spielen oder der Party, mit dem Anschaffen eines Computers oder mit dem Umgang mit dem Fernsehapparat im Kinderzimmer richtig macht, ganz zu schweigen von angemessenen Reaktionen auf Lügen oder Stehlen.

Nach 1968 sind fast alle Elemente eines über Jahrhunderte und vielfach bewährten Erziehungsinstrumentariums gleichzeitig in Frage gestellt worden; die meisten heutigen Eltern sind aber in dieser Zeit der Verunsicherung selbst – und oft inkonsequent – erzogen worden. Die Flut der heutigen Erziehungsratgeber ist ein Indiz für den Verlust der über Generationen hinweg tradierten Erziehungskompetenz und der von den Medien über Jahrzehnte geschürten Hilflosigkeit, mit der tragische Teufelskreise von erzieherischer Ohnmacht initiiert wurden. Im Grunde sind wir so weit, daß Kinder und Jugendliche in der Schule ein Fach Erziehungslehre benötigen, um selbst einmal kompetenter den eigenen Nachwuchs großziehen zu können.

Kinder erzieht man richtig, wenn man in allem die mittlere Dosierung zwischen Forderung und Entlastung, zwischen Nähe und Distanz trifft. Jedes Kind ist anders; und man behandelt nicht alle Kinder gleich, indem man sie alle gleich behandelt, denn sie brauchen alle und auch noch nach Phasen und Situationen unterschiedlich etwas anderes. Aber Vorbilder, Leitbilder, Deutlichkeit, Konsequenz, Grenzsetzungen, Forderungen, Spiel, Muße, Körperkontakt und Nähe sowie ihnen verständlich begründete Maßnahmen benötigen sie alle.

Die Kunst der Erziehung besteht eben im wesentlichen in der stimmigen Dosierung von Forderungen und Entlastungen, je nach kindlicher Individualität und nach Situationen verschieden. Vor allem brauchen Kinder Stetigkeit, damit die Reaktionen von Eltern, Erziehern und Lehrern für sie vorhersehbar, einschätzbar sind; gelegentlich benötigen sie aber auch Unstetigkeit, die „Explosionsmethode" im Sinne des ukrainischen Pädagogen Anton S. Makarenko, also das für sie Unerwartete, damit ein Fehlverhalten ihnen schlagartig und überdeutlich bewußt wird; aber eine solche „Schocktherapie" muß eben auch dosiert werden, sie darf sich nur sehr selten ereignen, damit sie als Methode nicht abgenutzt und damit ineffektiv wird. Wenn ein Kind nur einmal in seinem Leben bis zum Alter von vierzehn Jahren geschlagen wird, dann wirkt das eben anders, als wenn es täglich Prügel bekommt. Bei dem täglich mißhandelten Kind stellt sich wohl nur noch ein verändernder Effekt ein, wenn es einmal nicht geschlagen wird, denn das ist dann unerwartet, während der einmalige Klaps im Verlaufe der gesamten

Kindheit durchaus eine schlagartige erwünschte Wandlung zu zeitigen vermag, vorausgesetzt er wird vom Kind akzeptiert.

Für den Erziehungsstil der Eltern muß man zu drei Stufen raten, die mit den drei Stufen Kleinkind, Kind und Jugendlicher korrespondieren:

- Das Kleinkind wird lediglich gefordert, weil es die dahinterstehenden Begründungen noch nicht versteht.
- Das Kind benötigt die Kombination aus Forderung und Begründung.
- Der Jugendliche erhält Begründungen, die die Forderungen implizieren.

Viele Eltern erziehen nicht phasengerecht, wenn sie dem Kleinkind nur etwas begründen, in der Forderung aber unklar oder inkonsequent bleiben, und wenn sie an Jugendliche nur Forderungen stellen, diese aber nicht begründen.

In diesem Kapitel geht es um Kinder zwischen dem vierten und dreizehnten Lebensjahr. Sie sind erzieherisch am besten erreichbar. Bei ihnen kann man am ehesten etwas gegen Gewalt und Sucht erreichen, sie sind in besonderer Weise für Integration (Behinderte und Nichtbehinderte, unterschiedliche Begabungen und Schichten, Ausländer und Deutsche) offen, und sie sind am deutlichsten bereit für Soziales Lernen (Partner-, Gruppen- und Teamarbeit, Hilfsbereitschaft) sowie für die Übernahme von ökologischen und politischen Werten, aber auch für Lernen und Bildung an sich.

Das wichtigste Erziehungsziel für die Kindheit ist die Konfliktbewältigungskompetenz. Kinder müssen lernen, wie man Probleme angeht und löst, und die dafür erforderlichen Strategien bzw. Taktiken können am besten in diesem Alter in Frage gestellt, durch Alternativen ergänzt und eingeübt werden.

Wenn Kinder aggressiv, autoaggressiv, süchtig oder verhaltensgestört werden, sind das zumeist Indizien für die Unfähigkeit zu einer angemessenen und sie weiterbringenden Konfliktstärke. In der Schule und auch in der Familie muß über Rollenspiele trainiert werden, was man tun kann, wenn man sich falsch behandelt fühlt, wenn man zu wenig Aufmerksamkeit und Anerkennung erhält, wenn man Zeuge von Gewalt, von Diskriminierung oder mangelnder Gerechtigkeit wird. Und in dem Maße, wie man den Umgang mit Problemen zu beherrschen lernt, wird man weniger gewalt-, sucht- oder devianzanfällig, weniger neurotisch, psychotisch oder schlichtweg krank.

Kinder zwischen vier und dreizehn Jahren wollen vor allem spielen, für sie ist Spiel Ernst, denn sie erproben damit das Erwachsenendasein. Aber viele Kinder haben das Spielen verlernt, sie überspringen die für sie wichtigsten Bewegungserfahrungs- und Spielstufen, sie wollen immer früher wie Jugendliche leben, sich wie sie kleiden und schminken, sie wollen wie sie Shopping gehen, in Restaurants gehen („McDonald's"), Zeitschriften lesen („Bravo") und Filme sehen, die für Erwachsene bestimmt sind, sie wollen die Jugendsprache beherrschen, Musik hören, die für Jugendliche gemacht ist, und sie erproben schon früh die Rituale der Jugendkultnischen (Hooligans, Graffiti-

Sprüher, Stadtteilbanden usw.). Sie passen sich oft allzu voreilig an die Tagesabläufe von Erwachsenen an, die ihrerseits auch möglichst lange wie Jugendliche aussehen und sich kleiden wollen. Sie sitzen stundenlang auf Stühlen, vor dem Fernseher, in der Schule und auch auf den Rückbänken von Autos.

Das einsame, am Nachmittag weitgehend sich selbst überlassene Kind ist mittlerweile ein Massenphänomen; es konsumiert vor allem, ist also viel zu wenig aktiv und kreativ. Dabei ist die Hirnentwicklung etwa mit zehn Jahren auf einem chancenoptimalen Höhepunkt angelangt. In keinem Alter hat der Mensch so viele graue Hirnzellen wie mit zehn Jahren, von da ab nimmt ihre Zahl wieder stetig ab. Mit zehn Jahren sind die Augen noch klar und heil, die körperlichen Proportionen stimmen mehr denn je, der junge Mensch kommt dem ästhetischen Ideal mehr nahe oder erreicht es gar, und er ist schon oder noch in einer relativ großen Harmonie zwischen Körper, Seele und Geist.

Danach wird alles mit dem Beginn der Vorpubertät schwieriger, zerrissener und kaputter; vom elften Lebensjahr an zeichnet das Leben vielfach die ersten harten Spuren ins Gesicht. In dieser Zeit muß Erziehung auch gegen den Abstieg ankämpfen, der dann oft mit dem Sich-erstmals-von-außen-Betrachten, mit Schnüffeln, Rauchen und Alkoholkonsum, mit dem Ausprobieren von Verbotenem, der Suche nach dem Reiz des Prickelnden und der Sucht nach Anerkennung in mißlichen jugendlichen Rangordnungsfeldern beginnt.

Wenn bis zum elften Lebensjahr die Hauptarbeit von Erziehung nicht schon erfolgreich geleistet worden ist – also in bezug auf Zähneputzen, Sauberkeit, Ordnung, Pünktlichkeit, Offenheit, Ehrlichkeit, Selbstdisziplin, Fleiß, Konfliktbewältigungskompetenz, Hilfsbereitschaft und Familienteambewußtsein –, gewinnen Eltern oft den Eindruck, daß sie ab dann vor allem *gegen* alle möglichen Mißlichkeiten erziehen müssen, nicht aber so sehr mehr *für* etwas. Eine defizitäre Erziehungsarbeit bis zum Beginn der Vorpubertät bringt nämlich mit sich, daß das Kind so viele Probleme mit sich herumträgt und schafft, daß die Eltern, Erzieher und Lehrer dann vorrangig in die Rolle von Dammhaltern anstelle von Aufbauhelfern gezwungen werden.

Und dabei wird dann auch eines der wichtigsten pädagogischen Grundgesetze offenbar: Eltern, Erzieher und Lehrer können nur dann mit Kindern gut und erfolgreich umgehen, wenn sie auch mit sich selbst gut umgehen. In dem Maße, wie sie das nicht taten und tun, müssen sie später mit einem Vielfachen multipliziert Schwierigkeiten von Kindern aushalten, ausbaden und bearbeiten, und das bleibt dann stets graduell erfolglos.

Von fünf bis elf Jahren lernt das Kind besonders gut, und zwar nicht nur Lesen, Schreiben und Rechnen, sondern auch Fremdsprachen, so daß immer mehr Kultusministerien dazu übergehen, mit Englisch oder Französisch schon in Klasse 3 zu beginnen.

Offener Unterricht und soziale Lernformen wie Partner- und Gruppenarbeit, der gesprächsfördernde Stuhlkreis zu Beginn des Unterrichtstages, die freibestimmte Wochenplanarbeit und das gemeinsame Lernen von Behinderten und Nichtbehinderten und von Deutschen und Ausländern in Integrationsklassen, Integrativen Regelklassen und multikulturellen Lernverbänden im Rahmen der Grundschule entsprechen mit ihrem hohen Effektivitätsgrad genau der offenen Lern- und Integrationsfähigkeit von fünf- bis elfjährigen Kindern.

Die zunehmende Isolation und Einsamkeit des modernen Kindes in einer karriere- und sozialprestigeträchtigen, Materialismus, Konsum und Egoismen fördernden Ellenbogengesellschaft findet eigentlich nur noch ein beruhigendes sozialintegratives Gegengewicht in Kindergärten, Vor- und Grundschulen, Horten, Kindertagesheimen, Vollen Halbtagsschulen und Ganztagsschulen; insofern besteht der Wert dieser kompensatorischen und auch familienergänzenden Einrichtungen vor allem in ihrer Funktion als Kontakthof für die Gleichaltrigkeit.

Inzwischen sehen immer mehr Eltern das auch schon so, wenn sie gezielt eine „bessere" soziale Situation für ihre Kinder wählen, indem sie Waldorfschulen, Freie Schulen, Konfessionsschulen und andere Privatschulen oder „Eliteschulen" für „feinere Kreise" bevorzugen. Die Flucht vor den Einflüssen von „Schmuddelkindern" hat beispielsweise in Hamburg dazu geführt, daß schon fast jeder zehnte Grundschüler eine Privatschule besucht.

Da Kinder mittlerweile außerhalb des Unterrichts mehr lernen als innerhalb, ist ihren Eltern – und gerade den alleinerziehenden berufstätigen Müttern – eine größere außerschulische Bildungsverantwortung denn je zugewachsen. Sie zwingt sie zum Nachdenken über die Tagesgestaltung ihrer Kinder, zu Spielanregungen, zum Auswählen, Dosieren und Gesprächsbegleiten von Bildschirmeinflüssen, zum gemeinsamen Umgang mit dem Computer, zum Animieren in Richtung Naturerlebnisse, Bücher, Bewegung, Sport, Ernährung und Wochenend-, Ferien- sowie Urlaubsgestaltung sowie zur nicht immer leicht zu steuernden Begünstigung und Abwahl von Freunden und Freundinnen.

Auf die erzieherische Funktion der Schule allein dürfen sich Eltern dabei keineswegs verlassen, denn ein deutsches Kind verbringt bis zum 14. Lebensjahr etwa 14000 Stunden in der Schule, aber rund 18000 vor dem Bildschirm, der effektiver für Botschaften genutzt wird als der Unterricht; denn etwa 60 Prozent des Unterrichts an deutschen Schulen ist pure Zeitverschwendung durch Leerlauf, während die Fernsehanstalten es sich nicht leisten können, auch nur eine Minute sinnlos zu verplempern, und sei es, daß sie mit verkaufsfördernder Werbung gefüllt wird. So sehen amerikanische Kinder und Jugendliche zwischen drei und achtzehn Jahren im Schnitt etwa 500000 Werbespots, was bedeutet, daß die Fernsehwerbung für sie zur bedeutendsten Quelle von Werten gerät.

5. Die bildende Phase der Jugend

Im Jugendalter müssen die Grundzüge der erzieherischen Persönlichkeitsbildung weitgehend abgeschlossen sein. Angesagt ist nun Bildung als Feinarbeit, so wie bei einem Spalierobst, dessen Grundstruktur der Ästebildung ziemlich fertig ist, so daß es nur noch geringe Korrekturen von Richtungsvariationen und Beschneidungen gestattet.

Erziehung ist charakteristisch für die beiden Phasen der Kindheit; in der Jugend geht es vor allem um Lernen, und das gelingt um so besser, je erzogener der junge Mensch bereits ist. Bildung setzt also Erziehung voraus, und was erzieherisch nicht geschafft wurde, beispielsweise in bezug auf Selbstorganisationsfähigkeit, Ordnung, systematische Kompetenzen, Zeiteinteilung, Pünktlichkeit, Zuverlässigkeit, Erkundungs-, Handlungs- und Konfliktfähigkeit, erfordert im Jugendalter, wenn es dann nachgeholt werden soll, etwa den zehnfachen Aufwand. Die fruchtbare Zeit für Erziehung ist also mit Beginn der Pubertät so ziemlich vorbei, während Lernen fast ein ganzes Leben lang möglich ist.

Im Jugendalter spielen die Einflüsse der Gleichaltrigkeit, die Trends des Subkulturellen und der Sog von Verführung, Anpassung und Rangordnungskämpfen die größte Rolle, mehr als in Kindheit und Erwachsenendasein. Je weniger geborgen sich der junge Mensch in seiner Familie fühlt, je mehr sucht er Familienersatz in den Jugendkultnischen, von denen zur Zeit mehr als 200 für Deutschland beschrieben werden. Jugendliche versuchen stets, sich ihre Bilanzen irgendwie stimmig zu machen:

– Wenn es ihnen bei ihren Eltern an Anerkennung, an Orientierung, an Identität, an Selbstwertgefühl mangelt, wenn sie bei diesen zu wenig Emotionalität finden, wenn sie von ihnen über- oder unterfordert werden, suchen sie Geborgenheit und Erfüllung bei Freunden, in einer Jugendbande oder Stadtteilgruppe, bei Hooligans, Skinheads, S-Bahn-Surfern, Graffiti-Sprühern, Crash-Kids, Drogenfreaks, Breakdancern, Grufties, Jugendsekten, Satanskult- oder okkultistischen Gruppen oder – etwas günstiger – in Sportvereinen, in Computerclubs, bei Pfadfindern, in der kirchlichen Jugendarbeit, in Jugendfeuerwehren, in Schützenvereinen, beim Skaten oder beim Moto-Crossen.
– Wenn sie sich aus sich allein heraus nicht gut orientieren können, lassen sie sich durch ihre Jugendkultnische abnehmen, wie sie sich zu kleiden haben, welche Insider-Sprachcodes sie zu pflegen haben, welche Musikrichtungen (Rap, Techno, ...) sie zu bevorzugen haben, welches ihre Wir-Bewußtsein erhöhenden und einen Lebenszweck und damit Freizeitbeschäftigung gebenden Vorurteile und Feindbilder (Ausländer, Bereitschaftspolizei, Fans des gegnerischen Vereins, ...) zu sein haben und mit welchen Mutproben, Gewalttaten und sonstigen Aktionen sie in der Rangordnung der Gruppe nach oben kommen.
– Wenn sie sich in der Schule, bei der Suche nach einem Ausbildungsplatz

oder beim Buhlen um Freundinnen und Freunde als Verlierer oder Versager zu fühlen gelernt haben, bietet ihnen ihre Jugendkultnische alternative Bewährungs- und damit Anerkennungsfelder, in denen sie Erfolge haben können, und sei es durch besonders Verbotenes oder besonders Abartiges. So hat eine Studie der Universität Potsdam ergeben, daß die meisten rechtsextremistischen und fremdenfeindlichen jugendlichen Gewalttäter, die im Land Brandenburg polizeibekannt wurden, in ihrem eigenen Weltbild sowohl Gewalt als auch Ausländerhaß strikt ablehnen, daß es aber für sie noch einen Wert darüber gibt, nämlich zu einer zufällig in ihrer Nähe vorhandenen familienersetzenden, anerkennungs- und geborgenheitgebenden sowie freizeitausfüllenden Gruppe gehören zu dürfen, und dafür nehmen sie selbst die in ihr vorhandenen gewaltreichen und haßerfüllten Ideale in Kauf.

Die Jugendkulttrends werden vor allem von jungen Menschen kreiert, die eher aus kaputten Familienverhältnissen stammen, unterstützt durch eine sie ausrüstende Industrie, durch Medien und durch Werbung. Da die Mehrheit der Jugendlichen keine optimalen Elternhäuser mehr hat, wird der mitreißende Sog auf die wenigen jungen Menschen, die noch in „heilen" Familien aufwachsen, immer größer. Zwischen den Lebenswelten Schule, Bildschirm und Gleichaltrigkeitsszenerie haben es daher die noch erziehungsstarken und wertebewußten Eltern immer schwerer, gegenzuhalten, wenn sie dabei nicht von der Lebenswelt der Schule, also von den Lehrern unterstützt werden. Die Schule muß daher ihren Erziehungsauftrag nicht nur gegenüber den verhaltensauffälligen und -gestörten Schülern ausbauen, sondern auch mit Hinblick auf die noch gut sozialisierten Kinder aus guten Familien, damit die Dämme nicht vollends brechen.

Wenn Kinder mit bildschirmbedingten Reizüberflutungen aufgewachsen sind, wenn sie gleichzeitig mit Sinnesschwächen durch einen Mangel an Bewegungs-, Spiel- und Körperkontakterfahrungen sowie an liebevoller Väterlichkeit beeinträchtigt sind, dann sind bis hin zu einer falschen Ernährung ihre Reizschwellen so „versaut", daß das jugendspezifische Ausprobieren von Abenteuerlust, vom Reiz des Prickelnden, von Grenzüberschreitungen in Richtung Verbotenem sie stark gefährdet. Die Dosis muß immer höher werden, so daß nicht nur die hohen Reize des Freeclimbings, Wasserraftings, Gleitschirmfliegens, Drachenspringens, Bungeespringens und anderer Extremsportarten gesucht werden, um die eigenen Möglichkeiten und Grenzen bis hin zur Todesgefahr auszutesten, sondern daß auch Elektrosmogging (Anzünden einer Zigarette im Magnetfeld eines Hochspannungsmastes), Airbagging (zwei gestohlene Luxuskarossen im Vertrauen auf die Airbags frontal aufeinanderrasen lassen), S-Bahn-, Fahrstuhl- und Bussurfen, mehrere illegale Drogen, das Sich-Aussetzen dem Stakkato extremer Tekkno-Musik, mutige Warenhausdiebstähle, unglaubliche Lügengeschichten, Kampfrauchen, exzessive Saufgelage, Schnüffelorgien, Gruppensex und tagelanges Ausreißen von zu Hause mit dem von den Eltern geklauten Auto ausprobiert werden.

Im Bildschirmerleben müssen es dann extreme Horror-, Zombie-, Action- und Pornofilme sein, um auf die erwünschte Reizdosis zu kommen, im Partnerschaftsbereich ein permanenter Freundeswechsel bis hin zur Promiskuität und im Ernährungsbereich ganz viel an Zucker, Cola, Power-Drinks, Pommes, Ketchup, Hamburgern, Kartoffelchips und Schokoriegeln bis hin zur Eßsucht und Bulimie (Eß-Brech-Attacken), im Konsumbereich Sammelwut und Kaufrausch und im Spielbereich Spielsucht.

Eß- und Zuckersucht sowie Magersucht, Nikotin-, Alkohol-, Tabletten- und Drogenabusus, Kaufrausch, Sammelleidenschaft, Arbeitswut und Spielsucht, also alle abnormal übersteigerten und deshalb krankhaften Phänomene überdosierter Reizzuwendungen zu sich selbst, sind Folgen tragischer Versuche, sich über die Zufügung von Innenreizen die unstimmige Außenreizbilanz stimmig zu machen. Der ständige Wechsel von Stimulieren und Dämpfen hat den Zweck, den Tag und damit auch die Seele irgendwie erfolgreich über die Runden zu bringen. Es gibt daher immer mehr junge Menschen – oft sind es Gymnasiasten der Oberstufe – und auch Erwachsene, die morgens mit Koffein und Nikotin beginnen, in den Hof- und Arbeitspausen Zucker und Nikotin in sich hineinführen, nachmittags Red Bull konsumieren und sich abends mit Alkohol, Hasch, Ecstasy oder Kokain berauschen; dazu kommen aufpeitschende Musik, übermäßiges Essen, Kaufzwang, Fahrrausch, Spielsucht, pornographische Bedürfnisse und dazwischen und danach auch noch Kopfschmerz-, Beruhigungs- und Schlaftabletten sowie grausame Filme.

Viele Jugendliche merken zum Glück irgendwann, daß solche Tagesabläufe nicht sehr weit tragen, nicht erfüllen und schon gar nicht glücklich machen. Sie suchen dann nach einem Überbau, nach Übersinnlichem, nach Religiösem oder nach esoterischem oder ideologischem Religionsersatz; damit geraten sie aber oft wieder in eine gesellschaftliche Randlage, in andere subkulturelle Nischen bis hin zu Jugendsekten, Scientologen, Exorzisten oder radikalen politischen Gruppierungen.

Je unausgefüllter, je sinnentleerter, je überbauloser sie sind, desto verführbarer sind sie durch ersatzreligiöse Sinndeutungsangebote und vermeintliche Selbstverwirklichungsperspektiven, denn jeder will so gern etwas wert sein, jeder will so gern gut sein, und jeder möchte irgend etwas in seinem Leben zustande bringen. Mit dem Rückgang der sinnerfüllenden und weltbildgebenden Umfassung der großen Volkskirchen ist jedenfalls viel Platz für abartige, aber überschaubare und Aktivitäten bindende Nischen in unserer Gesellschaft entstanden.

Erziehung und Bildung sollen jungen Menschen drei Arten von Bindungen geben:

– Bindung an Menschen (Bezugspersonen),

– Bindung an Normen und Werte (Weltbild, Ideologie, Religion oder Subkultur) und
– Bindung an die eigene Zukunft (Perspektiven, Motivationen, Lebensplan).

Mit Beginn der Vorpubertät wird das Leben für die Kinder schwieriger. Erstmals betrachten sie sich auch von außen; sie legen mehr Wert auf ihre Kleidung, ihre Frisur, ihre Muskeln, ihr Make-up und auf die Anerkennung durch Gleichaltrige. Plötzlich spielen auch Rangordnungspositionen in der sozialen Gruppe eine größere Rolle. Als Kriterien stehen dafür Beliebtheit, Tüchtigkeit oder schlichtweg Stärke zur Verfügung. Wer nicht tüchtig ist, will zumindest über sein Aussehen, sein Spielzeug, über Geschenke oder Hilfsbereitschaft beliebt werden; und wer nicht beliebt ist, will wenigstens durch schulische oder sportliche Leistungen tüchtig sein. Wer weder beliebt noch tüchtig ist, will als Verlierer herkömmlicher gesellschaftlicher Konkurrenzkämpfe wenigstens in einer subkulturellen Nische mit Stärke Anerkennung finden, indem er als Skinhead „Ausländer klascht", als Hooligan gegnerische Fans verprügelt oder bei einer über Nacht abgestellten S-Bahn 100 Scheiben zerschlägt.

Wer es schwer hat, sich zu behaupten, neigt auch dazu, sich erfolgverheißende Kampftechniken in Judo-, Kung-Fu-, Taekwondo-, Karate- oder Kick-Box-Kursen anzueigenen, Kraftsportzentren aufzusuchen, mit Graffiti-Pieces auf Mauern und Bahnen oder mit dem „Abziehen" von Lederjacken oder Sneakers auf sich aufmerksam zu machen, damit seine Reizbilanz irgendwie wieder stimmt, damit er sich und anderen beweisen kann, daß er auch noch da und zu irgend etwas fähig ist.

Jede Jugendkultnische ist im Kontrast zur jeweils anderen oder auch in Opposition zu den Werten der Erwachsenenwelt gestaltet. Wer in so einer Nische erstmals in seinem Leben Geborgenheit, Anerkennung und Lebenssinn gefunden hat, läßt sich nur noch ungern von erzieherischen Methoden der Politiker, Lehrer, Sozialarbeiter und Eltern erreichen; denn er hat sich an seine kleinen Erfolge, an die Lebensformen, an die problemausweichenden Strategien und an die aggressiven und autoaggressiven Kommunikations- und Interaktionsformen in seiner Gruppe bereits längst gewöhnt; er hat sie erprobt, ausgebaut, mit Ideologie überhöht, vor sich selbst gerechtfertigt, und er versteht es, sich mit ihnen im Sinne von Lebenstüchtigkeit „gut" zu behaupten, wie er selbst jedenfalls fest glaubt.

Die meisten staatlichen Konzepte sind, was den Umgang mit schwierigen jungen Menschen anbelangt, hoffnungslos unmodern oder unrealistisch „blauäugig". Jugendstraf- und Jugendarrestanstalten, geschlossene und offene Heime, Jugendwohnungen, Segelschiff- und Erlebnispädagogik sowie die jugendpsychiatrische Krankenhausunterbringung sind ineffektiv, wenn es um Besserung, um gesellschaftliche Integration gehen soll. Allenfalls können sie abschrecken oder die Öffentlichkeit vorübergehend beruhigen und schützen.

Erfolg kann nur die Bindung an konkrete, wohlmeinende, umfassende, rund um die Uhr engagierte und von jungen Menschen gemochte Menschen haben, wie es sie beispielsweise in der von Kari Björkman geführten pädagogischen Farm Kuttula in Finnland gibt.

Staatliche Instanzen wie die Jugendämter, die Justiz und die Psychiatrien neigen zur lieblosen Verwaltung von Kindern und Jugendlichen, zur bloßen Addition von Betreuern und Spezialisten – auch über Schichtdienste –, die alle zusammen aus der Bedürfnislage des jungen Menschen heraus niemals ein sinnvolles Ganzes ergeben können, sowie zum ständigen „Umtopfen" bei jeder sich bietenden größeren Schwierigkeit, mit der Folge, daß die jungen Menschen schließlich bindungsunfähig werden, weil sie lernen, daß es sich nicht lohnt, sich an irgendeine Bezugsperson über längere Zeit zu binden, denn die sind sie doch bald wieder los.

Jugendliche brauchen Bezugspersonen, die sie da abholen, wo sie sind, die sie am Beginn so nehmen, wie sie sind, von denen sie gemocht werden und die sie ihrerseits mögen und die es auch in schwierigen Phasen mit ihnen aushalten. Ein bildender Einfluß ist nach dem elften Lebensjahr nur möglich in einer geschickten Kombination von Liebe, viel Zeit zum Sprechen, Zuhören, Spielen, Körperkontakt und zu Nähe und mit gegenseitiger Akzeptanz, mit hohen Anforderungen, die aber nicht überfordernd sein dürfen, sondern den Kräften entsprechend herausfordernd sein müssen, wozu auch der Aufbau sichtbarer und nachvollziehbarer Grenzen gehört, also auch Strafe.

Ohne Strafe ist Erziehung nicht möglich, aber die Strafe darf nur selten vorkommen, sie muß mit dem Delikt zu tun haben und seinem Grad entsprechen, sie muß auf Verständnis im jungen Menschen treffen und die Bereitschaft zum Verzeihen implizieren, damit Probleme gelöst, nicht aber verschlimmert werden.

Jugendliche möchten gern etwas können, sie möchten tüchtig sein. Sie können es aber nur sein, wenn man ihnen diese Tüchtigkeit auch zutraut und wenn sie mit ihr Erfolge haben. Kritik muß daher im Jugendalter immer zugleich mit Wertschätzung verbunden sein.

Der Umgang mit Jugendlichen ist nicht leicht und auch nicht immer leicht zu ertragen. Der Aufwand muß um so größer sein, je schwieriger ihr bisheriges Leben war. Lohn der Mühe ist oft nur ein Lächeln, ein kleiner Fortschritt in die richtige Richtung oder das Gefühl, ein weiteres Abgleiten verhindert zu haben.

Auch wenn nach dem zehnten Lebensjahr nur noch etwa zehn Prozent der Persönlichkeit des jungen Menschen erzieherisch verändert werden können, gibt es keinen Anlaß zu pädagogischem Pessimismus, weil Ursache für ein hohes Maß an Grenzüberschreitungen oder sonstigen Verhaltensschwierigkeiten sein kann, daß er alles Mißliche nur deshalb tut, weil er mehr Zuwendung, Anerkennung, Geborgenheit, Erfolge, mehr Weltbild und Lebenssinn sowie mehr Achtung und Zutrauen durch ein höheres Maß an Anforderungen erleben möchte.

Schwierige oder defizitäre Jugendlichen haben also immer dann eine gute Prognose, wenn sie auf den richtigen Menschen stoßen, der die Kunst der Erziehung als Balanceakt mit den mittleren Dosierungen im Alltag und der überdeutlichen Explosionsmethode im Ausnahmefall beherrscht, oder wenn sie auf die richtige Verhaltensänderung ihrer Eltern nach einer erfolgreichen Beratung treffen.

Die theoretischen Chancen für effektives Lernen sind ohnehin bei jedem Jugendlichen gut, denn seine intellektuelle Kapazität wird selbst dann nur zu einem kleinen Teil ausgenutzt, wenn er Hauptschüler und sehr deviant ist. Jeder kann fast alles lernen, wenn nur die richtige Motivation aufgebaut und die richtige Methode gefunden wird. Schüler stoßen eigentlich nie auf die Grenzen ihrer Lernkapazität und ihres Leistungsprofils, allerdings mit hoher Wahrscheinlichkeit auf schlechte Lehrer, die nicht wissen, wie ein junger Mensch lernt, auf völlig unzureichende Lehrmethoden und auf mangelhafte Lernmilieus.

6. Die Sprachentwicklung

Das vielfach beschriebene Phänomen der veränderten Kindheit hat eine Menge mit der bei vielen Kindern veränderten Sprachentwicklung zu tun. So stellt der bayerische Schulrektorenverband fest, daß bei „immer mehr Kindern die Sprachfähigkeit ihrem Alter hinterherhinkt". Sie können sich nicht altersgemäß artikulieren, so daß sie auf andere Kommunikationsformen ausweichen müssen:

- Jedes vierte Vorschulkind ist heutzutage sprachgestört, wie die Logopäden-Lehranstalt in Mainz feststellt; 1985 galten nur vier Prozent der Dreijährigen als in ihrer Sprachentwicklung zurückgeblieben.
- Kinder, die in Ein-Eltern-Familien und ohne Geschwister aufwachsen, haben einen Mangel an trainierenden und ihre Sprachentwicklung herausfordernden Anlässen.
- Kinder, deren Eltern zu wenig Zeit haben, deren Eltern erschöpft oder problembeladen sind, stören mit ihren Kommunikationswünschen und passen daher in dem Moment, in dem sie mit ihren Eltern sprechen wollen, nicht zu deren Bedürfnislagen.
- Kleine Kinder brauchen viel Liebe, Körperkontakte, Bewegung, Spiel, Ansprache und Zuhören neben Muße und richtiger Ernährung. Ihr Plappern signalisiert ihr Sprachbedürfnis.
- Kinder, die mit allem versorgt werden, aber nicht mit Sprache, werden krank oder sterben früh (Kaspar-Hauser- bzw. Wolfskindeffekt).
- Was an altersspezifischer Sprachentwicklung versäumt wird, kann nie wieder ganz nachgeholt und ausgeglichen werden, wie wir von autistischen Kindern wissen, die normal oder überdurchschnittlich intelligent sind, sich aber gegenüber der Außenwelt anfangs oder für länger abkap-

seln, aber auch von Kindern, die lange unerkannt nicht oder nur sehr schlecht hören können.

- Die intellektuelle Entwicklung korrespondiert mit der Sprachentwicklung. Kinder, mit denen viel und anspruchsvoll im Sinne des elaborierten Sprachcodes kommuniziert wird, zeigen ein differenzierteres Ausgestalten ihrer kognitiven Fähigkeiten als solche, die mit einem Ansprachedefizit reifen müssen.
- Kinder, die tagsüber vor dem Fernsehgerät oder in Kinderkrippen „geparkt“ werden, in denen sich die Kinderpflegerinnen mit allzu vielen Kindern beschäftigen müssen, zeigen später einen restringierten Sprachcode (Hospitalismuseffekt).
- Kinder, deren Eltern stets zu wenig Zeit oder Bereitschaft zum ruhigen Zuhören und zur engagierten Ansprache haben, lernen, daß nicht genug Zeit bleibt, um eine Botschaft in den Kopf der Mutter oder des Vaters zu bekommen. Sie überschlagen sich dann mit ihren dürftigen Wortschatz- und Grammatikfähigkeiten in ihrer Sprache (Poltern) oder beginnen zu stottern. Vor allem aber neigen sie später zur Distanzlosigkeit, hängen sich sofort an die Arme wildfremder Menschen und plaudern in kürzester Zeit alles Intime und Private aus, weil sie gelernt haben, daß für einen vorsichtigen Aufbau einer kommunikativen Beziehung keine Zeit bleibt.
- Mütter sprechen im Schnitt mit ihren Töchtern häufiger und länger als mit ihren Söhnen. Mädchen zeigen daher vielfach eine differenziertere Sprachentwicklung als Jungen und sind später durchweg im Fremdsprachlichen erfolgreicher. Sie trainieren aber auch im sprechenden Umgang mit Puppen ihre Verbalkompetenz mehr. Und da man ihnen im Handwerklichen und Technischen sowie Sportlichen nicht so viel zutraut, kompensieren sie auch mit sprachlichen Leistungen und entwickeln so selbst ihre Kommunikationskompetenz, also im Grunde aus Not geboren. Von Jungen wird oft weniger Sprachvermögen erwartet, deshalb kompensieren sie gern mit Technik und Mathematik. Und warum scheitern Jungen und Mädchen in gleicher Weise an rechnerischen Textaufgaben? Die Jungen verstehen die Sprache nicht, die Mädchen die Mathematik nicht.
- Kinder, die aus Mangel an Sprachanlässen in ihrer Sprachentwicklung zurückgeblieben sind, versuchen, mit Mimik und Gestik zu kompensieren. Sie weichen zur Unterstützung ihrer Botschaften auf Lächeln, Charme, Rollen der Augen und auf Reden mit Händen und Füßen aus, wozu auch Schlagen, Treten, Würgen, Kneifen und Spucken gehört.
- Wenn sie feststellen, daß ihnen der verbale Ausdruck so viel Schwierigkeiten bereitet, konzentrieren sie sich auf kürzere und deftigere Sprachfloskeln, mit denen sich eine höhere Aufmerksamkeit sowie eine größere Betroffenheit erzielen läßt: Sie wählen dann unvollständige Sätze oder schlicht Wörter der Fäkaliensprache wie „Scheiße“, „Arsch“, „Wichser“, „Pisse“, „Kanake“, „Fotze“ usw., oft ohne zu wissen, was sie bedeuten oder

woher sie kommen; sie haben aber im Kindergarten gelernt, daß man sich mit ihnen besser wehren, behaupten und durchsetzen kann. Und wenn sie merken, daß sie mit ihnen bessere Resultate erzielen, gewöhnen sie sich an sie und bauen dieses Instrumentarium aus. Gewalt beginnt also mit der Sprache und wird schließlich zu einem hocherkannten Kommunikations- und Interaktionsmittel über den Umweg des „Lernens durch Erfolg". Gegen die Sprachgewalt muß daher das Mittel „Wehret den Anfängen!" eingesetzt werden. Jeder Ansatz von Sprachgewalt muß im Elternhaus, im Kindergarten und in Vor- und Grundschulen sofort zurückgewiesen und verpönt werden, damit der nur damit erzielte kommunikative Erfolg und die Gewöhnung an ihn ausbleiben.

- Kinder, die große verbale Schwierigkeiten haben, neigen nicht nur zum Stottern und Poltern, zum Ausweichen auf die Körpersprache mit Mimik und Gestik, zur Distanzlosigkeit und zur deftigeren Fäkaliensprache, sie konzentrieren sich auch so sehr auf die Artikulation und das schnelle Sprechen, daß sie kaum noch bereit sind, zuzuhören. Sie können dann auch in der Vor- und Grundschule nicht mehr richtig zuhören, werden also von den Worten der Lehrer kaum noch erreicht, insbesondere am Montagmorgen, wenn sie sich am Wochenende in Überdosierung an die Kombination von farbigem und actionreichem Bild und Ton durch das Konsumieren von Fernsehsendungen, Videofilmen und Computerspielen gewöhnt haben („Montags-Syndrom").
- Heutige Kinder müssen daher oft mühsam zum Zuhören erzogen werden, und zwar durch langes, spannendes Erzählen und Vorlesen sowie durch das mußevolle und gesprächsreiche Sitzen der Eltern auf der Bettkante vor dem Einschlafen und nach dem Fernsehen, damit die Reize und Eindrücke des Tages so verarbeitet werden können, daß sie nicht in die Nacht mitgenommen werden und dann in Form von Alpträumen und Wälzen, Schreien und Schwitzen weiterwirken. Und auch in den Schulen muß als Gegengewicht gegen die massiven Bildschirmeinflüsse wesentlich mehr vorgelesen und erzählt werden, damit die Kinder wieder das Zuhören lernen. Der „Stuhlkreis" des Offenen Unterrichts zu Beginn eines jeden Schultages dient diesem Zweck.
- Kleine Kinder, die schon vom zweiten oder dritten Lebensjahr an viel zuviel fernsehen, bleiben anfangs von der Sprache des Fernsehens weitgehend abgekoppelt. Sie versuchen daher, sich ausschließlich im Bild der Filme oder Comics zu orientieren, so daß sie schließlich den begleitenden Ton nur noch in seinen nonverbalen Aspekten des Schreiens, Weinens und Lachens und in Form von Explosionen, Zusammen- und Aufprallgeräuschen wahrnehmen. Als man in Hamburg einmal Fünfjährigen eine sechsteilige „Tom-und-Jerry-Serie" vorspielte, deren erster Teil in Deutsch, deren zweiter Teil in Englisch und deren weitere Teile in Französisch, Spanisch, Italienisch und Dänisch synchronisiert waren, haben sie diese „feinen Unterschiede" überhaupt nicht bemerkt, ein Indiz dafür, daß sie

längst gelernt hatten, sich nur visuell, aber nicht auch verbal im Film zu orientieren. Aus diesem Grund sind moderne Kinder mit ihren anderen Hirnvernetzungen vor allem Augenmenschen und fast nie mehr sich vornehmlich autitiv orientierende Menschen. Weil sie am Anbeginn Sprache nicht verstanden, haben sie das Zuhören als Orientierungsmedium für sich weitgehend und auch oft für immer abgewählt.

Und nun noch ein paar Sätze zur Jugendsprache: Sprache an sich ist in ständiger Wandlung begriffen; besonders stark verändert sie sich aber in der Jugendszenerie. Lehrer, die eine neunte Klasse abgeben und dann wieder eine siebte übernehmen, stellen immer wieder fest, daß sie es nur drei Jahrgänge darunter wieder mit einer ganz anderen Generation zu tun haben; Kleidung, Haarschnitt, Musikgeschmack, Freizeitbevorzugungen, Partnerschaftsverhalten und der modische Trend zu bestimmten Jugendkultnischen wie denen der HipHopper, Breakdancer oder Techno-Musik-Freaks haben sich stark verändert, aber auch die dazugehörigen Insider-Sprachcodes, die oft mit einzelnen Nischen wie denen der Hooligans, Rapper oder Graffiti-Sprüher korrespondieren.

Jede Jugendkultnische hat ihre eigene Sprachkultur; sie ermöglicht Orientierung, Wir-Bewußtsein, Identifikation und Abgrenzung nach außen gegenüber anderen Nischen sowie der Erwachsenenwelt. „Pieces“, „tags“, „whole trains“, „cans“ und „caps“ sind Begriffe, die nur die Graffiti-Sprüher verstehen, „wheely“ und „kick down“ kennt man in der Moto-Cross-Nische, „Asys klatschen“ bei den Skinheads, und die Inline-Skater sprechen von „air walks“, „grinds“, „air drays“ und „downstairs“ mit anschließendem „one-eighty“.

Darüber hinaus gibt es allumfassende Sprachtrends der gesamten Jugend, die sich teils rasch überholen wie „oberaffengeil“, teils etwas langlebiger wie „voll die Härte“ oder „cool“ sind; sie erwachsen manchmal aus dem Jugendkult selbst, wie „mega-def“, manchmal sind sie werbe- und konsumindustriegesteuert wie „der Duft der großen weiten Welt“, bloß „chic“ bzw. „in“ oder schlichtweg aus dem Bemühen um die Anreicherung mit Amerikanismen, die für fortschrittlich, international oder modisch aktuell gehalten werden, entstanden. „Shopping“, „kids“, „happy“, „feeling“, „relaxen“, „fighten“, „killen“, „drive“, „powern“, „dealen“, „high“ und „sprayen“ sind solche Wortschöpfungen, mit deren Benutzung man besser über die Runden zu kommen glaubt.

Sprachverhalten ist jedenfalls nicht nur historisch im Sinne von Kultur gewachsen und geprägt, es ist nicht nur erzieherisch-intentional durch Elternhaus und Schule beeinflußt, es wird auch funktional durch Medien, durch Werbung und durch Trends der Jugendszenerie, die auch aufbegehrend genau das fördern, was bürgerliche Erwachsene oder Pädagogen ablehnen, gesteuert. Mit Sprache kann man sich abgrenzen und protestieren, aber sich auch kleiden und somit bei denjenigen interessant machen und aufwerten, die darauf hereinfallen. Umgekehrt ist Kleidung deshalb auch unter dem

Motto „Kleider machen Leute“ ein Element von Körpersprache. Mit Kleidung wird oft geringe Verbalkompetenz kompensiert; sie spielt bei Jugendlichen eine um so größere Rolle, je geringer die sprachlichen Möglichkeiten sind.

Jugendsprache paßt nicht zu jeder Altersstufe, auch wenn Erwachsene heute immer länger jugendlich wirken und wie Jugendliche leben wollen. Da Kinder immer früher wie Jugendliche sein wollen, da das Jugendalter sowohl für Kinder als auch für viele Erwachsene maßstabgebend ist, greift die Jugendsprache immer stärker in die allgemeine Sprachentwicklung ein. Jede Altersstufe, jede Persönlichkeit sollte aber die zu ihr passende Sprache wählen und sich nicht mit Jugendsprache bei Jugendlichen anbiedern wollen, wie es beispielsweise so mancher Lehrer versucht. Denn erstens sprechen auch die jetzigen und die künftigen Jugendlichen in zwanzig Jahren ganz anders, und zweitens haben Lehrer, Erzieher und Eltern die Aufgabe, nicht die Sprachentwicklung junger Menschen hemmend dort zu belassen, wo sie gerade steht, sondern fördernd, bewahrend und rettend zu beeinflussen: fördernd, wenn es sich um einen reichen Wortschatz handelt, bewahrend, wenn es um das trostlose Um-sich-Greifen solcher gedankenlos eingesetzten Floskeln wie „ich denke“ oder „denke ich mal“ geht, und rettend, was beispielsweise das Aussterben des Genetivs („trotz Schnee[s]“, „wegen Umbau[s]“) anbelangt. Erwachsene müssen sich als Orientierungs- bzw. Zielpunkte eines hochentwickelten Sprachverhaltens anbieten, als Modelle, mit deren Hilfe junge Menschen dann auch späterhin in gymnasialen Oberstufen, in Hochschulen und im Berufsleben bestehen können.

7. Bewegungsbedürfnisse und psychomotorische Störungen

Die Sinnesentwicklung der Kinder hängt stark von ihren Bewegungserfahrungen ab. Kinder, die ein Defizit an Schaukeln, Rutschen, Klettern, Hüpfen, Balancieren, Matschen und an Rangel- sowie Körperkontakterlebnissen haben, können ihren Koordinations- und ihren Gleichgewichtssinn nicht richtig entfalten, sie können Entfernungen, Geschwindigkeiten und Kräfte nicht richtig einschätzen, so daß sie überall gegenlaufen, vieles umstoßen, nicht mehr ohne weiteres Fahrradfahren und Rollschuhfahren lernen können, nicht mehr gut rückwärts zu gehen vermögen und deshalb auch nicht mehr rückwärts zählen und rechnen können; vor allem aber verunglücken sie leicht, laufen sie Gefahr, Opfer von kleinen Risiken im Alltag und von großen im Straßenverkehr zu werden, weil sie zu selten zuvor Erfahrungen mit Bewegungsfehlern und deren Korrektur gemacht haben.

Toben und Balgen mit Geschwistern, Rangeln, Wettlaufen und Steinewerfen mit dem Vater, Schmusen mit den Eltern und Spielen mit Freunden draußen, bei dem man viele Fehler machen muß („Lob des Fehlers“ nennt

Reinhard Kahl diese Notwendigkeit schon beim Laufenlernen des Kleinkindes), sind für die Entfaltung der Sinne und Kräfte des jungen Menschen unverzichtbar. Der Umgang mit dem Greifen, Benutzen und Verarbeiten von unterschiedlichen Materialien und Zahligkeiten, mit Bauklötzen, Kugeln, Plättchen, Matsch, Glas, Wolle, Metall, Ton, Stein, Wasser und Sand schult ihre Orientierung in Raum, Zeit und Stofflichkeit, fördert das Zusammenspiel ihrer Muskeln und sensibilisiert für Umweltwahrnehmungen und angemessene körperliche Reaktionen darauf.

Das moderne Kind bewegt sich durchweg zu selten, es spielt zu wenig draußen und zu wenig mit anderen Kindern. Deutsche Kinder konnten um die Jahrhundertwende noch etwa 100 verschiedene Spiele draußen spielen, heute sind es gerade noch fünf, und die werden auch noch viel seltener gespielt. Statt dessen sitzen sie stundenlang vor dem Fernseher, oft allein, und auf dem Rücksitz eines Autos sowie in der Schule. Ihre Sinne sind deshalb so unterentwickelt, daß sie in großer Zahl nicht mehr mit sechs Jahren schulfähig sind. Allein wegen dieser Sinnesschwächen, die auch die Verstandesentwicklung bremsen, sollten sie mehrheitlich erst mit sieben Jahren eingeschult werden, oder die Klassen 0 (Vorschule), 1 und 2 müßten völlig anders als bisher arbeiten und vor allem künstlich in der Schule Bewegungserfahrungen nachreichen, die sich früher selbstverständlich und heute oft nur noch bei Landkindern über das Spielen im Freien ergaben und ergeben. Selbst Kindergärten akzentuieren sich deshalb schon in Richtung „Sportkindergärten".

Viele Schulen haben dieses Dilemma erkannt und bauen in ihre Stundenpläne „Psychomotorisches Extraturnen" ein, das von Therapeuten kinderärztlicher Praxen (wie dem „Zentrum für Kindesentwicklung" der Hamburger Medizinerin Inge Flehmig) angeboten und über Krankenschein abgerechnet wird, denn chronische „Stubenhocker" sind den schulischen Anforderungen deutlich geringer gewachsen als motorisch optimal entwickelte Kinder.

Der Begriff Psychomotorik weist auf die Notwendigkeit eines harmonischen Zusammenspiels von Körper, Seele und Geist in der kindlichen Sozialisation hin, aber auch auf die krankmachende und deviante bzw. defizitäre Entwicklung, wenn die Organe des Körpers nicht altersentsprechend herausgefordert und gefördert werden. Bewegungsmangel führt zu Störungen bis hin zur Rechenschwäche (Dyskalkulie) und macht dann irgendwann, beispielsweise in der Schule, eine Bewegungstherapie erforderlich, die erstens den vielfachen Aufwand benötigt, als hätte sich das Kind von Anfang an gleich angemessen bewegt, und die zweitens nie mehr sämtliche Schäden ausgleichen kann. Bewegungsarm aufwachsende Kinder haben also ihr gesamtes Leben auszubaden, daß sie zu selten Anlässe für die motorische Entfaltung ihrer Kräfte hatten, daß sie aber auch zu wenig dazu animiert wurden.

Jedes zweite Kind hat heute schon körperliche Probleme; nicht nur Haltungs-, Muskel- und Sinnesschwächen gehören dazu, sondern auch deren psychosomatische Auswirkungen bis hin zu Eßstörungen, Migräne, Magenschmerzen, nervösen Tics und Hauterkrankungen. Viele Jungen und Mädchen haben das Fallen bzw. Stürzen nicht ausreichend gelernt, so daß sie sich nicht mehr geschickt mit den Armen auffangen oder abrollen können; sie sind zunehmend schlechter beim Sprinten, beim Dauerlauf und beim Weitsprung, und sie wissen nicht mehr, ob sie, wenn ein Auto kommt, die Straße rasch nach vorn überqueren oder schnell umkehren sollen.

Das motorische Bedürfnis des Kindes, das auch nach Jahren des Bewegungsmangels immer noch vorhanden ist, wird vielfach nicht mehr richtig abgeleitet, so daß es sich ungerichtet im Körper aufstaut. Die Kinder werden dann hyperaktiv bzw. zappelig.

Immer mehr Lehrer gehen daher mit Erfolg dazu über, Unterricht mit Spiel- und Bewegungsphasen, zu denen auch Musikmachen und akustische Densensibilisierungsprogramme gehören, mit Mußefreiräumen in Entlastungs- und Kuschelecken zu unterbrechen, mit gezielter Ernährung (Vitamine, Spurenelemente) gegenzusteuern, denn die motorischen Störungen werden auch durch zuckerreiche Kost, die im Alltag der Kinder allgegenwärtig ist, begünstigt.

Die „bewegte Schule“ ist der Versuch, Kinder über nachgereichte und das Lernen stets begleitende Bewegungserfahrungen überhaupt erst in die Lage zu versetzen, dem Unterricht folgen zu können. Rudolf Steiner hat ja aus ähnlichen Gründen bereits in den 20er Jahren, mit dem in die Waldorfschulen integrierten Fach „Eurythmie“ die kognitiven Lernphasen zu unterbrechen und durch Entspannung, Motorik, Musisches und Manuelles zu fördern versucht.

Wir sitzen zuviel, und wir sitzen verkehrt; Kinder werden in den ersten Schuljahren vor allem zur sitzenden Lebensweise gegen ihr Naturell erzogen. Ungeeignetes, unzeitgemäßes Gestühl in den Klassenzimmern ist eine Ursache nicht nur für Rückenbeschwerden, Haltungsschwächen und die Unfähigkeit, den Muskeltonus zwischen schlaff und steif irgendwo in der Mitte auszupendeln, sondern auch für Konzentrations- und Lernstörungen. Schulen wie die Grundschule Am Hagen in Ahrensburg bei Hamburg sind deshalb zum „bewegten Sitzen“ übergegangen, was bedeutet, daß die Jungen und Mädchen mal auf Stühlen sitzen, die in der Sitzfläche, was Höhe und Winkel anbelangt, variabel sind, mal an Tischen, deren Schreibfläche verstellbar ist, mal aber auch auf großen aufpumpbaren Ballons, die zur Stärkung der Rückenmuskeln beitragen und über die Möglichkeit des Variierens beim Sitzen zum längeren konzentrierten Durchhalten im Unterricht beitragen. Funktionieren kann das nur, wenn man damit bei der Einschulung beginnt, weil sich die Muskulatur dann von Anfang an richtig entwickelt; würde man Siebtkläßler erstmals auf solche Bälle setzen, kämen eher schlechte Ergebnisse dabei heraus, weil deren Muskulatur schon so deformiert ist, daß sie das Sitzen auf den Bällen nicht mehr lange ohne Beschwerden aushalten würden.

8. Vom Schwinden der Sinne

Jährlich verunglücken in Deutschland rund 950000 Kinder, allein 200000 dieser Unfälle sind mit Verbrennungen verbunden, etwa 60000 Kinder kommen im Straßenverkehr zu Schaden. Die Lebenswelt ist nicht kindergerecht; aber die Kinder selbst zeigen auch immer schlechtere Voraussetzungen, um sich in der Erwachsenenwelt zurechtzufinden, weil ihre Sinne geschwächt sind. Sie können Kräfte, Bewegungen und Geschwindigkeiten nicht mehr richtig einschätzen, spüren nicht, ob und wieweit ein Glas von ihnen entfernt steht und was sich hinter ihnen abspielt.

Die auf die Kinder einwirkenden Reize sind nicht mehr stimmig; sie sind entweder unterdosiert, wie in den Bereichen Bewegungserfahrungen, Spielerlebnisse, Körperkontakt und Ansprache, oder überdosiert wie bei den Bildschirmerfahrungen.

Die Nahsinne der Haut, der Muskulatur, der Koordination und des Gleichgewichts sind geschwächt, weil sie zu wenig angeregt werden, denn Kinder spielen zu wenig draußen, sie haben zu seltene Erfahrungen mit Laufen, Hüpfen, Springen, Schaukeln, Klettern, Rutschen, Balgen, Balancieren und Matschen, und sie wachsen mit einem Mangel an Geschwisterlichkeit, an Väterlichkeit und an Freundschaft auf, sie sitzen und konsumieren zu viel, und sie werden zur Entfaltung ihrer Kräfte zu wenig herausgefordert.

Ihre Fernsinne Hören und Sehen sind aber ebenfalls geschwächt, weil sie zu oft und zu lange vor dem Fernsehgerät, dem Videorecorder und dem Computer sitzen und zu früh per Lautsprecher bzw. Walkman „vollgedröhnt" werden.

Außerdem essen sie im Verhältnis zu ihrer Bewegungsarmut zu viel und auch das Falsche. Ihr Bedarf an Vitaminen und Spurenelementen wird nicht befriedigt, und Zucker, der vor 150 Jahren noch ein teures und seltenes Genußmittel war, das hauptsächlich nur zu besonderen Anlässen wie Geburtstag, Ostern und Weihnachten geboten wurde, kommt heute mit seiner verheerenden Wirkung mehrmals am Tag überdosiert in fast jeder Kost vor.

Wenn Sinne über- oder unterfordert werden, stimmt ihre Bilanz nicht; sie funktionieren dann nicht mehr dem Körper, der Entwicklungsphase und der Situation angemessen, ihre Reizschwellen werden entweder nach oben oder nach unten verändert, so daß Wahrnehmung sich nur noch ereignet, wenn ein normaler Schwellenwert deutlich überschritten wird, also beispielsweise durch sehr viel Gewalt in schnell wechselnden actionsreichen farbigen Bildern aus Kalifornien oder über das laute und durchdringende Stakkato der Techno-Musik, oder der Mangel an Wahrnehmung, an Reizen wie im Bewegungsbereich führt zu krankmachenden psychosomatischen Reaktionen wie beispielsweise in Form von Eßsucht, Asthma, Migräne, Depressionen und Stottern.

Jede Entwicklungsstufe braucht angemessen dosierte Sinneserfahrungen:

- Das Kleinkind benötigt zunächt viele Greifanlässe, es will Gegenstände in der Koordination von Auge und Hand an- und umfassen, in ihrer Materialbeschaffenheit erfassen und in ihren Reaktionen auf Kräfteeinwirkungen austesten.
- Danach will es über den Wechsel von Fallen und Aufrichten das Gehen lernen und dabei das Zusammenspiel seiner Muskeln erproben und funktionstüchtig werden lassen. Gelingt das nicht ausreichend, kann es nicht ohne weiteres rückwärts gehen und dann auch nicht mehr rückwärts zählen, so daß es ein rechenschwaches Kind wird.
- Das Kind will die gegenständliche Welt außerhalb des Hauses verstehen und beherrschen lernen, es möchte auf Bäume klettern, Steine in den Fluß werfen, mit Matsch und Holz einen Bach aufstauen und die Möglichkeiten und die Grenzen seines Körpers beim Rutschen, Schaukeln und Balancieren erfahren und beherrschen lernen.
- Der Grundschüler erprobt sich im sozialen und im kommunikativen Umgang mit anderen Kindern, mit den väterlichen und mütterlichen Rollen, mit Männlichkeits- und Fraulichkeitsidealen, mit Macht und Unterwerfung in Rangordnungen, aber auch in Wettkämpfen beim Kriegen-, Versteck- und Geländespielen sowie beim Wettlaufen, Weit- und Hochspringen und beim geschickten Umgang mit Bällen.
- Der Jugendliche will erleben, was passiert, wenn er Grenzen überschreitet, wenn er das Verbotene tut, und er will den Reiz des Prickelnden deshalb erleben, weil er ihm Antworten auf die Fragen nach seinen Möglichkeiten und den Reaktionen der Umwelt gibt; er lernt damit viel über die Gültigkeit der Naturgesetze und der Spielregeln, also der Normen und Werte des mitmenschlichen Zusammenlebens, aber auch über das Aushaltenkönnen und die Solidarität seiner Bezugs- und Kontaktpersonen.

Die Unstimmigkeit der auf das Kind einwirkenden Reize, seine allseitige Sinnesschwäche und sein bilanzierendes Kompensieren dieses Reizhaushaltes ist das, was das Phänomen der veränderten Kindheit heute ausmacht. Vor allem in Großstädten und Ballungsgebieten werden daher ein Schwinden der Kindheit und die Zunahme von neurologischen Störungen beklagt.

Die „unausgewogene Sinneskost" hat dazu geführt, daß bereits 60 Prozent der Mädchen und Jungen Haltungsschäden und -schwächen, 30 Prozent Übergewicht, 30 Prozent ein schwaches Herz-Kreislauf-System und 35 Prozent motorische Auffälligkeiten bzw. Koordinationsdefizite zeigen; dazu kommen oft eine schwache Muskulatur, Fußdeformationen und bei etwa 70 Prozent der deutschen Schüler Verhaltensauffälligkeiten gravierender und geringerer Art, die von nervösen Tics über Schlafstörungen und Ängste bis zu Kontaktschwächen, Distanzlosigkeit, Hyperaktivität und starker Gewaltbereitschaft reichen.

Heutigen Kindern mangelt es vor allem an motorischer, emotionaler und sozialer Erziehung. Den katastrophalen Folgen kann eigentlich nur mit täglichen Sport- und Spielstunden, mit bewußter Ernährung, mit emotionaleren männlichen Bezugspersonen, die auch zum Streicheln und Drücken bereit sind, mit vielfältigem Materialumgang, mit einer gezielten Medienerziehung, mit der erzieherischen Ausgestaltung der Schule, mit der phantasievollen Organisation von Gemeinschaftserlebnissen, mit dem verstärkten Angebot an Vollen Halbtags- und Ganztagsschulen, mit einer sozial- und sonderpädagogischeren und psychologischeren Lehrerbildung und der Umgestaltung der Stadtteile zu mehr autofreien Zonen sowie Bewegung und Spiel begünstigenden Innen- und Hinterhöfen, Straßen und Wohnungen begegnet werden.

Kinder sehen übrigens nicht am allerliebsten fern, sondern nur am zweitliebsten; sie tun es aus Not oder Langeweile, weil es ihnen an Väterlichkeit, Geschwisterlichkeit und Freundschaft zur Befriedigung ihrer Bewegungs-, Spiel- und Sinnesbedürfnisse mangelt.

Das Funktionieren und die Leistungsfähigkeit unserer Gesellschaft sind langfristig gefährdet, wenn Kinder nicht die ihrem Alter entsprechenden Erfahrungen mit ihrer Körperlichkeit und den dazu gehörenden Sinnen machen können. Dazu gehört, daß sie Gelegenheiten benötigen, aus den Fehlern ihrer Aktionen zu lernen, weil sie nur dann ihre Vorstellungskraft, Koordinationsfähigkeit und Konfliktkompetenz richtig entwickeln können.

Die Kultus- und Jugendminister haben diesen Zusammenhang noch nicht richtig verstanden. Immerhin will Hamburg ab 1996 damit beginnen, die „Verläßliche" bzw. „Volle Halbtagsgrundschule" flächendeckend einzuführen. Das bedeutet, daß die Kinder montags bis freitags von 8 bis 13 Uhr in der Schule nicht nur mit Unterricht, sondern auch mit Bewegung, Spiel, Ernährung, Muße und Musischem, vor allem aber mit garantierter Betreuung auch dann versorgt werden, wenn die Klassenlehrerin einmal krank ist. Die Kinder verbringen dann 25 Zeitstunden in der Schule, von denen 27 Unterrichtsstunden à 45 Minuten sind; die Lehrer können, unterstützt von Erziehern und Sozialpädagogen sowie Sonderpädagogen, den Tagesablauf variabel gestalten, indem sie längere Bewegungs- und Spielpausen, aber auch Frühstück, „Pädagogischen Mittagstisch", den gesprächsfördernden „Morgen- oder Stuhlkreis", musische sowie Übungsphasen einbauen.

Weil die Gesellschaft die Folgekosten von Sinnesschwächen und Schulversagen bis hin zur Gewalteskalation und zu Krankheiten immer irgendwie tragen muß, ist die pädagogische Schlußfolgerung richtig, mehr präventiv bei Kindern zu investieren, um späteren teuren und vielfach vergeblichen Reparaturmaßnahmen vorbeugen zu können.

9. Vom Schwinden des Spielens – Kinderzimmer und Außenwelt

Kinderzimmer sind kleiner denn je, sie sind reichhaltiger denn je mit fertigem Spielzeug ausgestattet, und es wird so wenig benutzt wie eigentlich zuvor noch nie in diesem Jahrhundert.

Kinder kosten viel Geld, aber selbst, wenn die Eltern arm sind, dann wird an ihnen zuletzt gespart. Kinder sind Konsumkönige, und deshalb bringt die Spielwarenindustrie jedes Jahr etwa 60 000 Neuheiten auf den Markt, die nur selten in die Kategorie „pädagogisch wertvoll" gehören. Bauklötze, Stabilbaukästen, zusammenbaubare Schiffs- und Flugmodelle spielen eine geringere Rolle in den Wunschvorstellungen der Kinder als perfekt funktionierende Gegenstände wie ferngesteuerte Autos, „Super Soaker" oder sprechende Puppen.

250 000 verschiedene Spielwaren werden zur Zeit produziert, und jährlich setzen die Spielwarengeschäfte etwa sechs Milliarden Mark um. Die Altersstufen der sieben- bis fünfzehnjährigen Jungen und Mädchen verfügen selbst über etwa elf Milliarden Mark Kaufkraft im Jahr.

Bei Kleinkindern liefern die Eltern noch selbst die wichtigsten Spielanregungen mit der Auswahl des Spielzeugs; dabei können sie die Art des Umgangs mitbestimmen, also das Konstruieren und Planen und somit die kreative Entwicklung des Umgangs mit Dingen. Bei Kindern übernehmen zunehmend Spiel- und Klassenkameraden, aber auch die Werbeblöcke der Fernsehprogramme, die steuernde Funktion der Auswahl der Spielgegenstände, während bei Jugendlichen die Trends der Gleichaltrigkeitsszenerie den Sog bestimmen, so daß der spielerische Umgang mit Computern, mit Skateboards, mit Mountainbikes oder mit Sportgeräten kaum noch von der Erwachsenenwelt, es sei denn von Industrie- und Werbemanagern, beeinflußt werden kann.

Mit welchen Dingen spielen Kinder heute de facto, also nicht unbedingt am liebsten? Die Marktanteile geben ein wenig Aufschluß:

- Zu 34,1 Prozent sind es Spielwaren aus Kunststoff,
- zu 13,1 Prozent sind es Fahrzeuge und Eisenbahnen,
- zu 10,2 Prozent Tiere aus Stoff und Fell,
- zu 9,3 Prozent Gesellschaftsspiele, Kartenspiele und Puzzles,
- zu 5 Prozent Holzspielzeug,
- zu 5 Prozent Videospiele
- und zu 14,6 Prozent andere Spiele wie beispielsweise Modellbau-, Stabilbau- und Chemiekästen sowie Knetmasse.

Kinderzimmer erlauben oft nur bewegungsarme Spiele, sie dürfen nach den Ordnungsvorstellungen ihrer Eltern nicht immer kindgemäß genutzt werden, müssen aufgeräumt sein und bremsen daher Aktivität, Phantasie, Träume und Kreativität.

Das Spielen im Freien erhöht dagegen die Anteile an Bewegung, Krafteinsatz, realistischer Welterkundung, Risiko, Grenzerlebnisse, Sozialerfahrungen, Körperkontakt, Abenteuerlust, Phantasie, Kreativität und auch Gesundheit über frische Luft.

Deutsche Kinder konnten um die Jahrhundertwende noch etwa hundert verschiedene Spiele draußen spielen, heute sind das im Schnitt gerade noch fünf, und die werden – wie Kriegen- und Versteckspielen sowie Hüpfen über Quadrate – auch noch viel seltener, kürzer und unkonzentrierter gespielt.

Spielen ist oberflächlicher, abgelenkter geworden; die totale Hingabe als Vertiefung in das Spielgeschehen bei gleichzeitigem Vergessen der Alltags- und Umfelderwartungen, die wir „Montesorri-Effekt" nennen, gibt es nur noch selten. Auch das Spielzeug wird bei weitem nicht mehr so begehrt und geliebt wie früher, es ist oft nur noch Komsumgerät oder Aggressionsverbrauchsmaterial, das lediglich benutzt und dann achtlos zurückgelassen wird. Spielen und Spielzeug ist für immer mehr Kinder etwas ausschließlich zum Kindlichen Gehöriges geworden, so daß es von vielen Jungen und Mädchen, die eigentlich lieber wie Jugendliche oder Erwachsene leben wollen, auch als etwas Kindisches abgewertet wird.

Dabei ist Spielen für Kinder – und übrigens auch für Erwachsene – sehr wichtig; sie geraten defizitär, wenn sie die für ihre Entwicklung so wichtigen Bewegungs- und Spielstufen einfach überspringen oder nicht ausreichend ausleben. In gewisser Weise übertrieben, aber nicht völlig falsch, ist eben die Beschreibung des Lebensweges vieler Kinder mit folgenden Worten: „Auf der Rückbank gezeugt, im Taxi geboren, zwischen rasendem und parkendem Autoblech mit Modellautos gespielt, auf dem Schrottplatz verletzt, zum Kaffeetrinken, Musikunterricht und Training chauffiert, vom Beruf des Formel-1-Piloten geträumt und vom Auto überfahren".

Anstelle des Spielens wird immer mehr ferngesehen, werden passiv Filme konsumiert, oder es wird – im Sinne einer Wandlung von Spielkultur – versucht, per Bildschirm, Joystick, Maus oder Tastatur die nächste Ebene eines Computer- oder Videospiels zu erreichen, getreu der hohen Bedeutung von Rangordnungen, Abschlußniveaus, Karriereleitern und Notenhierarchien, die zum Sozialprestigedenken unserer modernen und schnellebigen Welt gehören. Es mangelt gleichzeitig an der nötigen Ruhe zum genußvollen zweckfreien Spiel und Anlässen zur Selbsttätigkeit und zum spielerischen Interagieren mit Freunden, Geschwistern und Eltern. Dabei gehören die Begriffe Spiel und Muße eigentlich zusammen. Denn während Spiele und Hobbys den Erwachsenen zur Erholung und zur Entspannung, zur Bindung von Kraftüberschüssen und Aggressionen, aber auch als Ersatzbefriedigung neben einem unerfüllten Arbeitsleben und jenseits schwieriger mitmenschlicher Beziehungen dienen, sind sie für Kinder gleichzeitig auch Erprobungs- und Kräfteentwicklungsfelder. Bei Spiel und Steckenpferd geht es anders als in der Arbeitswelt vor allem um Zweckfreiheit, um Dynamik und um Wiederholung; der Zweck liegt im Tun selbst.

Für Kinder ist Spiel Ernst, es muß daher auch von den Erwachsenen ernst genommen werden; sie erproben über Spiel die Erwachsenenwelt, sie erobern sie damit so wie die Welpen von Wölfen und Füchsen die ihrige mit ihren Rangeleien und Exkursionsversuchen.

Für die vielen Einzelkinder, die wir heute haben, ist es wichtig, daß sie besonders häufig gemeinsam mit anderen Kindern spielen. Für geschwisterreiche Kinder ist hingegen bedeutsam, daß sie auch lernen, allein zu spielen, denn das können Kinder heute schlechter als früher.

So wie sich die Welt verändert, verändern sich auch Kindheit und Spielwelten. Kinder in Bosnien spielen am liebsten Krieg. Spielen ist nicht nur sinnvoll mit Bauklötzen, Puppen, Dreirädern, Marmeln und als „Räuber und Gendarm", man kann auch mit Laserdromen, BMX-Rädern oder Laptops spielen. Hobbys sind nicht nur wertvoll, wenn sie sich auf Briefmarken, Mineralien, Schach oder Bücher beziehen, sie können sich auch auf Surfen, Kampfsportarten oder Moto-Crossen richten. Wo liegt die Grenze zum Sinnvollen, Bildenden, Konstruktiven?

Alles, was einseitig und im Übermaß betrieben wird, kann krankmachen oder zu Defiziten in anderen, dadurch vernachlässigten Lebensbereichen führen, wie wir von Spielsüchtigen wissen, die sich um Haus, Bankkonto, Beruf und Lebenspartner bringen. Grundsätzlich kann man nicht behaupten, daß Fernsehen schädlicher als Lernen, daß Musikhören minderwertiger als Komponieren und daß Motorradfahren schrecklicher als Botanisieren ist.

Versetzen wir uns in die Seelen von jungen Menschen, die ja angeblich als „Computer-Kids" schon ganz andere Hirnvernetzungen haben als wir Erwachsenen: Der Reiz von Computerspielen besteht darin, in einer traumhaften Scheinwelt auf dem Bildschirm Zusammenhänge herzustellen und zu beherrschen, die in der Alltagswelt unerreichbar oder verboten sind. Auf die Auswahl, die Dosierung und auf die Auswertung, zum Beispiel durch Gesprächsbegleitung, und auf die Korrektur durch genügend Außenwelterfahrungen kommt es letztlich an, denn Computerspiele benötigen die Einbettung in die Realität; sie dürfen nicht anstelle von Realität im Weltbildaufbau des jungen Menschen Platz greifen.

Spiele, Hobbys und andere Liebhabereien vermitteln über die Kombination von Wissen, Fertigkeiten, Wünschen und Träumen Erfolgserlebnisse. Sie sind von kompensatorischer Funktion bei Kindern, die viele Enttäuschungen und Versagenserlebnisse bzw. Verliererschicksale hinter sich haben, und vermögen insofern dazu beizutragen, Selbstvertrauen aufzubauen und Mut zur Arbeit wachsen zu lassen. Erfolge in der Spiel- und Hobbywelt, also auch in der Welt der Computerspiele, enthemmen Kräfte, die dann auf andere Lebensbereiche positiv ausstrahlen, beispielsweise auf die Sprachentwicklung oder auf die Schulleistungen. Spiele und Steckenpferde helfen, das Leben aktiv zu bewältigen und Probleme kreativ zu meistern, statt bloß unter ihnen zu leiden; sie fangen aber auch Ängste, Depressionen und Aggressionen auf.

Bei Jugendlichen kann man zur Zeit wieder eine Tendenz zu einem Mehr an Bewegungsspielen beobachten. Weil sie häufig allzu oft und lange vor dem Bildschirm, in Schulen und in Autos gesessen haben, suchen sie einen motorischen Ausgleich beim Mountainbike-Fahren, beim S-Bahn-Surfen, beim Wasser-Rafting, beim Roller-Skaten, beim Skateboarding, beim Reiten, beim Skilaufen und Snowboardfahren, in der Diskothek oder beim Surfen, so wie vor 50 Jahren beim Fußballspielen auf der Straße. Die bevorzugten Bewegungsarten haben sich also geändert, aber auch der Preis dafür.

10. Stimmige Reizbilanzen und Zuwendungsdosierungen

Kinder sind früher mit Menschen aufgewachsen, heute leben sie überwiegend mit Sachen und Bildschirmen, so daß ihre Bilanz nicht stimmt.

Verhaltensauffälligkeiten wie Hyperaktivität, Nervosität oder Konzentrations- und Lernschwächen nehmen zu, auch Aggressionen, Depressionen, Rauschbedürfnisse und Süchte. Kinder haben zunehmend Probleme mit Körperkontakt und Nähe, weil sie nicht oft genug Gelegenheit hatten, damit umzugehen zu lernen. Viele von ihnen sind in die „innere Emigration“ gegangen, privatisieren stundenlang hinter einer verschlossenen Tür allein mit dem Bildschirm oder laufen tagelang weg. Sie essen pausenlos, ohne Hunger zu haben, trösten sich mit zuckerreichen Nahrungsmitteln oder versuchen, mit Schnüffeln, Nikotin, Koffein, Alkohol, Tabletten und stimulierenden oder dämpfenden Drogen, ergänzt durch ständige und laut hämmernde Musik aus Kopfhörern oder Boxen, ihren Tag irgendwie über die Runden zu bringen. Und wenn am Wochenende schlechtes Wetter war, wenn sie bis zu 30 Stunden von Freitagmittag bis Sonntagabend vor dem Bildschirm gesessen haben oder einen ganzen Tag im Auto ihrer Eltern hokkend durch die Gegend chauffiert wurden, dann sind sie montags aggressiv, hyperaktiv und nicht mehr beschulbar („Montags-Syndrom“); dann nutzen sie in der Vorschule die Bauklötze nicht, um damit etwas aufzubauen, sondern um sie einzureißen. Alle diese Auffälligkeiten, Defizite und Störungen sowie die gesamte Erziehungskunst lassen sich auf einen Nenner bringen: Die Reizbilanz des jungen Menschen muß stimmig sein. Was heißt das?

Wir wissen, daß ein Porsche nicht mit Diesel fährt, weil sein hochentwikkelter Motor Superbenzin benötigt. Wir wissen, daß es nicht lange gutgeht, wenn ein Mensch mehr ausgibt, als er einnimmt. Und wenn ein Organismus für sein Funktionieren diejenigen Spurenelemente, Vitamine, Fette, Kohlehydrate und Eiweiße, die er braucht, in zu geringer Dosis erhält, andere aber, die eigentlich gar nicht so erforderlich sind, im Übermaß, dann stimmt sein Haushalt nicht, dann zeigt er mißliche, unerwünschte bzw. kranke Reaktionen.

Die Bilanz der Reize, die ein Kind empfängt, steht immer in einem direkten Verhältnis zu dem, was es wieder von sich gibt, was es also an seine Umgebung zurücksendet; das betrifft Ernährung genauso wie Körperkontakt, Emotionalität, Männlichkeitsideale, Gewalt, Sprachverhalten, Fernseheinflüsse oder den Zustand der Haut; bei einer unstimmigen Bilanz von Außenreizen versucht das Kind, mit Innenreizen gegenzuhalten, beispielsweise mit Eßstörungen, Süchten, Hyperaktivität oder Nägelkauen.

- Erwachsene, die zu wenig Körperkontakt haben, sorgen selbst für eine stimmige Bilanz, indem sie häufiger als andere zu Masseuren, in Solarien und in Saunen gehen, indem sie länger und häufiger duschen oder sich eincremen, wie eine repräsentative Single-Studie aus München ergeben hat.
- Kinder, die zu selten angefaßt und gestreichelt werden, die mit einem Mangel an emotionaler Nähe aufwachsen, können selbst nicht zu anderen zärtlich sein und plötzliche Nähe, die sie nicht gewohnt sind, nicht ertragen. Und weil sie eine gesamtkörperliche Zuwendung in ihrer Biographie kaum erfahren haben, halten sie diese für verdächtig, wenn sie ihnen eines Tages unerwartet widerfährt. Sie kompensieren ihre dennoch vorhandenen körperlichen Zuwendungsbedürfnisse, indem sie sie nur in Form derjenigen beiden Interaktionsarten akzeptieren, die man von „Machos" aus schlimmen Männerbünden kennt, nämlich als peniszentrierten oder als bizepslastigen Körperkontakt.
- Heimkinder, deren Erzieher elternersetzend fungieren sollen, wachsen mit einem Mangel an zärtlichen Körperkontakten auf; sie gleichen ihre dennoch vorhandenen Schmusebedürfnisse daher in der Gleichaltrigkeit, also nachts auf ihren Zimmern, oder sogar auf dem Bahnhofsstrich aus. Wer Kindern ihre natürlichen Hautkontaktwünsche verwehrt, begünstigt bei ihnen eine sexuell abartige Entwicklung oder pornographische Bedürfnisse.
- Menschen, die zu wenig positive Emotionalität erhalten, wollen sich oft selbst etwas Gutes zufügen, indem sie stofflich ausweichen; sie belohnen sich mit Süßem, essen viel oder flüchten in den Kaufrausch, sie wollen sich als Spielsüchtige mit Punkten oder Geldgewinnen belohnen oder als Sammelwütige mit materiellem Besitz.
- Jungen, die mit einem Mangel an Väterlichkeit leben, weil sie mit einer Mutter, einer Schwester und nacheinander mit mehreren Klassenlehrerinnen aufwachsen, reichen sich auf der Suche nach ihrer Männlichkeit gern harte Männer per Filmkonsum oder in einer mißlichen Jugendbande in ihrer Nachbarschaft nach.
- Kinder, die zu wenig Bewegung über Spiel und Sport haben, stauen zunächst ihre Aktivitätsbedürfnisse auf, lassen sie ungerichtet in ihrem Körper toben, so daß sie auf die Umgebung hyperaktiv oder hypermotorisch gestört wirken, und lassen sie dann plötzlich wie aus einem Überdruckventil als zuschlagende oder zerstörende Gewalt heraus; danach stimmt ihre Bilanz eventuell wieder, und sie wirken eine Zeitlang ruhig

oder gar ausgeglichen. Andere kanalisieren ihre Aggressionen gesellschaftlich akzeptiert, indem sie mit Boxhandschuhen auf Punching-Bälle schlagen oder indem sie Kampfsportarten in Vereinen pflegen.

- Ein alleinerziehender Klassenlehrer, der fast alle Fächer selbst gibt, ist eine Unterdosierung an Bezugspersonen, viele Lehrer eines Teams sind dagegen eine Überdosierung. Zwei Klassenlehrer pro Klasse sind die optimale Dosierung für das Kind.
- Wenn Schulen zu groß sind, wenn Kinder auf ein zu stark differenziertes Fachlehrer- und Kursprinzip aufgeteilt werden, wenn sie keinen eigenen Klassenraum haben und nicht überwiegend in der vertrauten Umgebung des Klassenverbandes lernen können, überfordert man sie mit Mobilitäts- und Flexibilitätserwartungen.
- Schulische Lernformen sind heutzutage nur richtig dosiert, wenn sie wie bei der „Vollen" oder „Verläßlichen Halbtagsgrundschule" der Hamburger Grundschulreform eingebettet sind in das, was auch sonst das Leben von Kindern ausmachen sollte, nämlich in Spiel, Sport, Bewegung, Ernährung, Muße und Musisches.
- Wenn die Bilanz nicht stimmt, neigen nicht so „gut" erzogene Kinder zu kriminalisierten Aggressionen, also zur Gewalt nach außen beispielsweise gegenüber Menschen oder Sachen; „gut" erzogene halten sich hingegen eher an das Gewalttabu und wählen daher den Ausweg der Gewalt gegen sich selbst; sie fühlen sich in ihrer Haut nicht wohl und zeigen deshalb ihr Unbehagen auch direkt in ihrer Haut, indem sie an Warzen, Allergien, Ekzemen oder Neurodermitis erkranken oder – bezogen auf die Innenhaut – an Asthma.
- Jugendliche, die in ihrer Familie und in der Schule zu wenig Anerkennung bekommen, zu wenig Erfolge haben, die sich in bezug auf die Erwartungen ihrer Eltern und Lehrer selbst als Versager fühlen, versuchen, die Bilanz ihrer Geborgenheits-, Solidaritäts- und Selbstwertbedürfnisse vielfach dadurch stimmig zu machen, daß sie Erfolge in einer der vielen subkulturellen Nischen erzielen wollen. Die Anerkennung in der Wir-Bewußtsein gebenden Gruppe ist ihnen dabei wichtiger, als daß sie eigentlich in ihrem eigenen Wertekanon Gewalt oder Fremdenfeindlichkeit ablehnen.
- Für kleine Kinder, die ein starkes Mitteilungs- und Fragebedürfnis haben, die aber kaum Antworten bekommen, stimmt der kommunikative Haushalt nicht; sie versuchen ihn daher mit Schreien, mit Bettnässen, mit Nägelkauen, mit nervösen Tics, mit Stottern, mit Poltern, mit Mimik, mit Gestik, mit Distanzlosigkeit oder mit sprachlicher Gewalt irgendwie aggressiv oder autoaggressiv auszugleichen bzw. über Umwege wieder stimmig zu machen.

Alles, was in der Erziehung geschieht, muß richtig dosiert sein. Sowohl Über- als auch Unterdosierungen führen in ähnlicher Weise zu Problemen; der pädagogische Zugewinn liegt immer nur in der angemessenen mittleren

Dosis, wenn es um diejenigen Zuwendungen geht, die den kindlichen Grundbedürfnissen nach Anerkennung und Liebe, nach Erfolg und Wertsein, nach Bewegung, Spiel, Körperkontakt, Nähe, Ansprache, Zuhören und richtiger Ernährung entsprechen.

Zuviel Fernsehen ist genauso schädlich wie zu wenig. Wenn das Kind mit zu dürftigen Anregungen aufwächst, dann sucht es ausgleichend die massiven Reize der Bildschirmwelt; wenn es zu Hause und in der Nachbarschaft fast nichts tun darf, dann konsumiert es im Übermaß Gewalt im Fernsehen, dann will es wenigstens das viele Verbotene in seiner Traumwelt miterleben, das seine Filmhelden tun dürfen. Wenn Jugendliche feststellen, daß sie eigentlich nichts so richtig können, dann wollen sie wenigstens stolz darauf sein, daß sie es geschafft haben, die Nacht durchzumachen.

In unseren Alltagsinteraktionen steuern wir immer entgegen, damit die Bilanzen wieder stimmen; wenn wir zu hart waren, gleichen wir mit einer Umarmung oder einen Blumenstrauß aus, wenn wir unter dem Großstadtbeton leiden, fahren wir an die See oder in die Berge, und wenn wir uns einsam fühlen, rufen wir irgend jemanden an oder schreiben ihm einen Brief. Kinder tun das auch, aber sie machen es auf ihre Weise und aus ihrer Hilflosigkeit heraus ganz anders; ihre Reaktionen gefallen den Erwachsenen oft nicht; aber Eltern, Erzieher und Lehrer sollten dahinter zunächst immer die Hilferufe, die Ohnmacht auf der Suche nach stimmigen Bilanzen sehen.

11. Psychosomatische Störungen

Jedes dritte deutsche Kind leidet unter Allergien, im Vorschulalter ist es jedes fünfte, bei den Drittkläßlern sind es aber schon 40 Prozent. 20 Prozent der Jungen und Mädchen haben Neurodermitis, ebenso viele regelmäßig Heuschnupfen, fünf Prozent sind Asthmatiker, und sieben Prozent der Kleinkinder durchleben Pseudokrupp; zehn Prozent aller Grundschüler zeigen Ekzeme, und jeder dritte Schüler nimmt mittlerweile regelmäßig Medikamente, vor allem Kopfschmerz-, Anregungs-, Beruhigungs- und Schlaftabletten. Lehrer beobachten, daß immer mehr Kinder Warzen haben und Nägel kauen. Die Zahlen steigen von Jahr und Jahr, und wir wissen, daß nur ein kleiner Teil dieser Störungen ausschließlich durch die Kombination von Umweltgiften und Stoffwechselunverträglichkeiten bedingt ist; der größere Teil hat etwas mit psychosozialen Unverträglichkeiten, also damit zu tun, daß sich die Kinder in ihrer Haut nicht wohl fühlen, daß sie sich ungeliebt, überfordert, erfolg- und wertlos oder als störend empfinden.

Kinder passen in ihrem Sosein nicht immer in die Welt der streßgeplagten, problembeladenen, karrieresüchtigen, erschöpften und auch kranken Erwachsenen; sie passen nicht in die Schnellebigkeit, nicht in den Straßenverkehr, nicht in die Mietenspiegel für Wohnungen, nicht in die Sparzwänge von Architekten und Städteplanern sowie Schulpolitikern, aber auch nicht immer zu den hohen Erwartungen der Arbeitswelt im „Wirtschaftsstandort Deutschland".

Wenn sie sich nicht wohl fühlen, haben sie zwei Reaktionsmöglichkeiten: Entweder sie begehren auf, werden trotzig oder aggressiv, wehren sich mit Sprachgewalt, Zuschlagen oder Zerstören, oder sie akzeptieren Gewalttabus, indem sie sich weitgehend an die ihnen gegenüber gezeigten Erwartungen anpassen, und dann muß ihr Körper die Frustrationen ausbaden.

Weil sie gelernt haben, daß es verboten ist, Sprachgewalt oder Gewalt gegenüber Menschen und Sachen auszuüben, richten sie die Gewalt gegen sich selbst; wir nannten das früher Regression als Gegenbegriff zu dem der Aggression, und verstanden darunter das stille dicke Mädchen, das stets schweigt, das rot wird, wenn man es anspricht, und das schweißnasse Hände und Achseln bekommt, wenn man von ihm dennoch eine Äußerung verlangt. Heute sprechen wir von Autoaggressionen, um den gemeinsamen Nenner mit der nach außen gerichteten Gewalt einzufangen und um deutlich zu machen, daß Enttäuschungen, Versagenserlebnisse, Verliererschicksale und geringes Zutrauen sowie die Unfähigkeit, die gesellschaftlich vorgesehenen Möglichkeiten des Sich-Wehrens zu nutzen, auch in Selbstzerstörung einmünden können.

Psychosomatische Störungen wie vegetative Dystonien, nervöse Tics, Hauterkrankungen (Ekzeme, Allergien, Neurodermitis), Migräne und Magenkrämpfe, Rückenschmerzen, Hyperaktivität, Eßstörungen (Eß- und Magersucht, Bulimie), Neuralgien, Neurosen, Psychosen, Asthma, Pseudokrupp und Nägelkauen, aber auch die Lust, sich selbst mit Messern anzuritzen, weil man sich selbst nicht mag, das Ausweichen anstelle von Konfliktbewältigungen und das Verdrängen von Problemen mit Zucker, Tabletten, Nikotin, Koffein, Alkohol, Hasch, Ecstasy, Kokain und anderen Drogen, das Ausreißen, das Sich-Einschließen in sein Zimmer, Onaniezwänge, Depressionen, Alpträume, Ängste und Zwänge bis hin zum Waschzwang oder Ordnungsfetischismus, Sammelwut, Arbeitssucht, Spielsucht, Kaufrausch, Todessehnsucht und Suizidversuche, all das sind autoaggressive Reaktionsformen, die aus der Unfähigkeit erwachsen, sich zu behaupten, sich selbst zu mögen, sich zu wehren, also letztlich einigermaßen lebenstüchtig im Kampf ums Dasein, um Anerkennung und um Erfolge zu obsiegen.

Das Dilemma der psychosomatischen Störungen fängt oft damit an, daß Eltern, die kein gutes Verhältnis zu ihrem Körper bzw. zu sich selbst haben, auch ihren Kindern ein schlechtes Körpergefühl vermitteln.

Solche Kinder wachsen mit einer größeren Distanz zwischen ihrem Ich und ihrem Körper auf als andere, sie gehen schlechter mit ihrem Leib um, pflegen ihn nicht, trainieren ihn nicht, ernähren ihn unangemessen mit den falschen Stoffen und ignorieren seine Warnzeichen, so daß sie recht bald fett- oder magersüchtig werden, Kopfschmerzen bekommen, unter Hauterkrankungen und Karies leiden oder häufiger einnässen.

Die körperlichen Leiden haben eine ableitende Stellvertreterfunktion, sie sind kompensatorische Aggressionen der Seele gegen den eigenen Leib und schaffen insofern Entlastung und auch Rechtfertigung, manchmal sogar über diesen Umweg die nötige Portion an schon längst erhoffter Zuwendung, die auch in negativer Form für besser gehalten wird als gar keine, wie wir von den heimlichen Absichten der Bettnässer wissen, die die Zuwendungsbereitschaft ihrer schimpfenden Mutter daran ablesen, ob sie zum Wechseln und Waschen von Bettwäsche und Pyjama bereit ist. Hier nun einige vernetzende Gedanken zu psychosomatischen Reaktionen:

– Besonders deutlich wird die Autoaggression bei chronischen Nägelkauern; sie fressen ein Stück vom ungeliebten Selbst und haben dabei oft die Außeneinschätzung, daß sie nämlich nicht so wertvoll sind, zu ihrer eigenen gemacht. Bewertungen wie „Du kannst nichts", „Du taugst nichts", „Du bist ein Nichtsnutz", „Du gehörst nicht hierher", „Was soll aus dir bloß werden?" oder „Mit dir ist es wirklich schwierig" werden, wenn sie nur oft genug wiederholt werden, schließlich zum eigenen Urteil über sich selbst. Im Sinne von „Stigmatisierungsprozessen" oder „selffulfilling-prophecy" traut man sich dann gar nichts Positives mehr zu. Die Therapie arbeitet daher mit der Entdeckung und Steigerung des Selbstwertgefühls unter dem Motto „Ich kann etwas", „Man braucht mich". Sie organisiert zunächst Erfolge in denjenigen Leistungsbereichen, in denen der gestörte Mensch etwas zu leisten vermag, und weitet die Bewährungsfelder dann mit dem Wachsen der Kräfte langsam aus.
– Mit dem Bettnässen signalisieren Kinder Bedürfnisse nach mehr Zuwendung, beispielsweise nachdem sie die Elternliebe mit einem gerade geborenen Geschwisterkind teilen müssen. Bettnässen hat nur selten etwas mit organischen Blasenstörungen zu tun, ist aber häufig eine Folge übertriebener Sauberkeitserziehung, wie eine Untersuchung von 51 betroffenen Kindern im Vergleich zu einer gesunden Kontrollgruppe ergab: Ausnahmslos war bei den Bettnässern im Durchschnittsalter von 17 Monaten ein intensives Toilettentraining begonnen worden, während die gesunden Kinder überhaupt nicht oder erst etwa ab dem 24. Monat dazu angehalten worden waren.
– Bei asthmakranken Kindern fällt auf, daß sie meist in großer und zu kalter Erwartungsenge aufwachsen, daß sie nur selten den hohen Anforderungen ihrer Eltern an Reinlichkeit, Ordnung und Leistung entsprechen konnten und daß sie sich überfordert fühlen, den stets schlechtgelaunten Vater lustig zu machen oder die Ehekrisen ihrer Eltern zu verhindern. Sie bekommen im wahrsten Sinne des Wortes in ihrer Familie zu wenig Luft, zumal wenn sie besonders kreativ und sensibel sind und für ihre Entwicklung ein hohes Maß an Geborgenheit und an Erprobungsspielraum benötigen. Weil die soziale Empfindsamkeit und die Zerbrechlichkeit bei kleinen Jungen unter zehn Jahren zumeist größer sind als bei kleinen Mädchen, sind sie häufiger von Atemnot bzw. Asthma betroffen, und Ursache ist überwiegend ein zu streng und überfordernd erziehender Vater.

– Die Hyperaktivität von Kindern hat man lange Zeit als phosphatallergische Reaktionen gegenüber Konservierungsstoffen in Nahrungsmitteln gedeutet. Inzwischen weiß man aber, daß zwar mit Ernährung gegengesteuert werden kann, daß vor allem aber ein schlechtes Verhältnis des Kindes zu sich selbst, ein schlimmer Bewegungserfahrungsmangel, Sinnesentwicklungsschwächen, zu seltene Anerkennungserfolge und die Unfähigkeit, die Aggressionen sinnvoll nach außen zu kanalisieren (Spiel und Sport, Problemlösungsstrategien), für das ungerichtete und aufgestaute Aktivitätsbedürfnis des Körpers verantwortlich sind.
– In Deutschland leiden etwa 2,5 Prozent der Jungen und vier Prozent der Mädchen im Kindergartenalter an Übergewicht. Im vierten Schuljahr bringen bereits zehn Prozent der Jungen und neun Prozent der Mädchen zu viele Pfunde auf die Waage. Bei den 15jährigen steigt der Anteil der übergewichtigen Jungen auf zwölf Prozent, bei den Mädchen auf 12,3 Prozent. Fettleibige Kinder werden von Klassen- und Spielkameraden mit Ausdrücken wie „Fettsau" und „Walze" in eine schwierige soziale Lage gedrängt, die oft zum Teufelskreis führt, ersatzbefriedigend dann noch mehr zu essen und sich in der Folge erst recht selbst abzulehnen. Mit Herumkaspern und Hyperaktivität erhoffen sich daher viele dicke Kinder ein höheres Maß an Aufmerksamkeit und Akzeptanz.
– Magersucht und Bulimie (Eß-Brech-Attacken) nehmen bei Mädchen und neuerdings auch bei Jungen zu. Mit Essen sich selbst etwas Gutes zufügen zu wollen oder die Ablehnung der eigenen Leiblichkeit insbesondere aus Angst vor dem Geschlechtsreifwerden und dem dann eventuell erkennbaren Nichtbegehrtwerden oder als Folge von Vergewaltigungen durch Väter, Brüder, Onkel oder andere Männer liegen solchen Störungen zugrunde. Da magersüchtige und bulimische Menschen ihren Körper nicht kontrollieren können und da sie insofern seelisch besonders schwach sind, als daß sie ihre emotionalen Impulse und spontanen Wünsche nicht in den Griff bekommen, neigen sie oft gleichzeitig zu Kaufsucht oder Kleptomanie.

Junge Menschen versuchen mit psychosomatischen Störungen, Übererwartungen, Ablehnungen, Ängste oder unangemessen starke Reaktionen ihrer Bezugspersonen zu verarbeiten, weil sie nicht wissen, wie sie sonst Auswege finden sollen. Nervöse Tics signalisieren beispielsweise den Versuch der nervlichen Ableitung von Spannungen.

Eltern müssen wissen, daß vor allem in der Wiederholung besonders mißlicher Erlebnisse eine große Gefahr liegt. Wenn Kinder immer wieder etwas umwerfen und die Mutter immer gleich negativ darauf reagiert, dann überwiegt in ihnen die Angst vor Folgen von Fehlverhalten bei weitem gegenüber dem eigentlichen Problem, an dem sie immer wieder scheitern. Das gilt für schlechte Noten genauso wie für Unpünktlichkeit oder Ungeschicklichkeiten.

Schließlich wird dann die stets wieder ähnliche Reaktion auf immer wieder ähnliche Ursachen zu einer so eintrainierten Bahn, daß der junge Mensch schon auf kleinste Auslöser in gleicher Weise reagiert, also mit einem Asthmaanfall, einer Hautrötung, mit Stottern oder einem Migräneanfall. Eltern, die das verhindern wollen, müssen demnach auf ähnliche Anlässe unterschiedlich reagieren, ohne daß sie von Deutlichkeit, Konsequenz und Grenzsetzungen an sich Abschied nehmen sollen.

Wenn Führungsstile und Erziehungsweisen, die bei kleinen Kindern zu psychosomatischen Reaktionen führen, geändert werden, schafft man noch relativ leicht die Überwindung der Störung. Bei älteren Jugendlichen ist dagegen ihre körperliche Antwort auf bestimmte Auslöser oft so eingefahren, verfestigt und verselbständigt, daß nur noch eine intensive Therapie hilft, in derem Rahmen vor allem alternative Reaktionsmuster eröffnet und trainiert werden; dazu gehören angemessene Verhaltensweisen zur Konfliktbewältigung, zum Sich-Wehren, zum Sich-Behaupten und zum sich durchsetzenden Handeln in eine erfolgreichere Zukunft hinein.

12. Ernährung und Erziehung – das schlaffe und das hyperaktive Kind

Eßsüchtige verschlingen Nahrung ohne hemmende Kontrolle, Magersüchtige meiden das, was ihr Körper eigentlich braucht, die Bulimiker stopfen unentwegt alles in sich hinein, um sich danach zu übergeben oder Abführmittel zu schlucken. Vor allem Mädchen und Frauen sind von diesen Arten der Autoaggressionen betroffen; sie haben nicht gelernt, ihre Probleme anders, sinnvoll zu lösen, und ihr Körper hat sich an das Reaktionsmuster gewöhnt, Konflikten mit abartigem Eßverhalten auszuweichen, sie durch Eßzwänge oder Eßverweigerungen abzuschieben.

Wenn die Seele unterernährt ist, neigen viele Menschen zur ausgleichenden Überernährung des Leibes, zur Ersatzbefriedigung durch Zucker wegen ihrer mangelnden Lebensfreude oder zum übermäßigen Essen an sich; und wenn sie mit Reizen durch die Umwelt überernährt sind, wenn sie deren Fülle nicht mehr bewältigen können, versuchen sie gegenzusteuern, indem sie ihren Körper mit einer unterdosierten stofflichen Zuführung magersüchtig unterernähren.

Kinder werden aus Gründen seelischen Hungers oft zuckersüchtig. Aber selbst wenn sie heute durchschnittlich weniger essen als früher, sind sie dennoch dicker als ehedem, weil sie sich zu wenig bewegen, weil sie allzu viel aufnehmen, was ihr Körper ohnehin schon überreichlich hat, weil sie Fette, Eiweiße, Kohlehydrate, Spurenelemente und Vitamine nicht mehr „bedarfsorientiert" zu sich nehmen, sondern wahllos, das heißt bei gleichzeitigem Schwinden ihrer eigentlich vorhandenen Instinkte in bezug auf das, was ihre Organe brauchen, in sich „reinziehen".

Viele Kinder und Jugendliche führen ein derart bewegungsarmes Leben, daß sie mit großer Wahrscheinlichkeit im Erwachsenenalter an Übergewicht leiden und sich Herzerkrankungen zuziehen.

Nach Erkenntnissen der Kinderärzte brauchen Kinder ein Wochenpensum von mindestens dreimal je 20 Minuten an körperlicher Aktivität wie Laufen oder Fahrradfahren. Wissenschaftler der Universität Exeter stellten jedoch fest, daß von den zehn- bis 16jährigen heute mehr als 90 Prozent nicht einmal diese Mindestnorm erfüllen. Jeder fünfte der zehnjährigen Jungen und jedes dritte der Mädchen sind nicht einmal zehn Minuten lang ausreichend körperlich aktiv. Hauptgrund ist, daß die Kinder zu lange vor dem Fernseher oder an Computerspielen sitzen.

Der Bewegungsmangel bewirkt schon im Kindesalter Übergewicht, und zwar obwohl Kinder heute weniger essen als vor 60 Jahren. Das ermittelten Forscher der Universität Glasgow; während 1930 ein Kind täglich im Durchschnitt etwas mehr als 3000 Kalorien zu sich nahm, sind es heute weniger als 2500 Kalorien pro Tag.

In Deutschland besteht eine vergleichbare Entwicklung. Nach Auskunft von Krankenkassen hat jedes dritte Schulkind Übergewicht. Bis zu 20 Prozent der deutschen Kinder gelten sogar als fettsüchtig. 70 Prozent aller dicken Schulkinder haben auch als Erwachsene Übergewicht. Dadurch sind sie stärker von Krankheiten wie Bluthochdruck, Arteriosklerose, Herzinfarkt und Diabetes bedroht.

An sich wissen Kinder instinktiv, wieviel sie essen sollten. Eine zu starke Kontrolle ihrer Eßgewohnheiten durch die Eltern begünstigt aber ihre Fettleibigkeit. Die amerikanische Ernährungswissenschaftlerin Susan Johnson veröffentlichte eine Studie, wonach eine starke Kontrolle der Mutter auf die Nahrungsaufnahme ihres Kindes dazu führe, daß das Kind immer weniger in der Lage sei, sich selbst einzuschränken. Für die Studie wurde das Verhalten von 77 Kindern im Alter von drei bis fünf Jahren untersucht, denen unterschiedliche Kalorienkombinationen angeboten wurden. Außerdem wurden ihre Eltern zu den Eßgewohnheiten innerhalb der Familie befragt. Dabei kam heraus, daß die Kinder, deren Mütter sie essen ließen, wann immer sie Appetit hatten, ihre Kalorienaufnahme instinktiv einschränkten. Im Gegensatz dazu gelang es den Kindern, deren Mahlzeiten strikt reguliert wurden, viel schlechter, ihre natürliche Grenze zu finden. Schätzungen zufolge ist eines von vier Kindern in den USA übergewichtig, und zwar mit steigender Tendenz.

Wenn Kinder durchweg zu müde, zu unkonzentriert sind und kein Durchhaltevermögen haben, wenn sie also insgesamt zu schlaff, zu quengelig oder als „Zappelphilippe“ hyperaktiv, also motorisch auffällig oder gestört sind, stimmt ihre Ernährungsbilanz oft nicht. Der Zusammenhang von Ernährung und Erziehung bzw. Verhalten ist in der Pädagogik allzu lange unterbewertet worden. Der Mensch ist nämlich vor allem auch, was er ißt.

Viele Verhaltensauffälligkeiten von Kindern lassen sich allein mit Ernährung steuern und überwinden. Häufig genügt als Voraussetzung dafür eine

Gesichtsdiagnose. Wenn die Lidränder gerötet sind, mangelt es dem Körper an Zink, wenn die Mundwinkel rissig und entzündet sind, kann man mit Eisen, Natrium (Kochsalz) und Vitamin B 2 abhelfen, wenn die Stirn großporig, gerötet und voller Mitesser ist, fehlt es an Magnesium usw.

Bei einer Untersuchung Münchener Grundschüler wurde bereits bei jedem siebten Kind ein erhöhter Cholesterinspiegel festgestellt, eine Folge von zu reichlicher Fettaufnahme über Jahre hinweg, und schon zehn Prozent aller zehn- bis 15jährigen deutschen Kinder leiden unter einer arteriosklerotischen Verengung ihrer Blutgefäße.

Nach einer Langzeitstudie von Klaus Hurrelmann von der Universität Bielefeld klagt jeder vierte junge Mensch zwischen zwölf und 17 Jahren über häufige Kopf-, Rücken- und Magenschmerzen, Schwindelgefühl und Nervosität; jeder dritte 15jährige nimmt deshalb bereits regelmäßig Medikamente, viele trösten sich gegen ihre Leiden mit Nikotin, Alkohol und illegalen Drogen. Die meisten dieser Unpäßlichkeiten sind durch unstimmige Reiz-, Erwartungs- und Forderungsbilanzen, also durch falsche Erziehung, unzulängliche Beziehungen, unausgewogene Ernährung, durch Angst vor der Zukunft, durch mangelnde Anerkennung im Freundeskreis und Probleme mit Gleichaltrigen bedingt. Die Situation solcher jungen Menschen wird jedoch durch die begehrtesten Nahrungsmittel dieser Altersstufen, nämlich Schokoriegel, Schokoladenmus, Marmelade, Weißbrot, Kakao, Cola, Pommes frites, Ketchup und Hamburger sowie Curry-Würste, eigentlich stets nur verschlimmert.

Das Kinderernährungswerk in Hamburg konnte in einer Förderschulklasse nur ein einziges Kind ohne Ernährungsmängel ausmachen; nach einem aufgrund von Gesichts- und Handhautdiagnose zusammengestellten Ernährungsprogramm für jedes Kind dieser Klasse wurden binnen kurzer Zeit deutliche Verhaltens- und Leistungsverbesserungen bei fast allen Mädchen und Jungen erreicht. Weil die meist in bezug auf die leibliche Versorgung sehr defizitären Elternhäuser zu einer Ernährungsumstellung nicht zu bewegen waren, mußte die Lehrerin die Erfolge über ein tägliches gemeinsames Schulfrühstück, bei dem jedes Kind entsprechend seiner Mängel etwas anderes zu essen bekam, organisieren, ergänzt durch einen Schulkiosk für die gesunde Pausenernährung – ein Weg, der im Sinne von pädagogischer Investiton die Verhaltens- und Lernsituation in vielen Schulen deutlich verbessern würde.

Bereits 1796 stellte der berühmte Pädagoge Christian Gotthilf Salzmann fest, daß „körperlich ungesunde Kinder nicht erzogen werden können". Damals wußte man allgemein noch mehr über gesunde Ernährung als heute.

Wenn Eltern sich falsch ernähren, ist übrigens die Wahrscheinlichkeit äußerst hoch, daß auch ihre Kinder falsch ernährt sind. Im Unterschied zur Türkei beispielsweise ist in unserer Gesellschaft das Wissen über lebenswichtige Spurenelemente und Vitamine in Joghurt, weißen und roten Bohnen, gelben Erbsen, Linsen, Weißkohl, roter Paprika usw. weitgehend abhandengekommen.

Kinder spüren jedoch noch besser als Erwachsene, was sie gerade brauchen, wenn sie zur Salzstange, zum Apfel oder zum Brötchen greifen. Eltern machen Fehler, wenn sie Kinder unter dem Motto „Was auf den Tisch kommt, wird gegessen" immer wieder zum regelmäßigen Völlen zwingen oder dicke Kinder nicht davon abhalten, ständig viel Kuchen und Bonbons zu essen.

Kindern muß die Chance eingeräumt werden, auch einmal Hunger zu empfinden. Wer ein Kind pausenlos mit dem „Päppeltrieb" „Iß doch, mein Kind!" zum Essen zwingt, erzeugt in ihm Blockaden, die zu dauerhaften Eßstörungen führen können. Leider wird oft mit raffiniertesten Methoden gearbeitet, um Kinder „vollzustopfen".

Mit Spielchen wie „ein für Papa, ein für Onkel Ludwig, ein für ..." und mit Ablenkungsmanövern durch Grimassen, Fernsehen, Versprechungen und Kerzenlicht sollen sie dazu bewogen werden, den Mund zu öffnen, um dann in aller Eile einen Löffel nach dem anderen hineinschieben zu können.

Anfällig für Eß- und Ernährungsstörungen sind vor allem aktive und kreative, überdurchschnittlich intelligente und wenig angepaßte Kinder mit einem starken Hang zum Individualismus und solche, deren Mütter sich durch übertriebene Fürsorge oder Zuneigung zum Kind auszeichnen; Eßstörungen können nämlich ein autoaggressives Sich-Wehren gegen allzu viele Zumutungen durch die Umgebung sein.

Schulkinder, die morgens zum Frühstück gar nichts oder nur weißes Brot, Marmelade und Schokoladencreme essen, können in der Schule nur etwa eine halbe Stunde mithalten, sie sind danach schlaff, matt, hyperaktiv, zappelig, unkonzentriert und von geringem Durchhaltevermögen. Wenn sie aber morgens Schwarzbrot, Eier, Käse, Schinken, Linsen und rote Paprika zu sich nehmen, bleiben sie bis etwa 14 Uhr leistungsmotiviert und aufnahmefähig.

Kinder, die in der Hofpause durchaus aktiv sind, in der Englischstunde danach aber eindösen, leiden nicht unbedingt an Motivations-, sondern vielfach an Kreislaufschwäche. Sie brauchen keinen Schulpsychologen, sondern schlichtweg ein verbessertes Nahrungsangebot mit Eisen, Niacin, den Vitaminen C und D, Kochsalz, Kalk und nach 16 Uhr Pantothensäure (in Haferflocken). Denn schaukelt ein falsch ernährtes Kind permanent auf oder mit seinem Stuhl herum, so muß es nicht verhaltensgestört sein; es versucht vielleicht nur instinktiv, seine Reizbilanz stimmiger zu machen, indem es mit Mobilität, die dem Lehrer als Hyperaktivität vorkommt, gegen seinen schlaffen körperlichen Zustand und gegen die Gefahr einzuschlafen angeht.

Was Kinder zu sich nehmen, stammt vielfach aus einer schwer belasteten Umwelt. Kinder nehmen Gifte mit der Luft auf, sind mißlichen Strahlungen ausgesetzt, nehmen schädliche Stoffe über die Haut auf, bekommen sie während der Schwangerschaft mit dem Blut der Mutter und danach mit der Muttermilch. Sie befinden sich, wenn sie klein sind oder wenn sie im Kinderwagen liegen, oft in der Höhe der Auspuffrohre von Autos und nehmen deren Abgase im Vergleich zu Erwachsenen in dreifacher Konzentration auf, und das bei einem bis zu 27mal kleineren Körpervolumen. Kein Wunder ist also, daß gerade in verkehrsreichen Wohngegenden und in Industriezonen ein enormer Anstieg von Asthmaerkrankungen festzustellen ist. Die Lungenbläschenoberfläche von Kindern entspricht etwa der Tapetenfläche einer Drei-Zimmer-Wohnung. Beinahe jeder zehnte Viertkläßler Münchens leidet mittlerweile unter Asthma.

Aber auch sonst steigen die Belastungen für Kinder an:

- Dioxinspuren in der Muttermilch beeinträchtigen die Immunabwehr.
- Gifte, die Kleidungsstücke knitterfrei halten sollen, werden über die Haut aufgenommen.
- Zigarettenrauch, Fabrikabgase und Chemiegifte fördern Allergien, Heuschnupfen und Bronchitis; bereits 1,5 Millionen deutsche Kinder leiden an chronischen Hautreizungen wie Ekzemen und Neurodermitis.
- Autoabgase fördern die lebensbedrohende Ozonbildung, vor allem bei Windstille und Hitze im Sommer.
- Mit Nahrung und Getränken wird Blei aufgenommen, das statt Kalzium in Knochen und Leber eingebaut wird und die Blutbildung und damit die Sauerstoffversorgung des Körpers stört.
- Kupfer aus Wasserleitungen lagert sich in der Leber ab, Cadmium in den Nieren, Benzol schädigt die Nerven, Radioaktivität kann Leukämie auslösen, Nitrate im Trinkwasser und im Gemüse können bei Säuglingen zu Blausucht führen.
- Chlorwasser und -dämpfe in Badeanstalten können krebsauslösend sein.
- Milch enthält in Westdeutschland Dioxine, in Ostdeutschland DDT. Was von beiden ist verträglicher?

Der Ernährungszustand spiegelt sich im Gesicht wider. In der DDR wurden Menschen anders ernährt als in der alten Bundesrepublik und anders als in den USA. Direkt nach der Wende konnte man daher vor allem bei Kindern und Frauen am Gesicht ablesen, woher sie kamen. Jeder Überschuß und jeder Mangel an Spurenelementen, Vitaminen, Fetten, Eiweißen und Kohlehydraten zeigt sich als Färbung, Blässe, Schuppung, Rissigkeit, Glanz, Pickeligkeit, Austrocknung oder Feuchtigkeit in bestimmten Gesichtszonen, aber auch an Fingerkuppen, in der Nägelbeschaffenheit und in Kniekehlen.

Bitterfelder Kinder, die in dem dortigen maroden Chemierevier aufwuchsen, waren im Schnitt vier Zentimeter kleiner als ihre Alterskameraden im Westen, und die McDonald's-Ernährung der USA-Kinder führt bei völlig unterschiedlicher rassischer Herkunft zu recht ähnlichen Gesichtszügen.

Der Stoffwechsel eines kleinen Kindes ist dreimal so aktiv wie der seines Vaters, also auch dreimal so störanfällig. Und was auf Kinder stofflich einwirkt, hat ja auch viel mehr Zeit, sich auf Dauer schädlich auszuwirken, deshalb ist es schon ein Unterschied, ob ein 40jähriger mit dem Kettenrauchen beginnt oder ein Elfjähriger.

Es gibt zu wenige Eltern, Erzieher und Lehrer, die um das Zusammenspiel der Nahrungsstoffe im Körper wissen. Wenn ein Kind Vitamin-D-Mangel in seinem Gesicht offenbart, reicht es nicht, ihm mehr Fisch oder Schinken zu geben; auch der „Gegenspieler" Vitamin A muß dann verstärkt angeboten werden (Tomate, roter Paprika), weil nur die Balance beider nicht zu einer ganz anderen defizitären Störung führt.

Wer mehr über Gesichts- und Handhautdiagnose, über das Zusammenspiel der Spurenelemente und Vitamine im Körper sowie darüber, in welchen Lebensmitteln sie sind, wissen möchte, sollte sich einmal an das Kinderernährungswerk, Ausschläger Weg 68, 20537 Hamburg (Tel. 040/ 25 43 600) wenden.

Gewarnt sei allerdings vor Übertreibungen; denn gerade Kinder stellen sich sehr flexibel auf die unterschiedlichen Nahrungskonstellationen ein. Ihr Organismus wird besser mit einseitiger Ernährung fertig als der von Erwachsenen. Die beste Ernährung ist die vielfältige und abwechslungsreiche und die Kinder dann auswählen zu lassen, was sie und wieviel sie wollen. Unbewußt gleichen die meisten Kinder über einen längeren Zeitraum hinweg zu große oder zu geringe Mengen an Spurenelementen und Vitaminen wieder aus, das gilt auch für die Zuführung von unterschiedlichen Kaloriendosen oder Flüssigkeitsmengen.

Weißbrot, Marmelade, Kakao oder Haferflocken zum Frühstück wirken auf Konzentration, Durchhalte- und Leistungsvermögen bei einmaliger Aufnahme nicht so förderlich wie Linsen, Schinken, Schwarzbrot, Ei oder Käse; wenn sich der Organismus aber über Jahre hinweg an ein an sich nicht so günstiges zuckerreiches Müsli-Frühstück gewöhnt hat, kann er schließlich genauso leistungsfähig wirken wie nach einem allmorgendlichen Linsen- und Schinkenfrühstück.

13. Bezugspersonenbedürfnisse

Bezugspersonen können nicht irgendwelche Menschen sein, die Kinder verwalten oder die versuchen, sich über den Tag hinweg zu einem Ganzen zu addieren.

Nur dann ist ein Mensch eine Bezugsperson, wenn es von beiden Seiten her Sympathie gibt, wenn man sich gegenseitig mag. Ein Vater, der sein Kind eher als störend empfindet, der es bloß zu einem pflegeleichten Wesen dressieren möchte, der ausschließlich Grenzen setzt und sanktioniert, der das Kind aber nie lobt, ermutigt, mit Ignorieren entlastet oder streichelt, ist noch lange keine Bezugsperson. Wenn das Kind nur über das Band der Angst an einen Elternteil, einen Erzieher oder einen Lehrer gebunden ist, sind diese noch nicht Bezugspersonen im Sinne des kindlichen Bedürfnisses.

Kinder brauchen Bindungen erstens an die Normen und Werte eines Weltbildes, zweitens im Sinne von Perspektiven an ihre Zukunft und drittens an wenigstens eine Bezugsperson; und in dem Maße, wie es ihnen an diesen drei Bindungsformen mangelt, sind sie graduell oder ganz verwahrlost.

Es ist zwar immer wichtig, wie die vier Lebenswelten des Kindes, nämlich Familie, Schule, Bildschirm und Gleichaltrigkeit, beschaffen sind, ob die Familie arm oder reich ist, beengt oder luxuriös lebt, „vollständig“ mit beiden Eltern und Geschwistern oder eine Ein-Eltern-Familie mit Einzelkind ist, ob die Schule eine Gesamtschule, eine Hauptschule oder ein anspruchsvolles Gymnasium ist, ob viel oder wenig ferngesehen wird, ob man mehrere gute Freunde oder nur einen hat; die Institutionen, in denen Kinder leben und lernen, sind aber stets nur das Zweitwichtigste. Das Entscheidendste ist die Qualität der Bezugspersonen Eltern, Geschwister, Lehrer, Freunde und Großeltern; auf ihr Engagement, ihre Umfassung, ihre Präsenz und ihr Gemochtwerden im Sinne von Autorität kommt es vor allem an, wenn das Kind gelingen soll.

Eine alleinerziehende, berufstätige, arme Mutter kann in der Bilanz für ihr Kind viel positiver sein als der Einfluß einer Familie, in der es Vater, Mutter und Geschwister gibt; und ein guter Hauptschullehrer vermag vielleicht die Persönlichkeit eines Schülers viel besser zu beeinflussen als ein Griechisch- und Lateinlehrer an einem humanistischen Gymnasium.

Kinder haben sieben Bezugspersonenbedürfnisse, die nicht unbedingt durch sieben verschiedene Menschen befriedigt werden müssen, sondern die auch durch zwei bis drei, manchmal sogar durch eine Person abgedeckt werden können. Die Chance, daß mehrere Bezugspersonen es insgesamt gut machen, ist jedenfalls größer, als daß es eine schafft, aber im Ausnahmefall gelingt es einer einzigen Bezugsperson besser als ganz vielen, jedenfalls gilt das oft in der Heimerziehung so.

Im Moment geht die Zahl der Geburten in Deutschland zurück, da immer mehr Frauen spüren, daß sie mit großer Wahrscheinlichkeit so ziemlich die einzige Bezugsperson für ihr Kind bleiben werden, oder da sie sich die Rolle der umfassenden Bezugsperson nicht zutrauen, ganz abgesehen davon, daß immer mehr Frauen ein Kind als störend für ihre Karriere oder schlichtweg als zu teuer empfinden. Von 1993 auf 1994 ging die Zahl der Geburten bundesweit um 3,7 Prozent zurück, und zwar um 3,8 Prozent in Westdeutschland und um 2,5 Prozent in den neuen Ländern; 1994 kamen nur noch rund 766 000 Kinder in der Bundesrepublik zur Welt. In jeder fünften Familie mit Kindern unter 18 Jahren, das sind 1,64 Millionen, erzieht heute ein Elternteil allein, davon sind 85 Prozent Mütter und nur 15 Prozent Väter. 75 Prozent der Kinder, die in Ein-Eltern-Familien leben, sind übrigens Einzelkinder, ihnen fehlt es also nicht nur an einem zweiten Elternteil, sondern auch an Geschwistern.

Alleinerziehende Eltern sind oft finanziell, sozial und psychisch stark belastet, die Hälfte von ihnen muß mit monatlich etwa 1800 Mark Netto auskommen, so daß Kinder, die mit nur einem Elternteil leben, nicht nur die größere Chance haben, mit einem Mangel an Bezugspersonen aufzuwachsen, sondern auch an der Grenze zur „neuen Armut“ zu darben.

Die Zahl der Kinder in den USA, die ohne Väter aufwachsen müssen, hat sich in den letzten 45 Jahren vervierfacht. Nach einer Studie der Annie-Casey-Stiftung in Baltimore wuchsen im vergangenen Jahr 24 Prozent aller Kinder, also nahezu jedes vierte, bei einer alleinerziehenden Mutter auf. 1950 waren es erst sechs Prozent.

Die sieben Bezugspersonenbedürfnisse, die Kinder eigentlich für ihr Gedeihen befriedigt bekommen müssen, sind nicht an konkrete Rollen geknüpft, sie müssen aber von irgend jemandem irgendwie abgedeckt werden; Kinder brauchen rein funktional:

- das Mütterliche, das sich an der leiblichen Versorgung, also an Ernährung, Gesundheit, Krankheit, Wachstum und Geborgenheit in der Wohnstubenatmosphäre orientiert und das das Kind beschützt, es also eher jünger nimmt, als es schon ist,
- das Väterliche, das das Kind in die Welt und in die Zukunft hinausfordert, ihm Grenzen setzt, es sanktioniert und es mit Deutlichkeit und Konsequenz bildet, es also eher älter nimmt, als es ist,
- das Großmütterliche, das für die Werteerziehung und für die Tradierung von Sitten und Bräuchen zuständig ist, indem Koch- und Backrezepte und die Rituale der Familienfeste überliefert werden, aber auch aus der Bibel vorgelesen und Märchen erzählt werden,
- das Großväterliche, das für Lebenstüchtigkeit steht, indem von Kriegserlebnissen oder ausgestorbenen Handwerken wie dem des Hufschmieds berichtet wird,
- das Geschwisterliche, mit dem das Kind seine Kräfte, Macht und Unterwerfung, Heimlichkeiten, Lügen, Stehlen und Intrigen ausprobieren kann sowie über gemeinsames Spielen und Balgen eine Fülle von Körperkontakt- und Sprachanlässen zur Entwicklung seiner Sinne erhält,
- das Freundschaftliche, das für das Bedürfnis nach Gleichaltrigkeit steht,
- und das Fachmännische für ausgefallene Sportarten, die es bevorzugt, oder für Informatik, den Umgang mit Computern oder das Lernen an sich.

Diese Funktionen, die das Kind benötigt, sind nicht wörtlich den dahinterstehenden Personen zuzuordnen, denn es gibt auch väterliche Mütter, freundschaftliche Lehrer, mütterliche Großväter, großmütterliche Freunde und großväterliche Geschwister; vor allem gibt es aber Mütter und Lehrerinnen, die in einer Person vereinigt sowohl mütterlich und großmütterlich, als auch freundschaftlich, geschwisterlich, väterlich und fachmännisch zu sein vermögen. Müttern, Erzieherinnen und Lehrerinnen ist die Erweiterung ihrer herkömmlich engen Funktionsrolle um weitere Bezugspersonenanteile in den letzten 30 Jahren vielfach sehr gut gelungen, Vätern, Erziehern und Lehrern aber nur gelegentlich und recht bescheiden.

Das „einsame Einzelschwein" Einzelkind eines Ein-Eltern-Haushaltes, wie DER SPIEGEL einmal titelte, hat oft nur den Bezug zur Bildschirmwelt, es mangelt ihm an Väterlichem, an Geschwisterlichkeit, an Freundschaftlichem, an Großmütterlichem und Großväterlichem und partiell auch an Mütterlichem, wenn die Mutter berufstätig ist und erst spät und dann erschöpft nach Hause kommt. Einige Mütter kompensieren mit einer intensiven abendlichen, wochenendlichen und ferienmäßigen Zuwendung recht gut, was dem Kind ansonsten fehlt, sie sorgen für reichlichen freundschaftlichen Umgang des Kindes, spielen und toben mit ihm oder ziehen sogar mit ihm in eine Wohngemeinschaft, um ihm ein Mehr an Bezugspersonen zu verschaffen.

Wenn Jungen allein mit einer Mutter leben, verlieren sie oft ein Stück ihres Kindseins, weil sie ein Stück weit Partnerersatz der Mutter werden, die ihrerseits ein Stück ihrer klassischen Mutterrolle einbüßt und statt dessen so etwas wie ein älteres Geschwisterkind wird.

Unsere Gesellschaft wird oft als kinderfeindlich beschrieben; gemeint ist damit erstens, daß Kinder nicht gut zu unserem hochentwickelten Straßenverkehr passen, daß Stadtentwicklung und Haus- sowie Wohnungsarchitektur ihre Bewegungs-, Sinnesentwicklungs- und Spielbedürfnisse übersehen und daß die staatlichen Ausgaben für ihre Erziehung und Bildung keine ausreichende gesellschaftliche Zukunftsinvestition erkennen lassen.

Gemeint ist damit zweitens, daß Kinder heute oft mit einem deutlichen Mangel an Bezugspersonen aufwachsen müssen und daß ihre Versorgung mit bloß stundengebenden Fachlehrern, mit selten auftauchenden Tutoren, mit „reparierenden" Spezialisten in Beratungszentren wie Sozialpädagogen, Schulpsychologen, Beratungslehrern, Präventionslehrern, Familienhelfern und „Schriftberaterinnen" (gegen Legasthenie) sowie mit Erziehern, die in Heimen im Schichtdienst, mit Versetzungen, Beförderungen und Krankheits- sowie Urlaubsvertretungen wirken, die aber nicht wie in der „heilen" Familie oder im Kinderdorf rund um die Uhr mit den ihnen anvertrauten Kindern zusammenleben, nicht ihren eigentlichen Bedürfnissen nach umfassenden Bezugspersonen entspricht.

Gemeint ist damit aber drittens auch, daß unsere Gesellschaft – und in ihr die Kinder – eine schlechte Prognose hat, weil immer mehr Erwachsene immer mehr, immer hastiger und immer maßloser konsumieren wollen. Der Hamburger Freizeitwissenschaftler Horst W. Opaschowski beklagt die Tendenz zu einer „kinderlosen Freizeitkultur", zu einer egozentrischen „Erlebnisgeneration", die mit ihren Sehnsüchten „das Ende der Familie" beschleunige, Freundschaften zu „kündbaren Zweckbeziehungen" verkommen und Vereinsamung zu einem florierenden Wirtschaftsfaktor geraten lasse, denn der „bezahlte Profi", also der Therapeut, der Masseur, der Animateur, der Partnervermittler, der Telefonseelsorger, der Gigolo oder der Barkeeper, ersetzt zunehmend den einfühlsamen Menschen, den Freund, die Familie und sowieso die Großeltern und die Geschwister. Das „Erlebniszeitalter", in dem nur noch „die Inszenierung von Augenblicken" zähle, rücke immer näher, befürchtet Opaschowski, und wer da aussteigt, werde zum belächelten Außenseiter. Rücksicht nehmen zu müssen mache bereits heute jeden zweiten Menschen wütend und aggressiv.

14. Mütterlichkeit, leibliche Versorgung und Wohnstubenatmosphäre

Die Mutter ist die wichtigste Bezugsperson im Leben eines jeden Menschen, und zwar sowohl wenn sie lieb als auch wenn sie ganz schrecklich ist, aber auch, wenn sie gar nicht mehr da ist. Jeder Mensch verbringt etwa neun Monate in ihr, fast jeder wird zuerst nur von ihr versorgt.

Die Mutter ist so einmalig, daß das Kind ihr nicht zugesteht, was es schon anderen Menschen erlaubt; sie darf nicht unbedingt für andere Menschen da sein, allenfalls für den Vater, die Geschwister und die Großeltern, aber nicht einmal Sexualität wird ihr gestattet, schon gar nicht mit einem fremden Menschen. Sie ist für das Kind zunächst und oft sehr lange noch ein sexualitätsloses Wesen, und wenn sie von ihrem Kind beim Sex überrascht wird, bekommt es oft einen gewaltigen Schock.

Ein 15jähriger Junge ist gerade in den USA zu 40 Jahren Haft verurteilt worden, weil er seine Mutter beim Geschlechtsverkehr mit einem Freund überrascht und sie dann erschlagen hat; die Begründung der Richter war, er habe „seine Gefühle nicht unter Kontrolle" gehabt. Das ist auch schwer, denn beim Geschlechtsverkehr verhält sich die Mutter völlig anders, als das Kind sie je erlebt hat; sie wird zu einem unbekannten Wesen, wenn sie stöhnt oder eine Art von Körperkontakt und -bewegung zeigt, die das Kind noch nie zuvor bei ihr erlebt hat. In solchen Situationen haben viele kleine Kinder den Eindruck, der Partner tue ihrer Mutter weh.

Mütter müssen also schon früh ihren Kindern vermitteln, daß sie nicht nur Mutter sind, daß sie auch Ehepartner, Mutter der Geschwister, Arbeitsweltangehörige, Politikerin und Freundin anderer Menschen sind, daß sie ein Recht auf ein Eigenleben, auf Ruhe, Entspannung, Rückzug in ihr Zimmer und auf Sexualität haben.

Muttersein ist ein Prozeß, der vom In-sich-Tragen des Kindes über seine umfassende leibliche Versorgung bis zum Loslassen und äußerlichen Ablösen führen muß. Müttern fällt es vielfach schwer, das Kind phasengerecht zu behandeln, es also weder überzuversorgen noch zu vernachlässigen:

– Am Anfang muß das Kind möglichst häufig und lange in der leiblichen Nähe der Mutter sein. Es sollte am Körper getragen werden, im Bett der Mutter schlafen und kein eigenes Bett oder Kinderzimmer und auch keinen Kinderwagen haben. Der intensive Hautkontakt, das Spüren der leiblichen Nähe und Wärme geben Geborgenheit und Sicherheit, die das Kleinkind benötigt. Dazu gehört auch, das Kind möglichst lange selbst zu stillen, selbst zu windeln, einzucremen und möglichst viel mit ihm zu sprechen und ihm in die Augen zu sehen, auch wenn es selbst noch nicht reden kann. Das Kind registriert schon sehr früh die Mimik der Mutter, ihr Lächeln oder ihr Traurigsein, ihre Erschöpfung und ihren Ärger, also auch ihr Gestreßtsein durch das Kind; es reagiert darauf mit Wonne und Wohlbehagen oder mit Schreien, Unruhe, Angst und Hautreizungen.

- Kinder bis zum dritten Lebensjahr müssen von der Mutter angemessen gefordert und gefördert werden; Begründungen für den fordernden Erziehungsstil wirken nur nonverbal über die dadurch vermittelten Stimmungen. Vom vierten bis zum elften Lebensjahr müssen die Forderungen mit verbalen Begründungen begleitet werden, weil Erziehung dann schon die Zustimmung des Kindes benötigt. Etwa ab dem zwölften Lebensjahr müssen Mütter dazu übergehen, die von ihnen gemeinte Forderung und Grenzsetzung allein durch die Begründung wirken zu lassen; die Forderung ist dann also in der Begründung impliziert.
- Begründungen brauchen mehr Zeit als bloße Forderungen; Ansprache und Zuhören sollten daher im Verhältnis von Mutter und Kind eine große Rolle spielen. Das Fragealter des kleinen Kindes, die Trotzphasen um das dritte und um das siebte Lebensjahr herum und das Erproben von Grenzübertritten etwa vom 13. Lebensjahr an erfordern viel Geduld und Zeit des Gesprächs, aber auch die Bildschirmerfahrungen. Mußvolle Mahlzeiten, das ruhige Aufarbeiten der Kindergarten- und Schulerlebnisse am Nachmittag und die Bildschirmerlebnisse begleitende Gespräche sind für das Gedeihen des jungen Menschen im Sinne von Stimmigmachen seiner Bilanzen außerordentlich wichtig. Ganz wichtig ist, daß die Mutter beim Zubettgehen des Kindes noch eine ganze Weile auf der Bettkante sitzt, dem Kind zuhört und auf seine Gesprächswünsche engagiert eingeht. Zwischen Fernseh- und Spielerlebnissen und dem Einschlafen sollte immer noch etwa eine Stunde der Entspannung, angereichert mit Gespräch, liegen, damit das Kind die unverarbeiteten Reize des Tages nicht in Form von schweißtreibenden, unruhefördernden und alptraumreichen Ängsten mit in die Nacht und am nächsten Morgen mit in den Kindergarten oder die Schule nimmt.
- Von der Mutter erwarten Kinder vor allem viel gemeinsame Zeit, Liebe, Ansprache, Zuhören, Körperkontakt, Bewegung, Spiel, Ruhe und eine angemessene Ernährung, die sie mit Urvertrauen als optimal für ihre Leiblichkeit bzw. ihre Gesundheit einstufen. Darüber hinaus wollen sie zu ihr Vertrauen und auch Heimlichkeit haben, sie wollen ihr gestehen, was sie falsch gemacht haben, und sie wollen als Gegenleistung dann kein enttäuschtes Gesicht, kein Schimpfen und kein Strafen, aber auch kein Verpetzen an andere, sondern Verständnis und Verzeihen, aber auch eine liebevolle und sie weiterführende Unterstützung der von ihnen selbst ge-

wollten Grenzsetzungen, die sie für ihr eigenes Funktionieren für unverzichtbar halten. Jugendliche tun vieles nur, um auszuprobieren, was geschieht, wenn sie eine Grenze, ein Tabu, um das sie genau wissen, verletzen; sie hoffen dann auch auf die Bestätigung der Grenze, denn dann fühlen sie, daß sie es wert sind und daß es sie schützt, wenn ihnen die Mutter erneut die Grenze aufzeigt, daß sie also mit dem Aufbau ihres Weltbildes nicht alleingelassen sind.

- Im Spannungsfeld zwischen Gesundheit und Krankheit vertrauen Kinder besonders auf die leibliche Versorgungskompetenz der Mutter; sie genießen ihre Pflege, wenn sie krank sind, so sehr, daß sie gelegentlich sogar lieber krank als gesund sein wollen, vor allem wenn sie nur dann so richtig ihren Bedürfnissen entsprechend Zuwendung erhalten, wenn es ihnen nicht so gut geht. Sie genießen den Körperkontakt und die Nähe der Mutter, hüpfen zu ihr unter die Bettdecke, lassen sich gern einseifen und abduschen, wollen mit ihr schmusen und kuscheln, dabei sein, wenn sie Gemüse putzt oder einen Kuchen backt, und sie machen lieber bei ihr in der Küche Schularbeiten als allein in ihrem Zimmer.
- Über die Wohnstubenatmosphäre bekommen die Kinder erzieherische Aspekte mit, die sie sonst allzu selten erleben: Gemütlichkeit, Kuscheligkeit, Wärme, Ästhetik, Stil, Ton, Takt, Essenskultur, Musisches, das Zusammenleben mit Pflanzen und Tieren und die Vernetzung von Sozialbeziehungen, all das ereignet sich im Wohnzimmer und oft nirgendwo sonst im Leben der Kinder. Die Gestaltung der Wohnstubenatmosphäre obliegt durchweg der Mutter; sie gestaltet damit die Akzente der kindlichen Lebenswelt. Ein übertriebener Sauberkeitszwang und Ordnungsfetischismus sowie ein Computer und ein Anrufbeantworter im Wohnzimmer und ein stets dort arbeitender, zeitungslesender oder mit totalem Ruheanspruch fernsehender Vater, eine Familie, die dort rund um die Uhr fernsieht und deren Mitglieder gleichzeitig weitgehend auf Gespräche untereinander verzichten, sind Faktoren, die die positive Wirkung einer Wohnstubenatmosphäre erheblich beeinträchtigen und damit das Wohlbefinden des Kindes reduzieren und Verhaltensauffälligkeiten bei ihm fördern.
- Mütterlichkeit muß sich rechtzeitig von der äußeren Fürsorge zu einer inneren Bereitschaft wandeln; Überfürsorge, Affenliebe („overprotection" nennen das die Amerikaner) und die Verplanung seines Lebensweges und seiner Freizeit machen das Kind lebensuntüchtig und belassen es in einer ungesunden Abhängigkeit. Nur wenn die Mutter sich in bezug auf leibliche Versorgung, umfassende Wohnstubenatmosphäre und Planung von Bildung, Kleidung, Freundschaften und Freizeitgestaltung langsam immer mehr zurückzieht, kann das Kind zunehmend selbständig, eigenverantwortlich, handlungs- und konfliktkompetent bzw. autonom, also lebenstüchtig werden. Denn Überfürsorge ist genauso mißlich wie Vernachlässigung („underprotection"); nur die mittlere Dosierung an

Reizen, also an Zuwendung, Unterstützung und Entlastung und der phasenentsprechende partielle Rückzug des Mütterlichen, zu dem auch die Möglichkeit des Kindes gehört, Fehler zu machen und daraus zu lernen, bringen den jeweils erforderlichen erzieherischen Zugewinn.

Tröstlich ist jedenfalls, daß der Grad der Zuwendung der Mutter zu ihrem Kind bei weitem wichtiger ist als ihr sozialer Status, ihr Bildungsniveau oder ihr Einkommen, sogar wichtiger als der Umstand, ob die Eltern geschieden sind oder nicht, behindert oder krank sind oder Alkoholiker waren.

Vernachlässigte Jungen und Mädchen wie die „Schlüsselkinder" von „Rabenmüttern" lernen schon früh ihre Interessen auch ohne ein stimmiges oder gesellschaftlich erwünschtes Weltbild und mit Grenzübertritten wie Betrug, Lüge, Aufschneiden, Gewalt oder Egoismus durchzusetzen, während überbehütet aufgewachsene Kinder von Übermüttern wie die Hauptrolle in Loriots Film „Ödipussi" entweder zu einer lebenslangen Unterwürfigkeit und als „Muttersöhnchen" zu einem Übermaß an Anpassung bei gleichzeitigem Verzicht auf Strategien des Sich-Behauptens und Sich-Wehrens neigen oder zu einem Doppelleben zwischen scheinbarer Integration und einem heimlichen autoaggressiven Ausstieg mit psychosomatischen Störungen, Psychosen, sexuellen Perversionen und Süchten.

Am besten erzogen sind stets junge Menschen, die ein Mittelmaß an Liebe und Anerkennung, an Forderungen und Entlastung erhalten haben. Kinder darf man immer nur halb anbinden, halb muß man sie freilassen; kleine Kinder muß man mehr anbinden, Jugendliche muß man mehr freilassen. Mütter müssen sich in dem Maße, wie es das Kind ganz natürlich signalisiert, äußerlich überflüssig machen, denn innerlich bleibt das gute Mutter-Kind-Verhältnis davon völlig unbeeinträchtigt. Priorität sollte immer die eigenständige Zukunft des jungen Menschen haben; untergeordnet muß dagegen das Gefühl bleiben: „Dieses ist mein Kind." Am sinnvollsten ist also eine Kombination aus Über- und Rabenmutter. Brüche und Wechselbäder, mit denen das Kind plötzlich von heute auf morgen in eine Selbständigkeit gedrängt oder immer wieder alternierend mal „betütelt" und mal alleingelassen wird, müssen dagegen unbedingt vermieden werden. Verhätscheln und dann wieder zurückweisen ist nämlich eine besonders ineffektive erzieherische Mischung.

15. Liebevolle Väterlichkeit und brutale Männlichkeit

Die Zahl der alleinstehenden Männer mit mindestens einem minderjährigen Kind stieg in Westdeutschland von 96 000 im Jahre 1975 auf 151 000 im Jahre 1993. Das sind nach den Angaben des Statistischen Bundesamtes in Wiesbaden rund zehn Prozent mehr als 1985 und rund 60 Prozent mehr als noch 1975. Rund drei Viertel der insgesamt 217 000 alleinerziehenden

Väter in ganz Deutschland hatten 1993 dem Bundesamt zufolge nur ein minderjähriges Kind. Etwa ein Fünftel der alleinstehenden Männer lebte mit zwei Kindern unter 18 Jahren zusammen. 174 000 oder rund 80 Prozent der Männer arbeiteten neben der Kindererziehung mindestens 35 Stunden pro Woche in einem Beruf.

Viele Kinder wachsen mit einem Defizit an Väterlichkeit auf und insgesamt mit einem Übermaß an brutalen Männlichkeitsidealen, wie sie beispielsweise per Bildschirm in ihre Köpfe transportiert werden.

Wenn sich Eltern trennen, verliert jedes zweite Kind den Kontakt vor allem zum Vater. Das betrifft in Deutschland mehr als eine Million Kinder. Kinder haben ein Recht auf beide Eltern, wenn es nach ihren Bedürfnissen geht, so daß grundsätzlich das gemeinsame Sorgerecht beider Eltern auch nach der Trennung gesetzlich verankert werden müßte, so wie es in 90 Prozent aller Fälle in Skandinavien praktiziert wird.

Jungen, die auf der Suche nach ihrer Männlichkeit sind, aber ohne Vater aufwachsen, werden eher gewalttätig, wie eine schwedische Studie ergeben hat; denn die Vaterfigur spielt eine große Rolle bei der Orientierung und Identitätsfindung von Jungen. Leben sie mit ihr zusammen, fallen ihnen Anpassung, aber auch Abgrenzung leichter; wachsen sie ohne Vater auf, sind sie dagegen gezwungen, Männlichkeitsideale aus Filmen oder von mißlichen Jugendbanden in ihrer Nachbarschaft zu rekrutieren.

Vaterlose Jungen sind in ihrer Kindheit viel häufiger in Kinderkrippen, Kindergärten und Vorschulen; sie lernen dort über Modelle von anderen Jungen, wie man sich zuschlagend und zerstörend zu wehren und zu behaupten hat und wie man in den Rangordnungen von Männerbünden nach oben kommt. Später sind sie entweder sich selbst überlassen oder sie sind vorwiegend von Frauen, also von Müttern, Erzieherinnen und Lehrerinnen umgeben, so daß sie nicht leicht ihre männliche Rolle finden können; sie lernen dann nicht, gut mit ihren Gefühlen umzugehen, auch weil sie fast nie einen weinenden Mann sehen, so daß sie ihre Bilanz mit Aggressionen und Autoaggressionen stimmig zu machen versuchen. Zwar ist es übertrieben, wenn gelegentlich behauptet wird „Für manch einen Jungen ist der erste Mann, mit dem er in seinem Leben etwas zu tun, der Jugendrichter“, aber ein wenig ist da schon dran.

Und wenn Väter in der Familie de facto noch vorhanden sind, verstecken sie sich häufig hinter ihrer Arbeit, engagieren sie sich in ihrer Freizeit in einer Partei oder in einem Verein; sie gehen lieber zu Herren- als zu Elternabenden. Für viele Väter ist die Familie bloß Erholungsort, aber nicht ein erziehungsgestaltender Ort des aktiven Zusammenlebens, und sie werden mit dieser Einstellung noch unbewußt von solchen Frauen unterstützt, die ihre Rolle vorrangig als eine ehemann- und kinderversorgende verstehen, weil sie ihre Existenzberechtigung vor allem dann, wenn sie nicht berufstätig sind, aus der Fürsorge für die Familie und aus der Hausarbeit ableiten, auch weil sie damit in der Tradition vieler Generationen zuvor bleiben.

Die „neuen Väter“, die sich rührend um ihren Nachwuchs kümmern und von der totalen Gleichberechtigung und einer gerechten Aufgabenteilung im Hause ausgehen, sind immer noch rar. Im Schnitt verbringen deutsche Väter weniger als eine Stunde pro Tag mit ihren Kindern, Mütter dagegen zehn. In den USA beschäftigen sich Väter gar nur 37 Sekunden durchschnittlich an einem Tag mit ihren Kind.

Jugendliche deutsche Mädchen, die ein Pferd besitzen, das für sie auch eine Bindungsfigur ist, sorgen nach einer Untersuchung der Gesamthochschule Kassel für eine interessante Rangordnung, wenn es um die Frage ihrer wichtigsten Bezugspersonen geht: 79 Prozent von ihnen geben die Mutter an, 70 Prozent ihr Pferd und nur 67 Prozent den Vater.

In den USA gibt es eine intensive Väterforschung, die beispielsweise herausgearbeitet hat, daß fast zwei Drittel aller Vergewaltiger, drei Viertel aller Mörder und drei Viertel aller Gefängnisinsassen ohne Vater groß geworden sind. In Deutschland leiden mehr als ein Drittel aller Kinder aus Ein-Eltern-Familien unter schweren psychischen Störungen, während Kinder aus kompletten Familien seltener Schulversager, Drogenabhängige oder Verhaltensauffällige werden.

Väter stehen oft für etwas gröbere Umgangsformen, für mehr Deutlichkeit und Konsequenz, für mehr Härte und Kälte im Ton, für höhere Forderungen und engere Grenzen; interessanterweise wird ihnen das alles aber von den Kindern mehr verziehen, als wenn die Mütter solche Erziehungsformen wählen. Offenbar wird Vätern das Strengere und Distanziertere eher zugestanden, vielleicht weil die Kinder spüren, daß es ihnen auf dem Wege zu ihrer Lebenstüchtigkeit auch hilft. So lassen Väter ihre Kleinkinder beim Ablegen aus größerer Höhe im Schnitt drei Zentimeter mehr in die Wiege fallen als Mütter, und schon Babys nehmen das vom Vater so hin, von der Mutter aber nicht.

Der Vater vermittelt mit seinem stärkeren Drücken, mit seinen deftigeren Hautkontakten, mit seiner tieferen und lauteren Stimme, mit seiner begrenzten Zuwendung nur im Konfliktfall eine größere Sicherheit, er ist der Verteidiger, der Behaupter, der Krisenmanager und der Mann für familiäre Notfälle, auf den man sich im Zweifelsfall verlassen kann, aber eben nur dann.

Vater und Mutter pflegen oft eine Arbeitsteilung, wenn es um die Zuwendung zum Kind geht, wobei die Mutter mehr das Stetige, das Umfassende und die ganzleibige Versorgung repräsentiert, der Vater aber eher das Unstetige, das Außergewöhnliche. Die Rollenteilung ist nach Auffassung der meisten Psychologen ausgesprochen wünschenswert für das Kind, weil sie sichermachender ist. Übrigens ist der positive Effekt ebenso, wenn Vater und Mutter ihre herkömmlichen Rollen vertauschen; das Kind braucht nämlich sowohl das Mütterliche, das auch vom Vater kommen kann, als auch das Väterliche, das auch die Mutter geben kann.

Einen Vater mit Zeit, Spiel, Bewegung und Körperkontakt zu haben ist besser als einen Vater mit wenig Zeit, Spiel, Bewegung und Hautkontakt; aber überhaupt einen Vater zu haben ist allemal günstiger als gar keinen zu besitzen.

Kinder, die nur einen Erzeuger, aber keinen Vater haben, sind ständig auf der Suche nach Vaterersatz. Sie reden auch früher und länger mit anderen Kindern über Väter.

Wenn Mütter, Großmütter, ältere Schwestern, Erzieherinnen und Lehrerinnen es objektiv alles richtig mit dem Kind machen, nützt es subjektiv dem Kind noch nicht viel, denn es hat stets das Gefühl, daß ihm etwas Selbstverständliches fehlt, das der Freund und das das Nachbarskind haben, nämlich ein Vater. Die Sehnsucht nach einem Vater steckt im Unterbewußtsein eines jeden Kindes, sie hat etwas mit dem Wunsch nach Vollständigkeit bzw. nach Vervollkommnung zu tun, vielleicht auch mit dem genealogischen Wunsch, zu wissen, woher man letztlich kommt.

Wenn die Mutter ihre klassische, enge, gebärende und die Familie leiblich versorgende „Haustierrolle“ überwunden hat und auch freundschaftliche, geschwisterliche, väterliche und großelterliche Funktionen zu repräsentieren vermag, genügt es vielen Kindern durchaus, daß sie auf ihren nur selten anwesenden Vater wenigstens stolz sein können, weil er beruflich erfolgreich ist, gut aussieht, reich oder hoch angesehen ist.

Kinder tendieren jedoch in verschiedenen Entwicklungsphasen mal mehr zur Mutter, mal mehr zum Vater; und sie geraten immer etwas schwierig in den vaterakzentuierten Phasen, wenn ihnen der Vater fehlt, weil es ihnen dann an seinem Rollenmodell und an seiner deutlicheren Interaktionsform mangelt. Jungen, die ohne Vater aufwachsen, neigen daher öfter als andere Kinder zu Depressionen, fallen häufiger durch Antriebsschwäche, durch Leistungsdefizite und durch die Unfähigkeit auf, dauerhafte Beziehungen aufzubauen. Stiefväter vermögen diese Störungen übrigens nur in seltenen Ausnahmefällen zu kompensieren, durchweg verschlimmern sie die Probleme im Vergleich zu Familien, in denen eine Mutter allein erzieht.

Kinder, die ohne Vater leben, haben ein sechsmal höheres Risiko, nicht nur arm aufzuwachsen, sondern auch späterhin arm zu bleiben.

Geschiedene Väter spielen übrigens erzieherisch gesehen meist eine trostlose Rolle. Sie sind wie ein Minister ohne Ressort; sie dürfen durchweg nur zahlen und schenken, ihr Leben mit ihren Kindern spielt sich in Restaurants und Kinos sowie bei McDonald's, auf Urlaubsfahrten, auf Jahrmärkten und in Freizeitparks, Zoos und Schwimmhallen ab. Sie „versauen“ mit ihrer attraktiven und materiell reichen Umtriebigkeit die Maßstäbe der Alltagspädagogik im Umfeld der Mutter, bleiben selbst unbefriedigt und bringen dem Kind das unrealistische Gefühl eines luftleeren Interaktionsraumes; deshalb freuen sich viele Kinder, die eigentlich ihren Vater lieben, überhaupt nicht über die starren Besuchsregelungen. Ein Zusammensein mit dem abhandengekommenen Vater kann nur einen positiven Effekt haben, wenn das

Kind selbst mit dem Vater zusammensein möchte, und zwar unabhängig von Zeit und Ort.

Väter sind nicht gleich Väter; es gibt Väter wider Willen, fahnenflüchtige Väter, Machos, Arbeitsmaschinen, Väter, die Erziehung und Schule ganz den Müttern überlassen, Väter, die sich nur das Angenehme wie Ausflüge, Abenteuer, gemeinsames Fernsehen, Kinogänge und Fußballspielbesuche herauspicken, aber auch „neue Väter", die sehr liebevoll und mütterlich zu ihren Kindern sind und sie umfassend leiblich versorgen.

Die permanente Abwesenheit des Vaters kann bei Mädchen zu psychosexuellen Fehlentwicklungen und bei Jungen zu übertrieben gewaltbereiten Macho-Idealen bis hin zum Schicksal, Skinhead zu werden, führen, aber auch zu einer derart starken Väterlichkeitssehnsucht, daß sie schwul werden.

Eines ist jedenfalls klar; wenn Väter zwar vorhanden, aber brutal sind, wenn sie ihre Kinder sexuell mißbrauchen, sie ständig schlagen oder wenn sie stets betrunken sind, wäre es besser, die Kinder hätten keine Väter.

Die Männer waren vor 25 Jahren schon einmal massenhaft „gut drauf"; Väter und Mütter hatten ihre herkömmlichen Rollen emanzipatorisch erweitert und angenähert, Väter nahmen auch Erziehungsurlaub, windelten die Babys und trugen sie beim Einkaufen am Körper, und die Mütter hatten gelernt, ihre Kinder auch mit Deutlichkeit, Konsequenz, hohen Forderungen und Grenzsetzungen sowie dem In-die-weite-Welt-Hinausführen für die Zukunft zu rüsten.

Im Moment sind die Männer aber leider wieder auf dem Rückzug, sie verengen ihre Rolle in Richtung Macho, sie fassen ihre Kinder aus Angst davor, als weich, pädophil, schwul oder als Sexualstraftäter interpretiert zu werden, nicht mehr genügend an, sie wenden sich ihren Kindern nicht mehr ausreichend emotional zu und sprechen und spielen mit ihnen nicht genug. Damit sind sie aber äußerst mißliche Modelle für ihre Kinder, vor allem für die Jungen, die über Fernsehhelden, Filmstars und durch Wrestling-Shows auf dem Bildschirm sowie von mißlichen Jungen in der Nachbarschaft lernen, wie man als Mann zu sein hat: Man muß Macho sein, Konflikte mit Sprachgewalt, mit Zerstören und Zuschlagen austragen; Gewalt ist „in" und als hochanerkanntes und rangordnungsbildendes Kommunikations- und Problembewältigungsmittel „chic" geworden, Körperkontakt ist nur bizeps- und peniszentriert unverdächtig und frei von Mißverständnissen; mit anderen Worten: Brutale Männlichkeit ist höherwertiger als liebevolle Väterlichkeit. Sie muß durch harte Frisuren, furchterregende Bekleidung, durch das Tragen von Waffen, durch imponierende Sprachcodes, durch künstlich aufgebauschte Feindbilder, durch gewaltreiche Rap- und Tekkno-Musik, durch das Pflegen von Kampfsportarten wie Karate, Taekwondo, Kick-Boxen, Judo und Jiu-Jitsu und durch Gangbanging in der Freizeit auch dann nach außen überhöht werden, wenn man für sich allein Gewalt eigentlich ablehnt.

Die Tübinger Wickert-Institute haben fast 3000 Jugendliche zwischen zwölf und 20 Jahren befragt, ob sie bei einem Problem vor allem den Rat der Mutter oder den des Vaters suchen. 71 Prozent gaben an, sich zunächst an die Mutter zu wenden, 25 Prozent bevorzugen den Vater, und lediglich vier Prozent machen keinen Unterschied.

Wenn Mütter wollen, daß Väter in gleichem Maße wie sie Vertrauens- und Ansprechpartner für ihr Kind werden, dann müssen sie ihren Mann motivieren, viel mit seinen Kindern zu spielen und zu unternehmen, sich in die Probleme der Kinder verständnisvoll durch Ansprache und Zuhören einzumischen, mit ihnen Hausaufgaben zu machen und auch zu schulischen Elternabenden zu gehen. Mütter können einen guten Kontaktaufbau zwischen Vater und Kind begünstigen, indem sie sich bewußt aus einigen Erziehungsfragen heraushalten und diese an den Vater delegieren.

Wenn Mädchen „zickige" Phasen haben, können Väter aus ihrer größeren Distanz heraus oft besser damit umgehen als Mütter.

Manche Jungen, die mit einer Mutter, einer Schwester, einer Großmutter und nacheinander mit mehreren Erzieherinnen und Lehrerinnen aufgewachsen sind, leben einfach nur deshalb auf und lassen darum von manchen mißlichen Verhaltensweisen ab, weil sie plötzlich einen jungen, dynamischen und für sie engagierten Klassenlehrer bekommen. Die gleiche Wandlung kann man gelegentlich bei auffälligen Kindern alleinerziehender Mütter beobachten, wenn sie einen Partner finden, der nicht nur sie meint, sondern auch ihre Kinder liebt; Stiefväter müssen also nicht etwas Schlimmes sein, denn auch eine lange entbehrte, schließlich aber intensiv nachgereichte Väterlichkeit kann durchaus Wunder bewirken.

16. Unerwünschte und störende Kinder

1994 wurden in Deutschland so wenige Kinder wie noch nie seit Kriegsende geboren, nämlich 770 000, das waren 3,6 Prozent weniger als im Jahr zuvor. Den 770 000 Geburten standen aber 885 000 Todesfälle gegenüber.

Etwa 25 000 Neugeborene werden alljährlich in den amerikanischen Krankenhäusern von ihren Eltern nicht angenommen, wie eine Statistik des Gesundheitsministeriums der USA belegt.

Von 1988 bis 1992 ist in Sachsen die Zahl der Geburten auf weniger als die Hälfte zurückgegangen, und von den Neugeborenen sind in diesem Bundesland lediglich 47 Prozent Wunschkinder. 53 Prozent der Mütter gaben an, daß sie eigentlich lieber auf ihr Baby als auf ihre Freizeit verzichten würden.

In Hamburg ist die Zahl der Familien mit Kindern in den letzten 30 Jahren um ein Drittel gesunken, und zwar von 255 000 auf 172 000. Nur 40 Prozent aller Ehepaare der Hansestadt haben Kinder.

84 Prozent der Kinder in der Bundesrepublik lebten 1992 bei ihren verheirateten Eltern, zwölf Prozent wuchsen bei Alleinerziehenden und vier

Prozent in nichtehelichen Lebensgemeinschaften auf. Das hat das Statistische Bundesamt ermittelt. 43 Prozent der Bundesbürger in den alten Ländern wohnten in einem Haushalt ohne Kinder, acht Prozent mehr als noch 20 Jahre zuvor. Die Hauptgründe sind späte Familiengründung und hohe Scheidungsziffern.

Immer mehr Kinder sind schon vor ihrer Geburt unerwünscht oder stellen sich nach der Geburt als eher ihre Eltern störend heraus. Die Freude auf Kinder hat also abgenommen; viele Jungen und Mädchen passen nicht in den Lebenszusammenhang ihrer Eltern, sind bei Karriere und Freizeitinteressen hinderlich, und viele Kinder haben zwar eine sie liebende Mutter, werden aber vom neuen Partner der Mutter, der lediglich sie meint, als störend empfunden. Schreikrämpfe, Trotz, psychosomatische Erkrankungen und über die gesamte Kindheit und Jugend währende Verhaltensstörungen sind die Folge, aber auch daß viele Eltern ihre Kinder vernachlässigen oder schlagen.

Wenn Kinder nicht ganz und gar gewollt sind, geraten sie und ihre Eltern rasch in Teufelskreise: Die Toleranzschwelle der Eltern ist niedrig, sie rasten schneller aus, reagieren in harmloseren Fällen mit geringem Engagement, genervt oder hilflos, in schwereren Fällen mit Liebesentzug oder überstreng strafend, zuschlagend, sich entziehend und inkonsequent, so daß die Kinder sich nicht wohl fühlen und mit Schreien, mit Unruhe, mit Hyperaktivität und mit Krankheiten antworten, was die Eltern dann zusätzlich überfordert und zu noch ungünstigeren Verhaltensweisen bringt. Wenn das Kind schreit, schreien sie zurück, wenn es boxt, schlagen sie, und wenn es spuckt, spucken sie sogar zurück. Und irgendwann geben sie das Kind dann ganz auf, zunächst innerlich und schließlich auch äußerlich, indem sie es der Großmutter überlassen, in ein Heim geben oder indem sie froh sind, wenn es im Jugendalter kaum noch zu Hause ist, ganz wegläuft, früh auszieht oder Straßenkind wird.

Das Schicksal, unerwünscht zu sein, nicht das erhoffte Geschlecht zu haben oder anders im Aussehen und im Verhalten geraten zu sein, als die Eltern es wollten, hinterläßt vor allem während der Embryonalzeit und in den ersten drei Lebensjahren schlimme Spuren, denn der werdende oder der noch ganz junge Mensch spürt seine ganze oder partielle Ablehnung genau; seine Bilanz des Wohlbefindens kann also nicht stimmen, so daß er gezwungen ist, aggressiv oder autoaggressiv zu reagieren, was als Versuch, die Bilanz wieder zurechtzurücken, verstanden werden muß.

Unerwünschte Kinder bemühen sich in der ersten Stufe immer noch tragisch optimistisch, mit allen Mitteln, also mit Sprache, mit Körpersprache und mit Distanzlosigkeit Zuwendung zu erkämpfen, dazu gehören Schreien, Mobilität, Einnässen, Grimassen und Lächeln, Schlagen und Treten sowie die Flucht in Hauterkrankungen.

Nicht gewollte Kinder werden überrepräsentativ häufig zu früh geboren, sie haben auch späterhin Untergewicht, sie bleiben kleiner, sind trauriger, von grauer Hautfarbe, nässen und koten länger ein, neigen zu Hyperaktivität, zu Asthma, zu Ekzemen, Neurodermitis und Allergien, zu Stottern und Poltern, zu Linkshändigkeit und geben auch einen ganz anderen Geruch von sich als erwünschte Kinder.

In dem Maße, wie sie auffälliger werden, verringert sich gleichzeitig ihre Chance, von den Eltern doch noch geliebt zu werden.

Erst wenn sie Jugendliche oder Heranwachsende sind oder wenn die Eltern selbst krank werden oder ihren Partner verlieren, kommt es gelegentlich vor, daß sie als Notnagel, als hilfs- und gesprächsbereite oder auch als nicht mehr Kinder Seiende, sondern als eher gleichberechtigte Fast-Erwachsene plötzlich akzeptiert oder gar gemocht werden.

Wenn sie späterhin auf Freunde, Erzieher, Lehrer oder andere Menschen treffen, von denen sie geliebt werden, kann eine Menge ihrer Auffälligkeiten, Devianzen, Neurosen, Psychosen und Krankheiten mit einem Vielfachen an Aufwand noch kompensiert werden, aber nie mehr alles. Ihre Persönlichkeitsentwicklung hat dann bereits einen nicht mehr ganz reparierbaren dauerhaften Schaden genommen, der sie bis zum Ende ihre Tage begleitet.

Forschungen haben ergeben, daß unerwünschte Babys häufiger, länger und lauter schreien – man nennt sie dann „Kolik-Babys" –, daß ihr Sozialverhalten später schlechter ist, daß sie häufiger egoistisch werden, daß sie versuchen, vermehrt über Clownerien, Angeberei, Lügen oder verbale bzw. körperliche Distanzlosigkeit Anerkennung zu finden, daß sie eher zu Kleptomanie, Kaufsucht, Spielsucht, Sammelleidenschaft oder Eßstörungen neigen, um sich ersatzweise zu befriedigen oder daß sie kontaktgestört, introvertiert, sexuell abartig, depressiv oder einsam werden. Nach einer Studie der Universität Osnabrück ist etwa jede zweite Schwangerschaft zumindest teilweise unerwünscht, und jede dritte Wunschschwangerschaft mündet später beispielsweise über Partnerschaftskonflikte oder berufliche Probleme in den Zustand des störenden Kindes ein („Abtreibung nach der Geburt").

Leider passen sich unerwünschte Kinder im nachherein oft den negativen Erwartungen ihrer Bezugspersonen an, indem sie sich im Sinne der Theorie der Sich-selbst-erfüllenden-Prophezeihung („self-fulfilling-prophecy") schließlich tatsächlich so negativ gebärden, wie Mutter oder Vater es ihnen schon längst zugeschrieben haben; das gilt auch für das Äußere, denn unerwünschte Kinder neigen zur Fettleibigkeit oder zu harten Gesichtern, die nicht mehr dem Zuwendung provozierenden „Kindchenschema" entsprechen. Übrigens leben unerwünschte Kinder auch noch mit dem höheren Risiko, nicht nur häufiger geschlagen, sondern auch sexuell mißbraucht zu werden.

Wenn ein Kind mit in eine Ehe, in der es dann noch gemeinsame Kinder gibt, gebracht wird, wird es nicht selten von dem nichtleiblichen Elternteil benachteiligt; ereignet sich eine derartige Familienneugründung nach dem dritten Lebensjahr des Kindes, sind die mißlichen Folgen einer solchen Ablehnung allerdings nicht mehr ganz so gravierend, weil die Grundzüge der Persönlichkeitsentwicklung schon weitgehend feststehen.

Unerwünschte Kinder verlassen früher als andere ihr Elternhaus, weil sie früher als andere Zuwendung bei anderen Menschen suchen. Sie sind suchtgefährdeter und empfänglicher für sexuelle Verführungen, und sie neigen dazu, die eigentlich gemeinte Mitmenschlichkeit, die sie aber nicht erreichen, stofflich, also materiell zu substituieren.

Noch vor wenigen Jahren sind es vor allem die Mütter gewesen, die im Interesse des Kindes ihre eigenen Bedürfnisse zurücksteckten. Sie sind die Opfer einer Rollenverteilung gewesen, in der sie sich zuallererst um ihre Kinder und den Ehemann zu kümmern hatten, bevor sie selbst an die Reihe kamen. Heute sind meist Kinder die Opfer eines neuen Ungleichgewichts, weil die Väter, zunehmend aber auch die Mütter, egoistisch mit dem Primat ihrer eigenen Interessen leben, so daß die Bedürfnisse der Kinder zu kurz kommen. Sie haben das Gefühl, ihren eigenen Wunsch nach Sicherheit und Geborgenheit unterdrücken zu müssen, um den Erwartungen der Eltern und der Gesellschaft, selbständig zu sein, gerecht zu werden. Heute gibt es einen ganz neuen Familienwert, nämlich Autonomie statt fürsorgliches Beziehungsgefüge. Daraus hat sich der Begriff der „Kinder-Kompetenz" entwikkelt. Gemeint ist die Fähigkeit der Kinder, mit häufiger Abwechslung im Alltag sowie den vielfältigen Reizen der modernen Technik, insbesondere des Fernsehens und der Computerwelt, umgehen zu können. Diese Kinder sind zwar „pflegeleicht"; viele ihrer grundlegenden Bedürfnisse werden aber zuwenig berücksichtigt, so daß sie ihr Alleinsein kompensatorisch mit Medienerlebnissen und mit einer neuen Art von Lebenstüchtigkeit durch computerähnliche Hirnvernetzungen ergänzen; ihre Lebenstüchtigkeit gerät zu einer egoistischen Single-Kompetenz, die dann ihre eigenen Kinder wieder mit Einsamkeit ausbaden müssen.

17. Einsame, vernachlässigte und Schlüsselkinder

Immer mehr Kinder wachsen heute mit einem Mangel an Bezugspersonen auf; es fehlt ihnen an Väterlichkeit, Geschwisterlichkeit und an Freunden, weil sie als Einzelkinder mit einer alleinerziehenden Mutter leben, weil Kinder an sich selten in unserer Gesellschaft geworden sind, sie also, wenn sie zum Spielen hinausgehen, kaum ein anderes Kind dafür finden, und weil sie oft stundenlang allein vor dem Fernseher sitzen, bis die berufstätige Mutter erschöpft nach Hause kommt.

Wenn sie mit Geschwistern oder Freunden nicht toben, balgen, sprechen und spielen können, mangelt es ihnen an Körperkontakt-, Bewegungs- und Sprecherfahrungen sowie an Anlässen, Macht und Unterwerfung, Heimlichkeiten, Intrigen, Lügen und Stehlen auszuprobieren, also an der so notwendigen Sinnes- und Kräfteentwicklung und an dem Aufbau eines stimmigen

Welt- und Wertebildes. Wenn sie als Jungen keinen Vater und keinen älteren Bruder haben und mehrmals hintereinander nur Klassenlehrerinnen erlebt haben, wird ihre Rollenfindung erschwert, und sie sind gezwungen, ihre Männlichkeitsideale vom Bildschirm oder von Jugendbanden in ihrer Nachbarschaft her zu beziehen; sie reduzieren dann oft ihre gesamtkörperlichen Bedürfnisse auf Muskelstrotzendes (Zuschlagen, Bodybuilding, Kampfsport) und auf Peniszentriertes (Pornographie, Masturbation).

Vernachlässigte Kinder haben ein schweres Leben vor sich; ihnen fehlt es an umfassender leiblicher Versorgung, an Anerkennung, Selbstfindung und Erfolg, so daß sie entweder aggressiv (Sprachgewalt, Schlagen, Zerstören) oder autoaggressiv (psychosomatische Störungen, Neurosen, Psychosen, Süchte) werden.

In Kinderkrippen, Kindergärten, Kindertagesheimen, Häusern der Jugend, Pflegenestern, Horten, Vollen Halbtagsschulen, Ganztagsschulen und Schulen mit nachmittäglichen außerunterrichtlichen Neigungskursangeboten sowie Schularbeitenhilfe, in Sportvereinen, Pfadfindergruppen, im Rahmen der kirchlichen Jugendarbeit, auf Abenteuer- und Bauspielplätzen sowie in Ferienlagern kann ihrer Einsamkeit begrenzt entgegengewirkt werden; aber die Zahl der alleingelassenen Jungen und Mädchen steigt auch trotz der für 1996 konzipierten und nun auf 1999 verschobenen „Kindertagesheimplatzgarantie", weil immer mehr Eltern die für Kindergärten und Kindertagesstätten erforderlichen Gebühren nicht mehr bezahlen können oder wollen.

Schlüsselkinder sind früh und oft auf sich allein geworfen; sie werden infolge ihres Schicksals manchmal recht lebenstüchtig im Sinne von taktisch geschickt, wehrhaft, behauptungsstark und Sich-selbst-organisieren-Können. Gleichzeitig zeigen sie aber vielfach Verwahrlosungsphänomene in Aspekten wie Ernährung, Körperpflege, Sprachentwicklung, Sozialverhalten, Umgang mit Medien und Schulerfolg, also in den Bereichen ihrer Persönlichkeitsentwicklung, die sie vor sich selbst nicht für so wichtig halten, während sie mit Geld und der Möglichkeit, andere Menschen für sich nutzen zu können, ganz gut umgehen können.

Daß Kinder nachmittags und in Ferien viel auf sich allein gestellt sind, muß nicht zwangsläufig Defizite der Persönlichkeitsentwicklung zur Folge haben:

– Ein Schlüsselkind nimmt nicht automatisch Schaden, wenn es von der Mutter wirklich geliebt wird und wenn sie tagsüber irgendwie Kontakt zu ihm hält, sei es mit Briefchen, sei es mit Telefonanrufen; es muß eben immer wissen, wo es die Mutter im Notfall erreichen kann.
– Ein Schlüsselkind muß dann nicht vernachlässigt sein, wenn die Mutter von ihrer Arbeit aus bei ihm anruft, sich nach Schulerlebnissen, Hausaufgaben und Essen erkundigt und wenn sie ihm verspricht, abends die gelernten Vokabeln abzuhören.
– Gut ist auch, wenn die Mutter Kontakt zu der Familie eines befreundeten

Klassenkameraden hält, in der ihr Kind Anschluß hat und die Hausaufgaben machen kann.
- Kleine Hilfsmittel wie ein Zettel mit lieben Worten, Erinnerungen und Gestaltungsvorschlägen für den Nachmittag, den das Kind nach der Schule vorfindet, können ihm ein Gefühl von Geborgenheit geben.
- Mit intensiven Gesprächen, Spielen, Unternehmungen und Körperkontakten am Abend, am Wochenende und in den gemeinsamen Ferien vermag eine engagierte Mutter das häufige Alleinsein des Kindes gut zu kompensieren.

Untersuchungen haben ergeben, daß Schlüsselkindern häufig so etwas wie ausgleichende Gerechtigkeit widerfährt: Sie entwickeln mehr Initiative und Kreativität, lernen schneller, sich in der sozialen Umwelt zu orientieren und sind lebenstüchtiger als Kinder von stets präsenten Übermüttern, die mit Verplanung und mit der Tendenz, ihrem Nachwuchs jeden Stein aus dem Weg zu räumen, ihn in größerer Abhängigkeit und damit Unselbständigkeit halten.

Vielen Erwachsenen sind Kinder mittlerweile so fremd geworden, daß man sie ihnen über Reklamekampagnen in Abständen wieder näherzubringen versucht. Die Kinder der Ersten Welt sterben zwar nicht so in Massen wie die in der Dritten Welt, aber ihre Umwelt ist oft so gestaltet, als würde es sie nicht geben.

Kein Wunder ist also, daß man einen Weltkindertag schaffen mußte und daß man zu Einschulungsterminen rund um Grundschulen Schilder aufstellen muß, auf denen zu lesen steht: „Autofahrer, achtet auf Schulkinder!"

Kinder leben in Stadtteilen, Wohnungen und anderen Nischen, die lieblos gestaltet sind; ihre Biotope sind von breiten Straßen zerschnitten, sie müssen draußen zwischen stehendem und rasendem Autoblech spielen, so daß so manche Mutter sie selbst zum Spielen mit dem Auto hin- und herfahren muß, und auch Kinderspielplätze sind vielfach kreativitätstötend genormt und unhygienisch.

Bildschirme ersetzen für viele Jungen und Mädchen einen zu großen Teil der von ihnen eigentlich gewünschten Sozial-, Bewegungs- und Spielkontakte. Jugendliche versuchen, ihren Mangel an Familie, ihr Auf-sich-allein-Geworfensein mit psychosomatischen Auffälligkeiten, mit Eßstörungen, mit Drogen aller Art und Medikamenten und mit Anerkennung durch mißliche Freunde in gewaltbereiten oder das Gemeinwesen provozierenden Jugendkultnischen zu kompensieren.

Auf der Suche nach Ansprache, Anerkennung, Geborgenheit und Lebenssinn ist dem einsamen jungen Menschen jedes noch so fragwürdige, sich als Bezugsperson anbietende Wesen recht, auf das er dann leicht distanzlos reinfällt. Oder er zieht sich total ins Privatisieren, in Neurosen, Psychosen und Depressionen, also in autistisch anmutende Verhaltensweisen als Stubenhocker und Außenseiter zurück, der nur noch mit dem Computer, seinem Hobby, seinen Tieren, seiner Briefmarkensammlung oder seinem

Spielzeug lebt, ausgestattet mit Krankheiten, nervösen Tics, religiösen Wahnvorstellungen, utopischen Phantasien oder einem unstimmigen Weltbild, oft auch mit Überängsten oder einem süchtig machenden Rauschbedürfnis.

Solche Kinder und Jugendlichen müssen dann gegensteuernd von ihren Eltern, Erziehern und Lehrern zu sozialen Kontakten, Umwelterfahrungen und Mobilität animiert werden, sie müssen auf Wanderungen geschleppt, in Freizeitparks gezerrt, auf Reisen ins Ausland oder in Ferienlager geführt werden, man muß ihnen Freunde organisieren, mit denen sie spielen und Schularbeiten machen können, und sie gegen ihren nur anfänglichen Widerstand an die frische Luft, in Sportvereine, zu den Pfadfindern oder auf Bauspielplätze schicken.

Viel Spielzeug, Geschenke, Geld und Nahrung reichen jedoch nicht, wenn es den Kindern vor allem an körperlicher, emotionaler und sozialer Zuwendung mangelt, wenn sie sich nach Ansprache und Zuhören, nach Bewegung, Leistungserfolgen und Anerkennung sehnen; denn eigentlich wollen Kinder vor allem das „Paradies" der „heilen Familie" haben, also ein harmonisches und interaktionsreiches Miteinander mit Mutter, Vater, Geschwistern und Freunden.

18. Überfürsorge und verplante Kinder

Vernachlässigte Kinder sind bezogen auf ihre Reiz- und Herausforderungsbilanz genauso arm dran wie überbemutterte und restlos verplante Kinder. Alles, was man in der Erziehung unter- oder überdosiert, schafft den jungen Menschen letztlich Probleme.

Mütter, die viel Zeit haben, die allzu lange auf ein Wunschkind warten mußten oder die sich mit „Affenliebe" an ihr Einzelkind, das oft auch noch Partnerersatz sein muß, klammern, machen vieles falsch, vor allem, wenn sie mit einem hohen Erziehungsziel ihr Kind schon früh in Richtung auf Abitur, Sozialprestige, Karriere, Lebensstandard, kultivierte Umgangsformen, Leistungssport oder Musikinstrumentenbeherrschung trimmen wollen.

Nur die mittlere Dosierung in allen Ansprüchen und Zuwendungsformen kann eine ausgeglichene Persönlichkeitsentwicklung ohne Ausfälle, Defizite und Störungen bringen.

Kinder brauchen auch Ruhe, Muße, Entlastung und viel freie Zeit für sich selbst, für zweckfreies Spiel, Sich-Bewegen, Musikhören, Lesen, Fernsehen, Herumgammeln und ungesteuertes Ausprobieren von Welt, aber auch für Kommunikation und Interagieren mit Gleichaltrigen.

Eltern richten mit einer totalen Bildungs- und Freizeitverplanung mehr Schaden als Nutzen an, denn das verplante Kind ist ständig auf der Suche nach Fluchtwegen, nach exzessivem Nachholen des Versäumten.

Verplante Kinder, deren Eltern aus schicht- und milieubedingten Konkurrenzgefühlen und aus solchen eines überhöhten Sozialprestiges – auch gegenüber Verwandten, Nachbarn und Freunden – heraus bereits von Geburt ihres Kindes an einen „höherwertigen“ Weg über Gymnasium, Studium, Musikunterricht und Spitzensport bis hin zum allseits gebildeten und gutverdienenden Manager planen, sorgen oft schon beim Kleinkind dafür, daß es bereits einen Schwimmkurs absolviert hat, bevor es laufen kann, und daß es schon vor der Einschulung lesen, schreiben und rechnen kann. Sie zwingen ihren Sohn oder ihre Tochter schon früh zum Geigen- oder Klavierunterricht, zum Ballett-, Hockey-, Tennis- oder Reittraining, sie schicken sie, wenn sie 15 Jahre alt sind, in den Sommerferien zum Sprachenaufenthalt nach England und wenn sie 17 sind, für ein Jahr als Gastschüler in die USA sowie in den Frühjahrsferien in ein Ski-Camp in die Alpen, sie chauffieren schon Grundschüler täglich quer durch die Region zum Kindergeburtstag, zum Training und zur Jugendmusikschule, sie melden ihr Kind auch gegen die Empfehlung der Grundschule auf ein Gymnasium, in eine Privatschule oder auf ein Internat mit Griechisch und Latein; und wenn es dann nicht wie erhofft klappt, kommt noch dreimal in der Woche Nachhilfeunterricht hinzu. Die Mutter verwaltet den Terminkalender und sorgt schon früh für die Anschaffung eines Computers mit lernfördernder Software und Eingreifprogrammen zur Entwicklung von fremdsprachlichen Fähigkeiten.

Die Folgen sind für Eltern, aber nicht für Fachleute, vielfach unerwartet. Weil sich so ein junger Mensch, der täglich wegen seiner permanenten Überforderung kleine Versagens- oder Verliererlebnisse hat und immer wieder auf die enttäuschten Gesichter seiner Eltern trifft, meist jahrelang an die elterlichen Erwartungen anzupassen sucht, stauen sich in ihm Frustrationen und auch psychosomatisches Unwohlsein auf. Wenn er dann 14 oder 15 Jahre alt ist, bricht es eines Tages alles auf einmal aus ihm heraus; er rastet aus, läßt sich vollaufen, betreibt Kampfrauchen und flüchtet mit Hasch, Kokain, Heroin, Ecstasy oder Tabletten in Rauschzustände, um den ständigen Überforderungen und Niederlagen wenigstens phasenweise mit Vergessen und Verdrängen begegnen zu können. Die Eltern wollten „immer nur das Beste“ und daß es ihr Kind „einmal besser hat als sie“, sie haben es jedoch mit ihrer gutgemeinten, aber schlecht durchgeführten Überfürsorge letztlich vor allem kaputtgemacht, zu ihrer eigenen Überraschung, wie man dann in Erziehungsgesprächen mit ihnen feststellen kann.

Fehlende Rücksicht der Eltern auf die lebensstufentypischen Bewegungs-, Spiel-, Muße-, Ruhe- und Kontaktbedürfnisse des Kindes führt zu Spannungen in ihm, zu Schulversagen, Ausweichen, Lügen, Verdrängen, Ersatzbefriedigungen, zur frühen partiellen oder totalen Flucht aus dem Elternhaus, zu Autoaggressionen bis hin zur Todessehnsucht, aber auch zu einem erhöhten Aggressionspotential.

Elterliche Erwartungen sind nur dann angemessen, wenn sie begründet und vom Kind mit Einsicht akzeptiert werden oder wenn sie nur ein wenig über dem liegen, was das Kind sich zutraut, denn etwas muß das Kind stets herausgefordert werden.

Kinder leiden übrigens auch dann, wenn sie es schaffen, ihren Bedürfnissen entsprechend zu leben, gleichzeitig aber die Eltern damit teilweise oder gänzlich enttäuschen.

„Hier sitze ich, forme Menschen nach meinem Bilde“, formulierte der junge Goethe 1773 in seinem Dramenfragment „Prometheus“. Je stärker ein hohes Erziehungsziel von Eltern und Pädagogen in Erwartungen und Handlungen einmündet, um so mehr wird das Kind eingeengt, um so größer ist die Gefahr, daß seine für ihn so wichtigen Entwicklungsstufen nicht ausgelebt, sondern übersprungen werden.

Wenn ihr Bewegungs- und Spielbedürfnis dem Lernen geopfert wird, wenn sie artiger, sauberer und disziplinierter sein sollen, als ihren Kräften entspricht, reagieren sie mit Störungen. Kinder dürfen nicht dressiert werden, ihre Gegenwart darf nicht für eine ungewisse Zukunft aufgeopfert werden; ihre Bedürfnisse nach Führen und Wachsenlassen, nach Ordnung und grenzenüberschreitendem Ausprobieren und die nach Austesten der Wirkungen von Chaos, von Faulheit und Muße müssen durch das Zugestehen von Freiräumen respektiert werden, wenn man in ihnen nicht harte, ausweichende, bloß taktisch geschickte und verdrängende bzw. stets fluchtbereite Verhaltensweisen fördern will.

Eltern, die ihre Kinder mit Übererwartungen permanent drangsalieren, müssen im Jugendalter mit einer besonders schwierigen Pubertät, also mit übertriebenen Schuldgefühlen, einem schlechten Selbstkonzept, mit schlimmen Schulversagensängsten, mit psychosomatischen Störungen, mit Depressionen, mit Lügen, mit Ausreißen und mit Drogenabhängigkeit rechnen, und schon zuvor beim Kleinkind mit Einnässen, Einkoten, Asthmaanfällen, Neurodermitis, Allergien und Eßstörungen.

Wenn junge Menschen den Erwartungen ihrer Eltern und Lehrer nicht entsprechen können, ist es das Verkehrteste, ihnen das auch noch vorzuwerfen. Die Strafe ist dann nämlich eine dreifache, denn erstens leiden sie ohnehin unter ihrem Versagen, zweitens auch noch unter der Enttäuschung ihrer Bezugspersonen und drittens unter dem oft darauf folgenden Liebesentzug.

Es gibt noch andere Erwartungskonflikte: Die Kinder haben einen von den Eltern abweichenden Musik- oder Bekleidungsgeschmack, sie bevorzugen Freunde, die von den Eltern nicht gemocht werden, sie verbringen ihre Freizeit anders als erhofft, sie reichern ihre Jugendsprache mit Floskeln und Codes aus einer abweichenden Nischenszenerie an, sie mögen Sportarten wie Fußball, Moto-Crossen oder Skateboardfahren, die die Eltern ablehnen, oder sie wollen unbedingt mit einer Pistole spielen oder Schlagzeugspielen lernen, die Eltern sind aber dagegen.

Wenn die Eltern in solchen Fällen auf ihren Erziehungsmaximen bestehen, was gelegentlich wie beim Thema Kriegsspielzeug sinnvoll ist, aber beim Thema unerwünschte Freunde unklug sein kann, dann müssen sie wenigstens versuchen, ihre Erwartungen und die momentanen kindlichen Bedürfnisse irgendwie geschickt in Einklang zu bringen.

Dazu gehört, allen Kindern ausführlich zu erklären, warum sie von ihrer jeweiligen Vorliebe ablassen sollen. Ohne wiederholte lange Gespräche, in denen die Eltern es schaffen müssen, auch geduldig den Argumenten des jungen Menschen zu lauschen, und ohne Kompromißbereitschaft auf beiden Seiten gehen solche Konflikte allerdings nur selten gut aus, also mit einem Zugewinn für beide Seiten, so daß über das dann weiterschwelende ungelöste Problem hinaus verschlimmernd noch weitere Konflikte entstehen können.

19. Streit und Gewalt in der Familie

Familie kommt für immer mehr Kinder immer weniger vor. Eine deutsche Ehe hält im Schnitt sieben Jahre; 2,6 Millionen Mütter sind alleinerziehend, jeder dritte 13jährige Mensch lebt nur mit einem Elternteil zusammen, und sehr viele Kinder werden schon unehelich geboren.

Die moralische Klammer der beiden großen Volkskirchen für die Familie greift nicht mehr oft, und Eltern denken vielfach mehr an ihre eigenen Bedürfnisse als an die ihrer Kinder. Sie stellen ihren Streit nicht um des Kindes willen zurück, sondern tragen ihn häufig direkt vor ihm aus.

Für Kinder ist es schrecklicher, als Erwachsene vermuten, wenn die Eltern sich anschreien oder gar schlagen, wenn die Mutter wegen ihrer Ehedramen ständig weint, Depressionen hat oder wegläuft. Väter verhärten sich oft in ehelichen Streitphasen, und ziehen sich dann emotional auch vom Kind zurück, weil sie seine Solidarität mit der Mutter vermuten. Sie strafen ihr Kind mit, wenn sie die Mutter meinen.

Familienzerfall geht durchweg mit Streit, aber auch mit Gewalt einher; Türen werden zugeschlagen, Stimmen überschlagen sich, Vasen und Teller werden geworfen, jeder schlägt jeden, macht ihn nieder, grenzt ihn aus, mault tagelang und droht mit Rückzug, Weglaufen, Auszug, Scheidung und finanziellem Desaster bis hin zur Rache.

Und wenn die Nerven dann blank liegen und die Flucht in Alkohol oder Tabletten angetreten wird, dann bleiben emotionale Überreaktionen nicht aus, dann sieht das Kind, wie der Vater die Mutter schlägt, wie die Mutter sich mit anderen Männern tröstet oder den wirtschaftlichen Ruin des Vaters ankündigt, wie die Mutter aus dem Schlafzimmer vertrieben und in Wohn- oder Kinderzimmer verbannt wird, wie Mutter oder Vater überfordernden Trost beim Sohn oder bei der Tochter suchen und sie zur Parteinahme nötigen. Oft müssen Kinder dann auch als Blitzableiter für Krisen und Streß, für aufgestaute Probleme herhalten; sie werden ihrerseits unangemessen angeschrien, erpreßt, geschlagen oder sogar sexuell mißbraucht.

Etwa 250000 Ehen gehen alljährlich in Deutschland zu Bruch; bei 80 Prozent der Scheidungen ist die Frau die treibende Kraft, nicht jedoch auch unbedingt die „schuldige" Person. Die Zahl der unverheiratet Zusammenlebenden hat sich von 1972 bis 1995 verneunfacht. Jeder fünfte deutsche Erwachsene lebt als Single, was einen Anstieg von 60 Prozent in den letzten 20 Jahren bedeutet; in München sind bereits 53 Prozent aller Haushalte Single-Haushalte. Und die Mehrheit aller deutschen Kinder sind mittlerweile Einzelkinder.

Trennung und Wechsel des Partners sind in der Erwachsenenwelt üblich geworden; die lebenslange Bindung gemäß der Trauformel „... bis daß der Tod euch scheidet" gerät immer mehr zur Ausnahme.

Scheidungskinder leiden meist mehr unter der langanhaltenden Streitsituation vor der Trennung der Eltern als danach. Für viele führt daher die Scheidung zur Entlastung und Beruhigung des Lebens. Nur wenn es zur Scheidung ohne sichtbare große Konflikte zuvor kommt, weil die Mutter beispielsweise gut mit dem Vater klarkam, aber plötzlich einen noch „besseren" Mann fand, wird die vom Kind her unerwartete Trennung der Eltern zur Katastrophe. Scheidungen können also entweder lange Leidensphasen des Kindes beenden oder auslösen.

Jedes Kind reagiert anders auf ähnliche Probleme in der Familie. Ob die Mutter alleinerziehend ist, ob die Eltern sich trennen oder zusammenbleiben, ob sie ein gemeinsames Sorgerecht haben oder nicht, ob sie verheiratet sind oder nicht, ob eine Besuchsregelung nach der Scheidung für die Kinder besteht oder nicht, ist letztlich nicht so entscheidend wie die konkrete atmosphärische Gestaltung von Zusammenleben im Alltag, aber auch wie der kultivierte Grad des Trennungsprozederes, wenn es zur Scheidung kommt. Konflikte an sich sind nämlich weniger gravierend wie die Art, in der sie ausgetragen werden.

Der Wunsch zu heiraten oder Kinder zu haben trägt eine Familie heutzutage ebensowenig über Jahrzehnte wie die Liebe der Partner bei der Familiengründung; Ehen und Familien sind Beziehungsgefüge auf Zeit, man begleitet sich gegenseitig ein Stück des Weges. „Dauerhafte Beziehungen allein auf der Basis von Emotionen aufzubauen", sagt der Schweizer Soziologe Hans-Joachim Hoffmann-Nowotny, „das hat nie in der Geschichte der Menschheit funktioniert." Wenn Eltern und Familien zusammenbleiben, dann ist das immer das Resultat von harter rationaler Beziehungsarbeit oder von Angst, von wirtschaftlichen Zwängen, von traditionellen normativen oder religiösen Erwartungen oder – was nicht schlecht sein muß – von bloßen Rücksichten gegenüber den Kindern. Jedoch gelingt es immer seltener, Lebenssinn allein durch die gemeinsamen Kinder zu finden.

Die Funktionen von Familie sind Geborgenheit, Schutz, selbstlose Hilfe, Liebesreservoir, Wirtschaftsgemeinschaft und Rückversicherung – z. B. für Krankheit und Alter –, aber auch gemeinsame Kindererziehung sowie Wappnung gegen Einsamkeit.

Funktionieren kann das alles, indem jeder alle anfallenden Aufgaben gemeinsam mit den anderen Familienmitgliedern bewältigt, oder arbeitsteilig, indem der Vater außerhalb der Wohnung den Unterhalt erwirbt und die Mutter alle übrigen Aufgaben übernimmt, vorausgesetzt Vater und Mutter fühlen sich mit diesen Rollen wohl. Es klappt aber nicht, wenn die Mutter diese Arbeitsteilung nicht akzeptiert oder wenn sie selbst unbedingt auch noch neben der Mutter-, Ehefrau- und Hausfrauenrolle berufstätig sein will und gleichzeitig bei allen Familienmitgliedern Eigenliebe sowie Ansprüche gegeneinander zunehmen. Wenn die Mutter ihre Selbstverwirklichung in der Familie findet, ist das eine gute Voraussetzung für Harmonie; sucht sie aber Selbstverwirklichung vor allem jenseits von Familie, wächst Streitpotential.

Die Gestaltung von Familienleben ist jedenfalls eine recht vielseitige Aufgabe, die ausfüllend und erfüllend sein kann, wenn man seine Familie liebt. Als Hausfrau lebt man mit den Kindern zusammen, organisiert man, freut man sich am Wachsen der Persönlichkeiten, sieht man, was man schafft; man kann seine Zeit relativ frei einteilen, man kann lesen, telefonieren, schreiben, Pflanzen und Tiere pflegen, in der Schule mitarbeiten und Nachbarschaft gestalten. Männer haben durchweg nicht einen derart vielseitigen Arbeitsplatz. Entscheidend für den Zufriedenheitsgrad der Mutter und damit für das Wohlergehen der Familie ist also letztlich die Einstellung der Mutter zum Familienleben und zu ihren Kindern.

Aber besonders bei Städtern, Höhergebildeten, Wohlhabenden und Atheisten sind Vereinzelungstendenzen („Singualisierung") ein Zug der Zeit. Im Moment gibt es eine Zunahme an Alleinlebenden und an Geschiedenen, aber auch an „Ohne-mich-Menschen", die sozial und politisch nicht interessiert sind, die im Angesicht von Gewalttaten weggucken und die bei Unfällen nur gaffen, nicht aber helfen. Geringe Sozialkompetenz gepaart mit Hilflosigkeit und Unfähigkeit, von sich selbst absehend auf Probleme zuzugehen und sie zu bewältigen, wirken sich auch auf das Familienleben trostlos aus. Viele Eltern können nur noch in Extremen zusammenleben und erziehen; sie wählen nur Küssen und Schenken oder Schimpfen und Schlagen als kommunikative Formen und beherrschen nicht mehr die allein vorwärtsführenden mittleren Dosierungen des ruhigen Gesprächs, des argumentativen Austragens, des Ignorierens und des Mutmachens. Flucht aus Über- und Unterdosierungen des Interagierens unterstützt Vereinzelung, Egoismus und Ellenbogenmentalität, so daß auch Jugendliche mit ihrer Singualisierung aus ihrer Not eine Tugend machen: Sowieso immer seltener in ihrer Nähe lebende Bezugspersonen wie Großeltern, Tanten, Onkel, Geschwister, aber auch Eltern bedeuten ihnen immer weniger und schließlich auch deren Streit untereinander; sie schließen sich in ihr Zimmer ein, das sie mit lauter Musik oder mit Hilfe ihres Walkmans abschirmen, oder entfliehen in die familienersetzende Geborgenheit von Jugendkultnischen der Gleichaltrigkeitsszenerie; sie driften in die Richtung Straßenkinder ab, um den

Streit, der Gewalt, der Trostlosigkeit, der Langweiligkeit oder der reiz-, gesprächs- und erlebnisarmen oder erlebnismonotonen Welt ihrer Familie zu entkommen.

Denn die Bedeutung von Mutter- und Vaterrolle ist bislang vielfach überschätzt worden; junge Menschen finden daher die ihnen Geborgenheit und Orientierung sowie Anerkennung gebenden Bezugspersonen immer häufiger außerhalb der Familie. Freundinnen und Freunde, aber auch Lehrer und Erzieher, können schon früh wichtiger werden als Eltern voller Mängel. Zwar mögen aus der Sicht von Erwachsenen Hooligangruppen, Jugendbanden und -sekten, Schulklassen oder Sportmannschaften weniger wertvoll sein als Eltern, für die jungen Menschen sind sie aber dennoch als Familienersatz die bessere Alternative zur sowieso nicht „heilen" Familie. Der Weg von den Familienbanden zu den Jugendbanden, in denen Gewalt ein akzeptierter Wert ist, wird von Eltern mit Entsetzen verfolgt, für Kinder und Jugendliche ist er aber vielfach ein Trost.

Eltern müssen vorsichtig sein, wenn sie die „mißlichen" Freunde ihrer Kinder „schlecht"machen wollen; vielleicht ist der Maßstab in ihrem Sohn oder in ihrer Tochter längst schon anders, so daß sie mit der Bewertung „des Umgangs" ihrer Kinder nur sich selbst noch weiter ins Abseits katapultieren. Nur wenn sie sich sicher sind, daß der junge Mensch ihre Einschätzungen der Freunde auch übernimmt, sollten Eltern warnen.

Das gilt auch für die Bewertungen der Eltern untereinander: Wenn die Mutter den vom Kind geliebten Vater „schlecht"macht, verschlimmert sie durchweg ihre eigene Position. Ist der Vater aber wirklich „schlecht", treibt sie mit ihren Bewertungen einen zusätzlichen Keil zwischen Kind und Vater, und sie muß sich fragen, ob die erhöhte Distanz dem Kind auch wirklich auf Dauer gut tut. Wenn der Vater stets brutal zuschlägt oder das Kind sexuell mißbraucht, muß die Mutter den Vater in den Augen des Kindes abwerten, damit es sich nicht selbst für schuldig hält, wozu Kinder ja neigen, und damit es gegen den Vater, den es nicht mehr verändern kann, gestärkt wird; das gilt auch, wenn der Vater schwerer Alkoholiker oder drogensüchtig ist.

Jedenfalls müssen Eltern vor ihrer Trennung genau bedenken, ob ihre Kinder noch beide Elternteile brauchen und ob ein gemeinsames Sorgerecht nicht besser ist als ein alleiniges; sie sollten dabei das Kinderwohl in jedem Fall über ihre eigenen Bedürfnisse stellen, und das ist dann auch für die mit der Scheidung vereinbarten Besuchsregelungen wichtig, die sehr flexibel ausschließlich an den Kinderwünschen und -ablehnungen ausgerichtet werden sollten.

20. Scheidungskinder

64 Prozent der 18- bis 55jährigen in den alten Bundesländern sind verheiratet, 70 Prozent in den neuen Ländern. In der DDR wurden Ehen früher und häufiger geschlossen als in der alten Bundesrepublik, wurden aber auch

häufiger wieder geschieden; 96 Prozent aller Eheschließungen ereigneten sich dort bis zum 31. Lebensjahr der Partner. Während in den neuen Ländern 82 Prozent der über 18jährigen Kinder haben, sind es in den alten Ländern nur 63 Prozent. Zur Zeit nimmt die Zahl der Kinder in den neuen Ländern aber schneller ab als in den alten.

Die Berufstätigkeit der Mütter, ihre frühe Heirat und auch ihre Scheidung wurden in der DDR durch ein flächendeckendes und reichhaltiges Netz von familienergänzenden Angeboten gefördert, und zwar von der Krippe und dem Kindergarten bis zum Hort und den Aktivitäten der Parteijugendorganisationen. In der alten Bundesrepublik wurden 87 Prozent der Kinder unter drei Jahren fast ausschließlich von ihren Müttern betreut, in der DDR nur 42 Prozent.

Je jünger die Ehepartner bei der Hochzeit sind, desto weniger haltbar ist ihre Ehe. Junge Eltern machen mehr Fehler miteinander, aber auch in der Erziehung ihrer Kinder, so daß Kinder von etwas älteren Eltern im Schnitt gesamterzieherisch gesehen besser dran sind.

In Deutschland leben 2,6 Millionen alleinerziehender Mütter, davon 1,4 Millionen, die von der Geburt des Kindes an alleinerziehend sind, und 335 000, die nur von der Sozialhilfe leben. Die Mehrheit dieser Mütter ist auch berufstätig, zumindest in Form von Teilzeitarbeit.

Fast jede dritte Ehe wird wieder geschieden, am häufigsten übrigens im vierten Jahr ihres Bestehens; im Bundesschnitt hält sie etwa sieben Jahre. Die meisten Kinder erleben die Trennung ihrer Eltern mit, wenn sie zwischen drei und dreizehn Jahre alt sind, also in den für Trennungen besonders ungünstigen Altersstufen. Eine Scheidung der Eltern vor Abschluß des dritten Lebensjahres und etwa ab dem vierzehnten Lebensjahr hat für Kinder weniger negative Folgen; aber zwischen drei und vierzehn Jahren leiden sie ungemein und mehr, als die Erwachsenen vermuten, und zwar entweder unter einer mörderischen Streitphase vor der Trennung oder unter dem Verlust ihrer „heilen" Welt in Form eines Elternteils danach. Jedenfalls sind bis zum 18. Lebensjahr etwa 45 Prozent aller jungen Menschen von der Trennung ihrer Eltern betroffen.

Kinder leiden sehr unterschiedlich unter dem Verlust des Zusammenlebens mit beiden Elternteilen; entweder leiden sie vor der Scheidung enorm darunter, daß sie einen so schrecklichen Vater oder eine so furchtbare Mutter haben und leben dann nach der Trennung der Eltern mit dem „besseren" Elternteil auf, oder sie haben ein gutes Verhältnis zu beiden Eltern und bekommen ein Trauma durch den direkten Verlust des geliebten Vaters. Der Leidensgrad hängt auch davon ab, wie gut die Eltern mit dem Prozeß der Trennung umgehen; trennen sie sich kultiviert unter Wahrung ihrer Freundschaft und mit dem seit 1982 möglichen gemeinsamen Sorgerecht und bleiben sie trotz ihrer Trennung in der Nähe wohnen, kann die Scheidung für das Kind erträglich sein, auch wenn sie dennoch immer traumatische Spuren hinterläßt.

„Die Folgen einer Scheidung sind für Kinder schwerwiegender und halten länger an als bisher angenommen." Zu diesem Ergebnis führt eine Langzeitstudie mit 17000 Versuchspersonen, die seit ihrer Geburt im März 1958 von Psychologen der britischen Universität Cambridge regelmäßig beobachtet wurden. 800 der heute 37jährigen Probanden kommen dabei aus geschiedenen Elternhäusern. Nach der Studie leiden Kinder aus bürgerlichem Elternhaus unter einer Scheidung der Eltern stärker als Kinder aus der Unterschicht. Besonders bei Mädchen litten das Selbstwertgefühl und die Lebensfreude; Jungen verkrafteten die Scheidung deutlich besser. Die Studie ergab sogar, daß Kinder zum Beispiel mit dem Tod des Vaters besser fertig werden als mit einer Scheidung der Eltern. Töchter geschiedener Eltern erlangten nur halb so häufig eine Universitätsausbildung wie Mädchen aus stabilem Elternhaus. Für Jungen war die Chance, den Sprung zur Universität zu schaffen, „nur" um 25 bis 33 Prozent reduziert. Auch mit ihrem Familieneinkommen gerieten sie später im Vergleich mit ihren nicht betroffenen Altersgenossen deutlich ins Hintertreffen. Schon in der Schule hatten es Scheidungskinder schwerer als Kinder aus stabilem Elternhaus. Besonders schwerwiegend wirkt eine Scheidung der Eltern für Zwölf- bis 15jährige, erst dann folgen Kinder im Vorschulalter. Die Studie ergab ferner, daß die Folgen der Scheidung für die Kinder bis ins Erwachsenenalter spürbar sind. So neigen Scheidungskinder dazu, sich jung in Ehen zu stürzen oder mit einem Partner zusammenzuziehen. 45 Prozent der Mädchen aus geschiedenem Elternhaus waren bereits vor ihrem 20. Lebensjahr verheiratet – verglichen mit nur 15,6 Prozent der Mädchen aus stabilen Elternhäusern.

Hat das Kind ältere Geschwister, wird es mit der Scheidung besser fertig, als wenn es Einzelkind oder ältestes Geschwister ist. Zieht die Mutter gleich nach der Scheidung mit einem neuen Freund zusammen, der vom Kind nicht gemocht wird, ist die Katastrophe für das Kind besonders groß; findet sie aber nach einem grausamen Vater einen liebevollen Partner, der auch der beste Freund ihrer Kinder ist, leben die Kinder eventuell sogar mit einem Gefühl des Glückes auf, so daß die Scheidung und die Neugründung einer Familie geradezu Therapie auch für die Kinder sein können.

Wenn Eltern sich trennen, stehen sie plötzlich vor der von Annemarie Stoltenberg und Rainer Maier mit ihrem Buchtitel gestellten Frage „Wie zersäge ich mein Kind?". Die meisten Eltern sind nicht in der Lage, wahrzunehmen, wie schlecht es ihren Kindern gleichzeitig geht, weil es den Eltern während ihrer Trennungsphase auch selbst nicht gut geht. Sie gucken eben mehr auf sich als auf ihre Kinder.

Obwohl Kinder an den Konflikten und an der Trennung ihrer Eltern immer unschuldig sind, fühlen sie sich meist mitschuldig. Sie glauben, der Vater sei ihretwegen weggegangen, zumindest aber auch nicht ihretwegen geblieben. Zwar gibt es kein Schuldprinzip mehr bei der Trennung der Eltern, aber de facto wird meist dem Vater dennoch die Schuld in der Weise zugespielt, daß die Kinder ziemlich automatisch der Mutter zugeordnet werden, selbst wenn sie beim Vater besser aufgehoben wären. Das Bild des

Vaters leidet daher durchweg bei der Scheidung mehr als das der Mutter. Für geschiedene Väter und oft auch für ihre Söhne wirkt das verheerend und mit einer Fülle von Spätfolgen. Jungen zeigen die Spuren der Scheidung oft erst Jahre später, wenn sie sich bei der Suche nach ihrer Männlichkeit alleingelassen fühlen; sie werden oft erst Jahre nach der Trennung ihrer Eltern, oft in der Pubertät, aggressiv, autoaggressiv oder sonst verhaltensschwierig.

Ihnen müßte dann erleichtert werden, zum Vater zu ziehen bzw. selbst festlegen zu können, in welchen Phasen sie lieber bei der Mutter und in welchen sie lieber beim Vater leben wollen.

Wenn Mütter versuchen, nach der Scheidung das gute Bild des Vaters im Kopf ihrer Kinder zu zerstören, haben sie in etwa 50 Prozent der Fälle damit durchaus Erfolg, der ihnen, aber nicht den Kindern guttut; in den anderen 50 Prozent der Fälle erreichen sie aber genau das Gegenteil, nämlich Neugier, ob das Urteil der Mutter wirklich stimmt, Korrektur des von der Mutter vermittelten Bildes, überhöhte Wertschätzung des Vaters und – als Folge – ihre graduelle Ablehnung durch die Kinder mit der Zuschreibung von Wesensmerkmalen wie neidisch, eifersüchtig, intrigant, unsachlich oder egoistisch. Bei der letzteren Gruppe handelt es sich eher um sensiblere, differenziertere, intelligentere oder ältere Kinder, bei der ersteren eher um jüngere und nicht so differenzierte und intelligente Jungen und Mädchen.

Kinder leiden unter der Trennung ihrer Eltern übrigens nur deshalb so stark, weil zumindest ein Elternteil – meistens ist es der mehr Leidende, also der verlassene – signalisiert, daß Scheidung etwas Schlimmes, Unmoralisches oder Verwerfliches sei. Ginge man mit der natürlicheren und entspannteren Auffassung in ein Zusammenleben, daß es ohnehin nur auf Zeit ist und daß Trennungen und Wechsel biologisch normal auch für die Spezies Mensch sind, daß also lediglich jahrhundertelang die Institution der Kirche eine lebenslange Monogamie verordnet hat, und zwar im Grunde widernatürlich und deshalb „sittenwidrig“, dann wäre auch die Trennung der Eltern weder voreinander noch aus der Sicht des Kindes etwas so Dramatisches. Mißliche Scheidungskindschicksale können demnach mit einer modernen Auffassung der Eltern zum Faktor Zeit des Zusammenlebens durchaus minimalisiert werden; je entspannter und selbstverständlicher, also unkriegerischer sich die Trennung der Eltern vollzieht, desto besser kommen die Kinder dabei heraus. Vielweiberei und Vielmännerei sind jedenfalls der Biologie des Menschen angemessener als eine einzige lebenslange Ehe. Anthropologen haben festgestellt, warum so viele Ehen im vierten Jahr auseinandergehen: Etwa vier Jahre lang brauchen Mutter und Kind die Unterstützung und Pflege des Vaters, dann können Mutter und Kind sich besser in die Gemeinschaft oder die Gruppe eingebettet versorgen und gehegt werden. Etwa nach vier Jahren gaben schon die Eltern der Urvölker die Verantwortung für das Kind an die Horde ab und damit auch die Notwendigkeit, ein Paar zu sein.

Der alltägliche Streit wird mit Trennung oder Scheidung oft gar nicht beendet, sondern verlagert sich nur von der Wohnung in Telefon- oder Briefkontakte, in anwaltliche Korrespondenz oder in das Feld der Besuchsregelungen hinein, die für das Kind dadurch eher unlustbetonte Pflichtereignisse werden.

Kinder, deren Eltern sich getrennt haben, haben immer größere Probleme mit ihren eigenen späteren Partnerbeziehungen, sei es daß sie weniger bindungsfähig sind und Singles bleiben, sei es daß ihre Bindungen von kürzerer Dauer sind, sei es daß sie unter permanenten Verlustängsten leiden. Scheidungskinder stellen jedenfalls einen überrepräsentativ hohen Anteil an depressiven, schulversagenden, autoaggressiven, neurotischen und gewaltbereiten jungen Menschen.

Für Außenstehende ist es herzzerreißend, mitansehen zu müssen, wie oft schon kleinste Kinder mit höchster Konzentration und unter Aufbietung all ihrer Kräfte um die Versöhnung ihrer Eltern kämpfen, wie sie wechselnd mal für den Vater, dann wieder für die Mutter Partei ergreifen, wie sie die Geschwister um Mithilfe anflehen, um die für sie so wichtige familiäre Harmonie wiederherzustellen; tragisch ist, daß diese Versuche meist fehlschlagen und daß sich die Kleinen dabei auch noch schuldig fühlen.

Kinder brauchen auch die im Vergleich zur Mutterliebe ganz andere Vaterliebe, um angstfrei auf andere Menschen zugehen und Problemsituationen besser bewältigen zu können. Und Väter vermögen übrigens genauso leicht innige Liebesbeziehungen zu ihren Kindern aufzubauen wie Mütter; ein nur Müttern angeborenes Pflegeverhalten gibt es nicht, die Liebe zwischen Mutter und Kind wird letztlich von beiden Seiten ebenso gelernt wie die zwischen Vater und Kind.

Die Kind-Eltern-Beziehung ist aus der Sicht des Kindes immer intensiver als die zwischen den Eltern, so daß Eltern eigentlich dem Kind gegenüber eine größere Verantwortung als dem Partner gegenüber haben. Mit dieser Einsicht können sie daher dem Kind nicht ohne weiteres einen Elternteil rauben; der Erhalt der Ehe muß aus Verantwortung für das Kind immer dann Vorrang vor dem Aspekt des Partnerwechsels haben, wenn ihm nicht gravierende Unverträglichkeiten oder gewalttätige Ereignisse zugrunde liegen. Man darf ein Kind nicht nur deshalb dem Trennungsschicksal aussetzen, weil man einen noch besseren Partner kennengelernt hat oder weil man das vage Gefühl hat, man würde ohne Partnerwechsel vielleicht noch etwas in seinem Leben versäumen.

Im allgemeinen haben Konflikte und Scheidungen der Eltern auf Jungen bis zu zehn Jahren schlimmere Auswirkungen als auf Mädchen. Als junge Erwachsene haben Mädchen aus geschiedenen Familien jedoch größere Probleme mit sich selbst als Jungen; viele von ihnen haben deshalb allzu früh kurzlebige sexuelle Beziehungen auch mit älteren Männern, die für sie manchmal so etwas wie Vaterersatz sind.

Eine umfangreiche Studie amerikanischer Forscher hat ergeben, daß Mütter, die nach der Scheidung mit ihren Töchtern sehr gut auskamen, sich mit diesen nach einer erneuten Heirat besonders häufig stritten, während Jungen, die nach der Trennung ihrer Eltern auffällig ausgeglichen waren, sich mit einem positiven Stiefvater durchweg irgendwie abfinden, ohne ihn außergewöhnlich gern zu mögen.

Allerdings sagen solche empirischen Untersuchungen nicht immer etwas über die Konstellation des konkreten Einzelfalls aus, der in seinem Verlauf sehr abhängig ist von der Chemie der beteiligten Personen, von der Art der kleinen atmosphärischen und persönlichkeitsbedingten Bindungsgefügeelemente zwischen Mutter, Vater, Geschwistern, Freunden und neuen Lebensgefährten der Eltern.

21. Einzelkinder, Geschwisterlichkeit und Geschwisterfolge

Wer sich jemandem vertraut macht, der macht sich auch verantwortlich. Das gilt vor allem gegenüber Kindern und insbesondere gegenüber Einzelkindern.

Was Einzelkinder an Geschwisterlichkeit nicht haben, müssen Eltern teilweise selbst anbieten, teilweise über Freunde der Kinder ermöglichen: Balgen, Ausprobieren von Macht und Unterwerfung, Heimlichkeiten, Grenzerfahrungen, Spiel, Bewegung und Körperkontakt.

Einzelkinder orientieren sich früher in der Erwachsenenwelt als Geschwisterkinder, sie laufen eher Gefahr, für sie wichtige Bewegungs- und Spielerfahrungsstufen zu überspringen; andererseits sind aber Erstgeborene zunächst auch immer Einzelkinder bis ein Bruder oder eine Schwester kommen.

Das Einzelkinddasein muß kein benachteiligendes Schicksal sein; es kommt letztlich mehr auf die Zuwendung aller im Umfeld vorhandenen Bezugspersonen an als auf die Tatsache, daß man keine Geschwister hat. Einzelkinder sind entweder weiter als andere Kinder, weil sie ein Mehr an ungeteilter Aufmerksamkeit und an sprachlicher sowie anderer Fürsorge haben können; oder sie sind deutlich benachteiligt, weil sie ihre Eltern im wesentlichen stören und ihre Defizite nicht über Geschwisterlichkeit ausgleichen können.

Roosevelt, Sartre, Stalin, Elvis Presley oder Indira Gandhi waren Einzelkinder. Sind ihre Karrieren, ihre Unduldsamkeit dadurch unterstützt worden, daß sie Liebe und Zeit ihrer Eltern mit niemandem teilen mußten?

Angeblich werden geschwisterlose Kinder eher altklug, vorlaut, intolerant und egoistisch sowie weniger anpassungsfähig. Die britische Kinderpsychologin Ann Laybourn von der Universität Glasgow stellt in einer Langzeitstudie, in der 1958 geborene Kinder bis heute begleitet worden sind, fest, daß im Vergleich von 400 Einzelkindern mit 2000 in Geschwisterlichkeit aufgewachsenen Menschen keinerlei Bestätigung dafür gefunden werden konnte, „daß Einzelkinder zu Verhaltensstörungen neigen und mehr Schwierigkeiten emotionaler und psychischer Natur haben als Kinder, die mit Geschwistern aufwachsen". Sie kommt zu dem Schluß, daß viel wichtiger als Geschwister die Art der Elternbindung sei.

Es gibt aber auch ein gegensätzliches Resultat: Der Arzt Job Metsemakers von der niederländischen Universität Limburg hat die Gesundheitsprobleme von 5943 Familien ausgewertet und dabei festgestellt, daß Einzelkinder häufiger als andere krank sind und Übergewicht haben und daß der Gesundheitszustand am besten in Großfamilien ist.

Nimmt man etwa 50 große Analysen aus den letzten Jahren zusammen und sucht sich heraus, zu welchen gemeinsamen Resultaten sie kommen, dann ergibt sich als Tendenz, aber nicht für den konkreten Einzelfall, folgendes Bild:

- Einzelkinder sind klüger und sprachgewandter, weil die Eltern mehr Zeit für sie haben und häufiger mit ihnen sprechen.
- Einzelkinder sind nur dann krankheitanfälliger, wenn es zu Familienkrisen kommt, denn bei einer Scheidung der Eltern verlieren sie 50 Prozent ihre Hauptbezugspersonen, Drittgeborene dagegen nur 25 Prozent.
- Einzelkinder sind oft kontaktfreudiger, aufgeschlossener, lockerer und freundlicher, weil sie früher als andere Kinder in die Außen- und in die Erwachsenenwelt drängen, weil sie häufiger von einem Elternteil als Gesprächspartner für Lebensprobleme genutzt werden und weil sie jahrelang stets im Mittelpunkt der familiären Aufmerksamkeit stehen.
- Einzelkinder werden häufiger als andere Kinder verwöhnt oder verplant, Mütter sind mit ihnen ängstlicher als mit einer Reihe von Geschwistern.
- Einzelkinder und Erstgeborene sind angepaßter und wirken reifer bzw. vernünftiger, erwachsener, weil sie sich eher mit den Eltern und deren Verantwortung identifizieren; sie sind daher auch schulisch und beruflich erfolgreicher, und sie neigen mehr zu konservativen Weltbildern.
- Einzelkinder zeigen einen geringeren Familiensinn; sie hängen auch späterhin etwas weniger an ihrer Familie, weil sie schon in der Kindheit oft mehr unter der übergroßen Aufmerksamkeit und dem damit verbundenen erziehrischen Elan gelitten haben.
- Die Zahl der Einzelkinder nimmt zu; 30 Prozent aller deutschen Eltern haben nur noch ein Kind, in manchen Regionen wie im Hamburger Stadtteil Horn sind es schon fast 90 Prozent.
- An sich ist Geschwisterlichkeit ebenso wie das Vorhandensein von Väterlichkeit, Freundschaft, Großmütterlichkeit und Großväterlichkeit sozialisationsbegünstigend und erfahrungsbereichernd. Aber auch innerhalb der Geschwisterlichkeit gibt es oft Unterschiede zwischen Erst- und Letztgeborenen sowie mittleren Kindern in einer Geschwisterreihe, was ihre Persönlichkeitsentwicklung anbelangt. Wichtig ist dabei auch die Geschlechterfolge. Handelt es sich um ein Mädchen zwischen zwei Brüdern,

sieht das Schicksal im allgemeinen anders aus als bei der mittleren von drei Schwestern:

- Es hängt sehr vom elterlichen Verhalten und auch vom Altersabstand ab, ob Erstgeborene, die ja anfangs Einzelkinder waren, durch Geschwister „entthront" werden oder sich zurückgesetzt fühlen und in der Folge die Aufmerksamkeitsintensität über auffälliges Verhalten zurückgewinnen wollen. Erstgeborene zeigen jedenfalls ein Leben lang mehr Engagement als danach Geborene, sie müssen aber auch mehr „Erziehungsfehler" ihrer noch unerfahrenen Eltern erdulden. Die Kombination von Ehrgeiz, Erfolg und Fehlerhaftigkeit symbolisiert wohl am besten eine NASA-Statistik, die auswirft, daß von 23 Astronauten 21 Einzelkinder und Erstgeborene waren. Denn welche allseitig gelungene Persönlichkeit würde schon ausgerechnet Astronaut werden wollen?
- Letztgeborene haben – zumal in einer größeren Geschwisterreihe – als leicht oder schwer verwöhnte „verhätschelte Nesthäkchen" eine relativ ungünstige Prognose. Ihnen werden zu viele Probleme aus dem Weg geräumt, und von ihnen werden zu viele wichtige Herausforderungen ferngehalten, so daß sie wie unter einer Glasglocke mit „overprotection" und einem Defizit an Eigenverantwortung, Konfliktbewältigung und Selbständigkeit, also mit zu viel Schonraum und zu wenig Möglichkeiten, Fehler zu machen, erzogen werden. Es mangelt ihnen an Lebenstüchtigkeit.
- Mittlere Kinder haben eine harte Kindheit zwischen dem mit Stolz bedachten „Thronfolger" und dem liebevoll umsorgten „Nesthäkchen". Sie wachsen mit „underprotection" auf und werden deshalb zu früh und zu häufig in die Eigenverantwortlichkeit und Selbständigkeit gedrängt, so daß sie antriebsstarke Querdenker, eher revolutionär, aber auch beruflich erfolgreich, vor allem aber auch „Aussteiger" werden. Als eher ungeliebte Kinder werden sie später oft neurotische und daher eher unbequeme Chefs.
- Während nur ein Drittel aller Erstgeborenen und Einzelkinder rebellierend-kreative Tendenzen zeigen, neigen zwei Drittel aller Zweitgeborenen und mittleren Kinder dazu. Berühmte Zweitgeborene sind Kopernikus, Charles Darwin und Sigmund Freud.
- Der Wunsch, besonders viele Kinder zu haben, entspricht nicht gleichzeitig den kindlichen Bedürfnissen; die kindliche Psyche findet die Grenze ihrer sozialen Belastbarkeit durchweg im Vier-Personen-Haushalt mit Mutter, Vater und einem Geschwisterkind. Vom dritten Kind an stellt sich häufig Überforderungsstreß ein, und der trifft meist das mittlere Kind, das in der Folge mit etwas weniger Familiensinn, aber etwas mehr „Power" in die weite Welt und in seine Zukunft drängt und dann meist eher als die Geschwister heiratet. Am leichtesten ist die Erziehung von zwei Geschwistern; sie gelingt besser als bei Einzelkindern und bei drei Geschwistern; noch günstiger ist, wenn die Eltern nicht zwei gleichge-

schlechtliche Kinder haben, und am allergünstigsten ist in bezug auf erzieherischen Erfolg, wenn die Eltern lediglich ein eineiiges Zwillingspärchen haben.

Aufschlußreich ist übrigens der Zusammenhang von Bildungsniveau und Familienstand: Während nur 19 Prozent der Hauptschüler später ledig bleiben, entscheiden sich 45 Prozent der Abiturienten für ein eheloses Leben, so daß Kinder von Hauptschülern erstens eine größere Chance haben, in einer Familie aufzuwachsen, zweitens seltener von Scheidung betroffen sind und drittens häufiger Geschwister haben als Kinder von Abiturienten, denn die Scheidungsrate ist bei Menschen mit Abitur dreimal so hoch wie bei Menschen, die die Hauptschule besucht haben.

Alle eben gemachten Aussagen gelten nur in der Tendenz. Letzten Endes gilt nämlich auch die trostreiche Feststellung, daß eine alleinerziehende berufstätige Mutter mit drei Kindern, die „gut drauf" ist, alle denkbaren statistischen Nachteile, die für die Sozialisation in ihrer Familie gelten, durchaus kraft ihrer Persönlichkeit, ihrer Einstellung zu ihren Kindern, ihres Engagements und ihres Organisationstalents mehr als gut aufzufangen vermag.

Es gibt unglückliche Kinder in vollständigen und äußerlich „heilen" Familien, die aus Vater, Mutter, Sohn und Tochter bestehen; es gibt aber auch zufriedene Kinder, die in kaputten Familien leben. Nach der in diesem Jahrhundert deutlich spürbaren Wandlung von der Groß- über die Klein- zur Kleinstfamilie, die oft nur noch aus einer Mutter und einem Kind besteht, ist für die Masse der Kinder ein neues Erziehungsverständnis gefragt, das nach wie vor von den unveränderten Bezugspersonenbedürfnissen der jungen Menschen ausgeht und deshalb dafür sorgt, daß sie auch außerhalb der Familie finden, was sie suchen, nämlich Vorbilder, Geborgenheit, Orientierung, Anerkennung, Erfolg, Grenzerfahrungen, Deutlichkeit, Konsequenz und Kontinuität sowie Liebe, Gespräche, Spiel, Bewegung, also eine stimmige Reizbilanz; Vorschulen, Volle Halbtagsschulen, Ganztagsschulen, Horte, Kindertagesheime, Internate, Pfadfindergruppen, kirchliche Jugendarbeit oder Sportvereine und ein großer Freundeskreis können jedenfalls dazu beitragen, daß Kinder auch nach der Trennung ihrer Eltern und ohne Geschwister gelingen und glücklich werden.

22. Kindesmißhandlungen und sexuelle Übergriffe

In Deutschland werden jährlich etwa 1,4 Millionen Kinder mit Gegenständen geschlagen, davon 300 000 so schwer, daß sie körperliche Folgen erleiden, etwa 100 Kinder werden zu Tode geprügelt und etwa 60 000 sexuell mißbraucht. 81,4 Prozent aller Kinder erhalten Ohrfeigen oder Prügel als Erziehungsmaßnahmen. 70 Prozent der Eltern sind laut einer Umfrage des Deutschen Kinderschutzbundes mit zuschlagenden Strafen grundsätzlich einverstanden.

Noch schlimmer sieht es in Rußland und in Großbritannien aus; in England gibt es kaum ein Kind, das nicht von seinen Eltern geschlagen wird; 91 Prozent der dortigen Eltern stehen zur Prügelstrafe, und 20 Prozent der Kinder werden bereits vor Vollendung des ersten Lebensjahres geschlagen.

Bei deutschen Eltern sind Stock und Gürtel neben der Hand die „beliebtesten" Schlagwerkzeuge. Gewalttätige Eltern fallen durch einen hohen Anteil an Depressionen, Alkoholismus, Tablettenabhängigkeit, Nervosität, Konfliktbelastungen und Unzufriedenheit, also durch Unausgeglichenheit auf. Eltern, die mit sich selbst nicht gut umgehen, können auch mit ihren Kindern nicht gut umgehen. 90 Prozent der zuschlagenden Eltern sind selbst in ihrer Kindheit geschlagen worden, auf sie hat diese Maßnahme also abgefärbt, und nur 10 Prozent der mit Prügelstrafe aufgewachsenen Menschen verzichten bei ihren eigenen Kindern ganz auf körperliche Züchtigungen, weil dieses Mittel auf sie abschreckend gewirkt hat.

Die Kindesmißhandlung betrifft aber auch Psychoterror, Liebes- und Beziehungsentzug, Hungerstrafen, Stubenarrest und Herabsetzungen wie Ironie, Sarkasmus, Ignorieren, Verächtlichmachen sowie bewußtes Bevorzugen – auch aus Rache – der Geschwister.

Die Gewalt gegen Kinder ist allgegenwärtig, sie existiert im Straßenverkehr, in dem Kinder bereits vom siebten Lebensjahr an „schuldfähig" sind; sie ereignet sich über die Medien, auf den Schulhöfen und in Form von schlechten Noten und Sitzenlassen, durch Vernachlässigung, Verplanung, Scheidung und Familienzerfall, durch mißliche Stadtteilarchitektur und zu kleine Wohnungen, durch geringe staatliche Fürsorge gegenüber der „neuen Armut", durch Sparmaßnahmen in Erziehungs- und Bildungseinrichtungen, durch rassistische, religiöse und politische Vorurteile und Diskriminierungen bis hin zu Benachteiligungen von Minderheiten und Haß ihnen gegenüber und letztlich auch in Form von ungeeigneten Spielplätzen, durch Bewegungsmangel, unzureichende Sinneserfahrungen und falsche Ernährung.

Eltern schlagen meistens aus Hilflosigkeit, so daß sie hinterher ein schlechtes Gewissen haben, oder indem sie sich gedankenlos an das Instrumentarium erinnern, das ihnen in ihrer eigenen Kindheit widerfuhr, das dann also teufelskreisartig im Sinne von Modellernen durch sie tradiert wird.

Es gibt fast keinen Grund, ein Kind zu schlagen, und es gibt nie einen, das Schlagen allwöchentlich einzusetzen. Es kann sich schon einmal im Laufe von vierzehn Jahren ein einziges Mal eine Situation ergeben, die in einen Schlag einmündet, der letztlich auch vom Kind als besonders deutliche Grenzerfahrung akzeptiert wird; aber eine methodische Rechtfertigung des Prügelns läßt sich deswegen nicht finden, weil die körperliche Gewalt vom Kind letztlich fast nie akzeptiert wird und weil sie immer zur Verschlimmerung seiner Lage beiträgt.

Erzieher, Lehrer und Nachbarn sind zumeist die ersten, die außerhalb der Familie Anzeichen für Mißhandlungen, Vernachlässigungen, Überforderungen oder sexuelle Übergriffe wahrnehmen. Aber viele, vor allem Nachbarn, verdrängen aus Angst, Ohnmacht oder Gleichgültigkeit die Not von Kindern und die Pflicht, sich einzumischen. Der Deutsche Kinderschutzbund hat einmal versuchsweise eine Tonbandaufzeichnung mit entsetzlichen Schreien mißhandelter Kinder durch ein geöffnetes Parterrefenster auf eine belebte Straße dringen lassen. Fast alle Passanten gingen achtlos weiter. Kinder werden vielfach als Privateigentum und damit als jeder Laune ihrer „Besitzer" verfügbare Wesen angesehen und entwürdigt. Selbst schlimmste Mißhandlungsfälle werden allzu häufig als Kavaliersdelikte eingestuft.

Es ist heute sehr selten, daß Eltern an ihrer Beziehung und an ihrem Erziehungsstil mit der Absicht arbeiten, die eigenen Bedürnisse zwar auch für legitim zu halten, sie im Zweifelsfall aber hinter die des Kindes zu setzen.

Die meisten Ausreißerkinder fühlen sich mißhandelt; sie halten die häuslichen Spannungen nicht mehr aus, glauben sich unverstanden, überflüssig, ungeliebt oder ungerecht behandelt. Bevor ein Kind wegläuft, hat es meist schon lange Zeit körperlich oder seelisch gelitten; es will mit seinem Trebegang, wenn es nicht im Sinne einer Bilanz endgültig weg will, einen liebevolleren Umgang oder zumindest ein Umdenken der Eltern erreichen.

Als die schwedische Pädagogin Ellen Key dieses Jahrhundert zum „Jahrhundert des Kindes" erklärte – und das ist fast ein Jahrhundert her –, hoffte sie, daß Eltern und Pädagogen die Würde des jungen Menschen mit diesem Impuls stärker beachten und auf gewaltsame Konfliktlösungen weitgehend verzichten würden. Aber der Vorsatz allein genügt ohnehin nicht, denn Menschen, die in ihrer Theorie Gewalt ablehnen, greifen in Extremsituationen dann doch viel zu häufig zu zuschlagenden Argumenten und Strategien.

Eltern, die ihr Kind schlagen, schlagen sich immer auch selbst, deshalb fühlen sie sich nach dem Prügeln durchweg genauso schlecht wie ihr Sohn oder ihre Tochter; sie schlagen aus Verbitterung, aus Uneinssein mit sich und der Welt, aus Enttäuschung, Verzweiflung, Angst oder Selbstmitleid, und alle diese Kategorien sind ja in ihnen selbst und keineswegs im Kind. Schlagende Eltern sind immer irgendwie in Not, sie fühlen sich überfordert, gekränkt oder vom Schicksal schlecht behandelt und strafen mit der Gewalt ihr Kind doppelt, nämlich mit dem körperlichen und seelischen Schmerz, den sie dem Kind zufügen, und zugleich mit ihrer eigenen schlechten Verfassung, die jedes Schlagen in den Augen des Kindes zum Unrecht geraten läßt.

Der mit Prügeln im Kind angerichtete Schaden ist kaum wiedergutzumachen, vor allem wenn er mit Entwürdigung des Kindes einhergeht. Im Grunde ist aber alles, was nicht auf Zustimmung oder zumindest Verständnis im Kind trifft, entwürdigend. Selbst eine nachgereichte Entschuldigung schafft es eigentlich nie, die Bilanz im Kind wieder stimmig zu machen, dennoch ist sie ebenso wie eine Erklärung unverzichtbar, um die mißlichen Folgen zu begrenzen.

Ein einmaliges Schlagen kann ausnahmsweise im Kind ein „schlagartiges" Verdeutlichen von Grenzüberschreitungen und damit eine Verhaltensänderung bewirken; wiederholtes Prügeln führt aber fast immer zu Eskalationen und Anreicherungen negativer Verhaltensweisen, jedoch nicht zur Lösung des eigentlich gemeinten Problems, es sei denn zu Dressur, zu geschickterem Ausweichen oder zum Rückzug in das weite Feld der Autoaggressionen.

Schon kleinste Kinder haben Sexualität, mit sich selbst, untereinander und auch von Erwachsenen begehrt, wie wir aus den vielen Mißhandlungsfällen und der schrecklichen Kinderporno-Szene wissen. Aus den Niederlanden ist bekannt, daß etwa jedes sechste Mädchen bis zum 16. Lebensjahr von einem Familienmitglied sexuell mißbraucht wird; zumeist geht der sexuelle Übergriff damit einher, daß das Kind auch oft geschlagen wird. In Deutschland werden die Zahlen nicht anders sein, aber die Dunkelziffern sind höher.

Sexualität geht weit über die Genitalien hinaus; sie ereignet sich über den allgemeinen Körperkontakt, über Blicke und auch über Sprache. Unterdrückte und nicht sinnvoll kanalisierte leibliche Bedürfnisse, mangelnde körperliche Zuwendung auch in Form von Hautkontakten wie Schmusen, Trösten, In-den-Arm-Nehmen, Auf-dem-Schoß-Sitzen und Handauflegen, eine körperfeindliche Askeseerziehung, die auch religiös bedingt sein kann, die fehlende Wertschätzung des Kindes, ein Mangel an gleichaltrigen Kontakten, Defizite an mütterlicher und väterlicher Fürsorge sowie gewaltsame sexuelle Verführungen beeinflussen die Ausprägung der sexuellen Motivationen des jungen Menschen sehr, und zwar bis hin zum Strichmädchen oder Strichjungen, zum Triebtäter, zum Sodomisten, Vojeur, Exhibitionisten, Homosexuellen, Pädophilen, Fetischisten, Exzessivmasturbisten und Porno-Freak. Jungen, die mit einem Mangel an Körperkontakt aufwachsen, reduzieren ihre gesamtkörperlichen Bedürfnissen oft kompensatorisch auf bizeps- und peniszentrierte Interaktionen, wie sie in mißlichen Männerbünden allein anerkannt sind, weil sie nie gelernt haben, mit Nähe umzugehen, weil sie Angst haben, für weich erklärt zu werden, oder weil sie selbst sexuell mißbraucht worden sind und dieses Schicksal zur Ableitung und Minimalisierung des eigenen Traumas gern multiplizieren möchten, damit sie ihr schlimmes Los nicht allein tragen müssen. Kinder empfinden es immer als enttäuschend und entwürdigend, wenn man nicht sie als ganze Person meint, sondern vor allem nur ihre Sexualität; sie büßen Urvertrauen und Vertrauensfähigkeit ein, bauen Ängste auf und nehmen schwere Neurosen und Psychosen durch ihr gesamtes weiteres Leben mit.

Wenn Eltern aus Angst davor, als Sexualstraftäter mißverstanden zu werden, auf die notwendige gesamtkörperliche Zuwendung zu ihrem Kind, zu der auch Schmusen gehört, verzichten, fügen sie ihm ebenso wie mit dem sexuellen Übergriff Gewalt zu. Sie dürfen deshalb auch nicht das Thema Sexualität aus dem Zusammenleben und aus den Gesprächen mit ihrem Kind verbannen. Wer das aktive Auseinandersetzen von Jungen und Mädchen mit ihrer Sexualität in der Badewanne, auf dem Spielplatz und im Kinderzimmer stets ignoriert, negativ kommentiert oder sanktioniert und wer auch seine eigene Sexualität tabuisiert, verhält sich völlig falsch.

Sexualerziehung ist eine Gratwanderung zwischen der Akzeptanz der Sexualität des Kindes, seinem Bedürfnis des Ausprobierens der sexuellen Funktionen, aber auch seiner sexuellen Reize auf andere, und einer vorsichtigen Werteerziehung.

Kinder und Jugendliche müssen ihre Sexualität austesten, über Onanieren, im freundschaftlichen Umgang und bei kurzen Begegnungen auf Partys, in Discos, auf Szene-Treffs oder auf Urlaubsreisen. Sie müssen das tun, um mehr über sich und ihre Wirkung zu erfahren, um Maßstäbe für spätere feste und langanhaltende Bindungen gewinnen zu können. Sexualität ist dabei nicht immer in Freundschaft eingebettet oder an Liebe gebunden, das muß sie nicht; sie entwickelt sich aber positiver in gegenseitiger Freundschaft und im Rahmen einer den ganzen Menschen umfassenden Liebe.

Bewußte Sexualerziehung, wie sie beispielsweise über abstrakte Aufklärungsgespräche in Familien und Schulen stattfindet, führt vielfach zu Verkrampfungen und auch zu Schamverletzungen. Eine Ursache dafür ist, daß viele Eltern und Lehrer selbst in ihrer Jugend keine sinnvolle Sexualerziehung erlebt haben. Ein nicht moralisierender Umgang mit Kindern ist jedenfalls der bessere Weg, um eine gesunde sexuelle Entwicklung zu fördern. Gespräche aus konkreten Anlässen helfen mehr als der Vorsatz, in einem nicht naheliegenden Moment aufklären zu wollen; Beziehung ist in Sachen Sexualität einfach besser als Erziehung. Dem Kind einfach übergestülpte Sexualnormen – beispielsweise gegen vorehelichen Geschlechtsverkehr oder gegen Homoerotik – richten gelegentlich erheblichen Schaden an.

Nach Einschätzung der Bundesärztekammer werden 21 Prozent der deutschen Mädchen und sechs Prozent der Jungen unter 16 Jahren sexuell mißbraucht. Nur jedes fünfzigste dieser Delikte wird gerichtsbekannt. Als Täter kommen meist Väter, Onkel, Brüder, ältere Freunde und männliche Pädagogen in Betracht, gelegentlich aber auch Mütter, die ihre Söhne als Partnerersatz benutzen oder als „verbesserte Ausgabe eines Mannes", wie Gerhard Amendt sagt, sehen.

Zum Schluß noch dieses:

Aus Kinderzeichnungen und Szeno-Tests allein können Außenstehende und Fachleute – wie eine Studie gerade ergeben hat – übrigens nicht sicher ablesen, ob ein Kind wirklich sexuell mißbraucht worden ist.

23. Vom Schwinden der Kindheit

Im Februar 1995 titelte DER SPIEGEL seine Nummer 9 mit „Das Ende der Erziehung, Abenteuer-Spielplatz Familie". Er weist darauf hin, daß das Hauptkriterium von elterlicher Erziehung Hilflosigkeit ist, daß Eltern weder wissen, wozu sie erziehen noch wie, und daß damit vor allem die kindlichen Führungsbedürfnisse auf der Strecke bleiben.

In den letzten 2000 Jahren gab es eine als eigenständig anerkannte Kindheit fast nie und wenn, dann gab es sie im wesentlichen nur in diesem Jahrhundert, aber kaum noch in diesem Jahrzehnt.

Erziehung als Medium zwischen Geburt und Erwachsenendasein mit der Anerkennung eines Eigenwertes von kindlichen und jugendlichen Lebensstufen, die auch so etwas wie einen Schonraum zum Gedeihen benötigen, mit eigener Kinderkleidung und eigenem Kinderspielzeug, mußte erst erfunden werden mit den Konzeptionen von Friedrich Fröbel, Maria Montessori, Ellen Key, Peter Petersen, Rudolf Steiner, Celestin Freinet und den vielen weiteren Exponenten der großen pädagogischen Reformbewegung am Ende des letzten und zu Beginn dieses Jahrhunderts. Noch im 18. und 19. Jahrhundert ging es ziemlich unkindgemäß zu mit der Kinderarbeit in Bergwerken und auf Walfangschiffen sowie mit der Tatsache, daß Jungen und Mädchen bereits mit sieben oder zehn Jahren aus dem Haus flogen, um bei anderen Familien oder in der rauhen Arbeitswelt in die Lehre zu gehen. Sie mußten dienen, bei Handwerkern zugucken und mitproduzieren, sie durften mit 14 Jahren heiraten und wurden als Diebe wie Erwachsene bestraft und gemeinsam mit ihnen in Kerker geworfen.

Mit dem Anwachsen des Wissens und dem Kompliziertenwerden der Arbeitswelt wurde aber zunehmend Beschulung erforderlich, zunächst für den Priesternachwuchs und die Kinder von Adeligen, dann auch für den Nachwuchs von Kaufleuten und schließlich in Form von Volksschulen für Bauern und Arbeiterkinder. Dabei sollte dann auch „sittliche Erziehung" über die Kulturtechniken Lesen, Schreiben und Rechnen und über Griechisch, Latein und Astronomie hinaus stattfinden, und mit ihr wurde Erziehung entweder hochfordernd autoritär, was am Anfang dominierte, oder fürsorglich schonend, was sich in diesem Jahrhundert immer mehr durchsetzte.

Nach 1968 wurde dann zu Recht der autoritäre Führungsstil, weil er nicht nach der Zustimmung des Kindes fragt, das Kind entwürdigt und mit Überforderungen in Dressur oder Neurosen drängt, abgeschafft, und das Pendel schlug ins andere Extrem aus:

Alle über Jahrhunderte gewachsenen Erziehungsweisen wurden pauschal in Frage gestellt, das Kind sollte sich selbst regulierend aufwachsen, und es wurde dabei allein gelassen, wenn auch materiell bestens versorgt. Die zwanzig Jahre zwischen 1970 und 1990 standen unter dem heute beschreibbaren Verlust von Erziehungskompetenz in Familien, Kindergärten, Schulen und anderen Einrichtungen; Orientierungslosigkeit, Gewalt und die Suche nach familien- und weltbildersetzenden Nischen breiteten sich aus; viele nennen das Resultat Pluralismus oder offene Gesellschaft. Vor allem sind aber mit dieser Offenheit und ihren konzeptionellen Lösungen kindliche Grundbedürfnisse mißachtet worden, so daß heute viele Pädagogen auf der Suche nach der Wiederentdeckung der Notwendigkeit von umfassenden, deutlichen, konsequenten und vorbildhaften Bezugspersonen, von Grenzerfahrungen, sinnvollen Größen von Schulen, Klassen und Gruppen und von Normen und Werten im Sinne von Werteerziehung sind, damit Kinder wieder besser gelingen.

„Vom Verschwinden der Kindheit“ sprach Neil Postman schon vor Jahren, und er meinte damit, daß der moderne junge Mensch, statt draußen zu spielen, stundenlang „vor der Glotze hockt“, daß er die zur Entfaltung seiner Sinne erforderlichen Bewegungserfahrungen nicht mehr macht, daß er immer früher, also schon als Fünfjähriger beginnend wie ein Jugendlicher oder Erwachsener leben will, sich also schminken will, „Shopping“ gehen will, Zeitschriften (siehe „Bravo“) lesen will, in Restaurants (siehe McDonald's) gehen will, Filme sehen will, die für Erwachsene bestimmt sind, Sex haben will, sich wie Jugendliche „voll im Trend“ kleiden und seine Freizeit verbringen will und letztlich vor allem den höchsten Leitwerten nach dem Zweiten Weltkrieg, nämlich Materialismus und Konsum, frönen will. Spiel und Bewegung werden selbst von Kindern oft als „kindisch“ abgelehnt, passives, sitzendes Aufnehmen von Reizen ist ihnen wichtiger als selbstschöpferisches Handeln, und alle ihre Nah- und Fernsinne und ihre natürlichen Nahrungsbedürfnisse bleiben zum Schaden ihres Leibes und ihrer Seele irgendwie auf der Strecke, so daß sie sinnesgeschwächt, unfallgefährdet, trendabhängig-außengesteuert, psychosomatisch krank, suchtgefährdet und rauschbedürftig geraten und als antriebsschwach, hyperaktiv, unkonzentriert, von geringem Durchhalte- und Belastungsvermögen und lern- und gedächtnisschwach sowie wahrnehmungsbeschränkt – z. B. was Zuhören anbelangt – auffallen oder beschrieben werden.

Als technologische Erzeugnisse noch nicht so kompliziert und zu teuer waren, gab es sie kaum im Haushalt; als die Masse der Menschen noch arm war, waren Ton- oder Glaskugeln sowie einfachste Puppen für das Kind noch kostbar, und es spielte Marmeln, Mutter und Kind oder An- und Ausziehen damit. Puppenstuben und Mini-Krämerläden, Bauklötze und später Stabilbaukästen, Modellautos und elektrische Eisenbahnen waren für Kinder in den 50er Jahren etwas sehr Wertvolles, der Umgang mit ihnen entwickelte ihre Kreativität, ihr Material- und Raumverständnis. Heute ist Spielzeug in einem Maße technisch perfekt, das die kindlichen Sinne und Kräfte bei weitem nicht mehr so herausfordert und entwickelt, sondern junge Menschen dazu verleitet, sich, eher mit Reizen überfordert, zurückzulehnen.

Kinder haben immer Erwachsenenwelt in ihren Spielen nachgespielt; früher – und auch heute noch in Bosnien – spielten sie Krieg oder Räuber und Gendarm, Indianer und Cowboy, Kaufmann, Bäcker mit Backformen im Sandkasten oder Kommunikation mit Puppen; heute spielen sie in gleicher Weise das Erwachsenenleben nach, am Computer, mit ferngesteuerten Autos, konsumierend vor dem Bildschirm sitzend, über den sie sich Action-Filme „reinziehen“, mit Rauchen und Trinken, Schlagen, Würgen, Catchen, Abpressen und Diskriminieren über Fäkaliensprache sowie Petzen, Lügen und maßlosem Schokoladeessen. Vielleicht ist das alles zunächst also kein Verlust an Spielen, sondern eine sich anpassende Wandlung des Spielens. Spielkultur bei Kindern verändert sich stets parallel zur Lebenskultur der Erwachsenenwelt; konsumieren Erwachsene mehr, tun Kinder das eben auch, lösen Erwachsene ihre Konflikte zuschlagend und selbstzerstörerisch, machen sie das auch in ihren Spielen nach; konstruieren Erwachsene nicht mehr schöpferisch, sehen auch Kinder keine Veranlassung, schöpferisch-konstruierend zu spielen, und was Erwachsene nicht mehr selbst herstellen, wollen Kinder auch einfach nur kaufen. In dem Maße, wie die Mutter nicht mehr selbst kocht und backt, wollen Kinder das auch nicht mehr unbedingt spielen.

Aber genau die Wandlung der Spielkultur von Kindern in Abhängigkeit von der Wandlung der Lebensbewältigungsformen der Erwachsenen führt am Ende zu dem Phänomen des Verlustes an Kindheit in bezug auf die für Koordinations-, Bewegungs-, Haut-, Gleichgewichts-, Material- und Zahligkeits-, Raumvorstellungs-, Sprachentwicklungs-, Hör-, Seh- und Sozialentwicklung so unentbehrlichen Sinneserfahrungen. Nur läßt sich das für Erkundungs-, Handlungs- und Kreativitätskompetenzen so ergiebige Spielen der 50er Jahre mit seinen hohen Anteilen an Schaukeln, Klettern, Hüpfen, Springen, Rutschen, Balancieren, Matschen und Konstruieren nicht mehr so ohne weiteres zurückholen. Bauklötze und schlichte Holzpuppen haben heute nicht mehr die das Kind herausfordernde Attraktivität, weil sich die Umwelt des Kindes so verändert hat. Heute müssen eben andere Spielsachen und Spielkameraden in anderen Umständen so genutzt werden, daß über Auswahl, Dosierung und Gesprächsbegleitung und über den Wechsel von Spiel-, Bewegungs- und Sozialerfahrungen auf zeitgemäß andere Weise dennoch die wichtigen Sinneserfahrungen durchlebt werden, also durch das Spielen mit Freunden am Computer, durch Mountainbikefahren, durch Skateboarding, Roller-Skaten, Snowboardfahren, durch das Rangeln mit dem Vater oder dem Erzieher, durch Basketballspielen und das Pflegen anderer seltener Sportarten wie Moto-Crossen im Verein, durch elektronische Baukästen, durch Tanzen in Discos, durch Abenteuerreisen und durch Musikmachen mit Freunden im Rahmen einer kleinen „Band".

Die Kinderbeauftragten der Bundesländer sollen Kindheit bewahren helfen, der Jugendschutz will das auch und ebenso die „freiwillige Selbstkontrolle" der Medieneinrichtungen. Aber die Schere von kindlicher Lebensgestaltung geht vor allem nachmittags und abends weit auseinander; die Kids betuchter Eltern werden mit Reiten, Hockey, Tennis, Klavierspielen, Kindergeburtstag und Nachhilfe bildungsmäßig und damit zu Lasten der Spielbedürfnisse verplant; die vielen einsamen und vernachlässigten Kinder gammeln dagegen als halbe Straßenkinder im Sog der Trends und aus Angst vor Isolation durch die Computerspielabteilungen der Kaufhäuser und durch Schnellrestaurants, sitzen stundenlang mit Kartoffelchips und Schokoriegeln vor dem Fernseher oder erleben Schnüffeln, Rauchen, Saufen, Haschen und Graffitikultur in sich zu Notgemeinschaften zusammenfindenden Jugendcliquen, Stadtteilbanden und anderen Jugendkultnischen wie den Hools, Skins, S-Bahn-Surfern, Crash-Kids, Rappern, Cruisern und Grufties oder in okkultistischen Kreisen und in Jugendsekten.

Der für Kinder so wichtige Bewegungs- und Spielraum wurde insbesondere in Großstädten und Ballungsgebieten zunehmend dem Auto, dem Konsum, den Trabantenstädten und dem Ordnungs- und Gestaltungssinn der Erwachsenenwelt geopfert. Planer rechnen heute pro Kind mit etwa einem Quadratmeter Spielfläche, aber mit sieben Quadratmetern pro Auto, so daß Toben, Ballspielen, Radfahren und Rollschuhlaufen für Kinder immer gefährlicher, aber auch immer verbotener geworden ist. Spielflächen für Kinder sind so bedroht wie aussterbende Pflanzen, und dort, wo sie in Form von kommunalen Spielplätzen zur Beruhigung von Politikergewissen als „Abstellflächen für Kinder“ angeboten werden, sind sie genormt, steril und – weil sie auch pathologischen Erwachsenen als Refugien dienen – unhygienisch. Kinder spielen also lieber in Treppenhäusern, Parkhäusern, Kaufhäusern, Supermärkten, auf Müllplätzen, in Tiefgaragen und auf Baustellen, weil diese ein Mehr an Abenteuer und an „Reiz des Prickelnden“ bieten, und zwar im Sinne von „Trainingsplätzen für Kleinkriminalität“.

Der Staat geizt mit pädagogisch betreuten Abenteuer- und Bauspielplätzen, die von jungen Menschen noch ganz gern angenommen werden, obwohl sie pro Tag und Kind etwa fünf Mark kosten, ein Gefängnisplatz aber, wenn schließlich sozialerzieherisch alles schiefgelaufen ist, etwa 100 Mark.

Als Alternative bleibt vielen jungen Menschen die Bildschirmwelt; in verkabelten Wohnungen verbringen bereits Drei- bis Sechsjährige mittlerweile durchschnittlich 60 Minuten pro Tag vor dem Fernsehapparat, manchmal jedoch schon bis zu neun Stunden und am Wochenende von Freitagnachmittag bis Sonntagabend etwa 30 Stunden. Als „Tendenz zur negativen Verhäuslichung“ bezeichnet diese Entwicklung das nordrhein-westfälische Sozialministerium.

24. Familie, Kind und Nachbarschaft

Die außerfamiliäre Umgebung des Kindes ist ein starker Erziehungsfaktor. Sterile Plattenbausiedlungen, Trabantenstädte ohne soziale Folgeeinrichtungen, Slums mit einer Anhäufung von problembeladenen Menschen, verkehrsreiche Straßen, die den Stadtteil zerschneiden, fehlende Spielmöglichkeiten zwischen rasendem und parkendem Autoblech, allerorten mit Tags und Graffiti bemalte Betonwände, zu kleine Wohnungen in Hochhäusern des sozialen Wohnungsbaus, Kindermangel oder Kinderreichtum in der Nachbarschaft, Spielplätze voller Drogenspritzen und Hundekot, Sex-Shops an jeder Ecke, reichlich Jugendbandenkriminalität, multikulturelle

Kollisionen im Stadtteil, hohe Arbeitslosigkeit oder durchweg vergreiste Bewohner, das tägliche stundenlange Reisen mit Schulbussen in ländlichen Regionen zu irgendwelchen entlegenen Mittelpunktschulen, ein Großstadt- oder ein dörfliches Milieu oder das Aufwachsen in Luxuskurorten wie Kampen auf Sylt, in denen fast alle Touristen reich sind und mußevoll konsumieren, all das sind Anfechtungen für das Kind, gegen die es sich irgendwie behaupten muß.

Aber auch in Villengegenden betuchter Bürger, in denen alle Nachbarskinder Gymnasien besuchen, Hockey und Tennis spielen, Reiten, Klavierunterricht haben oder ihren Urlaub in St. Moritz oder in der Karibik verbringen, kann das Aufwachsen problematisch sein.

Nachbarschaft wirkt als Sog auf junge Menschen; sie sehen, wie andere leben, orientieren sich ablehnend oder anpassend daran und richten letztlich ihr Verhalten danach aus. Vieles nervt sie, anderes wirkt als Modell auf sie, insbesondere was die Jugendkulttrends anbelangt.

Über 200 Jugendkultnischen gibt es zur Zeit in Deutschland, von Graffiti-Sprayern und Crash-Kids über Stadtteilbanden, Hooligans, Skinheads und S-Bahn-Surfern bis zu Jugendsekten, Grufties und Skateboardfahrern. Wir wissen, daß in jeder Nische etwa zehn Prozent Ideologieträger sind, die als kaum beeinflußbar, also als „unverbesserlich" gelten und die ihre Subkultur oft über mehrere Jahrzehnte pflegen. Aber etwa 90 Prozent sind Mitläufer, die durch Freunde oder die zufällige regionale Nähe der betreffenden Jugendkultur mitgerissen werden, das gilt vor allem für Mädchen.

Wer als junger Mensch in der brandenburgischen Kleinstadt Schwedt aufwächst, gelangt mit relativ großer Wahrscheinlichkeit in die rechtsradikale Szenerie, weil eigentlich nur die dort „angeboten" wird. Wer in Niederwürzbach im Saarland oder in Itzehoe in Schleswig-Holstein lebt, driftet oft in die Friedhofskultur betreibende Nische der Grufties ab, weil es die dort jeweils gibt, und wer in Hamburg-Steilshoop lebt, gelangt mit großer Chance in das Umfeld der gewaltreichen und graffitifrönenden Stadtteilbande der „Ghetto Kingz".

Für Jugendliche sind die Trends der Gleichaltrigkeit in bezug auf bevorzugte Sprachcodes, Musikgeschmack, Party- und Bekleidungsverhalten sowie Freizeitgestaltung vielfach maßgebender als die Wertevorstellungen ihrer Eltern und Lehrer; und Eltern, die in ihrem Bemühen um Normen und Perspektiven für ihre Kinder nicht die erzieherische Unterstützung der Schule haben, stehen bald auf verlorenem Posten, wenn sie gegensteuern wollen; sie ziehen gelegentlich nur deshalb mit ihrer Familie in „bessere" Stadtteile um oder ganz vor die Stadt, und sie weichen deshalb gern auf Privatschulen oder auf besonders anspruchsvolle oder atmosphärisch bzw. musisch profilierte Schulen aus, auch wenn die Schulwege dadurch länger werden.

Zu den nachbarschaftlichen Trends, die auf Kinder wirken, gehören auch „coole", aggressive oder – im Gegensatz dazu – soziale bzw. integrative Zeitströmungen. Über den Umweg von geschürten Vorurteilen und hochgerechneten Einzelerlebnissen anderer wachsen entweder Behinderten- oder Fremdenfeindlichkeit und grundsätzliches Mißtrauen gegen alle, die über 30 Jahre alt sind, auch Politikerverdrossenheit gehört dazu, oder multikulturelle Toleranz und so etwas wie Höflichkeit ist plötzlich wieder „in". Harte und zuschlagende Männlichkeit oder liebevolle Väterlichkeit mit vielen Emotionen wechseln sich als zeitabhängige Prioritäten ab; mal ist „Flower-Power" und „Hippie-Kult" angesagt, dann sind es wieder „Macho"-Ideale, gepaart mit Kampfsporttechniken und waffenstrotzendem Imponiergehabe.

Im Moment stehen laut einer Umfrage 74 Prozent der deutschen Kinder auf Höflichkeit, Hilfsbereitschaft, Pünktlichkeit, Rücksicht gegenüber älteren Menschen, Behinderten und Ausländern, auf Grüßen und ordentliche Tischmanieren sowie auf ein gepflegtes Äußeres und Körperpflege. Fünf Jahre zuvor war das noch gar nicht so; aber der große Ruck, der mit Lichterketten und einer allgemeinen Empörung über die ausländerfeindlichen Gewalttaten von Hoyerswerda, Rostock, Mölln und Solingen durch unsere Gesellschaft ging, hat zum Glück auch positiv die Kinder erreicht.

Eltern verhalten sich in ihrer Vorbildfunktion oft äußerst ungeschickt, wenn sie ihren Nachbarn zum Feindbild auch in den Augen ihrer Kinder aufbauen; über die alltäglichen Nachbarschaftsstreitereien ihrer Eltern können Kinder unangemessene Konfliktbewältigungsstrategien bis hin zum Haß lernen, und sie sind dann geneigt, auch mit Nachbarn in der Schule ähnlich umzugehen. Jeder zweite fühlt sich in Deutschland von seinem Wand-an-Wand-Genossen gestört, und zwar 49 Prozent in den alten Bundesländern und 59 Prozent in den neuen.

Baulärm, Stereoanlagen, Dreck im Treppenhaus, Hundegebell, Knoblauchgeruch, Lustgestöhn, Kinderpoltern und -geschrei, Froschgequake, nächtliche Duschgeräusche und kitschige Gartenzwerge sind neben Konflikten um Zäune, zu hohe Hecken, überhängende Äste und Unkrautsamen die häufigsten Ursachen nachbarschaftlicher Auseinandersetzungen; und die Kinder erleben dann an ihren Eltern Flüche, Ausrasten, Diskriminierungen, Hilferufe an die Polizei, Spionieren und Dokumentieren, Racheakte und andere Aggressionen, die teilweise auf ihre Strategien, eigene Probleme zu lösen, abfärben und dann auch wieder per Imitationslernen auf die Eltern zurückschlagen.

Ein großer erzieherischer Einflußbereich durch Nachbarschaft, durch Gleichaltrige und Freunde ist der der Verführung zu stofflichen Abhängigkeiten, wie sie sich über Schnüffeln, Rauchen, Alkoholtrinken, Haschen, Koksen und Medikamentenmißbrauch einstellen. Der Einstieg hat oft etwas mit dem Reiz des Prickelnden, Verbotenen, des Ausprobierens von Grenzübertritten, aber auch der eigenen körperlichen Möglichkeiten zu tun, und er ist entweder selbst ein Stück Abenteuerlust oder wird mit Abenteuerrausch verknüpft. Wenn Neunjährige in eine Gartenlaube einbrechen und dort im Dunkeln im Supermarkt gestohlene Zigaretten rauchen, dann fühlen sie sich stark, aufbegehrend, erwachsen und mutig, und wenn dann drei Freunde rauchen, hat es der vierte unglaublich schwer, nein zu sagen; wahrscheinlich wird er aus Angst, Außenseiter zu werden oder als „Memme" bezeichnet zu werden, mitmachen, denn er will die Gruppenzugehörigkeit nicht einbüßen. Mit elf Jahren wiederholt sich das Ganze mit Alkohol, mit dreizehn mit Hasch und mit vierzehn mit dem „Rummachen" mit Mädchen auf Partys. Aber auch beim Klamotten- und Schuhekaufen, beim Friseur, beim Hören von Techno- oder Rap-Musik, beim Reinziehen von Horror- und Pornofilmen und beim Ecstasy-Konsum wirkt dieser nachbarschaftliche Sog der Gleichaltrigkeit, der ein Gemisch aus Trends, Mutprobe, Selbsterfahrung und dem Bedürfnis nach Ausstieg aus dem Alltag über Rausch ist.

Je weniger Anerkennung das Kind in der Familie bekommt, je kaputter die Familie ist, je inkonsequenter sie erzieht, je einsamer und orientierungsloser der junge Mensch zu Hause ist und je mehr er in der Schule versagt oder unter Übererwartungen der Eltern und Lehrer leidet, je mehr ist er geneigt, sich Akzeptanz in den Rangordnungen der Gleichaltrigkeit außerhalb der Familie zu suchen. Kinder, die zu Hause und in der Schule nicht gelernt haben, Konflikte angemessen anzugehen und durchzustehen, Lösungen auszuhandeln und Grenzen sowie Erwartungen auszuhalten, geben besonders leicht nachbarschaftlichen Verführungen und Trendeinflüssen durch Peer-Groups nach; sie sind mehr außen- als innengelenkt, legen mehr Wert auf Äußerlichkeiten wie Kleidung, Kraftprotzen und Imponiergehabe durch Rauchen, Trinken und verbale Gewalt als auf ihre innere Selbststeuerung und das Bewahren familiärer Werte und Traditionen. Sie werden von Freunden und Kameraden, aber auch von konsumorientierter Werbung verplant, mit Weltbildanteilen versorgt, entsinnlicht und mobilisiert, also mitgerissen; sie leben nicht mehr ihr Leben, sondern verkaufen ihre Seele an andere, über vorgegebene Feindbilder, über das Angebot an Geborgenheit und Wir-Bewußtsein ermöglichenden Familienersatz und über Kriterien zur Rangordnungsbildung im Sinne von Beliebtheit, Tüchtigkeit und Stärke. Aus Angst davor, die Gruppenzugehörigkeit einzubüßen, machen sie dann vieles mit, was sie eigentlich ablehnen. In einer Clique anerkannt zu werden und ihren Binnennormen entsprechend aufzusteigen ist für sie ein höherer Wert, als daß sie Gewalt gegen Menschen oder Ausländerfeindlichkeit in ihrem ureigenen Sittenkodex verurteilen.

Je mehr die eigene Familie in ihren Werten außengesteuert ist, sich also an den Materialismus-, Konsum- und Sozialprestigesymbolen der Nachbarschaft mit großen Autos, Musikanlagen, modischer Kleidung, weiten Urlaubsreisen und Karnevals- bzw. Feier- und Festgestaltungsritualen orientiert, desto mehr ist auch das Kind gefährdet, sich von anderen abzugucken, wie man lebt, spricht, sich kleidet, seine Freizeit verbringt, Konflikte angeht und vermeintlich Respekt gewinnt. Attribute wie Lederjacke, Walkman, Sneakers, Technorausch, Ecstasy, Nasen- oder Ohrring, provozierend grün gefärbte Haare, eine Sicherheitsnadel durch die Lippe, Party- und Discogehabe, Kampfrauchen und die Dose Bier in der Hand, angesagte Computerspiele, der „Besitz" einer Freundin, ein Motorrad, Karate- oder Taekwondo-Kurse und der Mut, drei Stunden später, als von den Eltern verlangt, nach Hause zu kommen, gehören dazu, eventuell aber auch „Schwule klatschen", Omas anmachen, Red Bull trinken, Schnaps klauen, Inline-Skaten, Cruising sowie Wasserrafting, Freeclimbing oder das Sich-Hingeben an ein Fantasy-Spiel.

25. Aggressionen und ihre Kanalisierung

Enttäuschungen, Verletzungen, Liebesentzug, Niederlagen und Entwürdigungen können aggressiv machen. Ein gewisses Maß von Aggressionen in Folge eines erhöhten Adrenalinspiegels ist biologisch durchaus normal. Für welche Aggressionsweise sich der Frustrierte aber entscheidet, ist abhängig von seinem Grad der Beherrschung, von den Werten, die ihm erzieherisch vermittelt wurden, und davon, ob durch Training von Konfliktlösungsstrategien die Aggressionen kultiviert kanalisiert werden können.

Schlecht, inkonsequent und mit ungünstigen Modellen im Umfeld sozialisierte junge Menschen rasten oft unkontrolliert und gewalttätig aus, sie nehmen keine Rücksicht auf Tabus und bedenken nicht die Konsequenzen, beispielsweise die gesetzlich vorgesehenen. Unter dem Motto „nach mir die Sintflut" schlagen sie cholorisch alles kurz und klein oder wahllos irgend jemandem mitten ins Gesicht.

Gut erzogene Kinder und Jugendliche hingegen, die gelernt haben, daß man niemanden schlägt und nichts zerstört, richten die frustrationsbedingte Gewalt vornehmlich gegen sich selbst, sie neigen zu Autoaggressionen.

Erziehung kann es schaffen, den Aggressionsstau in akzeptierter Form abzuleiten, durch Argumentationen, Diskussionen, Demonstrationen, Briefe und Leserbriefe oder über Sport, Kampfsport und Rechtsanwälte.

Niemand wird Gewalttäter, der nicht zuvor selbst Opfer von Gewalt war. Kinder, die abgelehnt, vernachlässigt oder diskriminiert und voller Versagenserlebnisse aufwachsen, die in der Schule scheitern, nicht den erwünschten Beruf erreichen, die in benachteiligenden Milieus leben, ungünstig aussehen, keine Freunde oder Freundinnen finden, deren Eltern geschieden oder Alkoholiker sind, die Einzelkämpfer sind und in Rangordnungen stets ganz unten oder außenvor stehen, die das Gefühl haben, alle stünden auf ihrer Schulter, suchen sich häufig Opfer, die noch tiefer stehen, damit sie sich selbsterhöhend wenigstens auf deren Schultern stellen können.

Behinderte, Ausländer, Alte, Schwule, Kranke, zu dicke, zu dünne, zu lange oder zu kleine Kinder und solche mit roten Haaren, einer Brille, einer Hakennase oder einer piepsigen Stimme mußten schon immer als Steigbügelhalter für das strampelnde Bemühen, irgendwie nach oben zu kommen, herhalten.

Wenn andererseits Vorurteile, Diskriminierung, Haß, zuschlagende und zerstörende sowie waffennutzende Gewalt rings um das Kind herum massenhaft über den Fernseher, den Videofilm, das Computerspiel, über Laserdrome und Kriegsspielzeug, auf dem Schulhof, bei der Jugendbande in der Nachbarschaft, in der eigenen Familie sowie über die Printmedien und durch die Nachrichtensendungen aus den 42 Kriegsgebieten der Erde auf seine Seele einströmen, dann wird es verführt, auch diese aggressiven Weisen zur Lösung seiner Alltagsprobleme zu wählen.

Gewalt aus Frust, Gewalt über Modellernen, Gewalt aus Mangel an Verbal- und Konfliktlösungskompetenz hat demnach immer etwas mit Hilflosigkeit, aber auch mit Vorleben durch andere zu tun.

Viele Schüler sind schon oft in ihrem Bestreben, tüchtig oder anerkannt zu sein, gescheitert, und sie hatten, bevor sie auf ohnmächtige Institutionen trafen, schon ohnmächtige Eltern. Sie sind einsam, ungeliebt und erfolglos geblieben, und sie lehnen sich auch selbst ab. Und da die Zahl solcher jungen Menschen ständig zunimmt, fühlen sich auch die Institutionen mit ihrem Mangel an Mitarbeitern überfordert. Sie neigen dazu, Probleme weiterzureichen, weil sie die angenommenen schon kaum bewältigen können. Da allerorten Not, Scheitern und Gewalt größer wird, entscheiden sich überhaupt immer mehr Menschen zum Weggucken und zur verdrängenden Ohne-mich-Haltung, also auch in Einrichtungen wie Schule, Polizei und Sozialen Diensten, die Kindern oder Jugendlichen eigentlich helfen sollen.

Wir vermuten ja, daß das Imitationslernen von Gewalt und die Delikte der gesellschaftlichen Verlierer, die sich ihrer Restsituation in dem Maße bewußter werden, in dem andere junge Menschen schulisch und beruflich immer erfolgreicher werden, sowie die Autoaggressionen im Sinne einer „Spirale der Gewalt“ zunehmen werden; und viele sagen, man müßte nur in die USA schauen, und dann wüßte man, was in etwa zehn Jahren auch auf unsere Gesellschaft zukommt.

Dort nimmt die Zahl der von Jugendlichen verübten Morde permanent zu, während der Anteil an Mördern, die älter als 25 Jahre sind, sinkt. Von 1985 bis 1994 stieg die Mordrate aller 14- bis 17jährigen um 165 Prozent, bei weißen Jugendlichen um 200 Prozent und bei schwarzen männlichen Jugendlichen um 300 Prozent. Männliche weiße 14- bis 25jährige machen 6,5 Prozent der Bevölkerung aus, sie sind aber 10,5 Prozent der Mordopfer und 17,5 Prozent der Täter; von den Schwarzen desselben Geschlechts und Alters, die nur 1,1 Prozent der amerikanischen Bevölkerung ausmachen, stellen 17,5 Prozent die Mordopfer, sie sind aber 30 Prozent aller Mörder. 90 Prozent der Tötungsdelikte werden übrigens mit Schußwaffen verübt. Bei den über 25jährigen hat die Zahl der Morde seit 1985 um 20 Prozent abgenommen. Der schlimme Anstieg der Mordtaten seit 1985 wird nach einer Studie der Universität von Pittsburgh übrigens in Zusammenhang mit dem gleichzeitigen Umsichgreifen der Droge Crack gebracht. Forscher der Universität von Missouri haben herausgefunden, daß mehr als ein Drittel der von Jugendlichen begangenen Mordtaten „aus Wut über empfundene Kränkung“ verübt werden.

Jährlich werden in Amerika bis zu 600 Eltern von ihren Kindern umgebracht. In mehr als 90 Prozent der Fälle sind die Täter männliche Jugendliche zwischen 15 und 17 Jahren. Sie zeigen ein unauffälliges Verhalten, erzielen durchschnittliche Leistungen in Schule oder Beruf. Viele von ihnen haben vor der Tat vergeblich versucht, Hilfe bei Lehrern oder anderen Personen zu erhalten. In drei von vier Fällen bringen die Jungen ihre Väter um, nachdem sie von ihnen jahrelang mißhandelt wurden. Es handelt sich oft um scheinbar ruhige, aber sehr strenge und zur Gewalt bereite Männer. Zu den Opfern gehören nach einer Statistik der Bundeskriminalpolizei auch Mütter, die selbst mißhandelt wurden oder untätig bleiben, wenn der Vater zum Schlag beispielsweise gegen die Schwester ausholt. Nur wenige Täter sind psychisch schwer gestört. Und die wenigsten töten wegen des Geldes. Daß nur acht Prozent der Elternmorde von Mädchen begangen werden, erklärt Ronald Ebert, Gerichtspsychologe aus Boston, mit ihrer „Neigung, Wut in sich hineinzufressen; Frauen fügen sich eher selbst Schaden zu, als gegen jemand anderen vorzugehen“.

Für Jungen ist Mord oft der letzte Ausweg. Sie betrachten ihre Tat als einen Akt der Selbstverteidigung, nachdem sie jahrelang mißhandelt wurden. „Sie sind Opfer, die versuchen, sich zu schützen.“

Wie wird Gewalt durch erzieherisches Ungeschick gefördert, und wie können Eltern, Lehrer und Erzieher präventiv Gewalttätigkeiten verhindern bzw. Aggressionen sinnvoll kanalisieren?

– Unerwünschte und von ihren Eltern als störend empfundene Kinder werden gereizt, zappelig und schreien besonders oft; sie trainieren Aggressionen, um mehr Zuwendung zu bekommen, und lernen dabei, daß auch negative Botschaften wie Bettnässen, Einkoten, Wegwerfen und Zerstörung zu einem Mehr an Aufmerksamkeit führen.
– Kinder, deren Eltern viel Zeit für sie haben, die viel Liebe, Körperkontakt, Ansprache, Zuhören, Bewegung, Spiel, Anerkennung, Lächeln und eine richtige Ernährung bekommen, werden seltener und weniger aggressiv.
– Wenn mit Kindern zu wenig gesprochen wird, wenn ihnen zu selten und zu kurz zugehört wird, wenn sie häufig allein sind und mit einem Mangel an Bewegungs- und Spielanlässen sinnesgeschwächt aufwachsen, wenn sie stundenlang vor dem Fernseher „geparkt“ werden und deshalb ihre Fernsinne durch Reizüberflutung geschwächt sind, wenn die momentanen Kontakt- und Zuwendungsbedürfnisse des Kindes nicht zu den Entspannungswünschen ihrer problembeladenen, streßgeplagten und erschöpften Eltern passen, wenn sie ohne Geschwister und Vater aufwachsen, sind sie oft in ihrer Sprachentwicklung weit hinter ihrer körperlichen Entwicklung zurück. Wo sie dann mit Worten nicht in den Kopf des Adressaten bekommen, was ihre Seele sagen will, weichen sie auf Körpersprache aus; sie versuchen mit Charme, mit Lächeln und mit Augen-

rollen, aber auch mit Schlagen, Treten, Würgen, Zerren, Spucken, Schreien und Weinen ihre geringe Sprachkompetenz zu unterstützen und gewöhnen sich dann, wenn sie damit Erfolg haben, schon früh an gewaltreiche Kommunikation über Körpersprache.

– Wenn komplizierte Sätze und eine reiche Wortwahl wegen ihres „restringierten Sprachcodes“ nicht gelingen, weichen Kinder zunächst auf Stottern und Poltern (das Sich-Überschlagen in der Sprache) und auf Sprachgewalt aus; sie bevorzugen dann kürzere und deftigere Satzfragmente, also Begriffe aus der Fäkaliensprache wie „Scheiße“, „Sau“, „Arsch“, „Wichser“ und „Pisser“. Meist wissen sie gar nicht, woher diese Wörter kommen und was sie bedeuten, sie haben aber im Kindergarten von anderen gelernt, daß man mit ihnen ein höheres Maß an Betroffenheit und damit Aufmerksamkeit erzielt. Gewalt beginnt demnach meist mit der Sprache und der Körpersprache.
– Vernachlässigte und einsame Kinder lernen über ihre erschöpften und konfliktbelasteten Eltern, daß für eine ruhige Kontaktaufnahme eigentlich nie Zeit vorhanden ist; sie werden daher aus Angst, der günstige kommunikative Moment könne bald wieder vorbei sein, distanzlos, erzählen jedem Fremden, sich sogleich an seine Arme klammernd, damit er nicht wieder wegläuft, sofort alles Intime und Private sowie ihre „Geheimnisse“. Und diese Distanzlosigkeit setzt letztlich durch Gewöhnung an sie auch die Hemmschwelle für den Einsatz von Gewalt bei ihren Interaktionen herab. Wenn sie mit Verbalgewalt, deutlicher Körpersprache und Distanzlosigkeit mehr Erfolg haben als zuvor, gewöhnen sie sich rasch an Gewalt als einem Mittel des Sich-Wehrens, des Sich-Behauptens, des Sich-Durchsetzens und des Aufstiegs in Anerkennungsrangordnungen.
– Wenn Eltern ihre Konflikte untereinander mit einem hohen Maß an Aggressionen angehen, wenn Väter im Straßenverkehr den Vogel zeigen und andere Autofahrer ständig bedrängen und bepöbeln, wenn Eltern ihre Kinder oft anschreien und schlagen, wenn in Fernseh- und Videofilmen Probleme mit Waffen, Boxhieben und Sprachgewalt gelöst werden, wenn im Kindergarten auf dem Schulhof und im Stadtteil Gewalt vorherrscht, gucken sich junge Menschen aggressive Verhaltensmuster ab und übernehmen sie für ihre eigene Alltagsbewältigung.
– Wenn in Comic-Serien und Wrestling-Shows die Gültigkeit der naturwissenschaftlichen Gesetze in der Weise außer Kraft gesetzt wird, daß mechanische Einwirkungen auf den menschlichen Körper, also Schlagen, Runterfallen, Würgen, unfaires Traktieren, Plattwalzen und Abbrennen, letzlich immer folgenlos bleiben, lernen Kinder, daß es sich nicht lohnt, mit Opfern mitzufühlen, weil sie immer unversehrt aus jeder Gewaltsituation hervorgehen. Kinder, die viel fernsehen und deshalb nur wenig die wirkliche Welt kennen, vermögen daher kein stimmiges Weltbild und kein Schuld- oder Unrechtsbewußtsein aufzubauen.
– Was die Filmhelden dürfen und können, dürfen und können Kinder im

allgemeinen zu Hause nicht. Die Bildschirmwelt und die wirkliche Welt fallen für vielsehende Fernsehkids daher oft auseinander, es entstehen Normenunverträglichkeiten zwischen der actionreichen farbigen Luxuswelt aus Kalifornien und der grauen Alltagswelt zu Hause, die zu aggressionsfördernden Spannungen und zu abenteuersüchtigen Grenzübertritten in das Reich des Verbotenen ermuntern.

- Jungen, die mit einem Mangel an Körperkontakt und an liebevoller Väterlichkeit aufwachsen, haben unstimmige emotionale Reizbilanzen. Wenn es ihnen an Väterlichkeit, Brüderlichkeit, an Freunden und an männlichen Erziehern und Lehrern mangelt, sind sie bei der Suche nach ihrer Männlichkeit gezwungen, sich die Männlichkeitsrituale dort abzuholen, wo sie ihnen geliefert werden, also beispielsweise bei den „coolen", gewaltreichen „Machos" auf dem Bildschirm oder bei der gewalttätigen Jugendbande in ihrer Nachbarschaft, und beides sorgt für eher mißliche Interaktionsmuster.
- Männer sind im Moment emotional auf dem Rückzug; aus Angst davor, als weich, schwul, pädophil oder Sexualstraftäter mißverstanden zu werden, verzichten sie zunehmend auf Hautkontakte zu ihren Kindern. Liebevolle Väterlichkeit weicht also immer mehr brutaler Männlichkeit.
- Ihre gesamtkörperlichen Zuwendungsbedürfnisse kompensieren Jungen, wenn mit ihnen nicht geschmust und gebalgt wird, wenn sie zu selten kuscheln, angefaßt und gestreichelt bzw. getröstet werden, wenn ihnen in der Tradition der asketischen Soldatenideale Preußens immer wieder gesagt wird „Ein Junge weint doch nicht" oder „Reiß dich doch zusammen!", über die Reduktion auf diejenigen Körperkontaktzonen, die allein in mißlichen Männerbünden akzeptiert sind, nämlich auf das Peniszentrierte (Masturbieren und „Rumbumsen" sowie Pornographiekonsum) und auf das Bizepsorientierte (Zuschlagen, Zerstören, Bodybuilding, Kraft- und Kampfsport).
- Auf der Suche nach Familienersatz in Form von Geborgenheit, Anerkennung, Sinnerfüllung, Wir-Bewußtsein, Orientierung, Feindbild und Rangordnung sind vor allem die Jugendlichen, deren eigene Familie nicht mehr funktioniert. Familienersetzende Jugendkultnischen befriedigen diese Bedürfnisse formal über Bekleidungs-, Sprach-, Musikgeschmack-, Freizeitverhaltens- und Aktivitätsrituale, und wenn in ihnen Gewalt ein hochanerkanntes und rangordnungsbildendes Kommunikations- und Interaktionsmittel ist, dann übernehmen die jungen Menschen aus Angst vor Verlust der Gruppe und damit ihrer neuen Geborgenheit und Sinnhaftigkeit selbst dann die Gewaltrituale, wenn sie diese eigentlich in ihrem eigenen inneren Wertgefüge ablehnen. Scheiben einer über Nacht abgestellten Bahn einzuschlagen, „Nigger" quer durch Stadt zu jagen, Schwule oder „Asys zu klatschen", Busse und Mauern vollzutaggen, Molotow-Cocktails auf Asylbewerberheime und Synagogen zu werfen, Grabsteine auf jüdischen Friedhöfen mit Hakenkreuzen zu beschmieren oder umzu-

kippen, als Hooligans die gegnerischen Fans zusammenzuschlagen, Bandenkriege zur Abgrenzung von Einflußrevieren in Stadtbezirken zu führen oder Klamotten, Turnschuhe, Geldbörsen und Drogen abzuziehen, alle diese Gewaltaktionen geraten dann im Sog der Gruppe zu jedes Mitglied mitreißenden Binnenwerten, die in der Biographie und im Kopf des einzelnen Mittäters, der „mit den Wölfen heult", vielfach keine erklärende Grundlage haben, außer daß man ihn den eher dummen, also nicht so intelligenten Jugendlichen zuordnet. Polizisten sagen dann nach Verhören im Anschluß an derart schlimme Gewaltexzesse über so einen jugendlichen Straftäter immer wieder: „Für sich allein genommen ist er eigentlich ganz lieb und nett."

- Kleine, nicht so intelligente und viel fernsehende Kinder sind im Sinne von Imitationslernen durch die Bildschirmgewalt stärker gefährdet als ältere, intelligente und wenig fernsehende Kinder. Wenn bei viel Bildschirmgewalt konsumierenden Kindern zwischen dem letzten Filmerlebnis und dem Einschlafen noch etwa eine Stunde liegt, in der Vater oder Mutter auf der Bettkante des Kindes sitzen, mit ihm sprechen und ihm zuhören, werden die unverarbeiteten Gewaltreize nicht mehr so intensiv in die Nacht und am nächsten Tag in die Schule mitgenommen, werden Aggressionen also reduziert.
- Die wirkliche Gewalt dieser Welt, wie sie täglich über die Nachrichtensendungen in die Wohn- und Schlafzimmer transportiert wird, erreicht allerdings im Sinne von Modellernen, also von Reizschwellenveränderung, eher die älteren und intelligenteren Jugendlichen, also beispielsweise Gymnasiasten. Unter dem Motto „Wenn die Großen wie die USA einen 'guten' Krieg am Golf mit totalem Waffeneinsatz gegen Saddam Hussein aus einem relativ geringfügigen Anlaß heraus, den man vielleicht auch diplomatisch hätte lösen können, anzetteln, dann kann ich auch im Kleinen so vorgehen" wird ihre Bereitschaft zum Einsatz von Gewalt gefördert.
- Eltern müssen die Bildschirmerfahrungen ihrer Kinder auswählen, dosieren und mit Gespräch begleiten, sie müssen die Videospiele ihrer Kinder gelegentlich kommentierend mitspielen, wenn sie gewaltminimalisierend wirken wollen.
- Eltern, Erzieher und Lehrer müssen Konfliktlösungen mit Kindern trainieren, auch über Rollenspiele zu wirklichen und konstruierten Problemsituationen, und sie sollten alternative Strategien anbieten, diskutieren und ausprobieren lassen; sie müssen Aggressionen auffangen und in kultivierte Richtungen lenken, über Punchingbälle, sportliche Aktivitäten, Kampfsporttechniken, Briefeschreiben und Dispute; sie sollten also ihren Kindern beibringen, wie man sich wehrt, behauptet und durchsetzt, ohne andere zu entwürdigen und zu verletzen und ohne Gewalt gegen Sachen als Blitzableiter einsetzen zu müssen, und sie selbst müssen diese kultivierten aggressionenkanalisierenden Weisen unbedingt modellhaft vorleben, denn das vor allem färbt auf junge Menschen ab.

- Wenn Kinder haltlos sind, kann man ihnen Halt geben, indem man sie in den Arm nimmt und drückt; und wenn Jugendliche cholerisch ausrasten, darf man sie auch einmal sekundenlang an die Wand oder auf den Boden drücken, weil man ihnen damit kundtut, daß sie diesen haltgebenden Kraftaufwand wert sind.
- Im Jugendgefängnis Hameln in Niedersachsen bringt man jungen Gewalttätern bei, „Manager ihrer Gewalt" zu werden, also sich von außen her zu sehen, besser zu verstehen und die Aggressionen zu kontrollieren, und zwar nicht nur über den „Täter-Opfer-Ausgleich", über den sie direkt sehen, was sie am und im Opfer körperlich, seelisch und über eine lange Zeit im Sinne von Spätfolgen angerichtet haben, so daß sich in ihnen Einfühlungsvermögen und Unrechtsbewußtsein entwickeln, sondern auch indem sie lernen, daß Gewalt „weniger den Mann, sondern den Feigling ausmacht". Gewalttäter sitzen dabei auf einem „heißen Stuhl", und im Kreuzfeuer der Fragen vieler herumsitzender Menschen schmelzen die zuvor heroisierten Taten immer mehr zu dem zusammen, was sie fast immer sind, nämlich zu feigen Angriffen auf Schwächere. In Nordrhein-Westfalen macht man aus Anlaß von Alltagskonflikten an drei Versuchsschulen seit Jahren etwas Ähnliches mit großem Erfolg und nennt es dort „Werteerziehung über Dilemmata". In Hameln werden fremdenfeindfeindliche, bizepsorientierte und Emotionem diskriminierende Taten im Rahmen von Rollenspielen mit Lachen, Auslachen und Ironie verächtlich gemacht, so daß die „Macho"-Ideale langsam in alternativer Atmosphäre zusammenbrechen. Ungewohnte Nähe mit Körperkontakt und dem Spüren des Atems eines Nachbarn, langes Anstarren, das Unter-die-Nasen-Halten von Waffen und Geldscheinen sowie das verbale Niedermachen aus Anlaß von zuvor hochgeschätzten, nun aber gespielten Szenen wie Gegen-das-Schienbein-Treten, Würgen und Auf-den-Kopf-Schlagen sind bewußte Überhöhungen in einer alternativen Atmosphäre, mit der bislang Gepflegtes schließlich auch im Kopf der früheren Gewalttäter ad absurdum geführt wird. Das zuvor Eingespielte und Selbstverständliche wird mit der Explosionsmethode durchbrochen und mit entgegengesetzten Reaktionen, die ständig wiederkehren und die von den ehemals Gleichgesinnten kommen, zu etwas Abartigem, Dummem und Minderwertigem umgepolt. Schließlich ertragen sie es sogar, daß sie, wenn sie wieder draußen sind, in ihrem alten Milieu als „Weich-Ei" bezeichnet werden. Von den 40 Jugendlichen dieses Anti-Gewalt-Projekts in Hameln ist übrigens kein einziger rückfällig geworden, während die Rückfallquote des deutschen Jugendstrafvollzugs ansonsten bei etwa 70 Prozent liegt.

26. Exkurs: Wie wird ein 14jähriger Junge zum Messerstecher?

Wieder einmal stehen wir fassungslos da, wie schon zuvor so oft, wenn Jugendliche Häuser anzünden oder mit Molotow-Cocktails bewerfen, in denen Menschen schlafen, wenn zwei Zehnjährige in Liverpool den zweijährigen James Bulger entführen, mit Eisenstangen schlagen und auf die Bahngleise legen, und wieder fragen wir uns, wie kann es dazu kommen und was kann man mit solchen jungen Tätern überhaupt noch tun, wenn wir von dem 14jährigen Hamburger Jungen Marcus S. lesen, der Anfang 1995 drei Frauen mit einem Küchenmesser in den Arm und in die Brust gestochen hat, der eine davon in Gegenwart ihrer beiden zwei- und fünfjährigen Kinder vom Fahrrad aus lebensgefährlich verletzte, indem er ihren rechten Lungenflügel traf, und der schon seit zwei Jahren der Polizei immer wieder durch Kniffe in den Po von Frauen sowie Anspucken, Betasten und die Versuche, eine Kette vom Hals einer 57jährigen zu reißen oder Handtaschen zu entwenden, bekannt war.

Wir wissen, daß Marcus mit seiner Mutter allein in einem Zwölf-Familien-Haus lebt, daß sich die beiden aber von den übrigen Bewohnern abschotten, daß er mit 1,90 m zu groß für sein Alter ist, daß er eine Sonderschule besucht hat, sich oft Pornofilme ansah und schon einmal im Jugenddorf Göddenke bei Uelzen untergebracht war; er wird mit den Attributen „Triebtäter“, „psychisch gestört“, „geistig verwirrt“ und verhaltensauffällig versehen, und er hat den Film „Damenopfer“ in der RTL-Serie „Doppelter Einsatz“ gesehen, in dem ebenfalls Frauen mit einem Messer auf der Straße niedergestochen werden.

Marcus gab im Verhör an, er wollte das Gesehene „selbst ausprobieren“. Aber nicht alle 14jährigen, die so etwas auf dem Bildschirm sehen, machen das sogleich im wirklichen Leben nach. Es müssen also andere Faktoren hinzukommen: Einsamkeit und Langeweile, Bindungslosigkeit, Gewalt in der eigenen Familiengeschichte, das Gefühl, ungeliebt zu sein oder immer nur als störend empfunden zu werden, das Unvermögen, zwischen der Filmwelt und der wirklichen Welt unterscheiden zu können, was bei jüngeren Kindern und nicht so intelligenten Jugendlichen gelegentlich der Fall ist, und die Unfähigkeit, sich in andere Menschen, also auch in Opfer, hinzueinfühlen.

So unverzeihlich solche brutalen Taten sind, sie sind auch immer ein Aufschrei, ein Indiz für die innere Not und die Sehnsucht nach einer anderen Welt. Marcus macht offenbar vor allem Frauen für sein Unglück verantwortlich; vielleicht meint er sogar mit jedem Opfer seine Mutter. Unerfüllte sexuelle Wünsche, verknüpft mit Ängsten und der Unfähigkeit, Probleme zu lösen, normale mitmenschliche Kontakte aufzubauen und mit zärtlicher Nähe bzw. mit akzeptierten Sprach- und Körperkontakten umzugehen, können zu einem inneren Überdruck führen und damit zu einem Aggressionsstau, der sich dann schlagartig wie bei einem Vulkanausbruch entlädt; gewollt ist eigentlich Kommunikation mit Menschen oder mit Mädchen oder mit der eigenen Mutter; ersatzweise wird dieses Bedürfnis mit brutaler Gewalt gegen Frauen kanalisiert, die für Marcus zum Feindbild geworden sind, nachdem der Wunsch nach Normalität der Beziehungen zu ihnen sich nicht umsetzen ließ. Seine Taten sind aber zugleich so feige, daß man auch zu dem Schluß kommen kann, Marcus sucht sich weibliche Opfer, weil er bei ihnen weniger Widerstand vermutet.

Marcus ist mit seinen 14 Jahren nach dem Jugendgerichtsgesetz strafmündig. Ist er aber auch schuldfähig? Schuldfähigkeit setzt neben der Kenntnis der Normen und Werte des Zusammenlebens Einfühlungsvermögen voraus. Oder ist die Mutter schuldig oder der Vater, der nicht mehr mit seinem Sohn zusammenlebte, oder sind es die in Hamburg so außergewöhnlich schlecht kooperierenden Lehrer, Sozialpädagogen und Polizisten, die nicht rechtzeitig seine innere Not erkannten, so daß man mit mehr Vernetzung der Institutionen präventiv die Serie von Straftaten hätte verhindern können?

Mit 14 Jahren ist vieles schon allzu spät, um noch entscheidend etwas verändern zu können. Einerseits muß dem Schutzbedürfnis der Gesellschaft gegenüber solchen Tätern Rechnung getragen werden, andererseits ist bei einem so jungen Menschen Therapie und Resozialisierung nötig.

Bei den letzten drei Gewalttaten hat Marcus nicht das Ausmaß seiner Taten, nämlich die Schmerzen, die lebensgefährlichen Verletzungen, die seelischen Auswirkungen auf die beiden kleinen Kinder, mitbekommen. Man hätte ihn zum „Täter-Opfer-Ausgleich" zwingen müssen, also zum Erleben der Tatfolgen und damit zum Mitfühlen.

Mit Recht hat die Jugendpsychiatrie im Universitätskrankenhaus Hamburg die Aufnahme von Marcus abgelehnt. Denn die Aufteilung seiner defizitären Persönlichkeit auf eine Reihe von Spezialisten, also auf Strafverteidiger, Staatsanwälte, Politiker, Psychiater, Ärzte, Psychologen und Sonderpädagogen, wird ihm nicht helfen. Wirklich verändernd helfen kann ihm nur eine rund um die Uhr mit ihm zusammenlebende Bezugsperson, die sich an ihn bindet und es mit ihm auch über Krisen hinweg aushält und an die sich zu binden er selbst auch bereit ist, die seine innere Not erkennt und versteht und die ihm Wege zur Konfliktbewältigung, zur Sinnfindung, zur Wertebindung und zu einem starken Selbstwertgefühl aufzeigt, mit dem er sich gesellschaftlich anerkannte Leistungen zutraut, und über die er dann auch Erfolgserlebnisse hat. Vorhandene Strafanstalten und therapeutische Institutionen bieten so etwas aber fast nie; größer ist die Chance in ausgewählten Familien (siehe Projekte in den Niederlanden und in Skandinavien), bei Kinder- und Jugenddörfern sowie durch engagierte Einzelkämpfer.

27. Autoaggressionen als Gewalt gegen sich selbst

Kinder, mit denen viel geschimpft wird, gehen meist auch mit sich schlecht um. Sie schimpfen viel mit sich selbst, oft in Form von Selbstgesprächen voller Selbstvorwürfe und vielfach auch laut. Übrigens schimpfen sie durchweg mehr mit sich als mit anderen.

Wenn die von außen auf das Kind einwirkenden Reize, wozu auch Erwartungen, Ablehnungen und Strafen gehören, nicht zu seinen Bedürfnissen und Möglichkeiten passen, fühlt es sich nicht wohl. Es reagiert dann mit Störungen, die seine Umgebung als nicht angemessenes Verhalten, als Abweichungen von der Norm, also als Devianzen einordnet.

Sprachliche Gewalt, Gewalt gegen Sachen und Gewalt gegen Menschen sind nach außen gerichtete Aggressionen, denen Frustrationen vorausgehen. Kinder, die zu gering versorgt, zu selten mit konsequenten Grenzsetzungen konfrontiert und ihren Möglichkeiten nicht entsprechend, also unterfordert, aufgewachsen sind, neigen eher zu Aggressionen nach außen; sie wehren sich gegen den Mangel an Erziehung, indem sie die ihnen zugefügte Gewalt an ihr Umfeld zurückgeben. In diesem Sinne sind Aggressionen biologisch vorgesehen und normal.

Tragisch ist jedoch, daß gerade diejenigen jungen Menschen, die zu streng, zu kalt, zu eng und überfordert geführt werden, die mit einem Übermaß an Erwartungen, Konsequenz und Normen konfrontiert werden, gelernt haben, daß man sich sprachlich gepflegt zu wehren hat, daß man niemanden schlägt und nichts zerstört, eher zur Gewalt gegen sich selbst neigen. Sie wehren sich nicht nach außen, sondern fressen ihren Frust in sich hinein, übernehmen das ungünstige Urteil der Umgebung als Eigenurteil über sich, lehnen sich daher selbst ab, trauen sich nicht viel zu und ziehen sich „in ihr Schneckenhaus zurück"; Regression nannte man das bisher, und man wollte damit das Gegenteil zum Begriff der Aggression formulieren. Stille Menschen, die rot werden, wenn man sie anspricht, die lieber schweigen, schweißnasse Hände bekommen und zittern, wenn man sie etwas fragt oder etwas von ihnen erwartet, wurden als regressive Varianten von Verhaltensgestörten angesehen.

Heute spricht man von Autoaggression, um zum Ausdruck zu bringen, daß Gewalt gegen Sachen und Menschen sowie Gewalt gegen sich selbst ähnliche Ursachen haben, nämlich Enttäuschungen, Ablehnungen, Mißerfolge bzw. das Sich-nicht-in-der-eigenen-Haut-Wohlfühlen. Gerade Kinder aus „guten" Familien mit einem hohen Erwartungsdruck in bezug auf Artigkeit, Sauberkeit, Ordnung, Anpassung und Leistungserfolg neigen zu Autoaggressionen, wenn sie den Ansprüchen von Eltern, Erziehern, Lehrern und auch Gleichaltrigen nicht genügen können, während vernachlässigte und ungeliebte bzw. störende Kinder mehrheitlich aggressiv reagieren. Autoaggressionen haben demnach etwas mit zu eng gesetzten Grenzen, mit zu hohen normativen Erwartungen und einem Übermaß an Fürsorge zu tun.

Zu den erziehungsbedingten Autoaggressionen, die überrepräsentativ häufig bei Mädchen, bei Gymnasiasten und bei jungen Menschen aus „besseren Kreisen“ vorkommen, gehören psychosomatische Erkrankungen wie vegetative Dystonien, nervöse Tics, Bettnässen, Nägelkauen, Migräne, Magenkrämpfe, Rückenverspannungen, Hauterkrankungen wie Allergien, Neurodermitis, Warzen, Ekzeme, aber auch Asthma, Eßstörungen wie Magersucht, Bulimie und Eßsucht, stoffliches Ausweichen in Nikotin, Alkohol, Tabletten und illegale Drogen, Sich-Einschließen, Weglaufen, Hyperaktivität, Depressionen, Selbstverletzungen mit Messern und Rasierklingen, Todessehnsucht und Suizidversuche, aber auch bewußt herbeigeführtes Schulversagen.

3,4 Millionen Deutsche leben mit ständigen Angstgefühlen, 70000 Schüler bleiben pro Jahr sitzen oder werden Rückläufer, jeder neunte Schüler leidet unter Migräne (bis zum elften Lebensjahr sind es mehrheitlich Jungen, danach überwiegend Mädchen), 80000 Kinder und Jugendliche laufen alljährlich für längere Zeit von zu Hause weg, über 5000 machen Suizidversuche, und zwar nicht nur im Sinne einer Lebensbilanz, sondern auch als demonstrative Akte, damit sich ihre Situation danach verbessert; jeder vierte junge Mensch ist psychisch oder psychosomatisch gestört, 500000 Kinder und Jugendliche sind Alkoholkonsumenten, davon sind 200000 alkoholkrank, schon fünf Prozent aller 13jährigen und 66 Prozent aller Neuntkläßler trinken regelmäßig Wein, Bier oder Sekt, 500000 Jugendliche nehmen die Designerdroge Ecstasy auf Partys und Techno-Veranstaltungen, 50 Prozent der Jugendlichen rauchen, 15 Prozent haschen, zwei Prozent nehmen Kokain oder Heroin, und jeder zwanzigste Zehn- bis 13jährige schnüffelt.

Je komplizierter die Welt wird, je unüberschaubarer, je trostloser sie sich in Nachrichtensendungen darstellt, je unerfüllbarer die persönlichen Bildungs-, Berufs- und Beziehungswünsche, aber auch die materiellen und Konsumvorstellungen werden, je mehr man sich als Verlierer in der karrierebewußten und sozialprestigeträchtigen Ellenbogengesellschaft empfindet, desto mehr wird die Flucht in Ersatzwelten angetreten, und die sind oft autoaggressiver Art. Mit übermäßigem Essen, mit Medikamenten, mit Nikotin, Koffein, Alkohol und illegalen Drogen, mit 48-Stunden-Techno-Partys, aber auch mit Satanskultnischen, esoterischen Zirkeln oder okkultistischen Ritualen versuchen viele junge Menschen auszusteigen, zu verdrängen, wenigstens vorübergehend in Rausch und Trance abzutauchen oder ihrem Leben einen neuen überhöhenden oder klammernden Sinn zu geben, weil ihre Bilanz nicht stimmt, weil sie in sich zu wenig Wert entdecken, weil sie innerlich schlaff sind und deshalb ihren Halt außerhalb von sich oder über stoffliche Ersatzbefriedigungen suchen.

Die Wege, die Körper und Seele gehen, wenn sich der junge Mensch nicht wohl fühlt, sind weitgehend unerforscht. Wir wissen nicht, warum sich jemand eher für eine Allergie, für Asthma, für Migräne, für eine Depression, für eine Eßstörung oder eher für Todessehnsucht entscheidet. Körper und Seele suchen sich aber offensichtlich für ihre Reaktionen auf unstimmige Reizbilanzen ihre Schwachstellen. Stoffwechselschwächen und überdosierte Umweltgifte wirken manchmal zusammen, wenn es zu Neurodermitis oder zu allergischen Hautreaktionen kommt; gelegentlich gibt es aber in Andeutung schon Erklärungszusammenhänge:

- Jungen, die zu kalt, zu eng, zu streng und zu überfordernd erziehende Väter haben, haben das Gefühl, keine Luft mehr zu bekommen und werden asthmatisch.
- Mädchen, die ihren eigenen Körper ablehnen, ritzen ihn mit Messern oder Rasierklingen an.
- Wer sich in seiner Haut nicht wohlfühlt, zeigt sein Unwohlsein eventuell direkt in Hauterkrankungen.
- Wer glaubt, zu wenig geliebt oder erfolgreich zu sein, belohnt sich selbst mit übermäßigem Essen.
- Wer sich nicht mag, nagt sich selbst als Nägelkauer an.
- Wer keine Auswege mehr in ein sinnerfülltes Leben hinein sieht, sucht den Ausweg des Sterbenwollens oder gibt sich kraftlos auf, indem er sich in Depressionen fallen läßt.

Ein Teil der Allergien, von Neurodermitis, von Hyperaktivität, von Asthma und von Ekzemen ist allein durch das Zusammenspiel von Umweltbelastungen und einem nicht richtig funktionierenden Stoffwechsel bedingt; der größere Teil ist aber vor allem autoaggressiver Art, hat also etwas mit psychosozialen Unverträglichkeiten zu tun. Wenn der zu eng erziehende Vater sein Verhalten ändert oder ausgetauscht wird, überwinden Kinder oft ihre Asthmaerkrankung. Wenn sie plötzlich schulische Erfolge haben, einen erwünschten Berufsbildungsgang beschreiten können oder endlich den erhofften Freund gewinnen, hören ihre psychosomatischen Reaktionen in vielen Fällen auf. Wenn Hauterkrankungen erst in der Vorpubertät oder in der Pubertät auftreten, sind sie mehrheitlich autoaggressiver Art; treten sie aber bereits mit der Geburt oder kurz danach auf, haben sie in den meisten Fällen etwas mit Stoffwechselstörungen oder stofflichen Umweltbelastungen zu tun.

Junge Menschen, die es schaffen, in sich eigene Maßstäbe für Aussehen, Lebensführung und Erfolge aufzubauen, sind kaum von Autoaggressionen betroffen. Gewalt gegen sich selbst richten vor allem Jungen und Mädchen, die außengelenkt sind, die ihren Wert am Urteil anderer über sie ablesen, die also unter einem Mangel an Selbstgefühl leiden.

Vor allem junge Mädchen sind oft unzufrieden mit ihrem Körper. Sie finden ihre Beine zu dick, den Busen zu klein, die Schultern zu knochig. Jungen hingegen haben ein deutlich positiveres Körperbild.

Zu diesem Ergebnis kamen Forscher am Psychologischen Institut der Universität Bonn im Rahmen einer Langzeitstudie. Unter der Leitung von Inge Seiffge-Krenke befragten sie Jugendliche zwischen zwölf und 16 Jahren in einem Zeitraum von vier Jahren regelmäßig, was ihnen an ihrem Körper gefällt oder mißfällt. Die Jungen antworteten überwiegend „global positiv". Sie gaben an, sich in ihrer Haut wohl zu fühlen, beschrieben ihren Körper als sportlich, gelenkig oder kräftig.

Die Mädchen hingegen beurteilten ihren Körper sehr viel differenzierter nach seiner Wirkung. Beispielsweise wurde das Gesicht in einzelne Partien zerlegt: Die Nase erschien dann zu spitz, die Lippen zu dünn, die Stirn zu hoch. In der Pubertät bleibt bei den Jungen das positive Körperbild erhalten oder verstärkt sich sogar. Denn sie empfinden die körperlichen Veränderungen in der Regel als einen Zugewinn an Kraft und Kontrolle.

Auch die Mädchen betrachten die Veränderungen bei den Jungen als positiv und vorteilhaft, weil sie weder menstruieren noch schwanger werden können und zudem Kraft gewinnen, ergab eine Untersuchung der American Association of University-Women. Ihre eigene Entwicklung wird von vielen Mädchen dagegen als bedrohlich erlebt. Die kritische Haltung gegenüber ihrem Körper wächst in der Pubertät; Bauch, Beine und Po werden nun zu Problemzonen.

Unter der unrealistischen Selbsteinschätzung, die Ausdruck für mangelndes Selbstbewußtsein ist, leiden viele von ihnen ihr Leben lang. Eine Befragung unter 33000 Leserinnen einer Frauenzeitschrift in Amerika ergab, daß sich 75 Prozent als „zu dick" bezeichneten. Tatsächlich aber waren nur 25 Prozent dieser Frauen übergewichtig; 30 Prozent hatten sogar deutlich Untergewicht. Amerikanische Psychologen ermittelten, daß 95 von 100 Frauen ihren Körperumfang überschätzten. Die angegebenen Gewichts- und Körpermaße waren im Schnitt um ein Viertel höher als die tatsächlichen Maße.

Je früher ein Mädchen in die Pubertät kommt – das durchschnittliche Alter bei der ersten Regelblutung liegt heute bei 12,5 Jahren –, desto größer ist seine Unzufriedenheit mit dem Körper, ergab die Untersuchung an der Universität Bonn. Diese Mädchen leiden darunter, daß sie aus der Norm fallen.

Körperliche Frühreife bei Mädchen ist ein psychosozialer Risikofaktor. Die Betroffenen isolieren sich von den Gleichaltrigen, oft sinkt in dieser Phase die schulische Leistung rapide. Bei Jungen gilt dagegen Frühreife als besonderes Prädikat; wer frühreif ist, wird von Jungen und Mädchen bewundert.

Die kritische Haltung der jungen Mädchen gegenüber ihrem Körper entspricht den gängigen Rollenerwartungen. In der Bonner Untersuchung wurden die Jungen befragt, was ihrer Meinung nach die wichtigste Eigenschaft bei Mädchen sei. Mit großer Übereinstimmung gaben sie „Schönheit" an. Umgekehrt wurde von den Mädchen als wichtigste Eigenschaft der Jungen „Intelligenz" genannt.

Erzieherisch folgt daraus: Wenn Kinder früh Erfolge erleben, wenn sie weder über- noch unterfordert werden, wenn sie Fehler machen dürfen und wenn sie so, wie sie sind, geliebt werden, bauen sie in ausreichendem Maße ein Selbstwertgefühl auf, das sie vor autoaggressiven Störungen weitgehend schützt.

In Deutschland wächst die Zahl der Menschen, die an schweren Eßstörungen erkranken; vor allem Frauen sind betroffen: Einige hungern, bis sie nur noch aus Haut und Knochen bestehen (Anorexie), andere stopfen in Anfällen von Heißhunger riesige Mengen Nahrung in sich hinein und erbrechen sich anschließend (Bulimie). Nach Schätzungen von Medizinern leiden bis zu fünf Prozent der Frauen zwischen 15 und 35 an einer Eßstörung. Die Krankheit gilt als „typisch weiblich", zunehmend sind aber auch Männer betroffen.

Der Anteil der männlichen Patienten, die wegen einer Eßstörung in deutschen Kliniken behandelt werden, ist mit fünf Prozent zwar vergleichsweise gering, aber bereits deutlich höher als vor wenigen Jahren.

Eine gefährliche, unrealistische Vorstellung vom eigenen Körper ist typisch für Patienten mit Magersucht: Wie eine fixe Idee setzt sich bei den Betroffenen der Gedanke fest, daß sie unförmig und dick seien. In zehn Prozent der Fälle endet die Krankheit tödlich.

Im Rahmen einer belgischen Studie wurden magersüchtige Patienten aufgefordert, eine Videoaufzeichnung von ihrem Körper so lange zu verändern, bis das gezeigte Bild ihrem inneren Bild von sich selbst entsprach. Das Ergebnis waren groteske Verzerrungen der Körperform.

Die genauen Ursachen von Magersucht und Bulimie sind noch nicht hinreichend geklärt. Diskutiert werden unter anderem genetische, soziokulturelle und psychologische Faktoren. Fest steht, daß Magersucht meistens in der Pubertät ausbricht. Manche Experten interpretieren die Krankheit deshalb als unbewußte Verweigerung der weiblichen Geschlechtsrolle.

Dies gilt offenbar in Analogie auch für betroffene Männer. Auffällig ist, daß eßgestörte Männer auch mit 25 Jahren häufig noch keine sexuellen Erfahrungen haben. Magersucht tritt in erster Linie in höheren Bildungs- und Sozialschichten auf. In den betroffenen Familien wird das Thema Leistung stark betont. Die Eltern sind ehrgeizig und oft überfürsorglich, das magersüchtige Kind reagiert meist sehr angepaßt und erfolgsorientiert, ißt aber kaum, um das Erwachsenwerden, dem noch größere Anforderungen zugeschrieben werden, zu bremsen.

Nach Meinung vieler Wissenschaftler steht die Zunahme der Eßstörungen – sie treten fast ausschließlich in Industrienationen mit Nahrungsmittelüberfluß auf – in engem Zusammenhang mit dem gängigen Schlankheitsideal. Als Maßstab für Schöneit gelten gertenschlanke Mannequins auf den Titelseiten der Modezeitschriften, und die sind in den vergangenen Jahrzehnten immer dünner geworden. Die Fotomodelle von heute haben weniger als 50 Prozent des normalen Fettanteils beim weiblichen Körper, und das ist durch gesunde Ernährung und Sport allein nicht zu erreichen.

Dickleibigkeit wird mit Phlegma, mangelndem Ehrgeiz und fehlender

Selbstkontrolle assoziiert. Schlanksein hingegen bedeutet Erfolg und Beliebtheit. Amerikanische Vorschulkinder, die sich im Rahmen einer Untersuchung zwischen einer dicken und einer dünnen Puppe entscheiden sollten, wählten zu 90 Prozent das dünne Modell. In einer anderen Untersuchung wurden Kinder aufgefordert, eine Beliebtheitsskala zu erstellen; die höchsten Punktzahlen gingen an die schlanken Kinder.

Auf die Frage, was sie am meisten befürchten, antworteten in einer amerikanischen Studie fast 40 Prozent der 500 Befragten: „dick zu werden". 80 Prozent der College-Studentinnen in den USA haben nach einer Umfrage schon mindestens einmal eine Diät gemacht.

Im Gegensatz zur Magersucht verläuft die Eß- und Brechsucht nach außen hin zumeist unauffällig. Die Betroffenen haben mehr oder weniger Normalgewicht, leiden aber unter der panischen Angst, sie könnten dicker werden. Oft ist diese Eßstörung mit einer Depression verbunden. Häufig geht den Eßattacken, bei denen bis zu 15000 Kalorien (normal sind ca. 2000 Kalorien pro Tag) aufgenommen werden, ein tiefes Gefühl innerer Leere voraus. Anschließend werden Abführmittel geschluckt oder Brechreize ausgelöst, aus Schuldgefühl und Selbstverachtung oder um sofort wieder neu ersatzbefriedigend essen zu können.

Der überwiegenden Mehrzahl der Patienten mit Eßstörungen kann durch eine gezielte Therapie geholfen werden. Als erfolgreich hat sich eine Kombination aus Einzel- und Gruppengesprächen, Entspannungstechniken, Musiktherapie, Familientherapie, kreativen Beschäftigungen wie Malen und Töpfern sowie Gymnastik erwiesen, denn die Betroffenen müssen lernen, ihren Körper wiederzuentdecken und zu schätzen.

Anhaltende leichte Depressionen im Kindesalter können Vorboten schwerer Depressionen sein, die sich im Erwachsenenalter einstellen. Dies ist das Resultat einer amerikanischen Studie, in deren Verlauf Menschen, die im Kindesalter unter depressiven Anfällen litten, als junge Erwachsene noch einmal untersucht wurden. Die Ergebnisse der Studie widerlegen die bislang vorherrschende Ansicht, eine depressive Periode in der Kindheit sei ein isolierter Vorgang ohne dauerhafte Auswirkungen. Depressionen stellen sich im Regelfall bei Kindern im Alter von zehn bis 13 Jahren ein. Betroffen sind Jungen wie Mädchen, und zwar jeweils acht bis zehn Prozent aller Kinder.

Bei den Jungen bleibt die Rate der Depressiven auch in den dann folgenden Lebensjahren etwa gleich. Bei Mädchen jedoch verdoppelt sie sich nach der Pubertät: 16 Prozent der 14- bis 16jährigen leiden unter schweren depressiven Zuständen.

Kinder, die eine milde Depression erleiden, haben ein sehr hohes Risiko, innerhalb von zwei Jahren in eine schwere Depression hineinzugeraten, fanden amerikanische Psychotherapeuten heraus. Vor allem diese Kinder sind in Gefahr, später immer wieder von schweren Verstimmungen und Verzweiflungszuständen heimgesucht zu werden.

Depressionen können die Entwicklung eines Kindes in erheblichem Maße beeinträchtigen. Depressive Kinder haben es schwer, Spielkameraden zu finden, und ihre Merk- und ihre Konzentrationsfähigkeit sind oft gemindert. Je häufiger ein Kind von Depressionen befallen wird, so stellte sich im Laufe von Untersuchungen heraus, desto schlechter wurden seine schulischen Leistungen.

Spannungen zwischen depressiven Kindern und ihren Eltern können bewirken, daß die Depressionsphasen lange andauern. Depressive Kinder sind oft nicht in der Lage oder willens, über ihren seelischen Zustand zu sprechen. Statt dessen reagieren sie mit ungewöhnlicher Reizbarkeit, Ungeduld und Verärgerung, insbesondere gegenüber ihren Eltern. Dies wiederum erschwert es den Eltern, dem depressiven Kind jene emotionale Unterstützung angedeihen zu lassen, die es braucht.

Die Amerikanische Psychiatrische Vereinigung hat eine Liste von Anzeichen aufgestellt, an denen Eltern erkennen können, ob ihr Kind an Depressionen leidet. Eine schwere Depression eines Kindes ist dann zu vermuten, wenn wenigstens fünf der folgenden Symptome für mindestens zwei Wochen beobachtet werden:

- niedergedrückte oder gereizte Stimmung nahezu den ganzen Tag über, und dies fast jeden Tag,
- meistens nur geringes Interesse an irgendwelchen Tätigkeiten,
- deutlicher Gewichtsverlust oder deutliche Zunahme,
- Schlaflosigkeit oder ungewöhnlich starkes Schlafbedürfnis an nahezu jedem Tag,
- ungewöhnliche Unruhe oder aber Trägheit,
- Müdigkeit und Kraftlosigkeit,
- intensives Gefühl der Wertlosigkeit, Selbstvorwürfe und Schuldbezichtigungen,
- Verminderung der Konzentrationsfähigkeit, Unentschlossenheit,
- häufige Gedanken an Tod oder Selbstmord.

Eine leichte Depression eines Kindes ist dann zu vermuten, wenn mindestens ein Jahr lang eine niedergedrückte oder gereizte Stimmung beobachtet wird und zwei der folgenden Symptome hinzukommen: geringer oder aber übermäßiger Appetit, Schlaflosigkeit oder ungewöhnliches Schlafbedürfnis, Kraftlosigkeit oder Müdigkeit, geringes Selbstwertgefühl, verminderte Konzentrationsfähigkeit, Gefühl der Hoffnungslosigkeit.

Bei der Therapie von Depressionen im Kindesalter erweisen sich Bemühungen, über die Kinder lernen, Freunde zu gewinnen und mit ihren Eltern gut auszukommen, im Vergleich mit einer Behandlung durch Antidepressiva als deutlich überlegen, vor allem was spätere Rückfälle anbelangt.

1993 gab es bundesweit fast 12700 Suizide, davon waren 70 Jungen und Mädchen zwischen zehn und 15 Jahren und 600 zwischen 16 und 20 Jahren. 5000 jungen Menschen bis zu 20 Jahren wurden mit Suizidversuchen registriert.

Passive Kinder, die Problemen aus dem Weg zu gehen oder sie zu verdrängen suchen, sind besonders gefährdet, während Kinder und Jugendliche, die ihre Probleme in Familie, Schule und Freundeskreis aktiv zu lösen in der Lage sind, auch bei hohen Belastungen und schlimmen Lebenskrisen psychisch relativ stabil bleiben.

Wer Kindern früh beibringt, Konflikte zu benennen, sie mitzuteilen, sie mit eigenen Kräften anzugehen und zu lösen, schützt sie am besten vor Autoaggressionen, vor Depressionen und vor Todessehnsucht.

Denn auch der Suizidversuch ist eine Möglichkeit, mit Problemen irgendwie fertig zu werden; auch er wird gelernt, wie die Ausstrahlungseffekte nach Medienberichten über Selbstmord lehren: Immer wenn Suizid ein breit ausgeschlachtetes Thema in einer Region (wie im Kreis Gütersloh) oder in einer Fernsehserie wie in dem Film „Tod eines Schülers" wird, schließt sich eine Kette von Nachahmungen im Sinne von Imitationslernen an.

Untersuchungen von Wissenschaftlern der Universität Wien scheinen diese Hypothese zu bestätigen. Die Zahl der Selbstmorde in der Wiener U-Bahn war im Zeitraum von 1984 bis 1988 dramatisch angestiegen. Dies führen die Forscher vor allem auf aufsehenerregende Presseberichte über Suizide auf Bahngleisen zurück. Seit 1987 hat sich die Berichterstattung jedoch geändert: Die Journalisten hielten sich an die Regeln der Österreichischen Gesellschaft zur Suizidprävention und verfaßten nur noch kurze und sachliche Artikel über Selbstmörder, die zudem in den hinteren Teilen der Zeitungen erschienen. Die Zahl der Suizide in der Wiener U-Bahn hat seitdem sehr stark abgenommen.

Neben dem „Bilanz-Selbstmord", der als Schlußabrechnung eines vermeintlich verpfuschten Lebens endgültig sein soll, der aber bei jungen Menschen sehr selten ist, gibt es vor allem den demonstrativen Suizidversuch, der, wie in der Novelle „Harold and Maude", auf eine Verbesserung der Lebenssituation nach dem beabsichtigten Schock auf die soziale Umwelt zielt. Der Suizidversuch junger Menschen ist ebenso wie seine schriftliche oder mündliche Ankündigung ein Aufschrei, ein letztes gewaltsames Mittel des Androhens von Verstummen, um gehört zu werden. 96 Prozent der Selbstmordversuche junger Menschen finden mit einem gleichzeitigen starken Selbsterhaltungs- und -behauptungsruf um Hilfe statt. Sie sind ein indirekter Vorwurf an das Umfeld, gepaart mit der Unfähigkeit, Konflikte anders durchzustehen. Kontaktstörungen, Flucht in Drogenrausch, in irreale Scheinwelten wie die der Grufties oder von Satanskultgruppen, Depressionen, Einschließen, Weglaufen und Tagebuchaufzeichnungen voller Todessehnsucht sind Vorstufen, ebenso das häufige verbale Ankündigen des Suizids.

Zwar gibt es nach Sigmund Freud einen angeborenen „Todestrieb" für alle Fälle in jedem Menschen, aber der Überlebenswille überwiegt bei jungen Menschen trotz größter Probleme eigentlich immer. Mit ihrer Todessehnsucht wollen sie endlich ihre Ruhe haben, ins Nichts oder gar in die Gebärmutter zurück oder ins Jenseits, aber immer nur am zweitliebsten; lieber ist ihnen die Überwindung ihrer Alltagsprobleme, und dabei muß den suizidgefährdeten Menschen mit der Organisation von Erfolgserlebnissen schulischer, berufsperspektivischer oder beziehungsmäßiger Art geholfen werden. Bagatellisieren, Dämpfung mit Medikamenten oder Hinweise auf Menschen, denen es noch schlechter geht, helfen eigentlich nie; sie zeigen nämlich noch keine Auswege auf, sondern verlangen lediglich das Sich-Aufgeben, das Sich-Fügen in das selbstvermutete mißliche Schicksal.

Besonders suizidgefährdet sind junge Menschen, die keine innere Bindung mehr an ihre Eltern haben, die keinen ständigen Partner haben finden können oder mit ihm unter Verlustängsten bzw. Liebeskummer zusammenleben, denen es an schulischen oder beruflichen Perspektiven mangelt, die mit einer unrealistischen Weltbildverzerrung (z. B. unter dem Motto „keiner liebt mich") leben und die keine ausreichende Sinneinbettung (Normen, Werte, Religion, Ideologie, Subkultur) haben. Etwa 50 Prozent der jungen Menschen, die einen Suizidversuch machen, sind depressiv, 33 Prozent sind zwanghaft-neurotisch und 17 Prozent suchtkrank oder schizophren.

Bei 14- bis 17jährigen liegt die Suizidversuchsrate von Mädchen dreimal so hoch wie die von Jungen. Bei den „gelungenen" Suiziden ist das Verhältnis dagegen umgekehrt; das liegt daran, daß Jungen „verläßlichere" Methoden wie Erhängen, Erschießen und Vergiften bevorzugen, während Mädchen zu unsicheren Weisen wie Öffnen der Pulsadern und Einnehmen von Schlaftabletten neigen.

Ungarn, Finnland, Schweden und Japan haben die höchsten Suizidraten unter jungen Menschen; über die auslösenden Faktoren sind sich die Wissenschaftler uneins; zu hohe Leistungserwartungen in bezug auf Karriere (Japan), Wohlstandsverwahrlosung infolge totaler staatlicher Regelungen sämtlicher Lebensereignisse, verknüpft mit einer Übersättigung, die zu selten Not erfahren läßt (Schweden), Alkoholismus und Abgeschiedenheit (Finnland) sowie Mentalitätsbesonderheiten (finno-ugrische Völkerfamilie) werden in verschiedenen Studien als Ursachen für diese extremste Form von Autoaggression angegeben.

Kinder sind jedenfalls am besten gegen Autoaggressionen und damit gegen Süchte und übertriebene Risikobereitschaft, wie sie sich auch beim S-Bahn-Surfen zeigt, geschützt, wenn sie geborgen und mit viel Ansprache aufwachsen, wenn sie seelisch gesund, selbstbewußt und ich-stark aufgrund von Erfolgen und von Geliebtsein sind.

Dies mag auf den ersten Blick banal oder „zu einfach" oder umgekehrt „unlösbar" erscheinen – aber es ist die Grundlage für sehr praktische und praktikable Handlungshilfen:

Kinder müssen von ihren Eltern ermuntert werden, ihre kleinen alltäglichen Probleme selbst zu lösen. Nur wenn Kinder immer wieder die Erfahrung machen, daß ihnen dies gelingt, wird sich ihr Selbstbewußtsein stärken. Denn die Außenseiterrollen sowohl des verhätschelten Mutterkindchens als auch des ausgestoßenen Randkindes können zur Anfälligkeit in Richtung Gewalt gegen sich selbst oder zu verbalen und tätlichen Aggressionen gegen Menschen und Sachen sowie zu Extremismus führen.

28. Kinder, die unter ihrem Aussehen leiden

Junge Menschen vergleichen sich immer mit anderen Kindern und Jugendlichen, vor allem, wenn sie sich mit Beginn der Vorpubertät erstmals – nicht mehr in sich ruhend – von außen betrachten oder wenn sie von anderen ob ihres Aussehens ständig gehänselt werden. Dabei geht es weniger um objektive Maßstäbe als um das subjektive Empfinden. Viele Untersuchungen zeigen, daß Menschen sich selbst anders beurteilen, als sie von anderen gesehen werden.

So kann das äußere Erscheinungsbild zu einem schlimmen Schicksal geraten. Es fällt auf, daß viele verhaltensgestörte Kinder in ihrem Körperbau und Wuchs nicht den Idealvorstellungen entsprechen, und zwar den eigenen Maßstäben. Sie werden wegen ihrer Hakennase, ihrer Sommersprossen, ihrer roten Haare, ihres Stottern oder Lispelns oder weil sie größer, kleiner, dicker oder dünner als andere Gleichaltrige sind, oft verspottet. Die spitzen Bemerkungen über ihr Äußeres gehen ihnen unter die Haut, sie nagen durch permanente Wiederholung am Selbstwertgefühl und zwingen sie schließlich zur Kompensation im Verhalten, auch wenn sie nicht gut springen, nicht schnell laufen, nicht weit werfen und schlecht fangen können oder den Aufschwung am Reck nicht schaffen.

Klassenkasper, Aufschneider, Raufbolde, notorische Lügner oder ängstlich in sich zurückgezogene Kinder haben vielfach bitter ihre vermeintlich geringe Beliebtheit wegen ihres Erscheinungsbildes oder ihrer Bewegungsabläufe erlebt, so daß sie durch Geschenke, durch Witze, durch Hyperaktivität, durch Angeben und abenteuerliche Geschichten, also durch auffälliges Verhalten zeigen wollen, daß sie auch tüchtig oder beliebt sein können, daß sie auch etwas wert zu sein vermögen.

Eltern, Erzieher und Lehrer tun solchen Kindern meist keinen Gefallen, wenn sie es taktvoll vermeiden, auf die Ursachen ihrer Außenseiterrolle einzugehen. Sie müssen statt dessen dem Kind auf den Kopf zusagen, worunter es selbst leidet, sie müssen die vermuteten Makel sodann relativieren, also hinunterspielen, und sie müssen den jungen Menschen, wie man es bei Behinderten macht, in die Lage versetzen, sein Sosein zu akzeptieren, damit er besser damit umgehen kann.

Verhaltensgestörten korpulenten Kindern hilft es durchaus, wenn man ihnen sagt: „Du leidest so, weil du so dick bist und weil deine Mitschüler immer 'fette Sau' zu dir sagen." Oft bricht so ein Mensch dann erst einmal innerlich zusammen, antwortet dann aber erleichtert und tief durchatmend:

„Ja, das ist mein Problem." Auf dieser gemeinsamen Verständnisgrundlage ist die folgende pädagogische Arbeit dann entspannter, weil nicht mehr um den wunden Punkt herumgeredet werden muß, und die Relativierung der auffälligen äußeren Eigenschaft mit ihrer auf das ganze Leben bezogen eher geringen Bedeutung ist nicht mehr so schwierig.

Alle Menschen müssen lernen, mit ihrem Äußeren zu leben, indem mit Diät, mit Kleidung, mit Zahnregulierungen, vor allem aber mit den in jedem vorhandenen inneren Werten gegengesteuert wird. Jeder hat Eigenschaften und Stärken in seinem Profil, mit denen er anderen überlegen ist. Sie müssen erkannt, herausgefordert und entwickelt werden, damit die ursprünglichen Leidensfaktoren weniger bedeutsam werden, damit Lästern nicht mehr so verletzt. Dieses Ziel ist in der Regel erreicht, wenn man über seine eigenen Schwächen selbst lachen kann, weil man anderes besser als andere kann.

Am besten gelingt das, wenn Eltern und Pädagogen Kindern mit äußerlichen Benachteiligungen möglichst häufig Bewährungsfelder anbieten, über die sie von den zur Grausamkeit neigenden Gleichaltrigen schließlich akzeptiert und geschätzt werden; das kann im sozialen Verhalten, im Sprachlichen, im Schauspielerischen, im Technischen, in der Informatik oder auch im Sport sein. Kinder, die nicht so niedlich, nicht so anfassig aussehen wie andere, sind nämlich ohnehin auf der Suche nach Talenten in sich, mit denen sie kompensatorische Effekte erzielen können; anderen helfen zu können ist ihnen letztlich auch lieber, als deshalb Klassenkasper sein zu müssen, weil sie selbst nicht wissen, was sie sonst besser können.

Auf Dauer tritt im Zusammenleben von Menschen sowieso das Äußere gegenüber den inneren Werten immer mehr zurück; beim Kennenlernen begutachtet man unbekannte Menschen zunächst stets äußerlich. „Kleider machen Leute" nennt Gottfried Keller das. Der Blick geht aber mit der Zeit zunehmend nach innen, bis das Äußere nur noch selten beachtet wird. Lehrer, die eine Klasse neu übernehmen, sind oft nach dem ersten Tag enttäuscht, daß da auch ein ganz fetter, ein viel zu kleiner Junge sitzt oder ein außergewöhnlich langes Mädchen; gleichzeitig freuen sie sich über viele niedliche oder gutaussehende Kinder, die an ihrem pädagogischen Eros kitzeln. Nach einem Jahr ist das Bild jedoch seitenverkehrt: Gerade die nicht so gut aussehenden Kinder entpuppen sich dann als für die Klassengemeinschaft besonders wichtig, als „geheime Miterzieher", als Kondensationspunkte für Soziales Lernen, weil sie in ihrem kurzen Leben schon viel mehr mitgemacht haben, viel mehr gelitten haben, während sich die „hübschen", stets verwöhnten und bewunderten Kinder auf Dauer als nicht mehr so angenehme, „pflegeleichte" Wesen, so wie anfangs vermutet, herausstellen.

29. Narzißmus und Eifersucht

Wenn sich junge Menschen während der Pubertät gelegentlich zurückziehen und viel allein sein wollen, ist das ganz normal. Sie möchten sich mit sich selbst auseinandersetzen, um sich in ihren entwicklungsbedingten Veränderungen kennenzulernen, denn sie sind nicht mehr so undifferenziert eins mit sich und der Umwelt, wie es ein Zehnjähriger ist, der sich noch nicht von außen anguckt.

Jeder Jugendliche will wissen und ausprobieren, wie er auf seine Umgebung wirkt, und dazu gehört, daß er immer wieder im Spiegel überprüft, wie er mit kleinen und großen Veränderungen, mit Schminke, mit verschiedenen Frisuren und mit alternativer Kleidung, mit neuen Posen und Bewegungsabläufen jeweils anders aussieht.

Es hängt von der Intensität und Häufigkeit ab, mit der sich junge Menschen selbst beobachten, ob es sich noch um eine normale Selbstbespiegelung handelt oder schon um ein abweichendes Verhalten. Der Begriff Narzißmus, der das Verliebtsein in sich selbst, überstarke Ichbezogenheit und krankhafte Selbstliebe meint, geht auf den schönen jungen Narziß in der griechischen Sage zurück, der sich in sein Spiegelbild im Wasser eines Sees verliebte und danach nicht mehr von der Stelle wich, so daß er schließlich vor Schwäche starb und sich in eine Narzisse verwandelte.

Narzißten sind Menschen, die sich überstark mit sich selbst und ihrer Wirkung auf andere befassen; sie überlagern mit Äußerlichkeiten wie Frisur, Kleidung, Schmuck, Körperhaltung, Bewegungsweisen und Sprachduktus ein durchweg schwach entwickeltes Selbstwertgefühl. Sie legen viel Wert auf Außenwirkung, auf ihr Image, verstecken aber gern ihre eigentlichen Empfindungen. Sie spiegeln sich in den Reaktionen anderer auf sie und experimentieren mit immer neuen Reizvarianten. Sie unterdrücken ihre eigentlichen Bedürfnisse, um „cool", maskenhaft, nicht echt zu wirken, sie spielen eine Rolle, leben aber kaum ihr Leben. Punks stehen für dieses übersteigerte Außenwirkungsbedürfnis; mit ihren grünen Haaren, ihren Ohren- und Nasenringen, ihren Sicherheitsnadeln durch Wange oder Lippe und ihrem schockierenden Bekleidungsverhalten sind sie auf dem Umweg der Provokation auf der Suche nach Anerkennung, Beachtung und Ichstärke. Neuerdings gibt es sogar Menschen, die sich mit Ringen durch Augenlider, durch die Vorhaut, den Hodensack oder durch die Schamlippen piercen.

Wenn die erhoffte Bewunderung ausbleibt, verfällt der Narzißt leicht in Einsamkeit und Depression; um Niederlagen entgegenzusteuern, versucht er, sich über Bodybuilding, Kraft- und Kampfsport und durch die Verstärkung der provozierenden Anteile seines Outfits oder auch als „Beau" durch Perfektionierung in Richtung Schönheitsideale als Sieger-Typ herauszuputzen. Da das aber oft durch zu viel Coolness, Rücksichtslosigkeit und Ausnutzen anderer mißlingt, läuft er Gefahr, gute Freunde zu verlieren und falsche zu gewinnen, so daß Narzißmus vielfach zu einem Seiltanz mit Dosierungsproblematik zwischen Bewunderung und Entlastung gerät. Der Narzißt spürt das und ist deshalb um relativ viel Distanz und wenig Intimität bemüht.

Ein begrenzter Narzißmus im Sinne von Wertlegen auf Akkurates, auf Schmuck, auf Ästhetik, Hygiene, Kosmetik und Mode ist für jeden Menschen und für das ganze Leben wichtig, und übertriebene Anwandlungen in der Zeit der Pubertät sind als Phasen des Ausprobierens von Effekten durchaus normal. Eltern müssen daher Selbstwertkränkungen durch Kritik an Äußerlichkeiten bei Jugendlichen vermeiden, indem sie mit Kommentaren zu Frisuren, Akne, Kleidung, Schmuck und Schminken, aber auch zu Kraftsport, Ballett und Posen sehr vorsichtig umgehen. Ohrringe bei Jungen, Nasen- oder Lidringe („Piercen“) sowie schwarz gefärbte Lippen und blau bemalte Augenhöhlen bei Mädchen verlangen von ihnen die Toleranz des Wissens um die Notwendigkeit des Austestens von Wirkungen und des Einmündens in eine spätere Normalisierung sowie des gemeinsamen Durchstehens solcher Phasen.

Früher spielte Narzißmus bei Mädchen eine größere Rolle; im Zuge der Gleichstellung der Geschlechter und der werbeträchtigen Bemühungen der Kosmetik- und Bekleidungsindustrie holen die Jungen aber deutlich auf. Narzißtische Züge werden oft durch Liebesenttäuschungen, durch eine niedere Rangordnungsposition in der Gruppe der Gleichaltrigen und durch Leistungsversagenserlebnisse gefördert. Je mehr Liebe, Anerkennung, Bestätigung und Erfolgserlebnisse ein junger Mensch bekommt, desto geringer fallen narzißtische Tendenzen aus; je mehr er in sich ruht, je weniger zerrissen er ist, und je geringer er von außen steuerbar ist, desto weniger neigt er zu der Persönlichkeitsstörung der übermäßigen Selbstbespiegelung.

Zu starker Narzißmus kann allerdings auch ernährungsbedingt sein, und zwar durch den Mangel an Vitamin B6 in der Kost. Wenn das der Fall ist, kann bereits ein Linsengericht, nicht mehr als drei Minuten gegart, Abhilfe schaffen.

Ahnlich wie mit dem Narzißmus ist es auch mit der Eifersucht: Auf die Dosierung kommt es an. Ein gewisses Maß an Eifersucht ist gesund und normal, nur krankhaft darf es nicht werden. Natürlich kann es niemandem gleichgültig sein, ob er seinen Freund oder seine Freundin an einen anderen Menschen verliert, natürlich bedrückt es Einzelkinder, wenn sie plötzlich durch ein neugeborenes Geschwisterkind partiell entthront werden; Eifersucht ist am Beginn von Erziehung immer hinzunehmen, nur auf Dauer ist sie zu minimalisieren, weil sie zu viel Leiden schafft, weil sie zu viel Besitzanspruch über andere impliziert und einen hohen Anteil von Egoismus beinhaltet.

„Man sollte ruhig zugeben, daß man eifersüchtig ist. Eifersucht ist gesund, selbst wenn sie uns vorübergehend zu einem giftigen und gemeinen Menschen macht“, sagt der dänische Psychologe Carsten Staehr Nielsen in seinem Buch „Eifersucht – ein Gefühl, das uns hemmt und weiterbringt“.

Wir halten Eifersucht durchweg für etwas zu Verachtendes und bilden uns ein, wir müßten ein problemfreies Leben führen, und wenn Konflikte auftauchen und wir zu ihnen nicht stehen können, passieren die fürchterlichsten Dinge. Eifersucht ist eine sehr menschliche Eigenschaft, die in unserer Gesellschaft leider verpönt ist; sie wird schon Kindern ausgetrieben. Eltern sagen gern stolz: „Unsere Kinder sind überhaupt nicht eifersüchtig aufeinander." Diese Einstellung ist total verkehrt. Man sollte Kindern erlauben, eifersüchtig zu sein. Natürlich haben sie eine Wut auf den großen Bruder oder Neid gegenüber der kleinen süßen Schwester – auch wenn wir allen unseren Kindern gleich viel Liebe schenken. Deshalb sollten sie diese Gefühle ausleben dürfen. Nur dann kann sich ihre Persönlichkeit positiv entwickeln, und vermögen sie sich später richtig zu verhalten, wenn der Partner einmal fremdgeht. Ein Leben ohne Eifersucht ist zwar vorstellbar, erstrebenswert ist es jedoch nicht. Ohne Eifersucht ist das Leben vielleicht schmerzloser, aber auch gefährlicher. Wenn wir nicht eifersüchtig wären, sagt Nielsen, „würden wir erst merken, daß unser Partner jemand anderen liebt, wenn er seinen Koffer packt und geht. Wir hätten nicht die geringste Chance mehr, diese Beziehung noch zu retten".

Wenn Eifersucht bei Kindern bloß unterdrückt wird, führt sie zu Aggressionen, zu Depressionen oder zu anderen Autoaggressionen. Sie muß also bejaht, ausgesprochen, ausgelebt und durch Argumentationen aufgefangen, kanalisiert, relativiert und schließlich überwunden werden.

30. Haut- und Körperkontakte

Kinder müssen angefaßt werden, sie brauchen zu ihrem Wohlbefinden Streicheln, Schmusen, Handauflegen, Durch-das-Haar-Fahren, Auf-dem-Schoß-Sitzen, Toben, Balgen, Küssen, Drücken und Kuscheln ebenso wie Ansprache und Zuhören, allerdings nicht von jedem Menschen, nicht zu jeder Zeit und nicht jede Art von Körperkontakt. Mangelt es ihnen an Haut- und Körperkontakten, gedeihen sie deutlich schlechter, sie verkümmern im Sinne von Hospitalismus, werden krank, bekommen eine fahlere Haut, riechen anders und bleiben sowohl im Wachstum zurück als auch in der emotionalen Entwicklung defizitär, so daß sie letztlich verhaltensauffällig, hyperaktiv, autoaggressiv sowie zum Umgang mit und Ertragen von Nähe unfähig werden.

Allzu viele Kinder wachsen heute mit zu wenig Körperkontakt auf, weil sie nicht mehr in der Großfamilie leben, weil sie zu wenige Freunde haben, weil es ihnen am Vater oder an Geschwistern fehlt, weil Väter aus Angst vor Mißverständnissen im Sinne von sexuellen Übergriffen Hautkontakte meiden und weil ihre berufstätigen Mütter zu selten bei ihnen sind.

Wenn ihre Bilanz an emotionaler und körperlicher Zuwendung nicht stimmt, wenn es ihnen an liebevoller Väterlichkeit mangelt und wenn

Jungen positive männliche Identifikationsmodelle fehlen, drängt man sie ungewollt in die mißliche ausgleichende Überbetonung von bizepzsorientierten und sexuellen Körperkontakten.

Nur wenn der Körper des Kindes umfassend emotional versorgt wird, kann es eine gesunde sexuelle Entwicklung nehmen und können kraftstrotzende Einseitigkeiten in seiner Kommunikation und Interaktion vermieden werden. Die Neigung zu sexuellen Abartigkeiten und die Bevorzugung von körperlicher Gewalt sind oft eine Folge einer nicht stimmigen Haut- und Körperkontaktbilanz. Wichtig ist dabei jedoch, daß die Signale des Kindes stets richtig wahrgenommen werden, denn Nähe und Berühren darf dem Kind nur sehr selten aufgezwungen werden, also beispielsweise zur Beruhigung eines cholerischen Anfalls. Maßstab für Art und Dosierung des Körperkontaktes muß immer das Bedürfnis des jungen Menschen sein, er darf nie allein der Wunsch der erwachsenen Bezugsperson sein.

Für Kinder ist es eine Lust, zu rangeln, zu toben und selbstbestimmt zu necken, zu schmusen, zu kuscheln oder auch zuzuschlagen, sie brauchen das wie Bewegung, Spiel und Sprache. Deutsche Kinder bekommen aber weniger Körperkontakt als mediterrane und skandinavische, Jungen erhalten weniger als Mädchen, Väter geben weniger als Mütter und norddeutsche Kinder werden seltener angefaßt als süddeutsche, und dementsprechend entwickeln sie sich auch regional anders und neigen sie zu unterschiedlichen Störungen.

Neugeborene, die regelmäßig gestreichelt werden, wachsen klüger und gesünder auf als Gleichaltrige, denen solche Zärtlichkeit nicht zuteil wird. Diesen Schluß zieht die britische Psychologin Elvidina Adamson-Macedo nach einer Studie mit 100 Frühgeborenen. Sie waren in den ersten drei Lebenswochen täglich 20 Minuten gestreichelt worden. Sieben Jahre später machten die Kinder einen Intelligenztest. Im Vergleich zu ihren Schul- und Spielkameraden schnitten sie dabei besser ab und bewiesen auch bei Geschicklichkeitsproben, daß ihre Fertigkeiten höher entwickelt waren. „Streicheln“, so Adamson-Macedo, „fördert die Produktion von Endorphinen.“ Diese körpereigenen Substanzen wirken ähnlich wie Opiate als eine Art „chemischer Stoßdämpfer“ bei Schmerzen. Die elterlichen Streicheleinheiten vermitteln somit ein Gefühl wohliger Zufriedenheit und stärken zudem das kindliche Immunsystem. Und auf den Mangel an Endorphinproduktion sind dann auch der ungünstigere Hautzustand und die andersartige Körperausdünstung von Kindern zurückzuführen, die zu selten angefaßt werden. Deshalb sehen Heimkinder nach Jahren gesamtkörperlich jünger, im Gesicht aber älter aus als in Familien aufwachsende Kinder und deshalb können Eingeweihte sie auch an ihrem Körpergeruch identifizieren.

Die Deutschen schmusen und kuscheln gern. 94 Prozent halten diese Form von Geborgenheit und Wärme für „wichtig“ oder „sehr wichtig“, ergab eine Umfrage der Wickert-Institute unter 2937 Männern und Frauen.

Das erzieherische Problem ist jedoch dabei, daß privat fast jeder gern kuschelt und schmust, daß aber offiziell Körperkontakte nicht voll akzeptiert sind, nicht in der Öffentlichkeit, nicht zwischen gleichgeschlechtlichen Wesen, nicht unbedingt zwischen Pädagogen und Kindern und nur mit Einschränkung zwischen Vätern und ihren Kindern. Die körperfeindliche asketische Erziehung der christlichen Kirchen und der preußischen Kadettenanstalten und Sätze wie „Als Junge weint man nicht“ oder „Indianer haben Schmerzen ohne Klagen zu ertragen“ haben viele gewaltfördernde und sich teufelskreismäßig über mehrere Generationen bis heute hin auswirkende Schäden in unserer Gesellschaft angerichtet.

Die harten Männer in der Filmwelt und die „coolen“ Ideale der Trends der Jugendkultszenerie sind ein Resultat der traditionellen Dominanz brutaler Männlichkeitsideale über die einer liebevollen Väterlichkeit und Freundschaft. Jungen meiden Hautkontakte zu anderen Jungen entgegen ihren Grundbedürfnissen aus Angst davor, für schwul erklärt zu werden, und männliche Pädagogen sind zur Zeit in Sachen Körperkontakt auf dem Rückzug, um nicht als pädophil oder als Sittenstrolch mißverstanden zu werden.

Wozu der Mangel an Sprache und Körperkontakt führt, hat René Spitz mit seiner Hospitalismustheorie verdeutlicht und machen Kaspar-Hauser- und Wolfskindschicksale deutlich. Umgekehrt kann man die positiven Auswirkungen von Körperkontakten schon bei Tieren erleben:

Pferde reiben deshalb Köpfe und Hälse aneinander, weil dies ihr Wohlbefinden in erheblichem Ausmaß steigert, fanden französische Zoologen heraus. Diese Liebkosung setzt den Herzschlag deutlich herab. Die Wissenschaftler beobachteten längere Zeit eine Herde von Camargue-Pferden und stellten dabei fest, daß die Tiere mit Kopf und Maul von Zeit zu Zeit bestimmte Stellen im Genick eines anderen Pferdes berührten. Dieses Verhalten, meinen die Forscher, dient unter anderem dazu, einander zu beruhigen und so Spannungen in einer Gruppe von Tieren abzubauen.

Akzeptierbare Formen von Körperkontakt haben viel mit dem Alter und dem Geschlecht von Kindern und Pädagogen und mit dem Grad der Nähe zwischen jungen Menschen und Erwachsenen zu tun. Im Mutter-Kleinkind-Verhältnis sind Berührungen und Nähe von anderer Bedeutung als zwischen einem 13jährigen Schüler und seinem 30jährigen Lehrer, aber auch als zwischen einem fünfjährigen Kindergartenkind und seiner 63jährigen korpulenten Erzieherin. Einseifen im Rahmen einer Schneeballschlacht ist etwas anderes als Hilfestellung beim Sport oder eine kreisende Handbewegung auf dem Bauch eines unter extremer Übelkeit leidenden kranken Jugendlichen oder als ein tröstendes In-den-Arm-Nehmen eines weinenden Kindes.

Mit dem Älterwerden des jungen Menschen müssen sich Art, Dosierung und Häufigkeit des Körperkontaktes auch zwischen Eltern und Kindern ändern; die Erwachsenen müssen sich dabei immer mehr zurücknehmen und auch akzeptieren, daß der Körperkontakt in der Gleichaltrigkeit, also beispielsweise zwischen einem Jungen und seiner Freundin, eine größere Bedeutung gewinnt. Körperkontakt bis hin zur Sexualität zwischen Jugendlichen muß jedenfalls genauso akzeptiert werden wie Essen und Trinken, wie Bewegungsdrang, Weinen, Freude und Trauer. Körperkontakt hat viel weniger mit Schuld oder Unmoral zu tun, als die Massenmedien immer wieder aus Anlaß von wirklich schrecklichen sexuellen Übergriffen von Eltern gegenüber ihren Kindern undifferenziert in einen Topf mit Schmusen, Kuscheln und Küssen werfend zu vermitteln versuchen. Selbst alleinerziehenden Müttern, die ihre männlichen Einzelkinder baden, duschen oder waschen wird mittlerweile eine mißliche sexuelle Motivation unterstellt, ohne daß an die verheerenden psychischen Folgen gedacht wird, die auftreten, wenn sich immer mehr Bezugspersonen von Kindern aus Angst vor Fehlinterpretationen aus der emotionalen und körperlich zärtlichen Zuwendung zu ihnen zurückziehen.

Zum erzieherisch positiven Körperkontakt gehört auch das Drücken von Kindern, die ausgerastet, hyperaktiv oder haltlos sind. Roswitha Defersdorf empfiehlt mit Recht in ihrem Buch „Drück mich mal ganz fest!" das Drücken des Kindes auf den Boden, das feste In-den-Arm-Nehmen des jungen Menschen oder das Drücken eines cholerischen Jugendlichen an die Wand für mehrere Sekunden als verhaltenstherapeutisches Mittel; es hängt dabei sehr von der Individualität des jungen Menschen, von seiner Störung, von seinem Alter, von der Akzeptanz des Pädagogen und von der konkreten Situation ab, wie lange ein solches Drücken und welche Art des deutlichen Haltgebens anzuraten sind; eines ist aber gewiß: Wer Verhaltensgestörte deutlich drückt, zeigt ihnen, daß sie den erforderlichen Kraftaufwand wert sind und daß er ihnen mit dem äußeren Halt auch inneren Halt gegen ihre Haltlosigkeit zu geben bereit ist.

31. Umgang mit und Angst vor Nähe

In manchen Familien werden Hunde mehr gestreichelt als Kinder. Die Haut ist ein wichtiges Sinnesorgan, das sich durch Berührung entwickelt; wer sie anfaßt, meint den ganzen Menschen. Die Haut ist die Grenze zwischen dem Innen und dem Außen, sie nimmt mehr wahr, als man vermutet.

Kleine Kinder suchen Hautkontakte, weil sie nur dadurch Erfahrungen über Warm, Heiß und Kalt, über Naß und Trocken, über Weich und Hart, über Liebe und Ablehnung, über Angst und Geborgenheit machen. Sie erfahren über die Haut die Emotionen der Eltern direkt, wenn sie am Körper getragen werden oder an ihn angelehnt schlafen. Sie brauchen jedenfalls nicht so sehr die mißlichen kulturellen Erfindungen von Kinderbett, Kinderwagen und separatem Schlafzimmer.

Über die Haut läßt sich rascher und eindeutiger sprechen und hören als über Stimme und Ohr.

Kinder, die sich ihrer Bindung zur Mutter ganz sicher sind, suchen nach ihrer längeren Abwesenheit zunächst immer als erstes den engen Körperkontakt. Wenn Kinder dagegen unsicher über Art und Grad der Bindung der Mutter an sie sind, weichen sie oft lieber aus, meiden sie den direkten Blickkontakt, weil sie auf diese Weise am wenigsten riskieren, zurückgewiesen zu werden, so daß ihnen mit diesem Verhalten am ehesten die Hoffnung auf die Mutterbindung erhalten bleibt; sie können dann nicht enttäuscht, sondern allenfalls durch die unerwartete Zuwendung der Mutter angenehm überrascht werden. Mütter interpretieren allerdings zumeist ein solches Vermeidungsverhalten des Kindes negativ, obwohl es vom Kind positiv und voller Bindungs- und Nähesehnsucht gemeint ist.

Etwa zwei Drittel aller kleinen Kinder schmiegen sich nach der Rückkehr der Mutter sofort eng an ihren Körper, sie fühlen sich also sicher gebunden. Lediglich in Norddeutschland ist das anders; zwei Drittel aller Kinder reagieren dort unsicher, weil norddeutsche Eltern sehr zurückhaltend mit Nähe umgehen, das gilt besonders für Väter und besonders gegenüber Jungen; ursächlich sind wahrscheinlich preußisch-soldatische Askeseideale, traditionelle körperfeindliche kirchliche Normen und die Sorge, körperliche Zuwendung könnte als sexuelle Abartigkeit mißverstanden werden. Der kühle norddeutsche Mensch neigt dazu, in verkrampfter Weise seine Liebe zum Kind verbal auszudrücken, mit der Teufelskreisfolge, daß es Nähe so wenig gewohnt ist, daß es späterhin nie mehr richtig mit ihr umgehen kann und daß es seinen eigenen Kindern dann auch wieder die notwendige Portion an Nähe und Schmusen vorenthält.

Erwachsene glauben vielfach, sie müßten Erziehungsziele wie Selbständigkeit, Gehorsam, Genügsamkeit, Durchhaltevermögen, Konzentration, Ordnung und Disziplin mit einem hohen Maß an Härte, also mit einem Mangel an Emotionalität, durchsetzen, dabei hat das eine überhaupt nichts mit dem anderen zu tun.

Zu autoritären Erziehungsweisen neigende Eltern glauben fälschlicherweise, Intellektualität, Rationalität, Kritikfähigkeit, Logik und politische Mündigkeit ließen sich besser mit Distanz, Sachlichkeit und Gefühlsarmut erreichen, dabei liegt die Wahrheit in der mittleren Dosierung zwischen Wärme und Sachlichkeit, im Seiltanz zwischen Emotionalität und Distanz, die jeweils zu ihrer Zeit zur Geltung kommen müssen. Kälte und Distanz, gepaart mit hohen Forderungen, begünstigen eine graduelle Ablehnung, eine frühe Loslösung des Kindes vom Elternhaus, seine Suche nach wärmeersetzender Geborgenheit in mißlichen Nischen und bei problematischen Personen außerhalb der Familie sowie schließlich frühe Sexualkontakte und Heiratswünsche.

Der Mangel an Nähe und Hautkontakten im Kindesalter rächt sich auf Dauer stets in Form eines belasteten Familienklimas über das ganze Leben hinweg bis hin zur völligen späteren Funkstille zwischen Kindern und Eltern.

Nun sollte die Lösung allerdings nicht im anderen Extrem der „Affenliebe“

liegen; schon kleine Kinder brauchen neutrale sachliche Rationalisierungsphasen, emotional unbedrängte Auseinandersetzungen und die Chance, sich zurückziehen zu können; besonders gilt das aber für die Phasen Vorpubertät und Pubertät. Eltern und Pädagogen müssen dann ein gutes Gespür dafür haben, ob, wann und wieviel emotionale Zuwendung gerade nötig ist oder ob eher distanzierte Sachlichkeit angeraten ist. Kinder brauchen viel Zeit für sich allein, sie benötigen Muße, um ihren Gedanken, ihren Träumen, ihren Phantasien und ihren Spielen nachgehen zu können; sie wollen auch mal „muksch“ oder trotzig sein und ihre Launen in der Wirkung auf andere ausprobieren.

In solchen Phasen darf man sich nicht aufdrängen; man muß warten können, bis das Kind von sich aus wiederkommt, und das tut es dann meist mit dem Signal der alles glätten wollenden wortlosen körperlichen Zuwendung.

Besonders Jugendliche haben das Bedürfnis, sich lange mit sich allein in ihrem Zimmer einzuschließen. Sie wollen damit niemanden strafen, sie sind in solchen Momenten sich selbst genug, haben mit sich selbst ausreichend zu schaffen. Sie ziehen sich in ihr Schneckenhaus zurück, um sich selbst von innen zu betrachten. Auf das Ausmaß kommt es allerdings dabei an, denn eine Überdosierung an Privatisieren, an Rückzug, an Einsamkeit kann auch ein Alarmsignal sein oder als Folge einer zu kalten Erziehung schließlich in die Unfähigkeit einmünden, Nähe zu ertragen oder mit ihr angemessen umzugehen.

Ganz normal ist, daß einige Kinder mehr Körperkontakt brauchen als andere, das gilt vor allem für Jungen bis zum Alter von etwa zehn Jahren. Normal ist auch, daß die Nähe zu ganz bestimmten Menschen gesucht, zu anderen aber vehement abgelehnt wird. Wer zu Hause genügend Nähe, Emotionalität und Körperkontakt hat, will sie nicht unbedingt auch noch im Kindergarten oder in der Schule; wer aber zu Hause nie angefaßt wird, klammert sich eventuell an jede sich bietende Hand in außerfamiliären Erziehungsgruppen, und zwar bis zur extremen Distanzlosigkeit.

Das Aufdrängen von unerwünschter Nähe vermag Schaden anzurichten, denn am Ende muß immer die Bilanz der Addition von Zuwendungsanteilen durch verschiedene Menschen im Kind stimmen; Überdosierung ist dabei genauso mißlich wie Unterdosierung.

Es gibt Kinder, die, obwohl sie nur selten körperliche Ansprache fanden, schließlich jede Art von Berührung mit entsetztem Zurückzucken ablehnen, weil sie längst aus vielerlei Erfahrungen heraus glauben, daß sie es nicht wert sind, angefaßt zu werden. Und wenn es dann doch jemand versucht, sind sie ungläubig überrascht; sie zweifeln an der Ernsthaftigkeit der Zuwendung, sie haben nicht gelernt, mit ihr angemessen umzugehen, oder sie wittern bloß sexuelle Motive. Erst nach einer sehr langen Zeit eines vorsichtigen Vertrauensaufbaus kann es dann noch eventuell gelingen, sie schrittweise an eine unverdächtige körperliche Kommunikation zu gewöhnen, wenn sie spüren, daß sie ihnen gut tut, und wenn sie lernen, darauf irgendwie richtig zu reagieren.

Wenn Kinder von 13 oder 14 Jahren, aus kaputten Familien stammend, jahrelang durch verschiedene Heime gewandert sind und dabei immer wieder neue Bezugspersonen hatten, wenn ihre Erzieher aus Furcht vor mißlicher Bewertung durch ihr Umfeld auf den familienersetzenden Körperkontakt verzichtet haben, dann sind sie Nähe, die ja auch Akzeptanz und Hinwendung bedeutet, nicht mehr gewohnt. Plötzliche Nähe von irgendwelchen Menschen trifft sie dann so unvermittelt, daß sie sie zurückweisen, weil sie ihr mißtrauen und weil sie mit ihr nicht unverkrampft umzugehen gelernt haben. Zwar haben sie durchaus ein Bedürfnis nach Liebe, sie haben aber aus Mangel an Erfahrung mit ihr Angst vor ihr. Die anfangs in jedem Kind vorhandene Fähigkeit zur Nähe wird verlernt und ist oft nie mehr ganz wiederzubeleben. Es braucht dann sehr viel Geduld, sie auf der Grundlage von beidseitiger Sympathie zunächst an räumliche Nähe, an kürzere Distanzen des Zusammenhockens, an Handan- und -auflegen und an längere Zeiten des Zusammenseins zu gewöhnen. Situationen der Nähe müssen bei wurzel- und haltlosen sowie umtriebigen Kindern trainiert werden, im Kino, beim Sport, über Balgen, durch das Sitzen auf der Bettkante und aus Anlaß von großem Leiden wie zum Beispiel im Krankheitsfalle. Wenn Bezugspersonen über Jahre hinweg durch zu viel Distanz, Kälte und Zurückweisung bereits verspielt haben, können nur noch andere, ganz neue Menschen Nähe und den Umgang mit ihr aufbauen. Je später man damit beginnt, desto schwieriger wird es, und bei näheungewohnten Erwachsenen ist der Zug zumeist endgültig abgefahren, es sei denn daß eine aufwühlende intensive Psychoanalyse und -therapie noch einen Neuanfang ermöglichen.

Am schwierigsten ist der Aufbau des Ertragens von und des Umgehens mit Nähe bei Menschen, die schlimme sexuelle Erfahrungen, Vergewaltigungen oder sie enttäuschende Verführungen hinter sich haben; sie leben mit der Furcht vor der Wiederholung einer bereits leidvoll erlebten Nähe.

Wer immer wieder wechselnde Bindungen erlebt hat, wer immer wieder verlassen wurde, wer immer wieder gelernt hat, daß man es mit ihm über Krisen hinweg nicht aushält, wird bindungsunfähig; er muß erst wieder lernen, Bindungen zu ertragen. Eine geduldete Nähe von wenigen Minuten kann dabei am Beginn schon ein sehr großer Erfolg sein, ebenso die Reduktion der Vielzahl ständig wechselnder Kontakte.

Wer verwahrlosten Kindern Nähe gibt und dabei für sich selbst etwas von ihnen zurückerwartet, muß sich jedenfalls auf sehr schlechte Ergebnisse gefaßt machen.

Kinder hingegen, die zu Hause eher ein Zuviel an Nähe haben, fühlen sich in Kindergarten und Schule durchweg durch eine Sachlichkeit und Rationalität begünstigende Distanz entlastet; sie benötigen dort nicht auch noch die Helfersyndrom-Überdosierung.

Probleme mit Nähe haben übrigens auch Kinder, die zwar ausreichend oberflächliche Hautkontakte hatten, denen es aber in ihrer Biographie an Kontakten zu tieferliegenden Hautgewebe- und Muskelschichten fehlt. Sie können hyperaktiv werden, weil sie während der Schwangerschaft und in ihrer ganz frühen Kindheit zu wenig Körperdruck bekamen. Denn während das Kind während seiner Embryonalphase durch die Bewegungen der Mutter im Fruchtwasser geschaukelt wird, entwickeln sich langsam die Haut- und Gleichgewichts- sowie Koordinationssinne. Durch diese trainierenden Reize von außen werden die einzelnen Körperteile immer besser mit dem Gehirn verbunden, und mangelt es dabei an derart hergestellten Verbindungen, mißrät das Verhältnis zwischen Körper und Gehirn, so daß das Kind bewegungsgestört, also beispielsweise hyperaktiv oder unkoordiniert wird.

Wenn solche Kinder dann später „Zappelphilippe" werden, hilft es gar nichts, ihnen das ständig mit dem Hinweis vorzuhalten, sie mögen sich doch zusammenreißen; durchweg wird mit derartigen Vorwürfen die hypermotorische Störung geradezu noch verstärkt. Richtig ist statt dessen, die fehlenden Druckinformationen in hoher Dosierung nachzureichen, und zwar so, wie A. Jean Ayres und Roswitha Defersdorf es in ihren Büchern „Bausteine der kindlichen Entwicklung" und „Drück mich mal ganz fest!" empfehlen, also durch Massagen, durch Matschen und Kneten, durch intensives und häufiges festes In-den-Arm-Nehmen sowie durch Drücken des jungen Menschen auf den Boden oder gegen die Wand. Allerdings benötigt jeder dabei ganz andere Dosen des Druckes.

32. Rauschbedürfnis, Sucht und Drogen

In der Kreisstadt Heide in Schleswig-Holstein haschen bereits 40 Prozent aller Jugendlichen nach Angaben der Polizei regelmäßig. Insgesamt ist jeder fünfte Schleswig-Holsteiner drogenabhängig, so daß die Sozialministerin Heide Moser für eine „Öffnungsklausel" im Betäubungsmittelgesetz plädiert, mit der nach niederländischem Vorbild „Coffie-Shops" eingerichtet werden können, die zur Entkriminalisierung und zur sozialpädagogischen Betreuung von Abhängigen beitragen sollen. Eine Landesrichtlinie von 1993 ermöglicht bereits jetzt Straffreiheit, wenn ein Konsument mit maximal 30 Gramm Cannabis-Produkten, fünf Gramm Kokain oder Amphetaminen oder einem Gramm Heroin erwischt wird. Nach Angaben des Sozialministeriums sind 80000 Schleswig-Holsteiner von Alkohol, 45000 von Medikamenten, 200000 von Tabak, 55000 von Cannabis-Produkten (Haschisch, Marihuana), 2300 von harten Drogen (Heroin, Kokain) abhängig, und 8000 sind spielsüchtig.

Aus Osteuropa droht Deutschland eine neue tödliche Rauschgiftwelle. Nach der Mode-Droge Ecstasy brauen dort jetzt Untergrundchemiker die Designerdroge Fentanyl zusammen. Das synthetische Rauschgift macht sofort süchtig und ist in seiner Wirkung tausendmal stärker als Heroin. Es läßt sich leichter schmuggeln als jede andere Droge. Nur ein Kilogramm Fentanyl reicht aus, um 100 000 Junkies ein Jahr lang zu versorgen. Weltweit gibt es schon mehr als 200 Todesopfer. „China White", „Synthetisches Heroin", „Persian White", „Mexican Brown", „Red Sun" oder schlicht „Fentanyl" - unter diesen Namen wird die synthetische Droge von Dealern angeboten. Die Gefahr der Überdosierung ist bei Fentanyl extrem hoch. Schon ein Mikrogramm reicht für einen lebensgefährlichen Drogenrausch aus.

Ecstasy ist im Moment die In-Droge der Großstadt. Es gehört zu den Amphetaminen, also zu den synthetischen Drogen. Die gebräuchliche Abkürzung MDMA bedeutet „Methylendioxymethylamphetamin". Ecstasy ist eine Jugend-Droge, die meistens in der Techno-Szene genommen wird. Es puscht auf, der Konsument kann Tage ohne Schlaf auskommen. Ecstasy macht nicht körperlich abhängig, greift jedoch bei Überdosierung das Gehirn an. Die Folgen sind unkontrolliertes Muskelzucken, extrem geweitete Pupillen und ein schneller Herzschlag. Das Amphetamin erreicht, daß im Gehirn Botenstoffe ausgeschüttet werden, die denen des Verliebtseins ähneln. Ecstasy-Konsum führt zu großem Wasserverlust. Viele Neueinsteiger unterschätzen die Wirkung und erleiden nach stundenlangen Tanzorgien einen Hitzschlag oder trocknen regelrecht innerlich aus.

1913 als Appetitzügler patentiert, wurde Ecstasy im Vietnamkrieg von den Amerikanern als Wahrheitsdroge erprobt. Heute wird sie in vielen Clubs und Diskotheken öffentlich als Pulver gesnifft, als Kristalle geraucht oder als Pille geschluckt.

Etwa 500 000 junge Menschen in Deutschland konsumieren Ecstasy, auch „XTC" genannt, eine Droge, die besonders gern auf 24- oder 48stündigen Techno-Partys genommen wird, die an sich für den Körper nicht direkt schädlich ist, die aber zum Aussteigen, zum Verdrängen und zum Durchhalten veranlaßt und in der Kombination, mit der sehr deutlich unter die Haut gehenden synthetischen Stakkato-Musik nicht nur das Rauschbedürfnis befriedigt, sondern auch über das stundenlange Tanzen zu einem so ernormen Wasserverlust führt, daß Kreislaufzusammenbrüche oder gar der Tod drohen. Vor allem ist der Konsument aber tagelang danach nicht mehr richtig leistungsfähig. Überdies wird Ecstasy, meist in den baltischen Staaten produziert und illegal nach Deutschland eingeführt, nicht immer rein angeboten, sondern mit süchtigmachenden anderen Anteilen wie Heroin und Kokain gemixt, damit die Dealer treue Kunden gewinnen.

Während die Zahl aller Drogentoten von 1993 auf 1994 um 6,6 Prozent auf 1624 in Deutschland abgenommen hat und 1995 noch einmal um weitere 25 Prozent, ist die Zahl der Kosumenten harter Drogen im selben Zeitraum um 2,3 Prozent gestiegen. Vor allem Designer-Drogen wie LSD, Crack, Speed, Ecstasy, Fentanyl und Amphetamine sind im Moment bei Jugendlichen auf dem Vormarsch; sie kommen zumeist über die Niederlande nach Deutschland oder werden von deutschen Gastschülern aus den USA mitgebracht. Glücksgefühle und Rauschbedürfnis sind die Motivationen, mit denen junge Menschen vorübergehend hohen Erwartungen, Streß, aber auch Versagenserlebnissen und Perspektivlosigkeit entfliehen wollen. Der Sog der Gruppen der subkulturellen Nischen, zu denen sie gehören, läßt ihnen oft keine Wahl, einmal zu probieren, gelegentlich mitzumachen und schließlich außengesteuert und willenlos sich dem Rauschzustand regelmäßig hinzugeben. Nach einer Studie der Bundeszentrale für Gesundheitliche Aufklärung haben fünf bis sechs Prozent aller Jugendlichen Interesse, Glückspillen einmal auszuprobieren. Mit Zuckersucht und Schnüffeln (Lösungsmittel, Kleber, Feuerzeuggas, Kraftstoffe) beginnt es oft, mit Koffein (Cola, Kaffee, Power-Drinks) und Alkohol wird danach experimentiert, und mit Hasch, aber auch mit Kopfschmerz-, Schlaf- und Beruhigungs- sowie Aufputschtabletten wird die stoffliche Ersatzbefriedigung sodann fortgesetzt, so daß ein Teufelskreis entsteht, in dem immer abwechselnd stimuliert und gedämpft werden muß, damit die Balance eines Tages irgendwie subjektiv stimmig wird.

Schon im Alter von acht Jahren gibt es deutliche Hinweise darauf, ob ein Kind als Jugendlicher suchtabhängig wird oder nicht. Wie die Wissenschaftler des Mannheimer Zentralinstituts für Seelische Gesundheit feststellten, besteht ein enger Zusammenhang zwischen Verhaltensstörungen im Kindesalter und dem späteren Drogenkonsum. „Wir waren selbst erstaunt, daß man Drogenkonsum mit einer so hohen Wahrscheinlichkeit voraussagen kann", erzählt Günther Esser, Leiter der Abteilung Neuropsychologie des Kindes- und Jugendalters der Universität Mannheim. In einer Langzeitstudie untersuchten seine Mitarbeiter insgesamt 399 Kinder, und zwar jeweils im Alter von acht, 13 und 18 Jahren. Dabei zeigte sich, daß weit über die Hälfte der später abhängigen Jugendlichen mit acht Jahren auffällige Verhaltensstörungen aufwiesen. Besonders suchtgefährdet sind demnach hyperkinetische, extrem unruhige und unkonzentrierte Kinder, die durch ausgeprägtes Lügen und Aggressivität gegen ihre Mitschüler auffallen.

Im Alter von 13 Jahren waren schon bei 75 Prozent der später abhängigen Jugendlichen Vorhersagen für den Drogenmißbrauch möglich. 13jährige, die bereits hin und wieder rauchen oder Alkohol trinken, die aggressiv sind, die Schule schwänzen oder extreme Disziplinprobleme haben, sind demnach besonders anfällig für Drogen. Dabei unterscheiden die Mannheimer Wissenschaftler für jede Suchtform (Alkohol, Medikamente, Drogen, Nikotin) zwischen mäßigem und schwerem Mißbrauch. Als mäßiger Mißbrauch gilt zum Beispiel das Rauchen von mehr als zehn, als schwerer ein Verbrauch von mehr als 20 Zigaretten täglich. Bei Rauschgift wird mindestens dreimaliger Konsum weicher Drogen in den vergangenen sechs Monaten als mäßiger, der mindestens zweimal monatliche Gebrauch weicher Drogen sowie aller harten Drogen als schwerer Mißbrauch bewertet. Insgesamt, so die Studie, nehmen 22 Prozent aller untersuchten 18jährigen Suchtmittel, und mit 18 Jahren ist der Höhepunkt des Drogenkonsums meist noch nicht erreicht.

Das Zentralinstitut entwickelte ein Risikomodell mit Faktoren, die Suchtanfälligkeit begünstigen. Darunter fallen familiäre Probleme, häufiger Streit oder Scheidung der Eltern, Depressionen oder Alkoholmißbrauch bei Vater oder Mutter, schlechte Wohnverhältnisse sowie die Vernachlässigung der Kinder. Jungen reagieren auf diese Faktoren laut Studie noch sensibler als Mädchen. Als Konsequenz fordert Esser vorbeugende Maßnahmen bereits im frühen Kindesalter.

Im Münchner Institut für Therapieforschung hat man damit begonnen, diese Forderung umzusetzen. Grundlage sind Erkenntnisse über „Schutzfaktoren", die gegen eine Abhängigkeit wirken können. Dazu zählen Kommunikationsfähigkeit, die Fähigkeit, Konflikte zu erkennen und mit ihnen umzugehen, sowie Selbstsicherheit, um auch nein sagen zu können und dem Druck aus der Gruppe zu widerstehen. Im ersten Teil des Programms, das jetzt an bayerischen Schulen umgesetzt wird, sollen diese „Lebenskompetenzen" gefördert werden, der zweite substanzspezifische Teil klärt über die einzelnen Drogen auf und soll deren Ablehnung fördern.

Die Zigarettenwerbung wirbt im Moment noch gegen solche Programme, wenn für die Marke „West" mit dem Slogan „und das Schönste an der Versuchung ist, ihr nachzugeben; test it, West" auf großen Plakaten geworben wird.

Fast alle Kinder und Jugendlichen probieren das Rauschmittel Alkohol aus, 80 Prozent aller Jugendlichen versuchen Drogen aus Neugierde. Zu einem längeren Drogenmißbrauch kommt es bei 20 Prozent der Kinder und Jugendlichen, so Joest Martinius, Direktor des Instituts für Psychiatrie des Kindes- und Jugendalters an der Universität München. Diese Jugendlichen gelten als „drogenbelastet", für sie sei Therapie oder Strafe unangebracht. Wichtigstes Element zur Drogenentwöhnung sei der Kontakt zu Kindern und Jugendlichen, die keinerlei Drogen nehmen.

Aus einer Studie geht hervor, daß bereits zwölf Prozent der Kinder bis zu 14 Jahren mit Haschisch und 13 Prozent mit Marihuana in Kontakt kommen. Zwischen 14 und 17 Jahren dominieren diese Drogen mit 61 beziehungsweise 63 Prozent, im Alter zwischen 18 und 20 Jahren greifen die Jugendlichen vermehrt zu Heroin (37 Prozent) und Kokain (34 Prozent). Dazu kommt der gelegentliche Konsum legaler Arzneimittel. Bei 13- bis 18jährigen Jugendlichen schlucken über 51 Prozent der Mädchen und fast 34 Prozent der Jungen Kopfschmerzmittel. Eine bedrohliche zunehmende Tendenz ist, daß die Jugendlichen mehrere Mittel wie Alkohol, Cannabis und legale Medikamente gleichzeitig einnehmen.

Inzwischen gibt es gute Konzepte, über die gefährdete Jugendliche lernen können, ihre Erlebnislust auch ohne Drogen auszutesten. Dazu muß die unterste Stufe der Drogenbetreuung ausgebaut werden, in deren Mittelpunkt Problembewältigungskompetenz steht. Bei Kindern unter 14 Jahren und Jugendlichen unter 18 Jahren ist in der Regel ein klinischer Drogenentzug nicht nötig. In „Kontakt-Läden", Drogenberatungs- und Notschlafstellen können Sozialarbeiter den Jugendlichen ein erstes pädagogisches Hilfsangebot machen und über weitere Betreuungsschritte mit den Betroffenen sprechen. Rauschmittel konsumierende Jugendliche fühlen sich übrigens selbst weder gestört noch krank.

Als wirkungsvolle Maßnahme, Jugendliche von Drogen fernzuhalten, haben sich „Life skill"-Projekte nach amerikanischem Vorbild erwiesen. Unter „Life skills" werden Eigenschaften wie Selbstbewußtsein, Konflikt- und Kritikfähigkeit verstanden. Gleichaltrige informieren über die Risiken des Drogenkonsums; die Jugendlichen üben in Rollenspielen, wie sie beispielsweise das Angebot eines Bekannten, eine Haschzigarette mitzurauchen, ablehnen können, ohne dabei ihr Gesicht zu verlieren.

Jugendliche, die in Sportvereinen aktiv sind, halten den Schulstreß besser aus, sind selbstbewußter und haben weniger Probleme mit sich und der Welt. Aber gesünder leben sie dennoch nicht: Nach dem Training greifen sie öfter zu Bierflasche und Glimmstengel als ihre Altersgenossen, die Sport Sport sein lassen. Dieses Ergebnis einer vom nordrhein-westfälischen Kultusminister in Auftrag gegebenen Studie schockiert vor allem Sportfunktionäre. Das Engagement des Nachwuchses im Sportverein zeigt hohe soziale Integrationseffekte, heißt es in der Studie: „Die Sportvereine holen Kinder und Jugendliche von der Straße." Das ist gerade heute wichtig, da es den Jugendllichen immer mehr an sozialen Strukturen mangelt. Nun sollte man meinen, daß Kinder und Jugendliche, die Sport treiben, gesünder leben. Doch diese Hypothese trifft, zumindest bezogen auf den Genuß von Alkohol und Zigaretten, nicht zu. In bestimmten Sportarten wie Hockey und Fußball gibt es eine ausgeprägte Vereins- und Geselligkeitskultur, durch die der Nachwuchs schon früh an den Alkohol gerät, und zwar mit den Stichworten „das Bier danach" und „die Zigarette nach dem Match".

Aber immerhin: Antidrogenkampagnen scheinen mittlerweile bei jungen Menschen auch schon Wirkung zu zeigen:

Unter den Zwölf- bis 25jährigen in Westdeutschland ist sowohl der Anteil der Raucher als auch derjenigen, die regelmäßig Alkohol trinken, in den vergangen 20 Jahren zum Teil deutlich zurückgegangen. Rauchende Jugendliche sind mittlerweile sogar in der Minderheit. Das ist das Ergebnis einer Studie der Bundeszentrale für Gesundheitliche Aufklärung.

Danach hat der Anteil der Raucher bei den Jugendlichen in den alten Ländern von 58 Prozent im Jahr 1973 auf 44 Prozent 1993 abgenommen. Entsprechend gestiegen ist der Anteil der jungen Leute, die nie mit dem Rauchen angefangen haben, nämlich von 14 auf 32 Prozent. Als wichtigsten Grund für ihre Entscheidung nannten 82 Prozent der jugendlichen Nichtraucher die Gesundheitsgefahren. 90 Prozent erklärten, ihre Freunde würden es bedauern, wenn sie doch noch mit dem Rauchen begännen.

Auch beim Alkohol zeigt sich eine rückläufige Tendenz. Der Anteil der Zwölf- bis 25jährigen in Westdeutschland, die mindestens einmal pro Woche Bier, Wein oder Spirituosen trinken, ist in den vergangenen 20 Jahren deutlich gesunken. Vor allem an Wochentagen nehmen junge Leute weniger Alkohol zu sich, während der Alkoholkonsum am Wochenende nahezu unverändert blieb. Allerdings ist von 1990 bis 1993 der Anteil der Haschischkonsumenten von sechs auf zehn Prozent gestiegen.

Alle Menschen haben übrigens von Natur aus einen „kleinen Joint im Gehirn". Das fand ein französisch-italienisches Forscherteam heraus. Die chemische Substanz „Anandaminde" wird von den Nervenzellen produziert und setzt einen betäubenden oder erregenden Stoff frei, der in seiner Wirkung dem Rauschgift Cannabis ähnelt. Leider zerfällt das Anandaminde schon nach kurzer Zeit. Neurologen wollen versuchen, aus dem Stoff neue Mittel gegen Depressionen zu entwickeln.

Drei Millionen Kinder leiden in Deutschland unter ihren 2,5 Millionen alkoholkranken Eltern. Das schätzt der Fachverband Freier Einrichtungen in der Suchtarbeit. Untersuchungen ergaben ferner, daß sich Alkoholismus sozial vererbt. Bei einer Befragung von Süchtigen kam heraus, daß die Hälfte alkoholkranke Eltern hat. Jährlich werden etwa 2500 Kinder geboren, die durch den Alkoholkonsum ihrer Mutter während der Schwangerschaft schwer geschädigt sind. 1,4 Millionen Deutsche sind medikamentenabhängig und damit auch Vorbilder für mißliche Problemlösungsweisen ihrer Kinder; 1,5 Millionen sind eßgestört (Bulimie, Eß- und Magersucht), und sechs Millionen sind nikotinabhängig.

Allein in Hamburg, wo jährlich mehr als eine Milliarde Mark mit illegalen Drogen umgesetzt wird, werden rund 2500 Kinder von drogenabhängigen Eltern erzogen. Wenn die Mutter bereits während der Schwangerschaft Heroin, Kokain oder Tabletten genommen hat, kommen die Kinder schon süchtig zur Welt, so daß sie erstens entgiftet werden müssen und zweitens späterhin mehr als andere Kinder geneigt sind, im Sinne von körperlicher „Wiedererinnerung" Konflikten mit Drogen auszuweichen.

Mehr als 50 Prozent aller 17jährigen Deutschen trinken regelmäßig Alkohol; und der Bielefelder Erziehungswissenschaftler Klaus Hurrelmann beobachtet, daß viele Kinder mit neun Jahren mit dem Rauchen beginnen, mit elf Jahren mit dem Trinken von Alkohol und mit 13 Jahren mit Haschen.

Das Einstiegsalter verlagert sich immer mehr nach vorn, liegt heute schon ein Jahr früher als Ende der 80er Jahre, denn nicht nur die Pubertät beginnt immer früher, auch der Ernst und der Frust des Lebens werden jungen Menschen zunehmend in jüngerem Alter bewußt. Erwartungs- und Leistungsdruck, der Weg zum Abitur, Sozialprestige- und Karrierebewußtsein greifen bei jüngeren Kindern unserer mörderischen Gewinner- und Verlierergesellschaft, die ja auch zu Recht „Ellenbogengesellschaft" genannt wird, stetig mehr zu und sorgen damit auch für frühzeitige Versagens- und Angstgefühle, die eine Flucht in Ausstiegs-, Reiz- und Rauschsehnsüchte begünstigen.

Am verheerendsten wirkt die aus den USA nach Deutschland rübergeschwappte Billigdroge Crack, die auf Kokainbasis gestreckt wird. In den Jahren 1985 bis 1992 war jedes zehnte in den USA geborene Kind ein

„Crack-Kid", in New York, Detroit oder Washington sogar jedes fünfte. Crack macht schon nach dem allerersten Konsum süchtig; Entzugstherapien bleiben fast immer erfolglos, denn keine andere Droge bringt eine derart hohe Rückfallquote. Amerikanische Soldaten und Gastschüler haben für Crack mittlerweile auch in Deutschland einen Markt geschaffen, vor allem in Frankfurt am Main, in Bremen und in Hamburg; im Moment gerät jedoch Crack sowohl in den USA als auch in Deutschland langsam wieder aus der Mode.

Sucht- bzw. Rauschbedürfnis gehört zum Menschen wie sein Schmuckbedürfnis und wie seine Aggressionsbereitschaft. Schon um 3000 v. Chr. kannten die Indios Blätter der Kokapflanze, die alten Germanen brauten ihr Met, die Römer entwickelten eine Weinkultur usw. Nur die Stoffe, die heute zum Ausstieg über Rausch benutzt werden, sind sehr viel raffinierter, sie lassen sich sehr viel gezielter für das Erreichen von erwünschten Empfindungen, Anregungen und Betäubungen – und das auch im Wechsel – einsetzen. Nur „sturzbesoffen" ertragen viele bestimmte Stunden, nur vollgedopt oder im Trancezustand lassen sich offenbar der allgegenwärtige Frust, der permanente Kummer, der sorgenreiche Streß und die Lebensangst aushalten.

Ausstieg und Ersatzbefriedigung und somit Sucht ist aber auch in Form von Arbeitswut (Workaholics), Kaufrausch, Sammelleidenschaft, Spielsucht und Sexsucht, neben den vielen Eßstörungen, möglich.

Arbeiten, Spielen, Sammeln, Essen und Sex helfen über Alltagsfrust hinweg, lenken ab und verschaffen Unabhängigkeitsgefühle im Sinne eigener Lebensgestaltung in einer eingegrenzten Nische dieser Welt.

Der Ursprung von Spiel-, Sammel- und Eßsucht liegt immer in der frühen Kindheit und weist stets auf einen Mangel an Geborgenheit, an Sinnerfüllung, an Selbstwert und ein Zuviel an Alleinsein und Ängsten hin. Es beginnt mit der Trostsuche bei der Puppe oder dem Spielzeugauto, mit dem übermäßigen liebeersetzenden Essen, mit der Flucht in eine schöne Traum- und Phantasiewelt als Alternative zum grauen Alltag. Sehnsucht nach schönem Ersatz für die trostlose Wirklichkeit wächst und mündet schließlich in Scheinwelten ein. Etwas zu besitzen (Sammelleidenschaft), etwas in sich hineinzuziehen (Eßstörungen) und das Tummeln in einer Scheinwelt (Spielsucht) oder in einer Ersatzwelt (Arbeitswut) sind Kompensationen und bieten alternative Selbstverwirklichungswege, Lustgewinn und die Möglichkeiten, auch einmal Sieger zu sein, etwas zu haben, zu können und zu sein, was sonst niemand hat, kann und ist. Mit Sammeln, Arbeiten, Spielen und Essen setzen Süchtige ihre in ihrer Kindheit „bewährten" Strategien der Selbstheilung fort; sie bleiben dabei oft in diesem Lebensausschnitt infantil, werden aber auch phasenweise sehr glücklich, wie der Mineralienfreund Goethe mit seiner Sammelleidenschaft.

Drogensucht ist nicht allein auf chemische Vorgänge im Körper zurückzuführen, die den Süchtigen abhängig machen. Hinzukommen muß eine psychische Bereitschaft, die den körperlichen Suchtprozeß unterstützt.

Die Umgebung, in der Drogen eingenommen werden, kann demnach ebenso Einfluß auf die Stärke der Sucht haben wie der Grad der Verfügbarkeit der Drogen. Dabei ist es unerheblich, ob es sich bei dem abhängig machenden Stoff um Heroin oder nur um Schokolade bzw. Zucker handelt.

Der Mensch besitzt nur sehr wenige natürliche Anlagen, die Süchte hervorrufen können: Babys zum Beispiel haben einen natürlichen Drang nach Zucker und Salz, während sie bittere Substanzen ablehnen. Sie werden von der Natur so an die süße Muttermilch herangeführt und vor den zumeist bitteren Giftstoffen geschützt.

Die Psychologin Linda Bartoshuk von der Yale-Universität erforschte eine weitere Facette menschlicher Sucht, die sie als „Weisheit des Körpers" beschreibt. Danach kann es für die Stärke einer Sucht bedeutsam sein, welche Stoffe der Körper gerade für seine Regeneration braucht. Leistungssportler, die an Unterzuckerung leiden, entwickeln oft ein besonders starkes Bedürfnis nach Süßigkeiten.

Wie sehr psychische Faktoren eine Sucht bestimmen können, erforschte der Physiologe Roger Meyer: Danach sind Süchtige in bestimmten Situationen in der Lage, auf ihre Droge zu verzichten, ohne Entzugserscheinungen zu haben. Als Beispiel nennt Meyer orthodoxe Juden, die üblicherweise zwei bis drei Schachteln Zigaretten pro Tag rauchen. Am Sabbat dagegen, wo ihre Religion ihnen den Genuß von Tabak verbietet, können diese Männer ohne Probleme auf ihre Zigaretten verzichten.

Auch bestimmte Süchte, die immer wieder bei schwangeren Frauen auftreten, haben psychische Ursachen, zum Beispiel die plötzlich auftretende unwiderstehliche Gier Schwangerer nach Schokolade oder nach salzigen Speisen.

Süchtige, die sich von ihrer Droge lösen, werden, wenn die körperliche Abhängigkeit bereits überwunden ist, noch lange von den psychischen Suchtfaktoren gequält. So trauern „trockene" Alkoholiker immer ihrem früheren Lieblingsgetränk nach.

Erziehung gegen Rauschbedürfnis und Sucht kann gar nicht früh genug beginnen; sie ist um so erfolgreicher, je eher sie beginnt. Drogen aller Art von Zucker bis zum Heroin sind für Kinder gar nicht von vornherein etwas Gefährliches oder Böses; es sind vielmehr angenehme Erfahrungen, also positive Verstärker wie das Gruppenerlebnis, die freundschaftliche Akzeptanz, die heimelige Atmosphäre, die süchtig machen. Sucht wird also langsam gelernt; und ein Entzug, die Umstellung auf ein drogenfreies Leben muß ebenso mühselig gelernt werden – vor allem indem alternativer Lustgewinn ermöglicht wird –, und zwar über berufliche und freundschaftliche Erfolge, über Genuß von Landschaft und Musik, über sportliche Erfolge, über philosophische Auseinandersetzungen, über neue Sinnfindungen und über Anerkennung durch andere. In Hamburg ist daher vom Büro für Suchtberatung für Jugendliche ein Projekt mit dem Namen „z. B. HipHop" initiiert worden, in dem sie drogenfrei Graffiti, Rap und Breakdance erleben und aktiv mitgestalten können und über das sie sich alternativ finden und selbstverwirklichen können, ohne aus der gesamten Jugendszenerie und ihren Trends aussteigen zu müssen.

Fassen wir zusammen:

- Kleine Kinder haben vor allem nichtmaterielle Bedürfnisse; sie wollen viel Zeit mit ihren Eltern verbringen, sie wollen Liebe, Ansprache, Zuhören, Bewegung, Spiel, Körperkontakt und Ruhe sowie Nahrung, die ihrem Körper entspricht. Wenn die Bilanz dieser Bedürfnisse nicht stimmt, werden sie nörgelig und unruhig. Streßgeplagte und problembeladene Eltern, deren momentane Bedürfnisse nicht zu denen des Kindes passen, neigen dazu, das vom Kind eigentlich Gemeinte materiell zu ersetzen; sie geben dem Kind Süßigkeiten, Spielzeug und später Geld, so daß es schon früh lernt, daß seine Wünsche auch stofflich befriedigt werden können.
- Wenn dann späterhin in der Zeit der Pubertät die Lebensprobleme zunehmen, erinnern sich junge Menschen unbewußt an diese frühe Weichenstellung, und sie versuchen dann, hohen Anpassungserwartungen, Leistungsdruck und Krisen mit Essen an sich, mit viel Zuckerreichem wie Schokolade, mit Nikotin, mit Koffein, mit Tabletten und mit illegalen Drogen wie Hasch, Marihuana, LSD, Speed, Ecstasy und Crack auszuweichen.
- Immer mehr Kinder wachsen mit einem Mangel an Bewegungserfahrungen auf; ihre Nahsinne wie der Haut-, Koordinations- und Gleichgewichtssinn sind durch zu wenig Spielen mit anderen Kindern draußen, durch zu seltene Anlässe zum Schaukeln, Rutschen, Klettern, Hüpfen, Balancieren und Matschen so geschwächt, daß sie Entfernungen, Geschwindigkeiten und Kräfte nicht mehr richtig einschätzen können, so daß sie nicht mehr ohne weiteres Fahrradfahren und Rollschuhlaufen lernen können, ständig überall gegenstoßen und leicht verunfallen. Gleichzeitig sind ihre Fernsinne Auge und Ohr durch überdosierte Bildschirmerlebnisse (Fernsehen, Video, Computerspiele) so überfordert, daß sie ebenfalls geschwächt sind. Als Einzel- und Scheidungskinder wachsen sie mit einem Mangel an Geschwisterlichkeit und Väterlichkeit auf, so daß sie ein Defizit an Rangeln, an Körperkontakt und an Sozialerfahrungen haben, auch dadurch, daß sie oft in Straßen wohnen, in denen kaum noch ein anderes Kind lebt, mit dem sie spielen könnten, oder dadurch, daß die Mütter wegen der Zunahme der Gefahren ihre Kinder nicht mehr so gerne draußen spielen lassen.
- Zudem wirft die große Kluft zwischen der Bildschirmwelt und ihrer grauen Alltagswelt viele Jungen und Mädchen zunehmend in Konflikte: Was die Fernsehhelden können und dürfen, können und dürfen sie selbst nicht, schon weil das alles zu Hause nicht bezahlbar ist. Die Vermischung von Unterhaltung und Werbung in den Kinderprogrammen weckt unerfüllbare Konsumwünsche, und die Fülle der Eindrücke der Fernsehwelt baut in ihnen Ängste auf und verändert ihre Reizschwellen so sehr, daß

sie zur Abenteuerlust, zum Reiz des Prickelnden und zu Werten des Materialismus verleitet werden, die sie letztlich immer unbefriedigt lassen.

- Weil ihre graue Alltagswelt im Widerspruch zur geld- und actionreichen farbigen Welt eines in den USA spielenden Filmes steht, wachsen in ihnen unerfüllbare Sehnsüchte, Frustrationen und damit ein Aggressionsstau, den sie entweder in Form von unangemessener Gewalt nach außen ableiten (Zuschlagen und Zerstören) oder gegen sich selbst richten (Autoaggressionen).
- Gerade diejenigen jungen Menschen, die erziehungsbedingt gelernt haben, daß man niemanden schlägt und nichts zerstört, neigen zur nicht kriminalisierten Gewalt gegen sich selbst, wenn ihre Reizbilanz nicht stimmt, und Drogenkonsum gehört dazu. Wenn die Außenreizbilanz nicht stimmig ist, halten sie mit Innenreizen dagegen; Eßsucht, Nikotin- und Alkoholabusus, Tablettenmißbrauch und Drogenabhängigkeit sind neben Spielsucht, Arbeitswut und Sammelleidenschaft aktive Alternativen zu den eher resignativen Formen der Depressionen, der Neurosen, der Psychosen, der Todessehnsucht und des Suizids.
- Suchtprävention bedeutet daher vor allem, von der Geburt des Kindes an seinen eigentlichen Bedürfnissen nach Zeit, Ansprache, Zuhören, Spiel, Bewegung, Körperkontakt, Ernährung und Ruhe zu entsprechen.
- Wenn aber im Jugendalter schon vieles falsch gelaufen ist, wenn die Reizbilanzen nicht mehr stimmen und die Reizschwellen bereits „versaut" sind, wenn also Jugendliche versuchen, sich im Laufe eines einzigen Tages immer abwechselnd zu stimulieren und zu dämpfen, indem sie den Tag mit Zucker und Koffein beginnen, in den Hofpausen mit Nikotin und Schokolade fortsetzen und abends mit Drogenrausch vorübergehend aus ihm aussteigen wollen und wenn sie zwischendurch und danach mit Pommes, Cola, Power-Drinks, Hamburgern, Ketchup, Kopfschmerz-, Beruhigungs- und Schlafmitteln wieder gegensteuern wollen, dann hilft nur noch, ihnen geeignetere Konfliktbewältigungsstrategien an die Hand zu geben. Sie versuchen dann vielleicht nicht mehr, mit Stoffen ihre Nöte zu meistern, sondern mit Worten, mit Argumenten, mit Sozialverhalten, mit politischen Strategien, mit Anträgen, mit Leserbriefen, kurz mit Kommunikations- und Interaktionskompetenzen. Am besten läßt sich so etwas in der Schule mit Rollen- und Planspielen sowie mit Wertediskussionen aus Anlaß von Dilemmata trainieren.

33. Die Lebenswelt der Gleichaltrigkeit als Familienersatz

Die romantisch verklärt gesehene Großfamilie mit vielen Geschwistern, beiden Elternteilen, vier Großeltern, Mägden, Knechten und Dienern sowie vielen Nachbarskindern zum Spielen hat es so heil, wie wir ihr heute oft nachtrauern, eigentlich nie gegeben. Die Mütter starben im Kindbett, die Väter fielen im Krieg; Krankheit, Armut und Hunger sorgten für viel Leid, die Lebenserwartung war gering, und Kindheit wurde nur selten als Lebensstufe mit Eigenwert akzeptiert, weil viele Jungen und Mädchen allzu früh in Produktionsprozesse gedrängt wurden.

Eine schöne Kindheit im Schonraum mit eigener Kinderkleidung, eigenem Spielzeug und einer vollständigen Familie, bestehend aus Vater, Mutter, Sohn und Tochter, hat es eigentlich nur in den 50er und 60er Jahren dieses Jahrhunderts gegeben. Seitdem werden der Familienverfall und die Kommunikationsarmut beklagt, auch wenn rein formal wirklich noch eine vollständige Familie vorhanden ist; der Bildschirm hat viele Funktionen der früheren Familie verdrängt.

Im letzten Jahrhundert hielt eine deutsche Ehe etwa acht Jahre, zumeist wurde sie durch Krankheit und Tod – weniger durch Scheidung – früh beendet, heute im Schnitt sieben Jahre, überwiegend durch Scheidung bedingt.

In den USA leben mehr als 3,1 Millionen Kinder mit einer alleinerziehenden Mutter, bei denen der Vater niemals ermittelt wird. In Deutschland haben 75 Prozent der Kinder, die in Ein-Eltern-Familien aufwachsen, gleichzeitig keine Geschwister, sind also Einzelkinder, und zwar leben sie in 85 Prozent der Fälle nur mit einer Mutter, in 15 Prozent der Fälle lediglich mit einem Vater.

Vater und Mutter sind für Kinder „die beiden Hälften des einen Himmels“; das Kind wendet sich im Laufe seiner Entwicklung mal mehr der Mutter, mal mehr dem Vater zu, auch abwechselnd mit unterschiedlichen Themen und Problemen. Kinder, die beispielsweise ganz ohne Vater aufwachsen, entwickeln überstarke Sehnsuchtsgefühle nach Väterlichkeit, das gilt umgekehrt auch für mutterlos lebende Mädchen und Jungen.

Es fehlt dann etwas, das meist allzu früh mit der Suche nach Ersatz im Außenfamiliären ausgeglichen werden soll, übrigens auch bei Geschwisterlosigkeit.

In dem Maße, in dem die Bedürfnisse des Kindes nach familiärer Geborgenheit, nach mehreren Bezugspersonen in der Familie nicht befriedigt werden, strebt es nach Familienersatz dort, wo er sich ihm anbietet, nämlich im Kindergarten, in der Schule, im Sportverein, in der kirchlichen Jugendgruppe, auf der Straße oder in einer der vielen Jugendkultnischen. Das subjektive Gefühl, nicht genug Familie zu erfahren, nicht genügend Bezugspersonen zu haben, verleitet zum Eintauchen in enge Freundschaften oder in die zufällig in der Nachbarschaft vorhandene Jugendbande, okkultistische oder Satanskultgruppe, Gruftie-Bewegung, Graffitiszene, Skinheadszene, Hooligangruppe, Crash-Kid-, S-Bahn-Surfer- oder Disco-Nische.

Freundschaften, regionale Nähe und ständig wechselnde Trends bestimmen dabei die Sogrichtung, mit der bestimmte Jugendlebensformen wie beispielsweise zur Zeit die der Sportvereine, Pfadfinder, Schützenvereine, Jugendfeuerwehren oder der Kirchen eher abgewählt werden und andere wie die der HipHop-Bewegung, der Techno-Musik, der Skateboardfahrer, der Cruiser oder der Stadtteilbanden bevorzugt angewählt werden.

So unterschiedlich inhaltlich gesehen Skinheads, Hooligans, Jugendsekten, Straßenbanden, Fahrstuhlsurfer, Graffiti-Sprayer, esoterische Kreise, Sportvereine, Pfadfinder, Moto-Crosser, Airbagger, Crash-Kids, Party-Löwen, Disco-Fans und Drogenfreaks auch sind, formal bieten sie durchweg viel Gemeinsames, nämlich Familienersetzendes, an, und zwar Überschaubarkeit der Nische, Orientierung und Identität über Bekleidungsverhalten, Musikgeschmack, Insider-Sprachcodes, Freizeitaktivitäten, Wir-Bewußtsein, Feindbild und vorgegebene Bewährungsfelder zum Rangordnungs- und damit Akzeptanzaufstieg in der Gruppe. Solidarität, leibliche Versorgung, Sozialverhalten und Anerkennung sowie erfüllende Kommunikation und Interaktion bieten sämtliche Jugendkultnischen und damit auch die drei sonst für die Familie typischen Bindungsformen:

– Bindung an Personen (Bezugspersonen),
– Bindung an Normen und Werte (Welt- und Feindbild, Religiöses sowie Ideologie) und
– Bindung an die eigene Zukunft (Motivationen, Perspektiven, Sinnhaftigkeit),

und zwar nicht mit der üblichen Elle der bürgerlichen Werte auf der Grundlage unseres Grundgesetzes und der Menschenrechte gemessen, sondern mit einem Normengefüge, das nur innerhalb der jeweiligen Jugendkultszenerie verständlich und akzeptiert ist. Zu solchen Werten gehören dann Verlierergefühlkompensationen durch Feindbilder (Ausländerfeindlichkeit, religiöse und politische Intoleranz, Feindbild Polizei, Behinderten- oder Frauenfeindlichkeit, Feindbild Fan des gegnerischen Fußballvereins, ...).

Industriegesteuerte konsumfördernde Werbeeinflüsse und die über den Bildschirm vermittelten Lebensstandard- und Lebensäußerungsnormen tragen erheblich dazu bei, daß immer mehr und immer jüngere Kinder schon wie Jugendliche und daß Erwachsene immer länger wie Jugendliche aussehen und leben wollen. Jugendkulttrends tragen zum Verschwinden der Kindheit und zur Abwertung der Reife des Erwachsenen und des alten Menschen bei, so daß die Trends der Gleichaltrigkeit im Jugendalter selbst für junge Menschen aus „guten" bzw. „heilen" Familien, was immer das bedeuten mag, mittlerweile wichtiger geworden sind als die Normen und Werte, die in ihrem häuslichen Milieu repräsentiert werden.

Immer mehr Jugendliche fühlen sich daher in ihrer Gruppe wohler und geborgener, entlasteter und angenommener als bei ihren Eltern, so daß für sie Familienersatz bedeutsamer als Familie geworden ist. Das ist ein Dilemma, das selbst gut erziehende Eltern nur dann lösen können, wenn sie sich der werteerziehenden Unterstützung der Schule sicher sein können. Schule muß daher gerade auch wegen der noch gelegentlich vorhandenen „heilen" Familien ihren Erziehungsantrag stärker annehmen als bisher, damit nicht irgendwann alles in unserer Gesellschaft umkippt.

Lehrer haben heute vielfach schon sieben besonders schwierige Schüler in ihrer Klasse, die fast ihre gesamte Zeit und Kraft binden; die nicht so stark gestörten und störenden Schüler, die „pflegeleichten", zurückhaltenden, ordentlichen und lernwilligen Jungen und Mädchen kommen bei dieser zunehmenden Herausforderung der Lehrer gleichzeitig immer mehr zu kurz. Die „Spirale der Schülergewalt" gerät somit gerade für die vielen noch „gut" erzogenen Schüler immer mehr zu einer Systemgewalt der Schule gegen sie, weil sie sich in überlauten und aggressionsreichen Lernverbänden nicht mehr wohlfühlen und auf Dauer selbst zu Autoaggressionen, Aggressionen, mißlichen Anpassungsprozessen an Trends und zu einem kompensatorischen Abdriften in die Jugendkultszenerie verleitet werden, ganz zu schweigen davon, daß sie bei einer solchen zunehmend Lehreraktivitäten bindenden Entwicklung immer weniger lernen.

34. Jugendkultnischen

Dasjenige, was junge Menschen in der Filmwelt des Bildschirmes dürfen und was dort finanzierbar ist, dürfen sie in der Regel zu Hause nicht, weil es da nicht bezahlbar ist. Für sie fallen also die per Fernsehen vermittelte farbige, actionreiche und luxuriöse Welt in Nordamerika und ihre graue Alltagswelt in einem trostlosen Dorf abseits von Mölln so weit auseinander, daß sie sich Brücken in eine Phantasiewelt oder in Jugendkultnischen hinein, in denen mehr erlaubt und möglich ist als zu Hause, bauen müssen.

Der Reiz des Verbotenen, das Prickelnde, die Abenteuerlust und das Ausprobieren von Grenzübertritten sind neben der Suche nach Familienersatz und nach kompensatorischer Anerkennung in den Rangordnungen der Gleichaltrigkeit als Gegengewicht zur selbstempfundenen Verlierer- bzw. Versagerrolle die Gründe für das Eintauchen vieler junger Menschen in die über 200 zur Zeit beschriebenen Jugendkultnischen in Deutschland. Zufällige Freundschaften und regionale Nähe sind bei vielen Jungen, besonders aber bei den Mädchen, verantwortlich dafür, daß sie in eine ganz bestimmte Nische gelangen, die Wir-Bewußtsein, Geborgenheit, Solidarität, Freizeit- und Sinnerfüllung, Bewährung und Rangordnungsaufstieg, Orientierung und Identifikation erleichternde Insider-Sprachcodes, einen bevorzugten Musikgeschmack, bestimmte zusammenschmiedende Feindbilder und Antworten auf die Fragen, wie man sich zu kleiden und welche Frisur man zu wählen hat, bietet. Die Art der Lebensführung und ein Stück Weltbild gibt jede Jugendkultnische vor, aber auch eine Ideologie findet man vor, wenn man über Freunde zu den Skinheads, zu den Hooligans, zu den HipHoppern bzw. Graffiti-Sprühern, in eine Straßen- oder Stadtteilbande, zu den Crash-Kids, den S-Bahn-Surfern, in eine Jugendsekte, zu einer okkultistischen oder Satanskultgruppe, zu den Friedhofskultur betreibenden Grufties, zu den Cruisern, Bus- oder Fahrstuhlsurfern, House-Runnern, Inline-Skatern, Elektrosmoggern (die sich Zigaretten an einem Hochspannungskabel anzünden), zu den Airbaggern (die zwei Luxuskarossen frontal aufeinander zusteuern und dabei auf die Airbags vertrauen), den Mountain-Bikern, Moto-Crossern oder auch zu den Bordsteinläufern im brandenburgischen Schwedt gelangt. In Belgrad ist es unter Jugendlichen zur Zeit „in", mit Rollerskates Bürgersteige hinabzurasen und noch knapp vor einem fahrenden Bus die Straße zu überqueren.

Traditionell anerkannte Jugendarbeit, wie sie die Sportvereine, die Jugendfeuerwehren, die Schützenvereine, die Pfadfinder, die Kirchen, die Kriegsgräberfürsorge, aber auch die Parteijugendorganisationen betreiben, findet im Moment deutlich weniger Anklang als früher, offenbar weil sie zu wenig an Abenteuerlust, an Prickeln und an Reizen, Verbotenes zu tun, ermöglicht. Nur noch 145 000 Jungen und Mädchen sind beispielsweise bei den Jugendfeuerwehren Deutschlands organisiert; schon lange war die Zahl nicht mehr so niedrig.

Einige moderne Jugendkultnischen wie die der Skateboardfahrer, Roller-Skater, Wasser-Rafter, Freeclimber, Mountain-Biker, Gleitschirmflieger und Fallschirmspringer sind, abgesehen von der Gefahr zu verunfallen, eher harmlos, andere wie rechtsradikale ausländerfeindliche Gruppierungen bis hin zu Wehrsportgruppen und der neonazistischen Wiking-Jugend, Hooligans und eine Reihe von Jugendsekten und Satanskultgruppen sind dagegen höchst gefährlich sowohl für unser Gemeinwesen als auch für die Seele der Mitglieder selbst.

Viele Nischen wie die der Hooligans sind ausgesprochen langlebig, andere sind nur sehr kurz „in" wie die der Bungee-Springer, Grufties, Airbagger, Elektrosmogger und Crash-Kids. Aber alle Jugendkultnischen zusammen geben doch sehr deutlich kund, daß die relativ uniforme internationale Solidarität der Jugend der 70er Jahre mit ihren blauen Jeansanzügen, ihren Schlüsselanhängern, ihren schwarzen Bodden an den Füßen, ihren Beatle-Frisuren und ihrem einheitlichen Pop- und Rock-Musikgeschmack sowie ihren Hippie- und pazifistischen Flower-Power-Auffassungen, ihren antiautoritären Erziehungsvorstellungen und ihrem Öko-Trip weitgehend vorbei ist; heute ist die Jugend auf eine Fülle von rivalisierenden Nischen zersplittert, mit gegensätzlichen Weltbildern und Zielen polarisiert und mit unterschiedlichsten äußerlichen Attributen ausgestattet. Gemeinsam haben sie nur rein formal die Sehnsucht nach Überschaubarkeit, Familienersatz, Anerkennung und Sinnhaftigkeit ihres Daseins, ihres Soseins und ihres Wertseins.

Und das Formale ist ihnen an ihrer Jugendkultnische oft wichtiger, als es die inhaltlichen Besonderheiten sind, denn etwa 90 Prozent der Mitglieder von solchen Gruppen sind als Mitläufer einzustufen, nur etwa 10 Prozent sind jeweils Ideologieträger. Die Mitläufer haben – abgesehen von Sekten –

durchweg eine gute Prognose, nach zwei bis fünf Jahren wieder aus der Nische herauszufinden, wenn sie sich gesellschaftlich anerkannt etablieren, einen Schulabschluß erreichen, einen erwünschten Ausbildungs- oder Arbeitsplatz bekommen, wenn sie endlich die erhoffte Freundin oder den Freund gefunden haben oder schlichtweg finanziell abgesichert sind, während die Ideologieträger zumeist ein Leben lang ihre Nische und dem damit verbundenen Weltbild verhaftet bleiben und in ihr als „Berufsjugendliche" alt werden.

Eine Untersuchung der Universität Potsdam über rechtsradikale Gewalttäter in Brandenburg weist nach, daß die überwiegende Mehrheit der jungen Straffälligen, die „Asys geklatscht" oder Molotow-Cocktails auf Asylbewerberheime geworfen hatten, für sich selbst eigentlich Gewalt, Fremdenfeindlichkeit oder Haß ablehnt, daß es aber für sie noch einen Wert darüber gibt, mit dem sie bereit werden, etwas zu tun, das gegen ihr Gewissen ist, nämlich zu einer Geborgenheit gebenden und Anerkennungsaufstieg verheißenden Gruppe gehören zu dürfen. So gaben auch die Polizisten nach den Verhören an, daß die Jugendlichen für sich allein genommen „eigentlich ganz nett seien"; aber im Rudel der Wölfe heult man eben ganz anders.

Jugendkultnischen haben zwei Pole, einen mißlichen, aber auch einen durchaus positiven:

- In der südfranzösischen Großstadt Toulouse brodelt zur Zeit ein Hexenkessel; Jugendbanden gehen auf Strafexpeditionen, Kaufleute und Handwerker verbarrikadieren sich nach Ladenschluß, und ein Generalstaatsanwalt verlangt pathetisch von aller Welt „kaltes Blut". Polizei und Stadtbehörden befürchten, daß es zwischen den verschiedenen Bürgerschichten zu schweren Zusammenstößen kommen könnte.
- In Berlin und Hamburg haben sich dagegen Jugendliche, oft aus sehr kaputten Familien stammend, mit roten Cappys, weißen Hemden und Blue Jeans uniformiert, zusammengefunden, um U- und S-Bahn-Fahrgäste auf Bahnhöfen und in den Zügen gegen Gewalt zu schützen. Unter dem Motto „Jeden Tag zumindest eine gute Tat" schließt diese aktuelle Jugendkultnische irgendwo an die Traditionen der Pfadfinderbewegung an.

Eltern, die ein Abdriften ihrer Kinder in die Trends der mißlichen Jugendkultszenerie verhindern wollen, bewerkstelligen das jedenfalls am ehesten, indem sie ihren Jungen und Mädchen selbst ausreichend familiäres Wohlbefinden bieten.

35. Gewalt als Kommunikationsmittel

Gewalt ereignet sich oft anstelle von Sprachkompetenz. Und mit der Gewalt in der Sprache beginnt es vielfach. Kleine Kinder, die wenig Zuwendung bekommen, mit denen vernachlässigend gesprochen und denen zu wenig zugehört wird, bleiben in ihrer Sprachentwicklung zurück. Mit ihrem restringierten Sprachcode und der geringen Zeit der streßgeplagten oder problembeladenen Eltern versuchen sie zunächst, schneller zu sprechen, um in der kurzen für Kommunikation zur Verfügung stehenden Zeit möglichst viel an Botschaften in den Kopf der Mutter zu bekommen. Das mißlingt ihnen zumeist wegen ihres Mangels an Wortschatz und Grammatikfähigkeiten, so daß sie zum Stottern oder Poltern (dem Sich-Überschlagen in der Sprache) neigen. Wenn der Zug dann mit einer Sprachhemmung insofern abgefahren ist, als daß versäumte Sprachentwicklungsphasen später kaum noch nachgeholt werden können, hat die Sprachheilpädagogik schlechte Karten. Nur ein Drittel aller Stotterer kann noch geheilt werden, bei einem Drittel lassen sich allenfalls Verbesserungen erzielen, und bei einem Drittel sind alle Bemühungen auch auf Dauer ziemlich vergeblich.

Wegen ihrer dürftigen verbalen Effekte weichen Kinder mit Sprachentwicklungsdefiziten häufig auf kürzere und deftigere Satzfetzen aus, also zum Beispiel auf die Einwortsätze der Fäkaliensprache: „Arsch", „Scheiße", „Wichser", „Sau", „Pisser", ... Weil sie damit eine größere Betroffenheit und letztlich auch Aufmerksamkeit erzielen, werden sie veranlaßt, über den Umweg „Lernen durch Erfolg" diese gewaltreiche Sprache immer häufiger einzusetzen; sie gewöhnen sich an Gewalt als einem erfolgverheißenden Kommunikationsmittel.

Gleichzeitig unterstützen sie das Verbale, das für sie so mühselig ist, mit Körpersprache; sie reden mit Händen und Füßen, und ergänzend nutzen sie ihre mimischen Fähigkeiten. Sie lachen, rollen mit den Augen und entwickeln einen enormen Charme in ihrem Gesicht, sie treten, boxen, kneifen, schlagen, spucken, zerren und schreien, um in Ergänzung zu ihrer geringen Verbalkompetenz auch die Mittel der Körpersprache einzusetzen. Stellt sich dabei beispielsweise in der Kindergartengruppe Erfolg ein, können sie sich besser als andere Kinder behaupten, wehren, auf sich aufmerksam machen, Zuwendung erkämpfen und in der Rangordnung nach oben kommen.

Schließlich gerät Gewalt zu einem hoch anerkannten, häufig eingesetzten und stark ausgebauten Kommunikations- und Interaktionsmittel, das sogar graduell rein verbales Argumentieren entbehrlich macht, vor allem aber die Entwicklung eines Schuld- oder Unrechtsbewußtseins verhindert.

Sprachgewalt, Gewalt gegen Sachen und Gewalt gegen Menschen korrespondieren sehr oft mit einer defizitären Verhaltensentwicklung; sie ersetzen sie und machen es dem Kind, wenn Gewalt nicht von Anfang an deutlich verpönt wird, einfacher als komplizierte Sätze von der Art „Was du da eben gesagt hast, lehne ich aus moralischen Gründen ganz entschieden ab" zu formulieren. Zuschlagen ist eben einfacher und schneller als Diskutieren.

Die hohe Akzeptanz von Gewalt als Kommunikationsmittel kann nur dann vermieden werden, wenn Aggressionen von Anfang an unter dem Motto „Wehret den Anfängen!" auf deutliche und zurückweisende Grenzen stoßen oder wenn sie sinnvoll durch Bewegungen, durch Sport, durch Spiel, durch liebevolles Balgen, durch festes Drücken oder durch verbale Konfliktlösungsweisen wie das Argumentieren kanalisiert werden.

Wenn Erziehung es versäumt, die Sprachentwicklung altersangemessen zu fördern, und wenn sie Aggressionen nicht kanalisierend zu kultivieren vermag, dann kommt es zu der „Spirale der Gewalt", die im Moment so viele beklagen, und zur Faszination, die Gewalt auf einige junge Menschen mittlerweile ausübt:

– Fast zwei Drittel der 169 Schulen Hamburgs gaben an, daß Beschimpfungen und Pöbeleien ohne Gewaltanwendung und Beleidigungen deutlich zugenommen haben.
– Weil ein Fünfjähriger sich weigerte, Bonbons zu stehlen, ist er von zwei anderen Kindern aus einem Fenster im 14. Stock eines Chicagoer Hochhauses in den Tod gestürzt worden.
– An 40 Prozent der sogenannten Raufunfälle auf deutschen Schulhöfen tragen Hauptschüler die Schuld, obwohl deren Anteil an der Gesamtzahl der Schüler lediglich 14 Prozent beträgt; sie haben eben oft eine deutlich geringere Verbalkompetenz.
– Mädchen prügeln sich in der Schule immer häufiger. Allerdings haben sie den Jungen noch nicht den Rang abgerauft: Jungen sind immer noch doppelt so häufig in Schlägereien verwickelt wie ihre Mitschülerinnen. Das ist das Ergebnis einer über zehn Jahre laufenden Studie der Gesetzlichen Unfallversicherungen.
– Jeden Tag werden in den USA durchschnittlich 14 Kinder mit der Schußwaffe ermordet. In der Hauptstadt Washington ist Mord mit einem Anteil von 50,8 Prozent mittlerweile die häufigste Todesursache unter den Teenagern.
– Jeder fünfte amerikanische Oberschüler führt mindestens einmal im Monat eine Feuerwaffe, ein Messer oder einen Schlagstock mit sich. Dies ergab eine Umfrage unter knapp 12 000 Oberstufenschülern im Alter zwischen 14 und 17 Jahren, die in allen US-amerikanischen Bundesstaaten durchgeführt wurde.
– Allerdings stimmt auch dieses: Gewaltsamer Tod war in lange vergangenen Zeiten mindestens 50mal häufiger als in unseren Tagen. Dies ermittelte der Anthropologe Lawrence Keeley von der Universität Illinois anhand ethnographischer Aufzeichnungen und durch die Untersuchung der Überreste von Menschen, die auf antiken Bestattungsstellen gefunden wurden. Ursache der Häufung von Todesfällen durch Gewalt war die unablässige Kriegführung der in Stämmen organisierten Menschen gegeneinander, weil sie unfähig waren, ihre Konflikte anders, also beispielsweise politisch, zu lösen.
– Von 1992 auf 1993 stieg die Zahl der Fälle in Deutschland, in denen Konflikte mit Drohung durch eine Schußwaffe oder gar mit ihrem Einsatz angegangen wurden, um 100 Prozent.
– In Hamburg-Bergedorf lockten fünf Halbwüchsige zwischen 14 und 17

Jahren einen 63jährigen Kioskbesitzer vor seine Bude. Brutal stiefelte ein 17jähriger den Mann nieder, trat immer wieder auf Kopf und Körper. Eine Woche später starb der Mann.

– Auf dem Weg zur Münchener St.-Anna-Schule wurde eine 13jährige von einem gerade ein Jahr älteren Klassenkameraden mit einem Klappmesser bedroht. Als das Mädchen ihn bat, das Messer wegzustecken, rammte ihm der Junge die Waffe brutal in den Oberarm.
– In Schwedt in Brandenburg folterten Jugendliche die 13jährige Melanie. Sie schlugen und traten das Mädchen, zerdrückten Zigarettenstummel auf seinem Leib und schnitten ihm die Pulsadern auf, so daß es verblutete.
– Klaus Hurrelmann, Jugendforscher aus Bielefeld, hat in einer Studie ermittelt, daß rund 15 Prozent eines Altersjahrganges aggressiv und gewalttätig sind. Kriminalhauptkommissar Solon aus München nennt das so: „Die Kids von heute haben keine Beißhemmung mehr." Die Schulen sind an dieser Entwicklung nicht unschuldig. Solange dort Auslese statt Förderung getrieben wird, werden immer mehr Jugendliche die Erfahrung machen, den Ansprüchen nicht zu genügen. Sie fühlen sich als Verlierer und wollen sich dadurch erhöhen, daß sie andere Verlierer noch unter sich sehen möchten; denn wer ganz unten steht, sucht immer noch jemanden, auf dessen Schultern er sich stellen kann.
– 6,3 Millionen Straftaten gab es 1994 in Deutschland; die Täter werden jünger und brutaler. In Frankfurt waren 1994 zwei Drittel der ermittelten Tatverdächtigen unter 21 Jahren alt. Der Anteil der Ausländer an den Straftätern steigt schneller als bei den Deutschen. In Frankfurt liegt er derzeit bei 75 Prozent. Frauen, die an Straßenrauben teilnehmen, sind keine Seltenheit mehr.
– Angesichts der verstärkten Sicherheitsvorkehrungen von Banken und Geschäften weichen Täter auf Passanten aus, und da greifen sie sich zunehmend die Schwächsten, nämlich Alte, Kinder, Frauen und Behinderte.
– Immer öfter treten gleich mehrere Täter dem Opfer entgegen. Sie sind häufig mit Messern und Sprühgas, mitunter auch mit Schußwaffen gerüstet. In Frankfurt traten in zwei von drei Fällen mindestens zwei Täter auf.
– Vor allem in Kindergärten nimmt die Gewalt so überproportional zu, daß immer mehr Erzieherinnen aus Hilflosigkeit ihren Beruf an den Nagel hängen.
– Ihre Zöglinge, klagt eine Erzieherin aus Rheinland-Pfalz, wirkten immer häufiger wie „kleine Kampfmaschinen mit strahlenden Augen nach einem Sieg". Aber nicht nur in Großstädten, sondern zunehmend auch auf dem Land schocken Kinder ihre Betreuer mit unerwarteten Ausbrüchen von Aggressionen. Eine wichtige Ursache der Misere besteht darin, daß dem Nachwuchs immer weniger Gelegenheit bleibt, sich die Welt auf eigene Faust zu erschließen.
– Montags bricht in deutschen Kindergärten und Schulen vielfach der

Horror aus. Nach der elektronischen Wochenendschlacht verarbeiten die Kleinen Steckbausteine und andere Utensilien „fast nur noch zu Pistolen, Schwertern oder Messern“, beklagt eine Erzieherin dieses „Montags-Syndrom“.

- Noch ehe sie in den Kindergarten oder in die Schule aufbrechen, betrachten in manchen Familien die Sprößlinge schon morgens grausame Filme. Für die wachsende Schar von Einzelkindern ist Elektronik (TV, Video, Computer, Spielkonsole, Gameboy, Walkman, Stereoanlage, Sega, ...) mitunter wichtigster, wenn nicht nahezu alleiniger Kommunikationspartner geworden.
- In Berlin werden in jeder dritten Schultasche Waffen mitgeführt, und zwar Gaspistolen, Spring- und Klappmesser, Butterfly-Messer, Knüppel, Ninja-Sterne oder Sprühdosen.
- In New York werden für Grundschüler schußsichere Westen angeboten; und in Großbritannien fordert die Lehrergewerkschaft Alarmknöpfe auf dem Lehrerpult eines jeden Klassenraumes, weil immer mehr Pädagogen von Schülern oder auch von zornigen Eltern tätlich angegriffen werden.
- Vielschüssige Ballermänner, kurzläufige Maschinenpistolen, abgesägte Schrotflinten und selbst militärische Schnellfeuergewehre werden immer häufiger bei Schülern in New York sichergestellt. 1985 wurden 118 Teenager unter 16 Jahren mit geladener Handfeuerwaffe erwischt, 1988 waren es bereits 351, 1991 dann 750. 1992 erreichte die Aufrüstung massiv fast alle Klassenzimmer. In der ersten Hälfte von 1993 verzeichnete die New Yorker Schulbehörde bereits 56 Fälle von Schußwaffengebrauch im Schulbereich, fünf Lehrer, ein Polizist, zwei Eltern und 16 Schüler wurden getroffen, sechs der Kinder tödlich. Mehr als ein Viertel der großen städtischen Schulen kontrollieren mittlerweile die Kinder und Jugendlichen regelmäßig mit Metalldetektoren, um Waffen fernzuhalten.
- An der Schule des mecklenburgischen Ostseebades Rerik wurde einem Schüler bei einer Prügelei das halbe Ohr abgerissen; in Saarbrücken hielten Hauptschüler einen Kameraden fest und verbrannten ihm eine Hand. Das ganze Ausmaß der Gewaltexplosion an den Schulen ist lange verborgen geblieben, weil Schulbehörden und Lehrer aus Angst, ihre Hilflosigkeit gegenüber den Kleinen und deren Eltern zugeben zu müssen, gemauert haben. Und die Schulleiter reagierten meist wie die drei Affen: nichts hören, nichts sehen, nichts sagen. Vor allem nichts sagen, denn Schulleiter und Lehrer fürchten allzuoft, Berichte über Gewalt an ihren Anstalten könnten den Ruf der Schule ruinieren. Offenkundig ist die böse Stimmung in den Schulen erst geworden, seitdem die Gutwilligen unter den Schülern zur Gegenwehr griffen und – anders als noch in den 50er Jahren – überall von der Schulweg- und Schulhofgewalt erzählten.

Die Phänomenologie von Gewalt als Interaktionsmittel ließe sich endlos fortsetzen. Viel wichtiger ist es aber, zu sagen, was erzieherisch im Sinne von

Prävention dagegen getan werden kann. Der Zauberslogan heißt: Angemessen kultivierte Konfliktlösungsstrategien aufbauen, und zwar schon beim kleinen Kind.

Mit einer gut geförderten Sprachentwicklung fängt es an; mit einer stimmigen Ernährung und mit der Befriedigung der Grundbedürfnisse nach viel Zeit des Zusammenseins, Liebe, Bewegung, Ansprache, Zuhören, Spiel, Ruhe und Körperkontakt geht es weiter; und mit dem Training von humanen Problembewältigungsformen erreicht die Erziehung gegen Gewalt ihren Höhepunkt: Rollenspiele, um alternative Interventionsformen zu problematisieren und einzuüben, schaffen die Kompetenz, sich zu wehren, einzugreifen, Hilfe zu holen oder mit Argumentationen Konflikte anzugehen und zu bewältigen. Die kultiviertesten Elemente sind dabei das vorbildliche Verhalten (Albert Bandura nennt das „Lernen am positiven Modell"), das Diskutieren, das Demonstrieren, das Brief- und Leserbriefschreiben, das Helfen sowie das Anzeigen und Verklagen, aber auch das Sich-Zurückhalten, das Abwarten, das Eine-Nacht-darüber-Schlafen und das Überzeugen sowie das Abwerten, das Verächtlichmachen bzw. das Verpönen von Gewalt. „Werteerziehung über Dilemmata" nennt das Landesinstitut für Schule und Weiterbildung in Nordrhein-Westfalen seine in drei Modellversuchen im Lande bewährte Strategie zur Gewaltprävention bei Schülern; alle Alltagsprobleme werden zum Gesprächs- und Rollenspielgegenstand gemacht, und dabei wird jeweils nach den optimalsten Handlungsweisen zur Bewältigung eines Konfliktes gesucht. Gewaltfreie Problemlösung muß nämlich genauso mühselig gelernt werden wie Lesen, Schreiben und Rechnen, sie läßt sich nicht mit einer bloßen Moralpredigt oder einer Strafe erzwingen.

In der niedersächsischen Jugendvollzugsanstalt Hameln wird seit 1987 erfolgreich mit Gewalttätern ein „Anti-Aggressivitäts-Training" durchgeführt, bei dem sich jeder Delinquent irgendwann einmal anderthalb Stunden auf dem „Heißen Stuhl" den bohrenden Fragen seiner Mithäftlinge zu den Ursachen und Formen seiner Gewalttaten stellen muß; die Reaktionen der intensiv beobachtenden Zuhörerschaft und die allwöchentliche Wiederholung einer derartigen Prozedur, die jeder Einsitzende im Publikum miterlebt, sind es, die auf Dauer zur Verfestigung von positiven Handlungsalternativen führen. Der Projektleiter Jens Weidner erreicht mit seiner Methode das langsame Erweichen von Schlägern. Er stellt fest, daß seine Schützlinge nach dem ständigen „Anti-Aggressivitäts-Training" hinterher seltener, vor allem aber weniger hart schlagen. Einer habe ihm einmal gesagt, er schlage jetzt nicht mehr tot, er „labert" jetzt tot.

Der beste Weg, Gewalt zu reduzieren, ist der „Täter-Opfer-Ausgleich"; er besagt, daß man den Täter zwingt, mitzuerleben, was er angerichtet hat; er wird ans Krankenbett geführt, sieht die Wunden, erlebt die Schmerzen, das Wimmern und das Weinen der Angehörigen, denn nur dann wird er in die Lage versetzt, ein Schuld- und ein Unrechtsbewußtsein aufzubauen, das präventiv gegen den Einsatz von Gewalt wirkt.

In der Schule muß Gewalt schon früh verpönt werden, beispielsweise durch Texte in der Grundschule, die Anlaß zum Gespräch bieten, die insbesondere deutlich machen, was Gewalt in den Seelen von Menschen anrichtet, welche Spätfolgen sie hat und wie sie ausstrahlt. Wo immer ein Klima sozialer Kälte herrscht, wo Vorurteile, Diskriminierung und Haß hervorlugen, wo Ansätze von Ego-Trips und von Rivalitäts- und Hierarchiedenken erkennbar werden, müssen Erzieher und Lehrer, zu Hause aber auch die Eltern, sofort reagieren. Ignorieren und Abwarten trägt nämlich zur Verfestigung von und zur Gewöhnung an Gewaltformen bei.

Ein weiterer guter erzieherischer Weg ist, Bewährungsfelder für positive Handlungsalternativen zu eröffnen, damit Versagenserlebnisse minimalisiert oder ausgeglichen werden können. Jeder Schüler kann irgend etwas besonders gut, und das muß dann auch oft herausgefordert werden. Dieter Smolka nennt das das „zweite Gesicht" gewaltbereiter Jugendlicher; es muß wahrgenommen und aktiviert werden, damit der junge Mensch sein Selbstwertgefühl auf diese Weise aufbauen kann und es nicht über Gewalt oder über die Suche nach Gefahr und dem Reiz des Prickelnden entwickeln muß.

Verliererschicksale zu vermeiden ist jedenfalls der beste Weg gegen die Zunahme von Gewalt in der Gesellschaft, denn schlechte Noten, Selektion nach unten und Schulversagen schaukeln das Aggressionspotential hoch; umgekehrt wirkt gezielte Hilfe, um die Schulschwierigkeiten zu meistern, spürbar dämpfend. Ein niedriger Intelligenzquotient ergibt dabei eher eine ungünstige Prognose. Achtjährige mit relativ hohem IQ überwinden dagegen ihre aggressive Phase meist rasch und werden als Erwachsene nicht kriminell. Zur späteren Gewalt neigen Kinder mit einem spezifischen Temperament: Sie sind ruhelos bis hyperaktiv und impulsiv, sie haben Wahrnehmungsschwächen und Konzentrationsschwierigkeiten, sie lehnen sich durch Ungehorsam auf und suchen Streit mit Altersgenossen, sie gehen hohe Risiken ein und zeigen ein geringes Einfühlungsvermögen, zuweilen auch Grausamkeit gegenüber Tieren. Wenn sich im Alter von 20 bis 30 Monaten die scheuen und die draufgängerischen Kinder etwas deutlicher differenzieren, scheint bereits eine Weiche gestellt zu sein. Ein ungezügeltes und furchtloses Temperament kann speziell bei Kindern mit niedrigem sozioökonomischen Status ein Risikofaktor für spätere Aggressionen und Gewalt sein, während ängstliche Schüchternheit als Schutzfaktor gegen Aggressionen wirken kann. Zurückhaltende kleine Kinder neigen daher später eher zu Depressionen bzw. zu Autoaggressionen.

36. Grenzsetzungen und Grenzüberschreitungen

Kinder kommen mit Bedürnissen zur Welt, aber nicht mit einem Weltbild. Sie sind anfangs noch keine Wesen, die sich an den Spielregeln mitmenschlichen Zusammenlebens orientieren können. Vorsichtig müssen sie lernen, daß auch andere Menschen Bedürfnisse haben, die nicht unbedingt zu den ihren passen.

Es gibt Grenzen der Freiheit, nämlich dort, wo man auf die Freiheit des Nächsten trifft, wo man mit seinem Handeln andere, aber auch die Natur, das Leben von Pflanzen und Tieren beeinträchtigt.

Grenzen müssen erfahren und gelernt werden, und manchmal ist das schmerzhaft. Das beginnt mit den Anfassen des heißen Ofens, dem Kontakt mit siedend-heißem Wasser, dem Stolpern, weil man es mit der Balance nicht hinbekommen hat, und es endet mit der Rücksicht auf das Ruhebedürfnis der Mutter, dem Konsumverzicht aus Geldmangel, dem Widerstehen gegen das Klauen im Supermarkt, dem Wahrnehmen des Gestörtseins anderer durch zu laute Musik sowie des Leidens von Nichtrauchern unter Zigarettenqualm.

Das Kind muß aber auch vor sich selbst geschützt werden, damit ihm nicht übel durch unmäßiges Schokoladeessen wird, damit es nicht aus Schlafmangel oder falscher Ernährung Konzentrationsprobleme im Unterricht bekommt, damit es nicht in der Schule scheitert, weil es seine Hausaufgaben nicht gemacht hat, damit es nicht abgelehnt wird, weil es unhöflich, ungepflegt oder allzu aggressiv ist, und damit es nicht verunglückt, weil es mit einem unbeleuchteten Fahrrad fährt oder zu riskant eine Straße überquert.

Irgendwann kennen die Kinder dann die wichtigsten Grenzen und verstehen auch ihre Begründungen, überschreiten sie aber dennoch, vor allem um auszuprobieren, was dann geschieht, oder weil sie gezielt aus Abenteuerlust den Reiz des Prickelnden suchen, weil sie es spannend finden, das Verbotene zu tun, ohne ertappt zu werden, weil sie Zugewinne erwarten, ohne als Täter entdeckt zu werden, oder weil sie geradezu über den Umweg des unerlaubten Handelns Zuwendung erkämpfen wollen.

Je langweiliger und trostloser das Leben eines jungen Menschen ist, desto eher versucht er, auch mit Grenzübertritten aufzubegehren oder Spannung in sein Leben zu bringen. Und da die Reizschwellen bei vielen jungen Menschen durch Überflutung „versaut" sind, bekommen sie den erhofften Kick nur noch durch sehr hohe Dosen verbotener Aktionen. Während früher ein Klingelstreich oder ein gestohlener Apfel aus Nachbars Garten die nötige Reizportion zum Prickeln verschafften, muß es heute oft schon ein gestohlener Porsche sein, mit dem ein 13jähriges Crash-Kid über die Autobahn von Hamburg nach Berlin rast und mit dem es dort noch Wettrennen mit der Polizei durchführt.

Grenzübertritte in der Pubertät sind entwicklungspsychologisch gesehen normal und auch notwendig. Auf die Reaktionen kommt es jedoch an. Sie müssen deutlich, konsequent und für den jungen Menschen akzeptabel sein.

Kinder brauchen Grenzerfahrungen, an denen sie sich orientieren können. Falsch verstandene antiautoritäre Pädagogik, die auf Grenzerfahrungen verzichtet, und Inkonsequenz, mit der heute erlaubt wird, was morgen verboten und übermorgen wieder erlaubt wird, sowie ein Mangel an Wertekonsens in Pädagogenkollektiven lassen Kinder mit der Notwendigkeit des Aufbaus eines stimmigen Weltbildes allein. Wie sollen junge Menschen den richtigen Weg finden, wenn in einer Schule mit Rauchverbot der eine Lehrer straft, der andere wegguckt und der dritte angesichts rauchender Schüler lachend mitqualmt?

Viele Eltern, Erzieher und Lehrer sind heute hilflos, weil sie nicht wissen, wo und wie sie bei den vielen kleinen und großen Alltagsvorkommnissen Grenzen setzen sollen, weil sie sich nicht entscheiden können, wie sie es mit den richtigen Zeiten für das Zubettgehen, für das Nachhausekommen, für den Fernsehkonsum machen sollen, wie sie mit Verspätungen, mit nicht erledigten Hausaufgaben, mit der Höhe des Taschengeldes, mit dem Entleihen von indizierten Videofilmen, mit Lügen und Stehlen, mit Arroganz, Aggressionen, Diskriminierungen, Verpetzen und auch Zuckersucht umgehen sollen. Und besonders schlimm ist es, wenn der Vater erlaubt, was die Mutter untersagt, wenn der eine Lehrer zuläßt, was der andere verbietet, wenn die Eltern selbst tun, was sie dem Kind nicht gestatten, wenn sie schlechte Vorbilder sind, indem sie in der Enge ihres Autos in Gegenwart ihrer kleinen Kinder rauchen oder im Beisein ihrer Kinder im Kaufhaus klauen.

Kinder darf man nicht nur wachsen lassen, sie müssen auch geführt werden, und zwar in die verbindlichen Normen und Werte unserer Gesellschaft hinein. Sie müssen die Zehn Gebote, das Grundgesetz, die Menschenrechte, die Straßenverkehrsordnung als Minimum für ein geregeltes mitmenschliches Zusammenleben zu akzeptieren lernen, durch Vorbilder, durch Grenzsetzungen, durch Deutlichkeit, durch Konsequenz, durch das Aushalten auch über Krisen hinweg und durch Sanktionen, also auch durch Strafen bei wiederholten Grenzübertritten. Allerdings gibt es in unserer pluralistischen Gesellschaft auch nichtregelbare Bereiche; zu denen gehören Modetrends, Musikgeschmack, politische Auffassungen, religiöse Entscheidungen und die Wahl des Freundeskreises. Hier muß ein hohes Maß an selbstbestimmter Freiheit zugestanden werden; hier wirken Grenzsetzungen intolerant, indoktrinär, ideologisch einseitig, zu autoritär oder gar totalitär. Pädagogik braucht immer die Zustimmung des Kindes, und die ist bei autoritären oder totalitären Führungsstilen ziemlich unwahrscheinlich.

Niemand kann ein Kind erziehen, wenn er mit sich selbst schlecht umgeht, und das tut er, wenn er nicht vorbildlich ist, wenn er ungerecht, süchtig oder einseitig ist, wenn er vom Kind etwas verlangt, was er selbst nicht aus- oder durchhält.

Der Würzburger Kinderpsychiater Gerhardt Nissen beklagt, daß immer mehr Eltern von ihren Töchtern und Söhnen mißhandelt werden, weil Eltern nicht mehr in der Lage sind, sich schon früh und konsequent abzugrenzen: „Wer seinem Kind immer wieder zu verstehen gibt, daß es das Liebste auf der Welt ist, und ihm alles gewährt, gerät in einen Teufelskreis."

Als Gründe für eine „weiche", nicht fordernde und keine oder unklare Grenzen setzende Erziehung nennt er:

- depressive Eltern, die ihre Ruhe haben wollen,
- Eltern, die sich selbst genug sind, die unerwünschte Kinder haben oder sich von ihnen durchweg in ihrem Leben gestört fühlen,
- die Uneinigkeit zwischen Vater und Mutter über einen angemessenen Erziehungsstil und
- Eltern voller „Affenliebe", die aus Angst, etwas falsch zu machen, das Kind lieber nur wachsen lassen und verwöhnen.

Ausgehend von dem englischen Erzieher Alexander Sutherland Neill und seinem Projekt „Summerhill" hat die 68er Generation mit ihrem Schlagwort der „antiautoritären Erziehung" den an sich positiv besetzten Begriff der Autorität – zu dem ja die freiwillige Zustimmung des Kindes und sein Überzeugtsein von der Notwendigkeit der Akzeptanz von Spielregeln bzw. Werten des Zusammenlebens gehören – tabuisiert: Alles sollte ohne Autorität (gemeint war aber: ohne autoritäres Verhalten, das nicht nach der Zustimmung des Kindes fragt) besser und jugendfreundlicher werden.

Aber mit dem Abholzen von Autoritäten, Forderungen und Grenzsetzungen hat man nicht gleichzeitig Neues aufgeforstet, so daß bei vielen heutigen Eltern, die damals aufgewachsen sind, vor allem Hilflosigkeit in bezug auf einen angemessenen erzieherischen Führungsstil übriggeblieben ist.

Die Abgeordnete der Grünen im Landtag von Nordrhein-Westfalen, Beate Scheffler, Lehrerin, Mutter von drei Kindern und jugendpolitische Sprecherin ihrer Fraktion, die sich zur 68er Generation zählt, hat 1993 eine „Bilanz-Broschüre" vorgelegt, in der sie offen gesteht: „Die Jugendlichen von heute sind auch das Produkt unserer Erziehung; es war unsere Revolte, die viele Wertesysteme zusammenbrechen ließ. Wir haben jede Autorität in Frage gestellt, wir wollten die Familie am liebsten auflösen; wir haben aber unsere Erziehungsziele nicht erreicht."

Wir brauchen also dringend die Wiederentdeckung der Grenze in der Pädagogik, wenn Gewaltphänomene in unserer Gesellschaft nicht eskalieren sollen. Leider wird dabei nur in Extremen diskutiert; der täglich brutal schlagende Vater wird dem Laissez-faire-Führungsstil gegenübergestellt. Daß es zwischen der schlimmen Willensbrechung des Kindes durch unangemessene Gewalt und dem Immer-Gewährenlassen eine reiche Palette von gemäßigten, aber notwendigen Nuancen gibt, wird dabei oft vernachlässigt. Politisch ist es aus Signalwirkungsgründen wichtig, den Eltern das Schlagen ihrer Kinder gesetzlich zu verbieten; aber ein kleiner Klaps auf den Po, der vom Kind nach einer Missetat voll und ganz akzeptiert wird, kann dennoch sehr sinnvoll sein, wenn er nur gelegentlich vorkommt, für Deutlichkeit sorgt und die Seele des Kindes nicht verletzt.

Erziehung ohne Strafe mißrät, genauso wie sie auch nicht ohne Autorität gelingt, wobei Autorität sich im Kind ereignet, also nicht durch Anmaßung von Eltern oder Pädagogen entsteht, sondern durch freiwilliges Akzeptieren der Kompetenz des Erwachsenen auf dem Überzeugungsweg. Wer total auf jede Art von Strafe verzichtet, nährt im Kind den Eindruck, es sei so wenig wert, daß es nicht einmal strafwürdig ist.

Menschen, die nie gestraft werden, weil sie beispielsweise nur Verwöhnung kennen, suchen sich ihre Strafen, das heißt ihre Grenzerfahrungen, oft selbst. Sie wählen Extremsportarten als Selbsterfahrungs- und -verwirklichungsfeld. Ihre Sucht nach Gefahr ist immer zugleich auch die Suche nach ihren Grenzen, aber auch nach ihren Möglichkeiten. Sie wollen bis an die Grenze heran, wollen sie spüren und wollen auch den Grenzübertritt wagen und in seiner Rückwirkung ausprobieren; so durchqueren sie die Antarktis, erklimmen im Himalaya Achttausender, betreiben Bungee-Springen, Wasser-Rafting, Freeclimbing, Gleitschirmfliegen, Fallschirmspringen, S-Bahn-Surfen, Cruising, Rennsportarten wie Moto-Crossen oder Formel-1-Rennen und sind zu Mutproben bereit, indem sie auf Hochspannungsmasten klettern, um sich im elektromagnetischen Feld um das Kabel herum eine Zigarette anzuzünden, oder sie verdingen sich als Söldner in irgendeinem der 42 Kriege dieser Erde.

Der Nervenkitzel reicht dabei vom Austesten der Grenze bis zur Todessehnsucht, wobei man an der Grenze zum Tod eher noch überleben möchte; aber allzu wertvoll ist das Leben auch nicht, denn man kann es aus der Mitte heraus nicht mehr genügend genießen, allenfalls noch mit dem erhöhten Reiz des Prickelns im Grenzbereich zum Tod. Nicht mehr die Muße macht das Leben lebenswert, sondern die Gefahr.

In der meist vergeblichen Hoffnung, seinem armseligen Selbst näherzukommen, erklimmt der Waghalsige Felshänge, horcht beim Wildwasserkanufahren in sich hinein, erspürt beim Fallschirmsprung oder auch beim Tiefseetauchen seine wahre Identität. Bei dem Bergsteiger Reinhold Messner klingt das dann so: „Ich mache, was ich will und wann ich es will, und ich lebe – wie vielleicht nur wenige Menschen auf dieser Erde – meine Träume aus."

Der Oberstaufener Psychologe Ulrich Aufmuth, der Extrembergsteiger analysiert hat, nennt die hohe Lebensgefahr ein unverzichtbares Reizmerkmal des Extremsportlers. Das Risiko präsentiere sich ganz unvermittelt, und zwar sichtbar als gähnender Abgrund oder tiefe Eisspalte, spürbar in Form wackeliger Felshaken, hörbar als Krachen von Schnee- und Steinlawinen. Aufmuths These ist, daß die anstrengende und von konkreter Gefahr gekennzeichnete Grenzsituation am Berg den schmerzlich empfundenen Mangel an Ich-Identität aufhebe: „Angesichts des Todes fragt man nicht mehr, wozu man lebt oder leben will. Da verblaßt jedes intellektuelle Sinnproblem."

Passieren kann so etwas aber nur, wenn erzieherisch alles Mögliche von der frühesten Kindheit an falsch gelaufen ist, wenn das Kind mit einem Mangel an sinnvoll in der Mitte dosierten Grenzerfahrungen aufgewachsen ist, wozu eben auch neben vorbildlichem und mitreißendem Vorleben Deutlichkeit, Konsequenz und zur Akzeptanz führende Begründungen gehören.

37. Die Notwendigkeit des Fehlers

„Kleine Sünden straft der liebe Gott sofort, große etwas später", sagt der Volksmund. Wer eine Treppenstufe übersieht, stürzt sofort, wer ständig mehr ausgibt, als er einnimmt, muß meist erst später Konkurs anmelden.

Wer in der Familie, in der Schule oder in der Gesellschaft vereinbarte Grenzen übertritt, macht Fehler und wird zur Rechenschaft gezogen. Traditionellerweise haben wir in unserer Gesellschaft aber ein gestörtes Verhältnis zum Fehlermachen, wir bewerten es durchweg zu negativ, arbeiten zu viel mit Strafen und benoten den Irrtum in der Schule schlecht.

Fehler sind etwas Gutes, sie sind für Kinder, aber auch für Lernen notwendig. Über Fehler lernt man schneller und langanhaltender als über Vorbilder oder Erfolge.

Schon Kleinkinder lernen das Laufen nur über den ständigen Wechsel von Fallen und Aufrichten; Fallen ist also für sie kein bloßes Mißgeschick, sondern die unverzichtbare Voraussetzung dafür, daß sie sich wieder aufrichten oder aufbäumen können, daß sie lernen, ihre Kräfte zu koordinieren und Balance zu halten. Lernen ist am effektivsten über „trial and error", also über Versuch und Irrtum. Der Mißerfolg wird gespeichert und beim nächsten Mal vermieden, vor allem wenn er schmerzhaft war.

In der Erziehung ist der Fehler positiv zu bewerten, weil er ermöglicht, dem Kind zu verdeutlichen, was es angerichtet hat. Die Folgen von Fehlern, die erlebten Mißerfolge und das unerwartet Angerichtete sind es, die zu den Fehlervermeidungsstrategien danach führen.

Wenn ein Schüler bei einer Übersetzung eine wichtige Vokabel nicht weiß, lernt er sie, wenn er sie nachschlagen oder beim Nachbarn abgucken kann, in der Regel nachhaltiger, als wenn er sie im Bündel mit anderen Vokabeln als eine von vielen zu Hause oder bei unterrichtlichen Methoden des Memorierens speichern soll. Genau dieser Weg wird aber herkömmlicherweise bestraft, und zwar wegen Abguckens oder Nichtwissens.

Es ist ein pädagogischer Kunstfehler, in unserer Zeit, in der es wichtiger ist, zu wissen, wie man an Informationen kommt, als über sie bereits zu verfügen, das Nachschlagen einer Vokabel im Wörterbuch zu bestrafen; denn wer kaum eine Vokabel beherrscht, wird mit seiner Übersetzung ohnehin scheitern. Ein Kind, das sich zu helfen weiß, indem es abguckt oder nachschlägt, verhält sich zeitgemäß und müßte eigentlich gelobt werden. Fortschrittliche Lehrer erlauben daher die Benutzung eines Wörterbuchs oder eines Lexikons bei Klassenarbeiten. Denn jeder Professor, der eine Rede hält, muß auch mal auf sein Manuskript sehen, und jeder Kaufmann muß gelegentlich einen Preis nachschauen, ohne daß ihm sein Nichtwissen im Moment als gravierender Fehler ausgelegt wird oder daß er deshalb Konkurs anmelden muß.

Und so wie beim Vokabellernen ist es bei jedem Lernen, also auch beim Sozialen Lernen, beim Offenen Unterricht, bei der Projektmethode und in integrierten Lernverbänden. Unter Gewalt kann man nur leiden, wenn man sie auch erlebt hat, und nur dann ist man auch bereit, sie zu verpönen und gegen sie etwas zu tun. Kinder lernen die Notwendigkeit von Sozialverhalten, von Toleranz, von Solidarität, von Konfliktkompetenz, von politischer Mündigkeit, von Erkundungs- und Handlungskompetenz und von Minderheitenschutz am besten über Fehler, über die selbstgemachten und über diejenigen, die sie bei anderen gesehen haben. Erst die Folgen von Irrtümern und Fehlern wirken auf sie abschreckend und lassen ihnen den Wert des Einhaltens von Normen, von Spielregeln des gesellschaftlichen Zusammenlebens, evident werden.

Eltern, Erzieher und Lehrer müssen Fehler viel mehr bejahen, und zwar solche bei den Kindern und solche bei sich selbst, weil vor allem über die erlebten Folgen von Irrtümern und von mutig ausprobierten Grenzübertritten erzieherischer Zugewinn möglicht wird. Meistens ist es also falsch, wenn der Fehler eines Kindes mit Schimpfen, Schreien, Liebesentzug, Strafen oder mit schlechten Noten quittiert wird, weil das Kind dann doppelt bestraft wird, nämlich über den direkten Mißerfolg und die ergänzende zurückweisende Sanktion des Umfeldes, so daß sich schließlich infolge von Überdosierung der Sanktionen das mißliche Versagenserlebnis völlig unnötig bis zum grundsätzlichen Verlierergefühl oder auch zum notorischen Lügen verselbständigen kann.

38. Loben, Ignorieren und Strafen

Viele Mütter neigen dazu, nur in der Bandbreite zwischen Loben und Ignorieren zu erziehen, weil sie ihr Kind so stark lieben und ihm nicht weh tun wollen; sie verzichten auf Strafen, sie verstärken das erwünschte Verhalten und ignorieren das unangemessene.

Väter dagegen ignorieren oft das Positive, sanktionieren aber das negative Verhalten und halten das Gute für so selbstverständlich, daß sie es nicht kommentieren. Andere Eltern wiederum, vor allem aber Lehrer, nutzen nur die Kategorien des Lobens und Strafens, verzichten aber auf die positive Wirkung des Ignorierens; sie glauben, alles beurteilen zu müssen, und zwar entweder als gut oder als schlecht.

Nur wer das gesamte Instrumentarium von Loben, Ignorieren und Strafen sinnvoll nutzt, erzielt auch optimale Effekte, wobei Loben nicht derart übertrieben werden darf, daß das Kind sich schließlich überschätzt, und Strafen nicht die Folge eines jeden Fehlers sein darf, weil Kinder vor allem sowieso am besten über Irrtümer lernen.

Wenn das Kind bereits selbst unter dem sehr leidet, was es angerichtet hat, braucht man es keineswegs noch darüber hinaus zu strafen; wenn es bereits die natürliche Strafe des Verbrennens, des aufgeschlagenen Knies, der Verlusttrauer, des Sitzenbleibens oder des Ausgestoßenwerdens durchlebt hat, verschlimmert eine zusätzliche Strafe nur noch seine Lage.

Männer neigen in der Erziehung vor allem gegenüber Jungen dazu, gute Leistungen beiläufig hinzunehmen, schwache oder ausbleibende Leistungen jedoch mit heftigen niedermachenden Reaktionen herabsetzend zu kommentieren oder zu bestrafen, so daß Lern- und Verhaltensfortschritte nicht verstärkt werden, unerwünschtes Verhalten aber als totales Versagen beim Kind ankommt. Die Folgen können fatal sein. Solche Kinder halten schließlich nichts mehr oder nur sehr wenig von sich, sie verkümmern unter dem Mangel an Zutrauen, Zuversicht, Lob und Verstärkung und driften in Autoaggressionen, also in Ersatzbefriedigungen ab.

Es gibt Väter, die nie etwas Positives zu ihrem Kind sagen, die aber ständig an ihm herumnörgeln, auch weil sie wegen ihrer geringen häuslichen Präsenz in Kurzform beim Abendessen und am Wochenende aus ihrem schlechten Gewissen heraus Erziehung in hohen Dosen nachreichen wollen. Daß ihre Strategie durchweg mißlingt, ist ihnen überhaupt nicht bewußt, aber immerhin lernt das Kind aus Erfahrung, daß ein Ignorieren als Lob verstanden werden kann und daß Beschimpfungen und Strafen als nicht so kompetente Maßnahmen relativiert werden müssen. Wenn es gut geht und sie noch keinen Schaden an dem kalten Erziehungsstil ihres Vaters genommen haben, stellen sie späterhin mit Recht ihre Ohren auf Durchzug, auch aus Selbstschutz, damit die väterlichen Kommentare nicht allzu sehr verletzen und das Selbstwertgefühl herabsetzen.

Lob und Ermunterung, eingebettet in Verstehen und in leibliche Zuwendung sowie in Geduld und in Anerkennung schon kleinster Fortschritte beim Lernen und im Verhaltensbereich, lassen viele Kinder aufleben, vor allem wenn sie Kritik, Strafen und Ablehnung im Übermaß durchlitten haben.

Sie geben ihnen die Zuversicht, daß sie so akzeptiert werden, wie sie nun einmal sind, und dort abgeholt werden, wo sie sich mit ihrer Entwicklung gerade befinden. Daß man zugleich im Sinne von Herausforderung der Kräfte immer ein wenig mehr von ihnen erwarten muß, als sie gerade gezeigt haben, ist dabei selbstverständlich. Gute Erziehungskunst macht das Kind in seinem momentanen Sosein zum Ausgangspunkt und Maßstab für Fortschritte in bezug auf emotionale, soziale und kognitive Leistungen, die sich allerdings dann auch irgendwann einmal einstellen müssen. Denn eine Pädagogik, die keinerlei Fortschritte zeitigt, die allenfalls den Abstieg bremst, ist nicht sehr erfolgreich.

Nimmt man dagegen stets nur das Erziehungsziel als Endpunkt sämtlicher Bemühungen zum Maßstab, wie das viele beruflich erfolgreiche oder insgesamt unzufriedene Väter tun, kann man stets nur das Unzulängliche, das Noch-nicht-Perfektsein konstatieren. Leider gibt es allzu häufig Väter, Erzieher und Lehrer, die bereits am Beginn ihrer pädagogischen Arbeit das schon abgeschlossen erzogene Kind, das keine Fehler mehr macht, erwarten.

Wenn Väter und Pädagogen nicht ganz bewußt ihre Reaktionsskala vom Sanktionieren über das Ignorieren von Fehlern bis zum Verstärken, Loben, Anerkennen, Ermuntern und Verzeihen erweitern, wenn sie also nicht in der Lage sind, gerade im Unglück, beim Scheitern und bei Vergehen ihr Kind in den Arm zu nehmen, zu trösten und aufzubauen sowie auf einen zynischen, bissigen und alles nur verschärfenden Kommentar zu verzichten, dann müssen sie auf verheerende Sozialisationsfolgen bis zur späteren Ablehnung durch ihr Kind und ein frühes Verlassen des Elternhauses gefaßt sein; das gilt natürlich auch für Mütter, zumal für die alleinerziehenden.

Man kann einem Kind gar nicht häufig genug sagen, daß man es lieb hat, daß es etwas kann und daß es etwas anderes gut kann, wenn es bei dem einen versagt hat. Das bloße Sagen reicht aber nicht, Bejahung muß dem Kind auch glaubhaft gezeigt werden. Tut man das nicht, muß man mit der Verfestigung eines ungünstigen Selbstkonzepts unter dem Motto „Keiner hat mich lieb, ich bin zu nichts zu gebrauchen" rechnen und in der Folge mit psychosomatischen Störungen wie nervösen Tics, Bettnässen, Nägelkauen, Allergien, Asthma, Migräne, Eßstörungen, Psychosen, Hyperaktivität, Sucht und Todessehnsucht.

Stotternde und asthmatische Kinder haben allzu häufig stets nur nörgelnde, zu Überforderungen neigende und Wohlverhalten sowie Fortschritte übergehende Väter.

Jedes Kind möchte von klein auf so gern gut sein, und es will sein Wesen und seine Leistungen als Lob zurückgespiegelt bekommen.

Eltern und Pädagogen sollten sich daher angewöhnen, Kinder täglich mindestens einmal zu loben; denn Kinder, die mit zu wenig Anerkennung, Zuwendung und Verstärkung aufwachsen, können späterhin nur schwerlich mit Lob und Nähe umgehen; sie reagieren, wenn sie beides nicht ausreichend erlebt haben, oft ganz unverständlich abweisend und ausweichend; sie glauben die positiven Bewertungen nicht, weil die plötzliche Anerkennung im Widerspruch zu ihrer bisherigen Erfahrung und zu ihrem daraus resultierenden ungünstigen Selbstbild steht, oder sie schämen sich, weil sie in ihrem Leben zu selten Gelegenheit hatten, Lob anzunehmen und souverän darauf zu antworten, beispielsweise weil ihre Eltern dazu neigen, auf unerwünschtes Verhalten stets nur undifferenziert mit Liebesentzug zu reagieren. Wer ein Kind mit Liebesentzug bestraft, geht aber vor allem auch mit sich selbst schlecht um, denn er vergrößert seine Probleme und die des Kindes; außerdem nimmt er sich, wenn er zu diesem Mittel greift, in der Regel selbst für zu wichtig; er wirkt beleidigt, was immer schlecht ankommt bzw. meist als Reaktion nicht akzeptiert wird, so daß Liebesentzug als pädagogisches Mittel einfach nicht überzeugt.

39. Vorbilder, Forderungen, Deutlichkeit und Konsequenz

Ganz kleine Kinder kann man nur fordern und entlasten, denn Begründungen verstehen sie noch nicht. Sobald es geht, muß die Forderung jedoch mit einer Erklärung verknüpft werden, also etwa vom dritten oder vierten Lebensjahr an. Jugendliche brauchen meist nur noch eine Begründung, die die Forderung impliziert.

Wir nennen diesen Dreierschritt phasengerechte Sozialisation; jede Entwicklungsstufe benötigt den ihr angemessenen Führungsstil. Verfrühungen, also die ausführliche verbale Begründung gegenüber einem Einjährigen, und Unterforderungen, also das Verbot ohne begründende Erläuterung gegenüber einem Jugendlichen, bringen schlechte erzieherische Resultate, weil sie jeweils nicht dem Reifegrad des jungen Menschen entsprechen.

Das Kölner Institut für empirische Psychologie hat festgestellt, daß 1962 noch über 60 Prozent aller Jugendlichen Vorbilder hatten, 1987 waren es nur noch 36 Prozent, und jetzt sind es lediglich unter 20 Prozent.

Vorbilder, die man nicht persönlich kennt, haben in ihrer mitreißenden Rolle deutlich abgenommen. Der Papst, John F. Kennedy, Albert Einstein, Albert Schweitzer, Boris Becker, Franz Beckenbauer, Steffi Graf, Sophia Loren, Mutter Teresa oder Richard von Weizsäcker sind zunehmend durch Vorbilder der Nähe, also durch Eltern, Lehrer, Freunde oder Nachbarn verdrängt worden, aber auch durch die abstrakteren Leitbilder, die mosaikartig aus verschiedenen Persönlichkeitsanteilen einer ganzen Reihe von Menschen, die ja alle auch die von den Medien immer mehr entlarvten Fehler haben, zusammengebaut.

Das Ansehen von Politikern ist in den Augen junger Menschen in den letzten Jahren rapide gesunken, Begriffe wie Politik- oder Politikerverdrossenheit spiegeln das wider; allenfalls einige Ausnahmen wie Norbert Blüm, Joschka Fischer, Norbert Gansel, Heiner Geißler oder Rita Süssmuth halten noch gegen diesen Trend.

Junge Menschen benötigen gerade in einer pluralistischen Gesellschaft, die mit der Eigenart des Werteverfalls beschrieben wird, personifizierte Orientierungsmarken als Kondensationspunkte für ihre Wertebildung. Früher haben Bibelgleichnisse mit ihrer Konkretisierung durch die guten und bösen Menschen, die in ihnen vorkommen, diese Funktion der Erziehung zur Sittlichkeit gehabt, aber auch die von den Großmüttern erzählten Märchen und die von ihnen tradierten Sitten und Bräuche. Mit dem Rückgang der religiösen Bindungen, der Zunahme der normativen Vielfalt und der inhaltlich höchst gegensätzlichen Jugendkultnischen hat gleichzeitig die Verhaltenssicherheit junger Menschen abgenommen. Wenn Vorbilder jetzt mehr im privaten Umfeld gesucht werden, ist das einerseits eine Gefahr, wie die Skinheads, die Hooligans und die Satanskultgruppen belegen, andererseits haben aber Eltern, Erzieher und Lehrer eine größere Chance, selbst diese Lücke ausfüllen zu können.

„Nur wer hohe Forderungen an einen jungen Menschen stellt, zeigt auch, daß er ihn achtet", hat der charismatische ukrainische Pädagoge Anton S. Makarenko einmal zu Beginn dieses Jahrhundert gesagt; er meinte damit angemessene und herausfordernde Erwartungen, verknüpft damit, dem jungen Menschen erwünschte Leistungen auch zuzutrauen. Kinder und Jugendliche sollten eben nicht unter der Überschrift eines falsch verstandenem Liberalismus, mit einer bloßen Theorie des Wachsenlassens oder mit dem Primat einer antiautoritären Erziehung lernen müssen, daß schon Alleingelassensein Freiheit ist und daß Bindungslosigkeit Selbständigkeit bedeutet.

Erwachsene verhalten sich keineswegs den kindlichen Bedürfnissen nach Orientierung, nach Leistung und nach Kennenlernen der Normen des Zusammenlebens entsprechend, wenn sie stets ihre Meinung zurückhalten, wenn sie keine Grenzen setzen und keine Forderungen stellen, wenn sie nicht deutlich und nicht konsequent sind; Kinder wollen all dieses spüren, austesten und sich daran reiben, weil ihnen unterbewußt klar ist, daß sie nur dann ihre Kräfte in ihre Zukunft hinein und in die weite Welt hinaus entfalten können; wir nennen dieses Ziel ja Lebenstüchtigkeit. Werden die Grenzen zu eng gesetzt, entwickeln sie sich zu Neurotikern; werden sie zu weit oder gar nicht gesetzt oder jeden Tag ganz anders, werden sie verwahrlost und egomanisch.

Wenn Eltern und Pädagogen Normen und Werte nicht aufzeigen und vorleben, drängen sie junge Menschen dazu, diese in Jugendkultnischen, bei politisch radikalen Gruppierungen oder in Jugendsekten zu finden, denn sie sind immer auf der Suche nach Geborgenheit, Orientierung und Verhaltenssicherheit, und wenn sie die nicht auf gesellschaftlich erwünschte Art erhalten, dann machen sie ihre Bilanz eben auf eher unerwünschte Weise stimmig. Den jungen Menschen zuliebe muß daher den für sie verantwortlichen Erwachsenen dringend geraten werden: „Habt mehr Mut zur Erziehung, werdet deutlicher und konsequenter, traut euren Kindern aber auch intellektuell wesentlich mehr zu!"

Damit ist allerdings nicht Überforderung gemeint. Wenn Kinder zu früh erwachsen werden sollen, wenn ihre Bewegungs- und Spielbedürfnisse ganz dem Lernen geopfert werden sollen, wenn sie zu früh und ihren Kräften zu weit voraus artig, sauber, diszipliniert und ordentlich sein sollen, sorgt man für Spannungen in ihnen, die sie vor die Wahl stellen, entweder als dressierte Wesen zu mißraten oder sich mit Verhaltensstörungen zu wehren. Eltern müssen immer auch den kindlichen Spiel-, Muße-, Rückzugs-, Bewegungs- und Gleichaltrigkeitsbedürfnissen Rechnung tragen, wenn sie nicht harte, kranke, ausweichende, bloß taktische oder verdrängende Verhaltensmuster fördern wollen.

Wenn junge Menschen den Erwartungen ihrer erwachsenen Bezugspersonen trotz großer Mühe nicht haben entsprechen können, ist es verkehrt, ihnen das auch noch vorzuwerfen. Tränenreiches Scheitern muß immer mit den Devisen „Das ist nicht so schlimm", „Es gibt auch noch andere gute Lebensmöglichkeiten" und „Wir wissen ja, daß du anderes sehr gut kannst" aufgefangen werden.

Forderungs- bzw. Erwartungskonflikte sind sehr unterschiedlich zu bewerten. Ein von den Eltern abweichender Musik-, Schmuck-, Bekleidungs- oder Frisurgeschmack, die Bevorzugung von Freunden, die von den Eltern eher abgelehnt werden, und der Wunsch nach Besitz von Kriegsspielzeug erfordern von den Eltern ein hohes Maß an differenzierendem erzieherischen Geschick. Mit Bekleidungs-, Musik- und Frisurentrends sowie mit Schmuck- und Schminkbedürfnissen sollten Eltern je nach Alter des jungen Menschen durchaus locker umgehen. Unklug ist es hingegen, wenn sie sich in Freundschaften nur deshalb einmischen, weil sie einen Freund oder ein Freundin vom Äußeren her, wegen ihres Milieus oder wegen ihrer Biographie ablehnen. Sie müssen sich aber durchaus eindeutig einmischen, wenn es sich bei den Freunden oder Freundinnen um Rechtsradikale, um Rassisten, um Drogenabhängige oder um religiöse Fanatiker handelt; und sie haben das Recht, grundsätzlich Kriegsspielzeug abzulehnen, wenn sie das Nein ihrem Kind auch begründen.

Ohne lange und wiederholte Gespräche, ohne eine kompromißbereite Akzeptanz auf beiden Seiten und ohne das Bemühen, neue Konflikte als Folge einer Vereinbarung zu vermeiden, gehen solche Erwartungskrisen nur selten auf beiden Seiten schadlos aus. Wenn Erwartungskonflikte aber mit einer Übereinkunft gelöst sind, dann ist allerdings auch Konsequenz angesagt, das gilt für Pünktlichkeit, für Zubettgehzeiten, für Fernsehkonsum, für Hausaufgaben, für Taschengeld, für Rauchen, für Party- und Discobesuche und überhaupt für alles, was Eltern mit ihren Kindern an Normen ausgehandelt haben; denn mit mangelnder Konsequenz wird die Gewichtigkeit einer jeden Norm untergraben und in Zweifel gezogen, und zwar nicht nur in bezug auf das Einhalten der mit dem Kind vereinbarten Regeln, es gilt auch für die Unverträglichkeiten, die dadurch entstehen, daß dem Kind etwas verboten wird, was die Erwachsenen sich aber im Zuge einer doppelten Moral herausnehmen, also beispielsweise Lügen, Stehlen und Unpünktlichsein.

40. Das Durchhalten über Krisen hinweg

Wir neigen in Deutschland traditionellerweise dazu, uns immer dann von Kindern zu trennen, wenn sie uns besondere Schwierigkeiten bereiten. Wir geben sie aus der Familie ins Heim, schieben sie zwischen geschiedenen Eltern hin und her, lassen sie sitzenbleiben, zwingen sie zum Schullaufbahnwechsel oder zum Leistungskursabstieg. Und wenn sie in dem einen Heim nicht wie gewollt spuren, kommen sie in das nächste, sodann in ein therapeutisch konzeptioniertes, in die Jugendarrestanstalt, in eine Jugendwohnung, auf eine erlebnispädagogische Reise, in den Jugendstrafvollzug oder ins Untersuchungsgefängnis, in die geschlossene Unterbringung der Jugendpsychiatrie und zwischendurch auch schon mal versuchsweise in die Familie zurück, bis sie schließlich weitab vom Schuß in der Pädagogischen Farm Kuttula von Kari Björkman in Finnland oder in einem Kinderdorf landen. Bei alledem haben sie ständig wechselnde Erzieher und Therapeuten als Bezugspersonen, zu denen sie anfangs immer wieder eine Bindung aufzubauen versuchen, bis sie irgendwann erkennen, daß sich das nicht lohnt, weil sie bald sowieso wieder woanders sind, so daß sie am Ende vollends bindungslos und bindungsunfähig sind, alleingelassen mit ihrem Verliererschicksal und ihrer schlechten Prognose.

So gehen jedenfalls oft die Jugendämter mit jungen Menschen um; sie verwalten sie, sie halten es in der jeweiligen Institution nicht lange mit ihnen aus, sie topfen sie ständig um und glauben fälschlicherweise, daß die Addition und der Wechsel von erzieherischen Spezialisten letztendlich ein Ganzes ergeben. Von dieser kunstfehlerreichen Pädagogik sind die fast 70 000 deutschen Heimkinder besonders betroffen.

Pädagogen und Bezugspersonen lassen sich nicht einfach ohne Schäden für das Kind auswechseln, und ihre Zusammenfügung im Nacheinander durch Schichtdienst und durch Austausch ist insofern ein Kunstfehler, als sie die kindlichen Grundbedürfnisse nach Vertrautsein, nach Kontinuität und nach Umfassung rund um die Uhr vernachlässigt.

Das Umtopfen von Kindern weist ihnen selbst immer gleichzeitig eine gehörige Portion Schuld zu; sie waren nicht pflegeleicht genug, sie haben sich nicht ausreichend an die Erwartungen ihrer Erzieher angepaßt, sie haben mit ihren Verhaltensschwierigkeiten andere beeinträchtigt, sie haben sich nicht Mühe genug gegeben, und deshalb müssen sie weg.

Der ukrainische Pädagoge Anton S. Makarenko und schon der alte Pestalozzi haben den denkwürdigen Satz gesprochen: „Man muß auch einmal einen Menschen aufgeben können.“ Einmal darf so etwas vielleicht passieren, weil die Chemie, die Wellenlänge zwischen einem jungen Menschen und einem Pädagogen ganz und gar nicht stimmt, weil andere Kinder vor den Störungen geschützt werden müssen oder weil die Schwierigkeiten des Devianten mit der vorhandenen Konzeption einer Anstalt nicht bewältigt werden können; aber dann muß sehr genau überlegt werden, wo das Kind eine ihm angemessene Einrichtung und eine umfassende Bezugsperson, die es für alle Zeiten mit ihm auch über Krisen hinweg aushält, findet. Denn jedes endgültige Scheitern in einer Familie, in einer Klasse, in einem Kurs, in einem Heim oder mit einer Bezugsperson bewirkt in der Seele des Kindes eine gewaltige Katastrophe, die ohne schlimmste und dann kaum noch reparierbare Folgen keineswegs wiederholt werden darf.

In unserer Gesellschaft sind Bindungen momentan nicht besonders haltbar; Scheidungen von Ehepartnern, Auflösungen von Freundschaften, Beendigungen von Kooperationen und Partnerschaften und das Abschieben aus Schulen, Heimen und sonstigen Einrichtungen sind allgegenwärtig; die Toleranz des Durchhaltens mit dem Optimismus, daß eine Besserung vielleicht nur etwas mehr Zeit benötigt oder sich mit entwicklungspsychologischen Fortschritten ohnehin ergibt, ist zur Zeit überall ausgesprochen gering. Man will sofort Erfolge sehen oder gibt gleich wieder auf. Selektion ist offenbar ein hoch akzeptierter Wert; aber sie paßt nicht zur Psyche von Kindern und Jugendlichen, die es dringend benötigen, daß man es gerade über ihre Krisen hinweg – so beispielsweise in der Pubertät – mit ihnen durchhält.

Jedenfalls bringt das Durchhalten auf Dauer und bezogen auf statistische Wahrscheinlichkeiten größere Erfolge als permanente Trennungen und Neuanfänge, die mehr kaputtmachen, als sie alternativ wiederaufzubauen vermögen.

Ständig umgetopfte Kinder suchen sich als kompensatorischen Ausgleich zum Stimmigmachen ihrer Kontinuitätsbedürfnisbilanz oft eine Jugendkultnische, in der sie mit hoher Toleranz, Solidarität und Geborgenheit über alle Verhaltensschwankungen und Krisen hinweg akzeptiert werden. Sie gehen als Kinder der öffentlichen Erziehung, nachdem sie schon zahlreiche Heime und Erzieher hinter sich haben, beispielsweise in die Crash-Kid-Drogen- und Prostitutionszene am Hamburger Hauptbahnhof, weil sie in ihr nie ausgestoßen werden, weil sie in deren Rangordnung nach oben kommen können und weil man dort auch auf Dauer immer zu ihnen steht; die Freundschaften in dieser Nische werden eben nie aufgekündigt.

Nachvollziehbar, aber gar nicht gut für den jungen Menschen ist es, wenn man ihn nur deshalb aufgibt, weil man es selbst nicht mehr mit ihm aushält, weil die eigenen Kräfte nicht mehr reichen oder weil man einfach lieber ohne ihn lebt.

Das Kind oder der Jugendliche haben in so einem Fall eigentlich nur noch einen „Freiwurf"; die nächste Bezugsperson muß dann unbedingt eine sein, bei der die Gewißheit besteht, daß sie durchhält, denn sonst sind die Schäden, die in dem Jungen oder in dem Mädchen angerichtet werden, weitaus größer als der pädagogische Zugewinn eines weiteren Umtopfens.

Wenn ein junger Mensch also irgendwo scheitert, muß die Gefahr eines erneuten Schiffbruchs auf jeden Fall dadurch minimalisiert werden, daß zuvor die beidseitigen Sympathien und die Verträglichkeitschancen von Erzieher und zu Erziehendem geprüft werden. Das kann jedoch nur gelingen, wenn das Kind oder der Jugendliche bei der Wahl seiner Bezugsperson mitentscheiden kann; das gilt für Elternteile, für Erzieher, für Lehrer und für Therapeuten sowie ganz besonders für die Wahl alternativer Institutionen, sei es nun eine Pädagogische Farm, ein Kinderdorf, ein Internat, eine Jugendwohnung, ein Heim, ein Segelschiffprojekt, eine erlebnispädagogische Reisekonzeption oder sei es eine Schule.

41. Leistung, Anerkennung, Feindbild, Wir-Bewußtsein und Hierarchiebedürfnis

Jedes Kind möchte so gern gut sein und etwas können, es möchte gemocht werden und daß man ihm etwas zutraut, es möchte geborgen sein und dabei Tüchtigkeit entwickeln. Seine Möglichkeiten und sein Kräfte drängen nach Herausforderung. Wenn aber die Zahl der Versagenserlebnisse zunimmt, kippt schließlich alles um. Dann traut es sich irgendwann selbst nichts mehr zu und hält sich nicht mehr für wertvoll, dann geraten die ständigen negativen Kommentare seiner Umgebung zu einem eigenen ungünstigen Selbstbild, dann sucht es Schuld bei anderen, die es braucht, um sich wenigstens über die erheben zu können, und dann versucht es, über alternative Leistungsbereiche, die nicht unbedingt gesellschaftlich akzeptiert sind, nach oben zu kommen, also über Stärke, über Angeben, über Clownerien, über Sport, über Klauen und Lügen, über Gewalt, über Graffiti-Sprühen, über S-Bahn-Surfen usw.

Bei der Jugendbanden-Problematik fällt auf, daß diskriminierte Gruppen vielfach untereinander rivalisieren. Sie suchen, wenn ihre Mitglieder selbst ein geringes Ansehen haben, Bewährung gegenüber anderen Outsidern. So agieren arbeitslose Skinheads gegen „Türkenboys“, so kämpfen in New York junge orthodoxe Juden gegen Schwarze und in Los Angeles Puertoricaner gegen Schwarze und die Straßenkinder der blau gekleideten „Crips“ gegen die der rotgekleideten „Bloods“, um Reviere des Drogenhandels auszudehnen oder zu behaupten. In der gesellschaftlichen Rangordnung als Verlierer ganz unten zu stehen erhöht offensichtlich die Gewaltbereitschaft gegenüber anderen Gruppen, die als „Throwaways“ ebenfalls randständig sind. Dem Selbstwertgefühl von Versagern und Diskriminierten scheint es gut zu tun, wenn sie anderen Verlierern und Randständigen mit Niederlagen beweisen können, daß diese noch tiefer stehen.

Vor einigen Jahren war es unter norwegischen Jugendlichen in entlegenen Gegenden üblich, mit einem aufgestylten Auto in Höchstgeschwindigkeit als „Geisterfahrer“ auf der falschen Spur frontal auf entgegenkommende Autos zuzufahren und erst in letzter Sekunde auszuweichen. Wer dabei am längsten aushielt, gewann die höchste Anerkennung in der Gruppe der Gleichaltrigen. Der Reiz des Verbotenen, kombiniert mit dem höchstmöglichen Risiko und einer Portion aus Langeweile geborener Todessehnsucht wurde wie heute bei unseren S-Bahn- und Fahrstuhlsurfern, Cruisern, Crash-Kids und Airbaggern gewählt, um gegen den grauen Alltag aufzubegehren, so wie vor 50 Jahren lediglich auf dem Bolz- oder Rummelplatz.

Perspektivlosigkeit, ein Defizit an sinnerfülltem Leben und ein Gefühl der Wertlosigkeit sind die Ursachen für diese alternativen Leistungsbemühungen, mit denen ein Mangel an Anerkennung, Erfolg und in die Zukunft weisenden Motivationen kompensiert werden soll.

Nicht jeder Jugendliche, der Eisenbahnscheiben einschlägt, Überfälle oder Einbrüche macht oder anderen die Lederjacken oder Turnschuhe „abzieht“, tut das aus Not oder aus Gründen der Drogensucht. Viele rauben andere aus, weil es prickelnd ist und weil gleichaltrige Bandenmitglieder zuschauen, denen gegenüber eine gute Rangordnungsposition behauptet oder gewonnen werden soll. „Smash and Cash“, also das Einschlagen einer Seitenscheibe eines an einer roten Ampel wartenden Autos, um die hinten liegende Handtasche zu entwenden, ist nicht immer eine Form der Beschaffungskriminalität, sondern vielmehr oft eine Variante von Mutproben im Rahmen von Aufnahmeritualen einer Jugendgang.

Für manche Jugendliche kann eine Nische gar nicht abwegig genug sein, um nicht wenigstens dafür zu taugen, daß man in ihr Anerkennung, Wir-Bewußtsein, Sinnhaftigkeit über ein Feindbild und Leistungsbewährung mit Hierarchieaufstieg findet. Die Friedhofskultur betreibenden Grufties, Satanskult- und Okkultismusgruppen sowie Jugendsekten mit perversen Ritualen stehen für diese Sehnsucht, wenigstens irgendwo etwas leisten zu können, das Anerkennung verheißt. Daß die Gesellschaft ausländerfeindliche Gewalttaten von Skinheads ablehnt, wird deshalb in Kauf genommen, weil jede noch so menschenverachtende Tat zumindest in der eigenen Nische mit einem hohen Maß an Respekt belohnt wird.

Ein Bremer Soziologe sagte unlängst, daß die Gruftie-Bewegung mit ihren schwarzgekleideten, in Särgen schlafenden, um Gräber zur Musik der englischen Gruppe „The Cure“ tanzenden und Grabsteine für die Ausstattung ihrer Zimmer klauenden Anhängern „das allerletzte Abenteuer“ sei, „das gelangweilten Jugendlichen noch geblieben ist“, weil es spannender, mutiger und auch verbotener sei als alles andere, sieht man einmal von Schwarzen Messen ab, bei denen Urin oder Tierblut getrunken wird, Mädchen mit Drogen willenlos gemacht und danach auf Altären vergewaltigt werden, Geschlechtsverkehr mit Tieren getrieben wird oder Kinder geopfert und aufgegessen werden, wie jüngst in Südafrika geschehen.

In Deutschland werden immer mehr junge Menschen von Jugendsekten, esoterischen Zirkeln der „New-Age“-Bewegung oder Satanskultgruppen „gekeilt“ und hörig gemacht. Mit der zunehmenden Gewalt, der Umweltzerstörung, der Kriegsgefahr, der Angst, daß „die Welt immer mehr aus den Fugen gerät“ und daß mit dem bevorstehenden Ende dieses Jahrtausends auch die Erde untergehen könnte, hat die Tendenz zu Irrationalem wie Geisterbefragungen, Teufelsaustreibungen, Messen mit Kontakten zu Toten und spirituistischen Seancen deutlich zugenommen. Diese Phänomene entwickeln sich aus dem unerfüllten Bedürfnis nach Religiosität, nach Übersinnlichem, nach Weltdeutung in dem Maße, wie Werteverlust, Bindungslosigkeit, Einsamkeit, Egoismus und Sinnleere beschrieben werden. In die Irre gelenkt suchen junge Menschen in solchen Nischen Abenteuerlust, Geborgenheit, Akzeptanz, Problemlösungen und Auswege aus ihrer Zukunftsangst, manchmal auch über die Wahnvorstellung, mit Hilfe des Teufels Macht über andere Menschen gewinnen zu können.

Keine Jugendsekte erfüllt diese Hoffnungen auf Dauer, aber ihre Mitglieder verstricken sich meist suchtartig in ihr, indem sie sich ganz in sie hineinfallen lassen, indem sie ihr Schicksal in die Hand ihrer „okkulten Meister" legen, denen sie total hörig werden. Sie leben ausschließlich von Hoffnungen auf das bessere Jenseits und verdrängen ihre Gegenwart. Und nur mit raffinierten psychologischen „Decodierungsprogrammen" bekommt man sie überhaupt wieder heraus.

Wenn junge Menschen den Leistungserwartungen ihrer Eltern und Lehrer nicht entsprechen können, weil bei ihnen Teilleistungsschwächen wie Legasthenie, Dyskalkulie, Wahrnehmungs-, Konzentrations-, Durchhaltevermögen-, Fremdsprachen- oder Hirnausfälle evident werden, wenn sie also in Schulleistungsfeldern versagen, versuchen sie zumeist, zunächst intern, zu kompensieren. Wer mit Mathematik, Technik oder Physik nicht klarkommt, weicht auf Sprachliches aus und umgekehrt, wer nicht singen kann, versucht, wenigstens zeichnerisch oder im Darstellenden Spiel gut zu sein, wer nicht gut schreiben kann, kompensiert mit Computerleistungen, und wer alles nicht so gut hinbekommt, versucht, mit Sport oder mit Sozialem zu glänzen. Nur wer gar nichts in den schulischen Leistungsfeldern zustande bringt, wer also eigentlich überall versagt und das auch noch ständig vorgeworfen bekommt, sucht sich irgendwo außerhalb von Schule und Familie Bewährungsfelder, in denen er etwas zu leisten vermag, was andere nicht können oder sich nicht trauen. Klauen gehört dazu, Graffiti-Sprühen, Gangbanging zwischen Stadtteilbanden, rechtsradikale Aktivitäten gegen Asylbewerber oder auch Hooliganismus.

Das Spektrum der Hools reicht vom harmlosen Fan bis zum kriminellen fremdenfeindlichen Skinhead. Manchmal geht es dabei um die bloß zuschauende Liebe zum Fußball, auch weil man selbst überhaupt nicht Fußball spielen kann, manchmal wird aber die Szenerie auch zum Anlaß genommen, Aggressionen ausleben zu können.

Hooligans kommen oft aus kaputten Familien, hatten weichenstellende Mißerfolge in Schule oder Ausbildung, leiden unter Arbeits- oder Perspektivlosigkeit, haben die Woche über ein unerfülltes Berufs- und Privatleben, so daß sie sich mit ihrem Verein identifizieren und seine Siege auf sich ausstrahlen lassen. Sie glänzen nach dem Matchgewinn mit ihren Idolen mit, nach einer Niederlage aber lassen sie ihren allgemeinen und den konkret wieder bewußtgewordenen Verliererfrust an den gegnerischen Fans aus, die als Feindbild herhalten müssen, damit sie selbst Sinnhaftigkeit, Wir-Bewußtsein und Freizeitanimation bekommen, damit sie im Sinne von Leistungsersatz wenigstens andere niedermachen oder niederstrecken können und damit sie bei zuschlagendem Erfolg eine größere Anerkennung und einen Aufstieg in der Rangordnung ihrer Gruppe gewinnen. Das gemeinsame Feindbild erhöht das Wir-Bewußtsein, es ist als Kondensationspunkt für die berauschenden Aktivitäten, die mit den lange vor dem Spiel arrangierten Treffen, der gemeinsamen Anreise, dem flankierenden Alkoholkonsum und den menschenverachtenden Kampfgesängen beginnen und oft in brutalen Schlägereien enden. Und wenn die gegnerischen Fans ausbleiben, weil das Fußballspiel mitten in der Woche stattfindet, dann müssen die Bereitschaftspolizei oder die Stadionordner als Feindbild herhalten; der einsam zur Arena humpelnde Rentner taugt jedoch nicht dafür, in der Auseinandersetzung mit ihm kann man sich nicht so gut bewähren.

Die Hooligangruppe, zu der man gehört, nimmt einem ab, wie man sich zu kleiden hat, was man zu singen hat, welche Insider-Sprachcodes man zu pflegen hat, wie das Wochenende zu gestalten ist, welches das zusammenschmiedende Feindbild ist und wie man mit ihm umzugehen hat. Insofern bietet das Wir-Bewußtsein des Kollektivs neben dem Anerkennungsaufstieg durch die vorgegebenen Leistungserwartungen rein formal auch Orientierung, Identifikation und Sinnerhöhung. Ganz ähnlich sieht es bei den anderen Jugendkultnischen wie den Skatern, den Skinheads, den Crash-Kids, den HipHoppern mit ihrer Graffiti-Szene und den Straßen- und Stadtteilbanden aus.

Es ist recht zufällig, bei welcher Subkultur man landet, wenn man alternativ kompensieren will. Der jeweilige Stadtteil, die Region, die Freunde geben bei den meisten Jugendlichen vor, wohin sie abdriften können. Jeder deutsche Oberliga- und Bundesligaverein hat jedenfalls 100 bis 5000 intensive Fans, die auch zu Auswärtsspielen reisen, und nur jeder zehnte davon ist ein harter Hooligan, der bereit ist, mit Eisenstangen oder Messern auf gegnerische Anhänger loszugehen oder den „Dritten Mob", wie die Polizei in der Szene genannt wird, zu provozieren. Eine Minderheit von ihnen ist den rassistischen Skinheads zuzurechnen, die als „Glatzen" mit Bomberjacken und Springerstiefeln ihr Feindbild gegen „Neger, Asys, Schlitzaugen und Linke" gebastelt haben.

Schon vom Hühnerhof kennt man die Hack- und Pickordnung, andere Tiere haben eine Beißordnung. Rangordnungen haben auch bei Menschen eine biologische Komponente, sie werden oft mit Gewalt und nicht nur mit den von Peter R. Hofstätter in seinem Buch „Gruppendynamik" erwähnten beiden Kategorien Tüchtigkeit und Beliebtheit erkämpft, wobei er mit Tüchtigkeit gesellschaftlich anerkannte Leistungen meinte.

Wir kennen menschliche Rangordnungsbedürfnisse aus den Hierarchien der Kirche, des Militärs und der Betriebsführung. Eine besondere Rolle spielen sie aber gerade bei Kindern und Jugendlichen, die noch auf der Suche nach sich selbst, nach ihrem Stellenwert in der Gruppe und nach ihrer Wirkung auf andere sind. Wenn sie im Kindergarten, in der Schule oder aber auch schon in ihrer Familie oft auf der Seite der Verlierer waren, dann liegt es nahe, daß sie in soziale Nischen abdriften, in denen sie Hierarchieerfolge nachholen können.

Funktioniert es mit dem Aussehen, mit Worten und in den üblichen gesellschaftlich anerkannten Leistungsbereichen nicht so gut, dann verfallen Verlierer leicht auf andere Kriterien wie Gewalt oder Erfolg gegenüber selbstgebauten Feindbildern, um wenigstens irgendwo nach oben zu kommen. Und durch die nun schon einige Jahre währende Gewaltdiskussion in unserem Lande sind für so manchen Versager Aggressionen und körperliche Stärke geradezu zu einem Faszinosum geworden, mit dem sich provozieren, aufbegehren, auf sich aufmerksam machen und gezielt dadurch schockieren läßt, daß man etwas tut, was die Gesellschaft aufschreien läßt. Den höchsten Aufmerksamkeitsgrad erreicht man zur Zeit über die Medien, wenn man Grabsteine auf jüdischen Friedhöfen mit Hakenkreuzen beschmiert, wenn man „Nigger klatscht" oder Molotow-Cocktails auf Asylbewerberheime wirft.

Feindbilder, Haß und Gewalt sind zu Mitteln des Sich-Wehrens, der Rechtfertigung, der Durchsetzung, des Ersatzerfolgs, der Aufmerksamkeitserheischung und der Rangordnungsbildung geworden. Moralische Bedenken entstehen in den Tätern dabei nicht, weil ihnen eine erhöhte Akzeptanz innerhalb der Normen ihrer Nische wichtiger ist, als daß sie für sich allein vielleicht sogar Gewalt ablehnen. Im Gegenteil, sie empfinden es als „ausgleichende Gerechtigkeit", wenn sie den Werten der Gesellschaft etwas Schlimmes antun, weil sie sich selbst von dieser Gesellschaft ganz und gar im Stich gelassen fühlen.

Kinder sind von Natur aus überhaupt nicht rassistisch, aber sie finden in einer pluralistischen Gesellschaft immer auch Gruppen, die ihnen Argumente für Vorurteile, Haß und Gewalt liefern, sei es, daß es um Wohnungsnot, um Arbeitslosigkeit und Armut geht, sei es, daß es sich um begehrte Mädchen handelt, die von Ausländern mit Beschlag belegt werden, sei es, daß sie die Verteilungskämpfe um Macht, Prestige und Geld nicht nachvollziehen können, sei es, daß die Ablehnung anderer kultureller oder religiöser Lebensformen die Chance zu einer vermeintlichen eigenen Überlegenheit eröffnet.

Meist neigen eher dumme und eher ungebildete bzw. vernachlässigte Menschen zu übertriebenen Feindbild- und Rangordnungsbedürfnissen. Sie brauchen die Polarisierung in Wir- und Die-Gruppen, um sich aufzuwerten und um einen nachgereichten Lebenssinn zu erhalten.

Vielleicht beruhigt es Eltern, wenn man ihnen sagt, daß Kinder, die ausreichend Zuwendung bekommen haben, die genügend Leistungserfolgserlebnisse hinter sich haben, denen bei Teilleistungsschwächen alternative Bewährungsfelder eröffnet werden konnten, die viel über das Leiden der Juden in Konzentrationslagern und im Warschauer Ghetto erfahren haben, die oft mit ausländischen Freunden gespielt haben, mit denen immer wieder über die diskrimierende Funktion von Vorurteilen gesprochen wurde, die über soziale Lernformen der Schule gelernt haben, auf Konflikte zuzugehen und sie angemessen zu lösen, kaum Feindbild- und kompensatorische Hierarchiebedürfnisse mit Gewalt als rangordnungsbildendem Kriterium entwickeln. Sie wissen nämlich längst, daß nicht alle Roma, Serben, Slumbewohner und Schwulen schlechte Menschen sind.

42. Ängste und Zwänge

Wenn Kinder direkt bis zum Einschlafen fernsehen, nehmen sie die unverarbeiteten Reize und Ängste in ihre Traumwelt mit und auch noch am nächsten Tag mit in die Schule; sie schlafen schlecht, wälzen sich schweißgebadet im Bett und schreien gelegentlich auf. Liegt aber zwischen dem letzten Fernsehkonsum und dem Einschlafen noch mindestens eine halbe Stunde, in der Mutter oder Vater auf der Bettkante sitzen, dem Kind zuhören, ihm etwas erzählen oder vorlesen und mit ihm das erlebte Tagesgeschehen verarbeiten, dann schläft es weitaus ruhiger und mit weniger Alpträumen und dann neigt es nicht so sehr zu dem, was wir aktuell „Montags-Syndrom" nennen; die aktive Schulhofgewalt ist dann gleichzeitig bei diesem Kind minimalisiert.

Kindern macht Angst, was sie nicht verstehen, was sie unerwartet trifft und was sie, in Überdosen konsumiert, noch nicht verarbeiten konnten. Die verspätete Heimkehr der Eltern, krabbelnde Spinnen, ungewohnte Tiergeräusche, Gewitter, gewaltreiche Horrorszenen auf dem Bildschirm, auch wenn sie nicht viel mit der Realität zu tun haben, ein plötzlicher Wohnungswechsel, der sie aus allem Vertrauten herausreißt, die Scheidung der Eltern mit dem Verlust eines Elternteils, die Geburt eines Geschwisterkindes, mit dem sie schlagartig die Zuwendung der Eltern teilen müssen, sexueller Mißbrauch, aber auch allzu hohe, sie völlig überfordernde Leistungs- und Verhaltenserwartungen, deren Nichterfüllung mit enttäuschten Gesichtern von Vater und Mutter, mit Schimpfen, mit Liebesentzug oder gar mit Schlagen bestraft wird, all das ängstigt sie.

Zu solchen Überforderungen gehören eine übertriebene Sauberkeits- und Ordnungserziehung der Mutter, die späterhin aus Angst vor Versagen in einen Waschzwang oder in einen Ordnungsfetischismus einmünden kann, zu hohe sprachliche Erwartungen, die zum Stottern oder Poltern führen können, ein zu früh einsetzender Musik- oder Sportunterricht, der eine lebenslange Abneigung gegen klassische Musik und die erzwungene Sportart bewirken kann, sowie eine zu kalte und distanzierte, gleichzeitig aber auf Höflichkeit, Tischmanieren und kultivierte Bewegungsabläufe erpichte Erziehung, die über Versagensängste in Bettnässen, Asthma, Nägelkauen, nervöse Tics, Migräne und autoaggressive Hauterkrankungen wie Allergien, Warzen, Ekzeme und Neurodermitis, aber auch in Gürtelrosen und andere Neurosen einmünden kann.

Wenn Mütter Angst vor Dunkelheit oder Ekel vor Würmern, Käfern, Schlangen und Spinnen haben, tradieren sie ziemlich automatisch diese Angst und diesen Ekel in ihre Kinder hinein. In Kulturen, in denen die Erwachsenen sich beim Anblick solcher Tiere freuen, weil sie ihnen als Nahrung dienen, empfinden die Kinder auch Freude über Würmer, Käfer, Schlangen oder Spinnen. Reagieren Eltern in Fahrstühlen oder Flugzeugen panisch, bekommen ihre Kinder auch Flug- und Platzangst (Agoraphobie). Das gleiche passiert mit der Reaktion auf Blut und Tod. Wenn ein Mensch sich verletzt hat oder stirbt, müßte man ja eigentlich ihm beistehen. Wenn Mütter aber mit Entsetzen, Weggucken, Weglaufen und Angewidertsein auf Verletzung, Krankheit und Tod reagieren, erreichen sie, daß sich auch ihre Kinder derart abgestoßen von hilfsbedürftigen Menschen fühlen, daß sie nicht mehr bereit sind, ihnen zu helfen oder Trost zu spenden. Von den Ängsten der Mutter gerade während der ersten Lebensjahre des Kindes hängt also sehr viel das ganze Leben Mitsteuerndes ab.

Rund zehn Millionen Erwachsene in Deutschland, also jeder achte, haben Phobien, also Ängste vor großen Plätzen, vor Menschenansammlungen (Sozialangst), vor Infektionen, vor Insekten, Spinnen, Würmern und Schlangen, vor der Höhe, vor dem Fliegen, dem Fahrstuhlfahren und dem Tod. Ängste sind nach Suchterkrankungen die häufigsten psychischen Erkrankungen, und sie übertragen sich besonders leicht auf Kinder, das gilt auch für Zukunftssorgen und Furcht vor Krieg.

Wenn Erwachsene angstkrank sind, hilft eigentlich nur eine tiefgreifende Therapie, die in 25 bis 80 Stunden die Persönlichkeit umbaut. Bei Kindern können Ängste jedoch vermieden und auch leichter behoben werden, und zwar durch Aufklärung, durch Gegenbeweise, durch Vormachen und indem man sie selbst nicht ausspricht und zeigt. Mütter müssen eben nicht beim Anblick einer Spinne hysterisch aufschreien, denn Spinnen, die in Deutschland leben, tun dem Menschen gar nichts Böses an, sie übertragen keine Krankheiten, fressen aber Schädlinge und Plagegeister auf. Am Ende nützen sie dem Menschen nur. Wenn Kindergärtnerinnen und Grundschullehrer bei Waldspaziergängen Kindern Käfer oder Würmer auf die Hand legen und sie auf die wunderschönen Färbungen und Ringelungen hinweisen, schwindet meist sehr schnell die Scheu vor diesen Tieren, zumal wenn viele Mitschüler solche Tiere ohne Bedenken anfassen; sie begreifen dann im wahrsten Sinne des Wortes die Harmlosigkeit dieser Wesen.

An angstbesetzte Situationen kann man Kinder recht gut gewöhnen, auch an den Umgang mit Behinderten, mit Verletzten, mit Epileptikern oder mit Kranken. Das Fahrstuhlfahren, das Fliegen, das Überqueren großer Plätze, das Durchwandern von Menschenansammlungen, das Überschreiten von Brücken und das Ertragen von Höhe auf Kirchtürmen ist trainierbar und um so erfolgreicher, je selbstverständlicher Bezugspersonen und Vorbilder damit umgehen.

Wer Kinder dressieren oder immer nur zwingen will, arbeitet ja ohne ihre Zustimmung, er macht sich dann auch durchweg nicht die Mühe, sie mit Argumenten von der Notwendigkeit derjenigen Leistungen und Verhaltensweisen vorsichtig zu überzeugen, die er erwartet. Dressur baut Ängste und Zwänge auf, weil das Wohlverhalten als uneinsehbare Leistung gebracht werden soll, es steht isoliert, völlig bezugslos und in seiner Sinnhaftigkeit nicht nachvollziehbar einfach nur so im Raum; das muß Angst machen und, wenn die Dressur „erfolgreich“ war, zu Zwängen führen, die dem Opfer nicht erklärlich sind, und zwar genauso wenig wie Anforderungen, die letztlich zu dem Waschzwang, dem Ordnungsfetischismus, der Körperfeindlichkeit mit ihrem kompensierenden Onaniezwang und ihrer Sexsucht oder dem Asthmaanfall führen, weil man im Angesicht des überstrengen, emotional kalten, distanzierten und ständig überfordernden Vater einfach keine Luft mehr zum Atmen findet. Alles was eng macht, führt zu Angst, und die Angst führt nach Jahren erst zu der Angst vor der Angst und dann über Panik zu verselbständigten Zwängen, die der Erwachsene oft nur noch mit Hilfe einer Psychoanalyse auf ihren auslösenden Ursprung zurückzuführen vermag. Es gibt Kinder, die zunächst Einschlafstörungen haben, sodann Angst davor, nicht einschlafen zu können, es folgt dann die Angst vor der Angst, nicht einschlafen zu können, und schließlich kommt die Panik schon, wenn der Tag sich langsam neigt. Am Ende wächst der zwanghafte Glaube, überhaupt nie mehr ohne Einschlafhilfen einschlafen zu können. Die überfordernden Erwartungen haben sich mit Hilfe der Angst im Unbewußten zum zwanghaften Tun verselbständigt und verfestigt, das allgegenwärtig ist, auch wenn der einst verursachende Faktor längst nicht mehr vorhanden ist.

Kinder, die permanent kritisiert, ausgeschimpft und geschlagen werden, bauen bis zur Gewöhnung an diesen alltäglichen Führungsstil Angst auf. Wenn sie sich aber an die Härte ihrer Eltern gewöhnt haben, ist die Angst bereits in den Zwang übergegangen, so daß sie von sich selbst nichts mehr halten, weil auch die anderen nichts von ihnen halten. Fortan gehen sie auch mit sich selbst schlecht um, strafen sich ständig und beschimpfen sich, beispielsweise im Selbstgespräch; als kompensatorisches Gegengewicht belohnen sie sich dann mit übermäßigem Essen, mit Zuckersucht, mit Nikotin, Alkohol, Drogen, Tabletten, mit Onanie und mit Sexsucht; die Zwänge, ursprünglich von ihren Eltern ausgehend, sind über die Ängste zu ihren selbstbestimmten Zwängen geworden, und sie schlagen sich meist vielfach in ihrem Leben nieder. So wird die Erziehung mit Dressur, Zwang und Kälte zu einem Fluch für ihr gesamtes Leben, schließlich einmündend in Einsamkeit, Süchte und Depressionen, wenn die Entwicklung nicht therapeutisch unterbrochen wird.

Gemeint ist hier krankhafte Angst, nicht die ganz normale, die uns auf natürliche Weise vor Gefahren schützt, die uns in die Lage versetzt, auf bedrohliche Situationen mit einem überhöhten Adrenalinspiegel angemessen zu reagieren.

43. Freundschaft, Liebe und Sexualität

Kinder brauchen viel Liebe, aber nicht eine „Affenliebe“ mit gleichzeitigem Verzicht auf die notwendigen Herausforderungen und Grenzsetzungen. Wer jungen Menschen „jeden Stein aus dem Weg räumt“, läßt sie lebensuntüchtig, weil sie nicht lernen, sich selbst zu organisieren. Ein Mangel an Liebe im Sinne von Vernachlässigung führt dagegen zu Verwahrlosung und zu überstarken kompensatorischen Bemühungen, auf mißliche Weise Aufmerksamkeit, Anerkennung und Zuwendung zu erheischen, also beispielsweise durch Bettnässen, Mukschsein, Provokationen, Angeben und Gewalt.

Die Dosierung von Liebe muß stimmen, weil ihr Mangel und ihr Übermaß Störungen in der Persönlichkeitsentwicklung und nur geringe positive Sozialisationseffekte bewirken.

Junge Menschen benötigen Freundschaften in der Gleichaltrigkeit oder stellvertretend in der Erwachsenenwelt, wobei es mehr auf die Einstellung des Freundes als auf sein konkretes Alter ankommt. Erzieher, Lehrer und auch Eltern können immer gleichzeitig auch gute Freunde von Kindern und Jugendlichen sein, indem sie sich beim Spiel, beim Körperkontakt, bei Träumen und Phantasien ganz und gar auf die jeweilige Entwicklungsstufe des jungen Menschen einlassen. Das gelingt dann Erwachsenen besonders gut, wenn sie ihre eigene Kindheit noch nicht vergessen und verdrängt haben, wenn sie ein Stück ihrer Kindheit in sich bewahrt haben und wenn sie Kindheit als eine Lebensstufe mit einem besonders hohen Eigenwert bejahen und keineswegs Erwachsene für in sämtlichen Belangen überlegen halten.

Wer Kinder nicht umfassend liebt und nicht alle Teile ihrer Persönlichkeit meint, wer sie nur auf ihren Kopf oder ihre Sexualität reduziert liebt, zwingt sie zur ausgleichenden Betonung des Vernachlässigten in ihrem Wesen.

Wenn Kinder zu wenig angefaßt werden, wenn mit ihnen zu wenig geschmust und gebalgt wird, wenn sie nur aus großer Distanz überkalt geführt werden, wenn sie also mit einem Mangel an Hautkontakten und Gedrücktwerden aufwachsen, bemühen sie sich, ihnen unbewußt, um ein Stimmigmachen ihrer unausgewogenen Körperkontaktbilanz. Sie duschen dann häufiger und länger, onanieren exzessiv, suchen frühe Sexualkontakte in der Gleichaltrigkeit und driften leicht in pornographische Bedürfnisse, in Sexsucht und in Perversionen ab, um sich selbst das nachzureichen, was ihnen immer fehlte.

Umgekehrt entwickelt sich bei jungen Menschen ein gestörtes Verhältnis zur Sexualität, wenn sie sexuell mißbraucht werden; sie lehnen sie dann kaum noch reparabel ab, halten sie für etwas sehr Mißliches und werden beispielsweise als Mädchen magersüchtig, um die Pubertät hinauszuzögern, um nicht geschlechtsreif und begehrenswert zu werden.

Sexualität ist ein ganz natürliches Bedürfnis wie Essen und Trinken, und mit ihr muß daher genauso selbstverständlich und den jeweiligen körperlichen Bedürfnissen entsprechend umgegangen werden wie mit der Nahrungszufuhr. Sie hat von Anbeginn an nichts mit Schuld zu tun, ist also nichts Böses, wie die Katholische Kirche oder auch der Islam jahrhundertelang vorzutäuschen suchten.

Mit 17 Jahren haben heute schon zwei Drittel der Mädchen und 59 Prozent der Jungen Beischlaf erlebt. Dies ergab eine Emnid-Studie im Auftrag der Bundeszentrale für Gesundheitliche Aufklärung im Jahre 1995. Danach haben bereits sieben Prozent der 14jährigen Geschlechtsverkehr gehabt. Bei der vorangegangenen Studie 1980 waren es erst drei Prozent der Mädchen und ein Prozent der Jungen. Insgesamt sind die westdeutschen Teenager den ostdeutschen zeitlich etwas voraus. Das am meisten verwendete Verhütungsmittel beim „ersten Mal" ist mit Abstand das Kondom. Bei der Verhütung verhalten sich nicht nur Mädchen, sondern auch Jungen zunehmend verantwortungsbewußter. Die Zahl der Teenager, die beim ersten Mal überhaupt nicht verhüten, hat sich halbiert. Nur noch acht Prozent der Mädchen (1980: 20 Prozent) und 16 Prozent (1980: 29 Prozent) der Jungen treffen keinerlei Vorsorge.

Welche merkwürdigen normativen Vorstellungen mit Sexualität in der Historie immer wieder verbunden wurden, wird am Beispiel des Iran deutlich, in dem heute noch zum Tode verurteilte Jungfrauen vor ihrer Hinrichtung vergewaltigt werden, damit sie nicht in den Himmel kommen.

Wenn es Jungen an normal dosiertem Körperkontakt, der ihren gesamten Leib umfassend meint, mangelt, zwingt man sie zu Arten von Kompensation in den beiden Zonen ihres Leibes, die in mißlichen Männerbünden, also beispielsweise bei Soldaten, auf dem Bau oder in der Seefahrt allein akzeptiert sind, nämlich zu übertriebenem bizeps- und peniszentrierten Körperkontakt. Alles andere könnte nach ihrer Auffassung als zu weich oder schwul interpretiert werden, auch weil sie nicht gelernt haben, mit anderen Formen von Nähe, Emotionalität und Zärtlichkeit richtig umzugehen.

Schon kleinste Kinder haben Sexualität, allein, untereinander und auch von Erwachsenen begehrt. Sexualität geht weit über die Genitalien hinaus, sie ereignet sich auch über allgemeinen Körperkontakt, über Blicke und über Sprache.

Unterdrückte und nicht sinnvoll ausgelebte leibliche Triebe, eine körperfeindliche Askeseerziehung, die historisch oder religiös bedingt sein kann, ein Mangel an Bewegungs-, Spiel- und Rangelkontakten, sexuelle Verführungen und Defizite an Fürsorge beeinflussen die Ausprägung der sexuellen Motivationen im Kind bis hin zum Triebtäter, Sodomisten, Vojeur, Exhibitionisten, Pädophilen, Homosexuellen, Fetischisten, Nekrophilen oder Gerontophilen.

Sexuelle Fehlentwicklungen haben viel mit enttäuschenden Erfahrungen, mit Ängsten und mit unstimmigen Reizbilanzen sowie mit Ignorieren, Verboten und Strafen zu tun und münden oft in schwere Neurosen, Psychosen oder Zwänge ein. Wer das Thema Sexualität ganz aus seinem Zusammenleben und aus Gesprächen mit Kindern verbannt, wer das aktive Auseinandersetzen von Jungen und Mädchen mit ihrer Sexualität in der Badewanne, auf dem Spielplatz oder im Kinderzimmer stets negativ kommentiert oder gar sanktioniert und wer seine eigene Sexualität tabusiert, verhält sich völlig falsch. Denn Sexualerziehung ist eine Gratwanderung zwischen der Akzeptanz der unvoreingenommenen kindlichen Neugier und dem Ausprobieren seiner Organe und seiner sexuellen Reize auf andere einerseits und einer vorsichtigen Werteerziehung andererseits.

Jugendliche probieren ihre Sexualität im freundschaftlichen Umgang sowie bei kurzen Begegnungen auf Partys, in Discos, auf Szene-Treffs und auf Reisen, aber auch durch Masturbation allein, zu zweit und in der Gruppe aus. Sie müssen das tun, um mehr über sich und ihre Wirkung auf andere zu erfahren, um Maßstäbe bzw. Kriterien für spätere feste und langanhaltende Bindungen aufbauen zu können.

Sexualität muß dabei nicht immer in Freundschaft oder Liebe eingebettet sein, sie entwickelt sich aber positiver in der Freundschaft und im Rahmen einer den ganzen Menschen umfassenden Liebe.

Unvermittelt angesetzte Aufklärungsgespräche im Rahmen einer bewußten Sexualerziehung mißlingen oft als verkrampfte, weltfremde und bloß aufgesetzte Ereignisse, das gilt besonders für den schulischen Sexualkundeunterricht. Sexualerziehung sollte daher immer in ein umfassendes Zusammenleben eingebettet sein. Ein nicht moralisierender, sondern freundschaftlicher Umgang der Eltern, Erzieher und Lehrer mit ihren Kindern ist der beste Weg, eine gesunde sexuelle Entwicklung zu fördern. Gespräche aus konkreten Anlässen bewirken jedenfalls mehr als der geplante Vorsatz, in einem vielleicht unpassenden Augenblick aufzuklären.

Schon die meisten 14jährigen wissen über Empfängnisverhütung gut Bescheid, obwohl sie noch etwa eineinhalb Jahre vom ersten Koitus entfernt sind. Die 14- bis 17jährigen sind besser als frühere Generationen imstande, mit ihrer Sexualität umzugehen. Partnerschaft steht hoch im Kurs, aber nicht um jeden Preis. Die meisten Mädchen mit Koituserfahrung haben sich vom ersten Partner über kurz oder lang getrennt, mit dem zweiten oder dritten bleiben sie dann zusammen: 66 Prozent hielten ihm „in den letzten zwölf Monaten" die Treue. Die Mädchen sind selbstbewußter als einst ihre Mütter oder gar ihre Großmütter; die Initiative beim Sex überlassen nur noch wenige den Jungen, weitaus die meisten sind in gleicher Weise aktiv. Von einem Trend zur „Keuschheit bis zum Traualtar" findet sich heutzutage keine Spur mehr. Lediglich jeder hundertste Jugendliche lehnt noch vorehelichen Geschlechtsverkehr ab, stellten die Emnid-Institute fest.

Was in der Sexualität unüblich ist, muß übrigens nicht immer falsch sein, und was man richtig zu tun glaubt, kann völlig daneben geraten. Insofern sind Handlungsanweisungen für Sexualerziehung nicht unbedingt sinnvoll, abgesehen von denen, die besagen, daß man sehr behutsam in das Kind hineinhorchen muß, daß man sich nicht mit Verfrühungen aufdrängen darf und daß es keinen Zweck hat, erst dann mit Aufklärung beginnen zu wollen, wenn der junge Mensch sowieso schon alles weiß.

Gespräche über Sexualität müssen letztlich immer in eine erhöhte Liebesfähigkeit des jungen Menschen einmünden, und sie dürfen nie der Selbstbefriedigung von Erwachsenen dienen. Und dem Kind bloß übergestülpte Sexualnormen – beispielsweise gegen Homosexualität oder gegen vorehelichen Geschlechtsverkehr – richten meist mehr Schaden in ihm an, als daß sie ihm auf Dauer nützen.

Wenn Menschen verliebt sind, kreist all ihr Denken, Fühlen und Handeln nur noch um einen Menschen. Vor allem Jugendliche haben in Phasen des Verliebtseins Schwierigkeiten, sich zu orientieren.

„Liebe macht blind" ist eine alte Volksweisheit; die Welt wird dann ganz unrealistisch gesehen, und es kommt zu Verhaltensweisen, die für die Umgebung unverständlich sind. Tragisch wird es immer dann, wenn der Geliebte, der nicht zurückliebt, dem Liebenden eine deutliche Abfuhr erteilt und schließlich derart böse wird, daß der enttäuschte Liebende auf den Boden der Tatsachen zurückgeworfen wird. Oft stellt sich die Korrektur eines Liebeskummers oder kranken Verliebtseins erst nach einer ganzen Kette von Demütigungen ein.

Es gibt aber auch Opfer von Liebesnachstellungen, die nicht den Mut aufbringen, den Liebenden zurückzuweisen, weil sie ihm nicht weh tun wollen, weil sie das Geliebtwerden genießen, denn es tut dem Selbstwertgefühl gut, oder weil sie den Liebeskranken noch einmal in einem späteren Notfall nutzen wollen. Fair ist es jedoch, dem Liebenden mitzuteilen, daß von Gegenliebe, die den ganzen Menschen meint, überhaupt keine Rede sein kann und daß jede Hoffnung auf eine erfüllende Beziehung vergeblich bleiben wird, denn Klammern und Hinterherlaufen treibt in der Regel ohnehin nur immer weiter weg.

Tröstlich ist immerhin, daß krankes und krankmachendes Verliebtsein sowie Liebeskummer im Unterschied zur ganz normalen Liebe stets zeitlich begrenzt sind; irgendwann erreicht nämlich jeder den Punkt, an dem er keine Lust mehr hat, weiterhin zu leiden. Und letztlich heilt die Zeit alle Wunden, jedenfalls die von liebestollen Menschen.

44. Freizeit

Kinder dürfen nicht restlos verplant werden, sie benötigen viel Zeit für Bewegung, Spiel, Muße und Träume. Sie begehren vor allem aber eine vielfältigere Freizeit mit häufigerem Wechsel ihrer immer wieder anderen Vorlieben als Erwachsene.

Während die meisten Erwachsenen sich auf ein einziges sie befriedigendes Hobby neben ihrer Berufstätigkeit reduzieren, brauchen Kinder durchweg ein reiches Betätigungsfeld neben der Schule; mal wollen sie schwimmen, mal mit Freunden computerspielen, dann begeben sie sich in eine Phase leidenschaftlichen Schiffs- und Flugmodellbaus, dann wollen sie draußen rad- oder skateboardfahren, dann Gitarre oder Tischtennis spielen, dann mit einer Freundin ins Kino gehen, dann auf dem Fußballplatz bolzen oder mit ihrer Eisenbahn spielen. Für sie sind diese unterschiedlichen Betätigungen wichtig, um ihre Kräfte im Umgang mit Sachen, mit Bewegungen und immer wieder anderen Menschen entwickeln zu können, um die Welt zu verstehen und zu meistern. Dabei ist ihnen fast alles lieber als Unterricht oder Hausaufgaben. Sie träumen auch während des Schulvormittags von ihrem Sport, ihrem Graffiti-Sprühen, ihren Hobbys und ihren Freunden, von ihren CDs, ihrem Moto-Crossen oder Surfen, weil für sie Spiel Ernst ist, denn die Absichten, die sie damit verfolgen, sind für sie durchaus ernsthaft.

Freunde zu haben und mit ihnen etwas anzustellen, das ihrer Selbstbestimmung unterliegt und deshalb lustbetont ist, ist für Kinder ungemein bedeutsam, und es ist für ihre gesamte Sozialisation wichtig.

Die Freizeit ist als autonomer Verfügungsraum für sie Gegenstück und Ergänzung zur Verplanung ihrer Zeit durch Eltern und Lehrer.

Eltern können nämlich nie ganz sicher wissen, ob ihre Kinder mit der Verordnung von Klavier-, Reit- oder Hockeyunterricht, mit Konfirmanden- und Nachhilfeunterricht, mit verordneten Wochenendtrips, bei denen sie stundenlang im Fond eines Autos sitzend vom Spaziergang zu Museen, von Kirchenbesichtigungen zum Kaffeetrinken oder zum Verwandtenbesuch chauffiert werden, glücklich werden, ob ein alpines Ski-Camp in den Osterferien, ein Schüleraustausch zum besseren Lernen des Englischen in den Sommerferien und ein Reiterhofaufenthalt in den Herbstferien stets das Richtige sind.

Die meisten Kinder bevorzugen infolge zufälliger Kontakte und Animationen Hobbys, auf die ihre Eltern gar nicht gekommen wären. Und da sie sich gern eine eigene Welt aufbauen möchten, in der sie den Menschen ihres Nahraums überlegen sind, suchen sie sich oft Beschäftigungen, die ganz anders sind als die von den Eltern favorisierten Hobbys, Sportarten und Musikinstrumente. Ob es nun Ringtennis, Schlagzeugspielen, Aquarienhaltung, Briefmarkensammeln, Inline-Skaten oder Surfen ist, die Eltern sollten ihnen freie Hand lassen, denn jedwedes auch noch so ausgefallenes Steckenpferd gibt ein wenig Halt, Perspektiven und das Gefühl, daß man irgend etwas besonders gut kann. Es bindet an Ziele, die die Wahrscheinlichkeit des Abdriftens in völlig unerwünschte Jugendkultnischen verringern.

Das gilt auch für die Übernahme kleiner Jobs, die noch Platz zwischen schulischen und häuslichen Pflichten finden. Sie erlauben einen frühen Einblick in die Arbeitswelt, sorgen meist für einen disziplinierteren Umgang mit Geld und Zeit und bringen insofern oft einen vernünftigmachenden Entwicklungsschub, der vor mißlichen Anpassungsprozessen an subkulturelle Auswüchse und an schlimme Jugendtrends zu bewahren vermag.

Besonders wichtig ist in Anbetracht der Zunahme von Sinnes- und Koordinationsschwächen der unter Ansprache-, Bewegungs- und Spielmangel, Hyperaktivität oder Überernährung leidenden stubenhockenden, mit Bildschirmerfahrungen überversorgten und mit Kontaktarmut alleingelassenen Kinder die ausgleichende Funktion des Sports. Wenn Kinder zu einer sie begeisternden Sportart tendieren, sollte man sie auch ermutigen, sie auszuüben, vorausgesetzt sie ist bezahlbar. Denn Sport befriedigt nicht nur sinnliche, motorische, Leistungs-, Selbstwert- und Rangordnungsbedürfnisse, sondern ermöglicht auch Soziales Lernen, Wir-Bewußtsein, Erfolgserlebnisse und – nicht zuletzt – ein sinnvolles Ausfüllen von Freizeit, vermindert also problemschaffende Langeweile.

45. Musik und Sport

Singen, Musikmachen und Musikhören sind eine Lust, jedenfalls für Kinder. Mit ihrem Älterwerden differenziert sich ihr Musikgeschmack sehr, je nach vorherrschenden und von außen an sie herangetragenen Trends.

Jugendliche suchen sich durchweg eine Musiknische, die sie bevorzugen, um sich von der schulischen Musikerziehung und von dem abzusetzen, was ihre Eltern favorisieren, aber auch von den Musikrichtungen, die in anderen rivalisierenden Jugendkultnischen dominieren; denn die Musik ist ein Stück Bekleidungsverhalten, sie gehört wie die Frisur, die Klamotten und die Insider-Sprachcodes als Identifikationsmerkmal zu der Szene, in der man sich bewegt.

Pop, Rock, Rap und Techno-Rave stehen jeweils für ein bestimmtes Freizeitgefühl. Die Friedhofskultur betreibenden Grufties hören den Rock der britischen Gruppe „The Cure“, die Graffiti-Sprayer, Breakdancer und Skater mögen den Rap ihrer HipHop-Kultur und die Disco-Freaks bestehen im Moment auf Techno-Rave oder – etwas härter – Tekkno-Musik. Leider ist mit der eigenen Musikrichtung immer zugleich Abgrenzung zu anderen Arten verbunden, also eine gewisse Intoleranz, mit der man nur den eigenen Geschmack „geil“ findet, den anderen aber ablehnt. Es gibt nur sehr wenige junge Menschen, die Musik an sich schätzen, also sowohl Volkslieder als auch Klassik, Pop, Schlager, Rock, Rap und Techno-Musik. Offenbar ist ein allgemeiner Musikgenuß seltener als die Verknüpfung einer bestimmten bevorzugten Musikgattung mit dem Lebensgefühl einer ausgewählten Jugendkultnische und ihren Trends. Selbst beim Rap gibt es deutsche Rapper, internationale Rapper, die besonders auf dem amerikanischen Rap stehen, Jungle-Freaks, Anhänger einer drogenfreien und eher politischen HipHop-Bewegung sowie drogenabhängige Rapper. Aber auch die Begleitumstände wandeln sich modisch; noch 1993 wurde auf deutschen Techno-Jams die Pharma-Droge LSD bevorzugt; heute gehen diese Superpartys oft über 24 oder 48 Stunden und werden mit dem synthetischen Stoff Ecstasy durchgestanden.

Rock- und Techno-Musik bedeuten in der Regel eine elektronisch geförderte gewaltige Lautstärke, ein mechanisches Hämmern der Rhythmen, die den gesamten Körper auch über die Haut erfassen, und ein gewisser Mangel an melodischen Nuancen, so wie bei den monotonen und daher Ekstase begünstigenden Klängen von afrikanischen Naturvölkern.

Vergessen, Verdrängen, Benommenheit, Ausstieg und Rausch sind die Folgen, der Alltag wird mit Rock und Techno erschlagen, der Körper wird vorübergehend, auch durch das begleitende Tanzen, von sich entfremdet, er wird eine Zeitlang vom Kopf getrennt. „Aggressive Musik ist Schuld an Gewalt und Kriminalität der Jugend", meint deshalb der britische Dirigent Denis Vaughan, und er verweist darauf, daß Diktatoren und Militärs schon immer die aufpeitschende Wirkung martialischer Musik genutzt haben, um ihre Ziele leichter zu erreichen. In Australien schreiben Brauereien den Kneipen die Lautstärke der Musik vor, weil der Getränkekonsum in unmittelbarer Beziehung zur Phonzahl steht.

Klassische Musik hingegen bringt Seele, Geist und Körper in Harmonie und beruhigt die Sinne. In den USA sind viele Rap-Musik-Platten verboten, weil ihre Texte zu gewalttätig sind. „Motherfucking", „Hole" (= weibliches Geschlechtsorgan), „Bitch" (= Hure), „Slut" (= Schlampe) usw. sind dabei noch eher harmlose Sprachfloskeln, die ständig wiederkehren.

Noch nie ging es in der Rockmusik so sehr um Tod und Okkultismus wie heute; auf den Bühnen werden Schwarze Messen und Satansbeschwörungen initiiert. Der Musikcomputer des Süddeutschen Rundfunks (SDR) beispielsweise spuckt unter den Stichwörtern Teufel, Devil, Hölle und Hell etwa 1500 Titel aus. An der Spitze der „Teufelsrocker" stehen Iron Maiden, Slayer, Alice Cooper, Judas Priest, Mötley Crüe, Ozzy Osbourne, Megadeth, AC/DC, Kiss und nicht zuletzt Black Sabbath als Meister der satanischen Rockverse.

Jugendliche, die unter der Langeweile ihres grauen Alltags und den Süchten, der Armut oder der Arbeitslosigkeit ihrer Eltern oder unter ihrem eigenen Versagen leiden, genießen vielfach aggressive, gewaltverherrlichende und menschenverachtende Musik als Protest, Trost und Rache an der für sie mißlichen Realität der Gesellschaft. Die in Musikform geworfenen Aggressionen verheißen ihnen Solidarität mit ihren Niederlagen und ihrem Untenstehen in der Ellenbogengesellschaft; besonders deutlich wird das in der Rap-Szene der Schwarzen und Latinos in den USA. Ihre Musik bietet ihnen durch Zuhören und Mitmachen die Chance, ihren Frust entlastend sowie kanalisiert herauszulassen.

Neben Musik ist Sport eine Möglichkeit, um Aggressionen freizusetzen und zu bändigen. Das natürliche Mobilitätsbedürfnis von Kindern wird nicht nur beim Tanzen, beim Schaukeln und Klettern eingefangen, sondern auch beim Laufen, Schwimmen, Radfahren, Skateboardfahren und in Mannschaftssportarten, und sie können dabei Erfolge gegen die Zeit, in Metern, durch Tore und Punkte sowie gegen Rivalen erzielen. Umgekehrt befreit Sport auch viele autoaggressiv Gestörte von ihren Hemmungen.

Aber Sport bringt nicht nur Erfolge und Selbstbewußtsein, er verschafft auch Niederlagen und Versagenserlebnisse, so daß Gewalt in Form von Bodychecks, Fouls, üblen Beschimpfungen, Anspucken und Verletzungen zu ihm gehört. Sportarten brauchen deshalb Spielregeln und Sanktionskataloge, die das Einhalten von schützenden Verhaltensgrenzen erzwingen.

Die Kombination von sinnvoll kanalisierten Aggressionen und Sport ergibt die vielen Kampfsportarten, die sich im gleichen Maße bei uns durchgesetzt haben, wie die Gewalt zugenommen hat. Es gibt drei Arten von Kampfsportlern:

– Entweder wird ein Kampfsport wie Boxen, Judo oder Karate wie jede andere Sportart gewählt, um sich zu ertüchtigen, fit zu halten und den Aktionsdrang auszuleben.
– Oder man wählt gezielt eine Kampfsportart wie Ringen, Taekwondo, Kick-Boxen oder Ninja aus, um Aggressionen zu binden und sich im Notfall verteidigen zu können; dann akzeptiert man auch die meist damit verbundenen, aus asiatischen Philosophien stammenden Ehrenkodex-Rituale.
– Eine dritte Gruppe läßt sich dagegen in Kampfsportarten wie Jiu-Jitsu, Tai-Chi, Karate oder Kick-Boxen ausbilden, um gezielt am Wochenende vor Discos, aus Anlaß von Partys, als Hooligans oder im Rahmen ihrer Jugendbandenfehden Schlägereien anzetteln und überstehen zu können; so mancher muskel- und kampftechnikorientierte Macho nutzt das Training nur, um mit weniger Ängsten Konfrontationen und Gangbanging provozieren zu können. Für ihn ist Gewalt gegen Menschen nämlich ein hochanerkanntes Interaktions-, Behauptungs-, Rangordnungsbildungs- und Freizeitgestaltungsmittel, das zu seinem Feindbildbedürfnis paßt.

Im weitesten Sinne gehört auch die durch Stemmen, Hanteln, Gewichtheben und die vielen Fineß-Center-Geräte möglich gemachte Muskelausbildung mit dem Fernziel, so auszusehen wie Arnold Schwarzenegger, in die Rubrik Kampfsport; sie hat etwas mit den neuen kraftstrotzenden Männlichkeitsidealen zu tun, denen viele Jungen anhängen. Muskelbepackte Bodybuilding-Körper in Film und Werbung fördern das Leitbild vom Mann als Körperkultobjekt, Sex-Symbol und Kraftmaschine ebenso wie metalldornenreiche Ketten, Springerstiefel und Bomberjacken. Die Stärke des Mannes wird dabei von der inneren Stärke seiner Väterlichkeit weg in die Äußerlichkeiten von Männlichkeit verlagert. Aussehen, Kraft, Kleidung, Sex und Geld stehen heute so hoch im Kurs wie schon lange nicht mehr; auf seelische und soziale Stärke kommt es dagegen nicht so sehr an.

Die jeweils sechs beliebtesten Sportarten von sechs- bis 13jährigen sind zur Zeit bei Jungen Fußball (51 Prozent), Schwimmen (9 Prozent), Wrestling (6 Prozent), Tennis (4 Prozent), Autorennen (4 Prozent) und Basketball einschließlich Streetball (3 Prozent), bei Mädchen Schwimmen (26 Prozent), Reiten (16 Prozent), Tennis (12 Prozent), Leichtathletik (6 Prozent), Fußball (4 Prozent) und Volleyball (4 Prozent).

Aber diese Zahlen besagen deshalb nicht allzu viel, weil die meisten Kinder und Jugendlichen mehrere Sportarten mögen und für sich selbst lieber eine nicht so massenhaft betriebene wählen, um über sie eine Nische zu haben, in der ihnen ihre Erfolge wirklich sichtbar werden. Moto-Crossen, Trial, Surfen, Snowboardfahren, Mountain-Biking, Segelfliegen, Fallschirmspringen, Ringtennis oder Hockey gehören dazu, aber auch das nicht vereinsmäßig betriebene Skateboardfahren.

Skaten fasziniert sie, weil sie dabei ohne eine große Regeleinbindung Geschick, Körperbeherrschung, Mut, Geschwindigkeit und Rivalität erproben und beweisen können; es ist ein subkulturelles Bewährungsfeld mit Identifikations- und Imponiermöglichkeiten, Wir-Bewußtsein, der Chance zum Rangordnungsaufstieg und vielen modischen Trends, mit denen man sich kleiden kann; vor allem ist dieser Jugendkult aber nicht wie andere (Graffiti, S-Bahn-Surfen, Crash-Kids) kriminalisiert. Die Industrie hat längst einen begleitenden Markt entdeckt und entwickelt: Das etwa fünf Pfund schwere Brett, Knie- und Ellenbogenschützer, spezielle Schuhe und Handschuhe, Mützen, T-Shirts, Hosen, Jacken und Kapuzenpullover sind teuer und gleichzeitig wichtige Statussymbole der Szene.

Skateboardfahren wird in einer Lebensphase ausgeübt, in der das Prikkelnde, die Grenzerfahrungen und ein Austesten der eigenen körperlichen und sozialen Möglichkeiten, auch dem anderen Geschlecht gegenüber, besonders wichtig sind; man begutachtet sich in diesem Alter selbst gern von außen, spiegelt sich in den Reaktionen der anderen, und dafür bietet Skaten alles, es stellt nämlich sämtliche Persönlichkeitsmerkmale dar.

Den Eltern ist es wahrscheinlich lieber, wenn ihr Kind Handball oder Leichtathletik bevorzugen würde. Andererseits müssen sie aber froh sein, wenn die Auseinandersetzung mit dem Risiko nicht beim Fahrstuhlsurfen, beim House-Running, als Hooligan, als Crash-Kid, als Skinhead oder beim Airbagging gesucht wird, sondern beim Inline-Skating.

46. Umwelt

Im Moment wird von vielen der sogenannte Werteverlust oder -verfall bei jungen Menschen beklagt. In bezug auf die Werte Gerechtigkeit und Umweltschutz trifft das aber nicht zu, denn Soziales und der Schutz der Umwelt sind Kindern und Jugendlichen weitaus wichtiger als den meisten Erwachsenen. Wertepluralismus in der Form, daß einige Ökonomie für wichtiger als Ökologie halten, andere die Priorität jedoch umgekehrt setzen, ist bei jungen Menschen weniger festzustellen. Sie sind ziemlich uniform für das Primat von Umweltschutz, auch weil sie noch nicht so viel Verständnis für die komplizierten wirtschaftlichen Zusammenhänge aufzubringen vermögen. Das Aussterben von Pflanzen und Tieren macht ihnen eben sehr viel mehr Sorgen als eine drohende Rezession.

Kinder und Jugendliche sind zukunftsorientierter und mit Tieren und Pflanzen mitfühlsamer als Erwachsene. Sie wollen nicht einsehen, daß man heutzutage noch die in ihrem Bestand gefährdeten Wale fängt, daß man die Meere überfischt, daß man den sich ausbreitenden Ozonlöchern nicht Einhalt gebietet und daß man nicht genug gegen die drohende Klimakatastrophe und gegen Atombombenversuche tut. Sie spüren, daß die Erwachsenen die Welt und damit ihre Zukunft verbrauchen und verwirtschaften, daß sie später ausbaden müssen, was die Erwachsenen, die oft nur in Zeiträumen von Legislaturperioden handeln, ihnen heute schon einbrocken.

Die Zukunftsangst von Kindern hat sehr viel mit Umweltzerstörung und -verseuchung sowie mit der Unfähigkeit der Politiker zu tun, Kriege zu vermeiden, denn sie sehen ständig mit ganz anderen Augen und einer größeren Sensibilität auf dem Bildschirm, was die Generation ihrer Eltern der Umwelt, den Kindern dieser Welt und den zukünftigen Lebensmöglichkeiten antut.

Kinder sind auch erzieherisch ein Umweltprodukt; ihr Wohlbefinden ist sehr von ihrer Umgebung und den auf sie einströmenden Reizen oder deren Mangel abhängig. Allgegenwärtige Gifte in der Luft, im Boden, im Wasser, in den Nahrungsmitteln und in der Wohnung machen sie krank; sie zeigen es mit Hauterkrankungen wie Allergien und Neurodermitis, mit Blausucht, Pseudokrupp und Asthma, mit Migräne und Magenschmerzen, mit Hyperaktivität und Eß- sowie Stoffwechselstörungen. Fehlende Bewegungs-, Spiel- und Sinneserfahrungen und ein Defizit an Umgang mit Matsch, Lehm, Holz, Klettern, Rutschen, Schaukeln, Balancieren und Hüpfen haben ihnen Koordinationsprobleme und Haltungsschäden sowie hohe Risiken zu verunfallen beschert; sie können oft nicht mehr rückwärts gehen und zählen. Wegen ihrer Lebensweise in viel zu kleinen Etagenwohnungen, zwischen parkendem und rasendem Autoblech und mit dem überlangen Sitzen in der Schule, vor dem Fernseher und auf dem Rücksitz von Autos beherrschen sie kaum noch die sie in ihre Umwelt integrierenden Bewegungsspiele. Darüber hinaus haben sie ein Defizit an Anschauung und an aktiver Interaktion mit ihrer Umwelt, so daß sie nur schwierig eine Beziehung zu Landschaften, zu Pflanzen oder zu etwas wie Heimat aufzubauen vermögen. Ihn mangelt es an Erfahrungen mit Kräften, Entfernungen, Geschwindigkeiten und Zahligkeiten, so daß sie sich nur schwerlich angemessen in der außerhäuslichen und in der wirklichen Welt unabhängig von der Bildschirmwelt orientieren können.

Ihre autogerechte Nachbarschaft, die von verkehrsreichen Straßen zerschnitten wird, ist für Kinder derart gefährlich geworden, daß allerorten ihre Schutzwürdigkeit Priorität vor ihren Mobilitäts-, Welterfahrungs- und Handlungsbedürfnissen bekommen hat. Und da sie gleichzeitig selbst immer weniger die für sie so wichtigen Kindheitsstufen ausleben wollen, sondern vielmehr zunehmend bemüht sind, schon früh wie Jugendliche oder Erwachsene zu leben, verstärkt sich der Verlust an Harmonie zwischen Kind und Umwelt permanent. Ihre hohen Umweltschutzwerte sind daher mehr theoretischer Art, es sind leere Ziele in ihrem Kopf, die sie nur selten in aktives Handeln umsetzen, so daß sie es durchaus fertigbringen, gleichzeitig gegen CO_2-Emissionen zu argumentieren und ihre Cola-Dose in das nächste Gebüsch zu werfen.

Es gibt mittlerweile schon viele Kinder, die sich mit ihren Zukunftsängsten ziemlich alleingelassen fühlen. Horrormeldungen über den langsamen Tod der Umwelt, gedacht zum Aufrütteln stumpf gewordener Erwachsener, wirken auf sie viel intensiver ein, denn das Sterben eines Baumes oder eines Tieres berührt sie wesentlich tiefer als einen ausgebufften Politiker, der seine Zukunft schon weitgehend hinter sich hat. Und so begreifen Kinder meist sehr viel schneller, wie wichtig die Vermeidung von Verpackungsmüll und wie schlimm die Versenkung von ausgedienten Ölbohrinseln und Ölplattformen im Meer ist. Sie sind es oft, die ihre Eltern zum Kauf von Pfandflaschen anstelle von Dosen und Einwegflaschen und zur Sortierung recyclingfähigen Abfalls animieren, und sie sprechen Autofahrer eher an, ihren laufenden Motor beim Warten vor einem Supermarkt abzustellen. Lassen wir sie damit auch künftig noch allein?

47. Frieden, Krieg und Tod

Produkte, die an den Tod und an Friedhöfe erinnern, sind in Frankreich der letzte Schrei. In Paris werden Lutscher in Form von Totenschädeln und Zigaretten, auf deren Schachteln ein Totenkopf abgebildet ist, angeboten. In den Bistros wird Bier mit dem Namen „Mort Subite" (Plötzlicher Tod) ausgeschenkt. Gefragt sind auch kleine Stehuhren in Sarg-Design, Sparbüchsen, die wie Skelette aussehen, und in Bestattungsinstituten gekaufte Keramikblumen.

Kriegsberichte und Katastrophenmeldungen in den Fernsehnachrichten sind für Kinder schädlich. Sie steigern deren ganz persönliche Sorgen. Diese Wirkung haben zwei britische Psychologen experimentell ermittelt. Bei Beginn ihres Versuchs erwarteten sie, daß schlimme Ereignisse das Wohlbefinden etwas heben würden, weil sie persönliche Ängste und Probleme relativierten. Ihr Test bewies das Gegenteil. Reportagen aus Bosnien oder über Hungersnöte lösten bei den Kindern nicht mehr Mitleid für die Betroffenen aus. Vielmehr führten sie zu einem dramatischen Anstieg der persönlichen Traurigkeit und zu Angstgefühlen. Vor ihnen tat sich plötzlich eine noch größere Anzahl möglicher Wendungen zum Schlechten auf, und die eigenen Probleme erschienen ihnen immer schlimmer.

Die Psychologen hatten drei unterschiedliche Nachrichtensendungen von je 14 Minuten zusammengestellt, die verschiedenen Versuchsgruppen vorgeführt wurden. Eine Fassung strotzte vor guten Nachrichten über Lottogewinner, Durchbrüche in der Medizin und Erfolgsschicksale; die zweite Sendung war wertneutral; die dritte berichtete ausschließlich über Kriege, Gewalt, Unfälle und Naturkatastrophen. Diejenigen, denen ausschließlich die negativen Nachrichten gezeigt worden waren, beurteilten hinterher die eigenen Nöte mit erheblich größerer Besorgnis.

Zwölf Millionen Kinder weltweit haben kein Zuhause, vier Millionen erlitten in Kriegen Verletzungen, sind zum Teil dauerhaft behindert, fünf Millionen leben in Flüchtlingslagern. Die Spuren in ihrer Seele begleiten sie immer ein Leben lang. Posttraumatische Belastungsstörungen nennen die Psychologen die dauerhaften Leiden dieser Kinder. Sie werden durch besonders schlimme Gewalterlebnisse hervorgerufen und äußern sich in Angst, Depressionen, Weinkrämpfen, Zittern, körperlichen Beschwerden, Aggressionen und selbstzerstörerischem Verhalten.

Nach den beiden Weltkriegskatastrophen dieses Jahrhunderts glaubten viele Menschen, daß es nun wenigstens in Europa so etwas wie ein Kriegstabu geben würde. Aber offenbar muß jede Generation immer wieder neu ihre schlimmen Erfahrungen mit Krieg machen, wie man jetzt im ehemaligen Jugoslawien sieht.

Mit Beginn des Golf-Krieges brach plötzlich das vermutete Kriegstabu in der westlichen Welt zusammen; das für viele junge Menschen große Vorbild USA offenbarte, daß es doch noch Gründe geben könnte, Kriege zu führen; die hohe Hemmschwelle wurde schlagartig so heruntergesetzt, daß auch in der mitmenschlichen Nähe des Alltags wie in der Ehe, im Straßenverkehr und auf Schulhöfen kriegsähnliche Gewalt eskalierte.

Krieg scheint also bedauerlicherweise so etwas wie ein menschliches Grundbedürfnis zu sein. 42 Kriege gibt es zur Zeit weltweit. Aber auch Fußballereignisse haben vielerorts eine kriegsbedürfnisersetzende Funktion übernommen, und zwar nicht nur in Form von den die Matches begleitenden Hooligan-Schlachten, sondern auch in bezug auf das aggressive Gebaren und die haßerfüllten Verbaläußerungen auf den Tribünen und auf dem Spielfeld. Sportarenen ähneln vielfach schon Kriegsschauplätzen, angereichert mit Maschen- und Stacheldraht und bewaffneten Hundeführern, und die Bildschirme tragen so etwas allwöchentlich wieder in die Wohnzimmer.

Wie bei einem Fortsetzungskrimi flimmern jeden Abend schreckliche bluttriefende Bilder aus Bosnien, aus Tschetschenien und aus anderen Regionen der Erde in die deutschen Haushalte; mit der Salzstange und dem Bierglas in der Hand werden sie vom Sessel aus wie Olympische Spiele verfolgt, aber das Empfinden bleibt in der Distanz stets ganz anders, oberflächlicher, als wenn man selbst mitten in Sarajewo Zeuge eines in ein Kind einschlagenden Geschoßtreffers wäre. Bildschirme können immer nur einen kleinen Teil des wahren Kriegsgrauens vermitteln, das gilt auch für Filme aus den Vernichtungslagern und dem Warschauer Ghetto, die während des Dritten Reiches gedreht wurden. Der Verharmlosungseffekt der Bildschirmübermittlung von Kriegen vermag aber letztlich dazu beizutragen, daß sie auch bei uns wieder möglich werden, wenn die schulische Friedenserziehung nicht erfolgreich ist.

Wie abgestumpft durch die ständige Überdosierung von Gewaltkonsum junge Menschen gelegentlich sind, veranschaulichen nicht nur nächtliche Schlachten vor Asylbewerberheimen, sondern belegt auch folgende Zeitungsmeldung: „Aus Langeweile wollte ein 17jähriger Brandenburger in den Krieg ziehen. Er schlug sich bis nach Kroatien durch, wo er sich um Aufnahme in die Armee bewarb. Dort abgelehnt, versuchte er es vergeblich bei der kämpfenden Truppe in Bosnien. Dann ging ihm das Geld aus, woraufhin er sich bei der Deutschen Botschaft in Zagreb meldete. Dort erhaltenes Geld nutzte er nicht für die Heimfahrt, sondern er versuchte damit, Söldner zu werden. Auch dieser Versuch scheiterte."

Bereitschaft zur kriegerischen Gewalt hat sehr viel mit der Unfähigkeit zu tun, sich in Gefühle und Leiden anderer Menschen hineinversetzen zu können, oder damit, daß man ein schweres Leben hinter sich hat, an dem man nicht mehr sonderlich hängt, weil man sich, inzwischen stumpf geworden, kaum noch über irgend etwas freuen kann.

Krieg gibt es auch in deutschen Städten, beispielsweise zwischen rivalisierenden, ideologisch polarisierten Jugendgruppen. Ein Indiz für fehlende Mitleidens-, aber auch Schuld- oder Unrechtsfähigkeit vieler junger Menschen ist, daß zunehmend Alte, Kinder, Behinderte und Frauen Opfer von Jugendkriminalität werden; die Täter sind vielfach verantwortungsteilend und insofern entlastet in Peer-Groups eingebettet, die kriegsverherrliche Namen wie „Bomber Boys", „Turkish Power" oder „Los Desperados" tragen.

Daß Erziehungsdefizite, Weltbildmangel und traditionelle Männlichkeitsbzw. Macho-Ideale kriegerische Gewalt fördern, sieht man daran, daß vor allem Jungen und Männer zu solchen Aktionen neigen, jedoch kaum Frauen, die – wie in Jugoslawien oder in Rußland – sogar gegen die Kriegsgewalt ihrer Männer und Söhne auf die Straße gehen. Und wenn bei gewaltreichen Auseinandersetzungen dann wirklich Blut fließt, bekommen auch Jungen und Männer schlagartig ein Stück Anschauung nachgereicht; sie sind entsetzt, fassungslos und korrigieren dann oft ihre Normen und ihr Weltbild.

Es gibt aber auch sensiblere, intelligentere und gebildetere Kinder, die sehr genau ahnen, was Krieg bedeutet. Sie haben selbst durch das Fernsehen relativ stimmige Vorstellungen darüber gewonnen, was Kampf, Zerstörung, Verletzung, Verstümmelung und Tod bedeuten. Sie leiden mit, und sie können nicht so ohne weiteres, wie es Erwachsenen gelingt, wieder in den Alltag eintauchen. Schlimme Bilder aus Bosnien, aus Somalia, aus Ruanda oder aus dem Kaukasus arbeiten viel länger in ihren Köpfen. Nichts dagegen tun zu können ist ihnen unerträglicher als vielen Politikern. Sie müssen ihre innere Not irgendwie entlastend kanalisieren, und sie tun es dann über Gesprächsversuche zu Themen wie Verletzung, Tod und Waisenkinder, über Zeichnen, Schreiben und auch Rollenspiele. Schlimm ist es für sie, wenn ihre Eltern dann keine Zeit zur Verarbeitung der Eindrücke haben oder aus ihrem eigenen schlechten Gewissen heraus, selbst nicht genug für Frieden getan zu haben, lieber das Thema wechseln wollen.

Kriege haben Vorstufen in der Gewalt zwischen einzelnen Menschen. Die Saat der Gewalt geht nicht von heute auf morgen auf, sie braucht Vorbilder in der Geschichte und in der heutigen Erwachsenenwelt, und die multiplizieren sich mit der Vernachlässigung von Erziehung und Bildung in Familie, Schule und Gesellschaft.

Kriege haben immer etwas mit Bildungsmangel, mit der Überbewertung von Macht und mit Ohnmacht in bezug auf bessere Konfliktlösungsweisen zu tun. „Reden bringt nichts, man muß zuschlagen" ist dann das Resümee allzu vieler junger Menschen, die vernachlässigt und damit ungebildet aufgewachsen sind.

Vor allem Kinder, Frauen und Alte sind Opfer der von Männern gemachten und geführten Kriege. Nach Angaben von UNICEF sind allein in den letzten zehn Jahren 1,7 Millionen Kinder durch Kriege getötet worden, 4,5 Millionen sind durch Bomben, Minen, Schüsse und Folterungen so schwer verletzt worden, daß sie zeitlebens behindert bleiben, und 5,5 Millionen wurden durch Kriege vertrieben, 1,5 Millionen davon allein in Ex-Jugoslawien. Noch viel mehr junge Menschen haben seelische Traumata davongetragen; weltweit leiden mehr als elf Millionen Kinder unter den psychischen Folgen ihrer Kriegserlebnisse.

Kinder wissen nicht immer, was Tod ist und bedeutet; wenn sie noch klein sind, ist er so etwas wie vorübergehendes Fortsein. Der Tod ist weitgehend aus unserem gesellschaftlichen Leben verbannt, er gehört nicht mehr wie früher zum Leben, sondern er liegt jenseits des Lebens. Über den Tod muß daher mit Kindern immer wieder ganz realistisch gesprochen werden.

Viele Kinder, die sich ungeliebt fühlen, wollen lieber nicht mehr da sein. Wenn sie Särge malen oder nur schwarze Farben benutzen, wenn sie im Jugendalter in ihr Tagebuch schreiben „Ich weiß nicht mehr, warum ich auf der Welt bin", dann sind das Hilferufe, die Eltern, Erzieher und Lehrer ernst nehmen müssen. Liebeskummer, Schulangst, Einsamkeit, Verlust von Freunden, Trennung der Eltern oder sexueller Mißbrauch kommen als fördernde Faktoren für Todessehnsucht oft hinzu.

Wohl wissend, daß der Tod das endgültige Aus bedeutet, halten sich viele Jugendliche in ihrer Todessehnsucht ein Hintertürchen offen. Sie lassen sich entweder in die Entscheidung des Schicksals fallen, daß man sie nach der Einnahme von Schlaftabletten gerade noch rechtzeitig findet, oder sie täuschen einen Suizidversuch vor, um – wie in der Erzählung „Harold and Maude" – ihre Umgebung zu zwingen, danach besser mit ihnen umzugehen.

Es gibt aber auch junge Menschen, die mit ihrer Todessehnsucht einfach nicht erwachsen werden wollen, sie mögen sich nicht in der verlogenen, kaputten, korrupten, grauen und widersprüchlichen Alltagswelt der Erwachsenen etablieren; ihnen ist Rückzug lieber, und so kokettieren sie mit ihrem Ableben oder flüchten ganz zu Romantikern, in Jugendsekten oder in die Drogenszene.

Die Angst vor dem Erwachsenwerdenmüssen kann dabei größer werden als die Angst vor dem Tod. Sie springen lieber aus dem Fenster, fahren gegen einen Baum, setzen sich den goldenen Schuß oder fordern das Schicksal mit ihrer Magersucht heraus.

Sich-Zurückziehen, Weglaufen, Sich-Einschließen, Depressionen, Sprachlosigkeit und sorgenvolle Tagebuchaufzeichnungen kündigen vielfach Lebensmüdigkeit an. 40 junge Menschen versuchen täglich in Deutschland, sich das Leben zu nehmen, bei vier von ihnen endet der Versuch tödlich. Die Versuchsrate liegt bei Mädchen zwischen 14 und 17 Jahren dreimal höher als bei Jungen, bei den „gelungenen" Suiziden ist es hingegen umgekehrt.

Kinder leiden unter dem Tod eines Elternteils mehr als unter der Scheidung von Vater und Mutter. Der Schmerz des endgültigen Verlustes wird dabei noch um die Angst ergänzt, der verbleibende Elternteil könnte auch noch sterben. Neuerdings gibt es für solche Fälle Selbsthilfegruppen trauernder Geschwister, die helfen, Schmerz und Angst zu bewältigen.

48. Krankheit, Gesundheit und Ruhebedürfnis

Es gibt gewachsene Vorstellungen in unserer Gesellschaft darüber, wie Kinder zu reagieren haben, wenn sie sich nicht wohl fühlen, wenn sie betroffen oder beeinträchtigt sind.

Jungen haben nicht zu weinen und werden an den Umgang mit Gefühlen bei Indianern erinnert; und das Ruhebedürfnis junger Menschen wird oft als Faulheit oder Antriebsarmut mißverstanden. Gerade junge Menschen brauchen aber viel Muße für zweckfreies Tun, für Entspannung und für das Abreagieren und Verarbeiten der allzu vielen Reize, Erwartungen, Verplanungen und Verdrußerlebnisse, die auf sie wirken.

Jungen, die weinen können, sind glücklicher, meint der Wiener Psychiater Walter Pöldinger. Mit Hilfe der Tränen würden nicht nur traurige Gefühle abreagiert, sondern auch böse. Wer Tränen zeigt, ist nach seiner Ansicht nicht aggressiv, drangsaliert beispielsweise nicht die Familie und wird nicht unbedingt gewalttätig. Das Unterdrücken von Emotionen könne auch schwere organische Folgen wie Magengeschwüre, Kopfschmerzen, Verdauungs- oder Herzbeschwerden haben. So ist ein typisches Symptom von Patienten, die an Eß-Brech-Attacken (Bulimie) leiden, daß sie nicht weinen können.

Die Gesundheit der Kinder und Jugendlichen in Deutschland hat sich in den vergangenen 20 Jahren spürbar verschlechtert. 34 Prozent klagen über

Allergien (Hautausschlag, Neurodermitis, Heuschnupfen, Asthma). Unfälle, Selbstmord, Mord und Totschlag sind für 80 Prozent der Sterblichkeitsrate bei den 15- bis 20jährigen verantwortlich. 15 Prozent gehen ohne Frühstück zur Schule. Zu diesem Ergebnis kommt eine Studie der Universität Bielefeld, die 2400 Jugendliche im Alter zwischen zwölf und 17 Jahren befragte. Klassische Infektionskrankheiten (Masern, Keuchhusten, Mumps, Röteln) sind ziemlich gering verbreitet. Psychosomatische Störungen vermehren sich dagegen enorm. Die Ursachen liegen in Hektik und Streß des Familienlebens sowie in den vielen Überforderungen, Niederlagen und unkindgemäßen Erwartungen der schulischen Umwelt.

Bereits 25 Prozent der deutschen Schüler klagen über Rückenschmerzen, Schwindelgefühle und Magenbeschwerden, ein Drittel leidet immer wieder unter Kopfschmerzen, innerer Unruhe oder Konzentrationsstörungen. Viele Schüler sind wahrnehmungsgestört, bekommen also nur einen Teil dessen überhaupt mit, was sich um sie herum ereignet.

Gleichzeitig häufen sich psychische Auffälligkeiten wie Ängste, Depressionen, Hyperaktivität und Todessehnsucht. Bereits 37 Prozent der Kinder leiden unter Übergewicht, Bluthochdruck oder schlechten Cholesterinwerten. Die Auswertung schulärztlicher Daten seit 1975 hat ergeben, daß der Anteil von Schülern mit Fettsucht von vier auf 10,9 Prozent gestiegen ist. Weiterhin kann man auszählen:

- Grundschüler essen mehr Fleisch, als ihrer Gesundheit zuträglich ist.
- Bei einem Drittel der Familien fehlt Fisch gänzlich auf dem Speiseplan.
- Nur die Hälfte der befragten Kinder ißt täglich Gemüse; nur zwei Drittel täglich Obst.
- Zwanzig Prozent der Kinder essen nie Vollkornbrot.
- 60 Prozent der Schüler trinken zu den Mahlzeiten Milchgetränke, 30 Prozent Saft und zehn Prozent Wasser.
- In 61 Prozent der deutschen Elternhäuser wird geraucht.
- Kinder, die beim Fernsehen dauernd von einem Programm zum anderen „zappen", werden auch in der Schule Zappler. Sie können sich schlechter konzentrieren als andere; das Fernsehen ist allerdings nicht die Ursache dafür; sie können eben weder in der Schule noch vor dem Fernseher ihre Ruhe finden.

Eltern, die schlecht mit sich selbst umgehen, können auch nicht gut mit ihren Kindern umgehen. Wenn sie ständig ungeeignetes Essen auf den Tisch bringen (Fertigsuppen, Tiefkühlkost, Fast-Food-Mahlzeiten, Zuckerreiches, Vitamin- und Spurenelementearmes) können Kinder nicht lernen, was gesund ist, was ihnen gut tut, was sie später ihren eigenen Kindern gesundheitsfördernd zubereiten sollten.

Es gibt Studien, die belegen, daß hochexpressive, also in Mimik und Gestik ausdrucksstarke Kinder und Jugendliche auf ihre Mitmenschen sympathischer wirken und leichter Freunde gewinnen können als junge Menschen, die kaum Gefühlsregungen zeigen. Sie sind meist geselliger, durchsetzungsfähiger, nach außen gekehrter und besitzen ein stärkeres Selbstwertgefühl. In einem Experiment zeigten schon drei Tage alte Säuglinge deutliche Unterschiede in ihrer Ausdrucksstärke. Babys mit einem ausgeprägten Mienenspiel reagieren übrigens weniger stark auf Geräusche und Berührungen. Hochexpressive Kinder sind weniger reizbar und kommen besser mit Belastungen zurecht. Sie können ihre Spielsachen leichter gegen habgierige Gefährten verteidigen, indem sie einfach eine zornige Miene aufsetzen. Auf der anderen Seite gelingt es ihnen auch eher, einen Streit zu verhindern. Sie zeigen überzeugend Demut.

Der ausgeprägte Ausdruck von Gefühlen nach außen bedeutet jedoch nicht, daß die Betreffenden auch entsprechend stark körperlich mitgehen. In einem Versuch schauten sich mehrere Kinder gefühlsanregende Bilder an. Dabei wurden ihr Hautwiderstand abgeleitet und ihr Puls gemessen. Die Jungen und Mädchen, deren Gesicht viel Gefühl widerspiegelte, zeigten am wenigsten körperliche Erregung. Umgekehrt reagierten die Kinder, die äußerlich regungslos schienen, körperlich besonders heftig.

Ein ausdrucksstarkes Naturell kommt der Gesundheit des Menschen zugute. Das beweist unter anderem eine Untersuchung, in der sich mehrere Testpersonen an eine gefühlsmäßig bedeutsame Situation erinnern mußten. Eine Videokamera filmte sie dabei. Die Personen, denen im Gesicht das meiste Gefühl anzusehen war, hatten insgesamt seltener mit körperlichen Beschwerden zu kämpfen. Versuchspersonen, die ihre Traurigkeit verbargen, litten häufiger unter Hautproblemen. Das Vertuschen von aggressiven Regungen war oft von arthritischen Beschwerden begleitet.

Möglicherweise hat die Ausdrucksfähigkeit eines Menschen Einfluß auf ernsthafte Erkrankungen. Asthmapatienten zum Beispiel zeigen in Streßsituationen sehr wenig Gebärden- und Mienenspiel. Bei hochexpressiven Menschen reagiert das Immunsystem dagegen stärker gegen Krankheitserreger. Und es gibt sogar Anzeichen, daß das Wachstum bestimmter Tumore bei diesen Menschen mit vermindertem Tempo verläuft.

Wenn Hauterkrankungen wie Allergien, Ekzeme, Neurodermitis oder Schuppenflechte gleich nach der Geburt auftreten, sind sie vor allem durch einen nicht stimmigen Stoffwechsel infolge genetischer Störungen verursacht; treten sie aber erst mit Beginn von Vorpubertät oder Pubertät auf, sind sie ein Indiz für vorrangig psychosoziale Ursachen, die vom Körper allerdings zumeist an seinen Schwachpunkten, also zum Beispiel im Hautorgan oder in den Bronchien (Asthma) verarbeitet werden.

An der Schuppenflechte (Psoriasis) stirbt man nicht, aber man fühlt sich dennoch sterbenselend. Das ist das Empfinden, das rund 1,5 Millionen Psoriatiker in Deutschland haben. Unter ihrer Krankheit leiden sie weitaus stärker, als die Mitmenschen um sie herum annehmen. Unter jeder neuen Belastung kann die Schuppenflechte mit einem weiteren, die Krankheit verschlimmernden Schub reagieren.

Zu den wichtigsten Auslösern von Schuppenflechte, Neurodermitis, Allergien und Asthma gehören Überforderungen, oft verknüpft mit Versagenserlebnissen, soziale Spannungen, Streß und eine zu geringe Akzeptanz der Ruhe- und Entspannungsbedürfnisse von Kindern.

Vor allem Mütter, die ihre Kinder wohlgemeint verplanen, und Väter, die zu kalt, zu streng, zu eng und mit zu hohen Erwartungen erziehen, sind für Hauterkrankungen und Asthma bei ihren Kindern verantwortlich. Vernachlässigte Kinder und solche, die man einfach nur wachsen läßt, leiden nur selten unter solchen autoaggressiven Reaktionen ihres Körpers.

Gerade Mütter von Kindern mit Neurodermitis haben meist viel zuviel mit ihnen angestellt, sie überbehütet und überversorgt; und wenn sie ihnen aus Angst vor den Giften der Kuhmilch überdosiert Sojamilch verabreicht haben, wenn sie Kinder zu Vegetariern und Körnerfressern dressieren wollen, dann werden diese schließlich wirklich allergisch, weil sie sich nicht wohlfühlen und ihr Unwohlsein dann auch direkt mit ihrer Haut zeigen.

Kinder, die mit Überfürsorge aufwachsen, sind einem ständigen Druck ausgesetzt, dem sie schließlich nicht mehr standhalten wollen; sie dürfen nicht fernsehen, nicht das essen, was ihnen schmeckt, sie werden ständig mit beißenden, stinkenden oder juckenden Salben eingerieben, sie dürfen sich ihre Freunde nicht selbst aussuchen und ihr Spielzeug auch nicht, sie werden zu Geburtstagsfeiern, zum Klavierunterricht und zum Training getrieben, ohne zugestimmt zu haben, sie sollen ordentlich, sauber und höflich sein und haben dennoch ständig Angst, die Mutter könnte auf irgendein Verhalten hin ein enttäuschtes Gesicht zeigen. Lange machen solche Kinder das alles gegen ihre eigenen Motivationen mit, vor allem um ihrer Mutter nicht weh zu tun; aber irgendwann rasten sie dann aus, oft erst in der Pubertät, oder werden autoaggressiv, erkranken also psychosomatisch oder werden süchtig. Für solche eng geführten Kinder ist es in der Regel eine ungemeine Lust und eine enorme Entlastung, wenn sie dazu animiert werden, sonst eingehaltene Grenzen zu überschreiten, also etwas zu zerstören, mit Matsch gegen Wände zu werfen, sich mitsamt ihrer Kleidung im Lehm oder im Schnee zu wälzen, im Rahmen von Rollenspielen andere Menschen zu beschimpfen oder zu schlagen oder eine ganze Nacht hindurch besonders gewalt-, horror- oder actionreiche Filme zu sehen.

Etwa mit elf oder zwölf Jahren beginnen Kinder, zu strenge, sie zu eng führende, sie vollends verplanende und überfürsorgliche elterliche Verhaltensweisen zu durchschauen und sich von ihnen zu distanzieren. Eltern bekommen dann die Quittung, und zwar mit Verhaltensschwierigkeiten, mit Flucht und Verdrängung, mit psychosomatischen Erkrankungen, mit Depressionen, mit Rückzug, Leistungsverweigerungen, Abdriften in den Reiz des Prickelnden suchende Jugendkultnischen, mit Drogenwelteinstieg, mit Todessehnsucht oder auch ganz harmlos mit Rachephantasien, wie sie gelegentlich in Szenotests oder Zeichnungen, aber auch in Textform deutlich werden. Die Mutter wird dann schon mal als Krokodil oder Hexe gemalt, der Vater in einen schweren Autounfall verwickelt und der Lehrer gehängt.

Bezogen auf Hauterkrankungen bei jungen Menschen liegt die Therapie jedenfalls immer auf der Hand; man muß wahrnehmen, was Kinder in ihrem Leben zu wenig hatten, und genau das Gegenteil organisieren; was sie aber im Übermaß hatten, muß man vermeiden. Wenn Kinder diesen Alternativen dann auch selbst zustimmen, sind sie schon so gut wie geheilt.

Besonders wenig Zeit zur Ruhe, zur Muße, zur Entspannung und zum Schlaf nehmen sich junge Menschen zwischen 16 und 25 Jahren, meist weil sie glauben, sie würden sonst zu viel versäumen. Schlafstudien haben ergeben, daß gerade diese Altersgruppe so viel Schlaf benötigt wie Kleinkinder – nämlich zehn Stunden. Doch die meisten schlafen nur sechs Stunden pro Nacht. Dadurch nehmen die Fähigkeiten zu lernen und zu erinnern sowie das Reaktionsvermögen in starkem Maße ab.

Verkehrsexperten vermuten deshalb, daß ein wesentlicher Teil der häufigen Unfälle, die von jungen Fahrern verursacht werden, weniger auf mangelnde Erfahrung und Übermütigkeit, sondern vor allem auf Übermüdung zurückzuführen ist.

Auch beim Alkoholkonsum macht sich Schlafmangel negativ bemerkbar. William Dement, Spezialist für Schlafstörungen an der Stanford-Universität in Kalifornien, stellte fest, daß Studenten mit ständigem Schlafdefizit auf den Genuß einer einzigen Flasche Bier so reagieren wie ausgeschlafene Gleichaltrige auf ein halbes Dutzend Flaschen, nämlich mit plötzlich einsetzender Müdigkeit.

Unsere zunehmend kranker werdende stoffliche und soziale Umwelt macht auch unsere Kinder krank. Der zarte Organismus wird zuallererst Opfer von Umweltgiften, vor allem wenn Mütter auch noch gedankenlos Kinderwagen in der Höhe von Autoabgasrohren durch die Gegend schieben oder abstellen. Viele Kinder haben chronische Erkrankungen aufgrund von Fehlernährungen, durch Holzschutzmittel in ihrer Wohnumwelt, durch Staub-, Blei- oder Nitratbelastungen und empfinden selbst diese Dauererscheinungen gar nicht mehr als Krankheit, weil sie eigentlich noch nie anderes als körperliches Unwohlsein erlebt haben. Sie haben gelernt, mit ihren geschwollenen Augenlidern, ihrem Heuschnupfen, ihrer schuppigen Haut, ihren Migräneanfällen und ihren ständigen Hustenreizen zu leben. Sie sind zwar leistungs-, konzentrations-, schlaf- und ausdauergestört, aber sie bemerken es kaum noch bewußt. Sie fügen sich in ihr permanentes Leiden wie in eine Behinderung und versuchen gleichzeitig, mit anderen Stärken zu kompensieren, lautstark, als Klassenkasper, Angeber, unruhig, gewalttätig oder mit Galgenhumor und Zynismus.

Eltern, Erzieher und Lehrer brauchen heute mehr denn je ein Wissen um die Ursachen von psychosomatischen Störungen; sie müssen Krankheiten und Fehlernährungen, aber auch Tabletten- und Drogenabhängigkeiten am Zustand der Haut und des Gesichtes ablesen können. Denn obwohl unsere Umwelt so krankheitsfördernd kaputt ist, obwohl Eltern aus Hilflosigkeit so vieles mit der Ernährung und der Psyche des Kindes falsch machen, so läßt sich doch gegen fast alle chronischen Erkrankungen noch irgend etwas tun, das das kindliche Wohlbefinden steigert und ausgleichende mißliche Aktivitäten überflüssig macht; vielleicht gelingt das allein mit einer Ernährungsumstellung.

Während sich Kinder an ihre chronischen Leiden oft gewöhnen, werden an sich gesunde Kinder durch akute Krankheiten, beispielsweise mit einer Virus-Grippe, häufig schlagartig aus der Bahn geworfen. Sie benötigen dann besonders viel körperliche und seelische Zuwendung, also Trost, Liebe, Körperkontakt bis hin zu Wadenwickeln, Ansprache, Vorlesen, Zeit des Sitzens auf der Bettkante und eine geschickt ausgewählte, zubereitete und dargebotene Nahrung. Meistens genießen sie diese ungewohnte Zuwendung außerordentlich, vor allem wenn sie Geschwister haben, denen sie während ihrer Krankheit einmal mit Recht und mit dem reinsten Gewissen der Mutter vorgezogen werden. Denn nur während der Krankheit ist es legitim, daß man um so mehr Zuwendung erhält, je mehr man jammert; eine solche Phase ist also immer auch eine balsamreiche Kur für die Seele.

49. Die drei Bindungsbedürfnisse des jungen Menschen

39 Prozent der ostdeutschen Jugendlichen sehen mit „viel Zuversicht" in ihre eigene Zukunft, 47 Prozent mit „etwas Zuversicht", und das vor dem Hintergrund, daß mehr als die Hälfte von ihnen einen arbeitslosen Elternteil oder zwei arbeitslose Eltern zu Hause haben. 18 Prozent der Jugendlichen in den neuen Ländern haben Zukunftsängste in bezug auf Arbeitslosigkeit, 17 Prozent mit Hinblick auf Finanzen und 16 Prozent wegen der Gefahr von Gewalt und Extremismus. Um ihre Sorgen zu teilen, heiraten sie weitaus früher als junge Menschen in den alten Bundesländern. 89 Prozent der ostdeutschen und 83 Prozent der westdeutschen jungen Menschen haben nach ihren eigenen Aussagen eine gute Beziehung zu ihren Eltern, und mehr als 95 Prozent aller Jugendlichen in der gesamten Bundesrepublik lehnen Fremdenfeindlichkeit ab, nur bei arbeitslosen Jugendlichen ist dieser Anteil wesentlich niedriger. So steht es im neunten Jugendbericht der Bundesregierung im Jahre 1994.

Erziehung bedeutet vor allem immer dreierlei, nämlich Bindungen an Personen, an Normen und Werte und an die eigene Zukunft aufzubauen. Jedes Kind braucht Bezugspersonen, ein Weltbild und Perspektiven bzw. Motivationen. Wenn solche Bindungen partiell oder ganz nicht erreicht werden oder kaputtgehen, ist das Kind verhaltensschwierig oder verwahrlost, denn Verwahrlosung wird in der Sozialpädagogik als Bindungsmangel oder -losigkeit definiert.

So sieht es aus der Sicht der Erwachsenen aus; Kinder und Jugendliche selbst sorgen hingegen immer dafür, daß ihre drei Bindungsbedürfnisse befriedigt werden, und wenn ihnen das nicht gesellschaftlich und familiär akzeptiert gelingt, dann kompensieren sie mit mißlichen Bindungen. Sie befriedigen dann ihre Bezugspersonenbedürfnisse in der Gleichaltrigkeit mit ungünstigen Freunden, ihr Weltbildbedürfnis über die subkulturellen Normen einer Jugendbande oder über die Werte einer religionsersetzenden Sekte oder Satanskultgruppe und ihre perspektivischen Bedürfnisse über unrealistische Träume und Phantasien oder über die Feindbildangebote ihrer Jugendkultnische.

Wenn Eltern wollen, daß die Sozialisation ihrer Kinder gelingt, müssen sie versuchen, ihnen als zuverlässige und Vertrauen sowie Geborgenheit bietende Bezugspersonen zur Verfügung zu stehen, eine bedeutsame, aber deutliche und konsequente Werteerziehung zu leisten und erreichbare Perspektiven in bezug auf schulische Versetzungen, auf den Schulabschluß und auf den beruflichen Werdegang aufzubauen.

Die Möglichkeiten und Grenzen des Kindes sowie seine Motivationskraft hängen sehr von seinem Entwicklungsstand ab; kleine Kinder sind eigentlich nur mit nahen Perspektiven zu motivieren, und erst bei Jugendlichen sind zeitlich weiterreichende Überbrückungsleistungen in die Zukunft hinein denkbar.

Die Bindung an Menschen und die Arbeit mit Perspektiven, also mit der Zukunft als Erziehungsmittel, sind jedenfalls etwas leichter umzusetzen als der Weltbildaufbau, der nämlich nicht allein über Vor- und Leitbilder und über den Glauben an das Gute im Kind gelingt. Denn die Trends der Gleichaltrigkeit und die Bildschirmeinflüsse wirken oft überstark gegen das, was Eltern, Erzieher und Lehrer im Kind werteerzieherisch erreichen wollen.

Vieles, was junge Menschen tun, dient dem Kennenlernen der gesellschaftlich vereinbarten Spielregeln des Zusammenlebens. Sie erproben ihre Wirkung auf andere und die Rückwirkungen auf ihre Grenzübertritte, und erst über die gewinnen sie die nötige Orientierung, die sie für ihr Zurechtfinden im Umgang mit Menschen, mit Normen und Werten und mit ihrer eigenen Zukunft benötigen. Wenn sie eine notwendige Grenze übertreten, brauchen sie eine deutliche und konsequente Reaktion, weil sie nur dann ein stimmiges Weltbild aufzubauen vermögen, das sie vor weiteren Versagenserlebnissen und Niederlagen bewahrt. Was an ihnen gut und schlecht ist, erfahren sie weniger durch Moralpredigten als durch Rückwirkungen des eigenen Handelns. Erwachsene, die beim Austesten von Grenzen lediglich zurückweichen, weil sie dem Kind nicht weh tun wollen, machen also einen erzieherischen Kunstfehler, mit dem sie ein späteres Scheitern des Kindes begünstigen. Mit dem Verzicht auf Sanktionen können junge Menschen ebenso überfordert werden wie mit unangemessen scharfen Strafen. Entlastungen und Grenzsetzungen müssen eben immer unter der Devise gewählt werden, daß sie langfristig Probleme zu minimalisieren haben, sie dürfen keineswegs neue schaffen oder vorhandene vergrößern.

Ideologisch eingebundene Jugendpolitiker begehen vielfach die Fehler, daß sie erstens alle Kinder für ziemlich gleichartig in ihren Reaktionen halten, daß sie sie zweitens als durch und durch gut einschätzen, was nach einem besonders schweren Leben jedoch keineswegs sicher ist, daß sie drittens keine Unterschiede zwischen Kindern aus „heilen“ Familien und solchen mit einer „Heimkarriere“ zu machen bereit sind (Kinder, die eine Kette von Umtopfungen in ihrer „Heimkarriere“ hinter sich haben, brauchen aber ein wesentlich höheres Maß an Deutlichkeit, Konsequenz, Grenzsetzungen und Aushalten über Krisen hinweg), daß sie viertens eher auf Reparatur von Störungen als auf Prävention vertrauen, obwohl Therapie mindestens zehnmal so aufwendig ist wie Vorbeugung, und daß sie fünftens von der irrigen Annahme ausgehen, man könne viele Erzieher im Neben- und Nacheinander für den jungen Menschen zu einem Ganzen addieren. Pädagogik funktioniert immer schlecht, wenn das Kind seine Bezugsperson nicht mitauswählen kann, wenn es ihren Maßnahmen nicht zustimmt und wenn sie nicht umfassend, also eigentlich rund um die Uhr, mit ihm zusammenlebt.

Wenn es Eltern, Erzieher und Lehrer und auch die Freunde mit dem Kind nicht mehr aushalten oder wenn sie irgendwann vom Kind selbst abgelehnt werden, sucht es sich auf eigene Faust neue Bezugspersonen, zumindest aber eine; im Zweifelsfall kann das auch ein Hund sein. Überhaupt einen Freund zu haben ist dabei für Kinder und Jugendliche meist wichtiger, als daß es sich bei ihm um jemanden handelt, der abgelehnte Werte repräsentiert; daß er drogenabhängig, politisch radikal, sich prostituierend, fremdenfeindlich, autoknackend, kleptoman oder gewalttätig ist, wird eher in Kauf genommen, als daß man überhaupt keinen Freund hat.

Beziehungen, die von einem jungen Menschen alles, also auch das Letzte fordern, die also überfordern, haben meist keine gute Prognose, ebenso wenig solche, die von Vernachlässigung gezeichnet sind. Nur die mittlere Dosierung von gegenseitigen Erwartungen begünstigt ihre lange Dauer. Jede zweite Ehe scheitert an Übererwartungen oder am Defizit von Bereitschaft, auf den anderen einzugehen und mit ihm gemeinsam an der Bindung zu arbeiten.

Andererseits führt der hohe Anspruch, sich in sämtlichen Persönlichkeitsanteilen zu verstehen, alles vom anderen genau zu wissen und einschätzen zu können, beim Erreichen dieses Ziels zu einer todlangweiligen, weil spannungslosen Partnerschaft. Im Unvollkommenen und im Unvollendeten, allerdings auch im graduellen Fortschritt liegt der gewissen Reiz. Bindungen können nur mit dem Gefühl der Zusammengehörigkeit, der Sicherheit von Geborgenheit, wenn es darauf ankommt, funktionieren, und zwar als Symbiose zweier Egoisten. Wer sich ganz in einer Beziehung aufgibt, bereitet ihr Ende vor. Gerade Kinder wollen sich in einer Bindung entfalten, aber nicht verlieren; sie erwarten von einer Freundschaft ein Höchstmaß von persönlicher Freiheit. In dieser Unverbindlichkeit der Bindung besteht der Seiltanz des erzieherischen Erfolgsweges zwischen Elternteil und Kind, zwischen Lehrer und Schüler. Behausung, Zuverlässigkeit und Solidarität suchen

Kinder in ihren Freundschaften eben nur in Situationen, in denen es gerade darauf ankommt. Das ist gemeint, wenn eine pädagogische Grundregel besagt, daß der erziehende Mensch keinen Dank für seine Bemühungen von seinem Zögling erwarten darf, außer dem indirekten der Freude über das Gelingen. Alles regulierende Bindungen machen zumindest Jugendliche gefangen und wecken in ihnen um so eher die entlastende Neugier auf andere, auf neue Bindungen. Eltern müssen daher die Suche nach immer wieder neuen Bindungen, die ja auch der Selbsterprobung und Selbstentfaltung in Unabhängigkeit dienen, begünstigen; sie müssen tragischerweise selbst dazu beitragen, daß sich das Kind immer mal wieder ein Stück weit von ihnen löst, um dann wieder in ihren Schoß zurückzukehren, bis es sich eines Tages räumlich ganz löst. Nur wenn dieser Verselbständigungsprozeß ohne allzu große zerstörende Erschütterungen einigermaßen gelingt, bleibt die innere Lösung aus, besteht also die innere Bindung ein Leben lang fort.

Bindungen ergeben sich nicht von selbst, und sie sind fast nie für immer da. Sie sind eine soziale Leistung; sie müssen erkämpft, kultiviert und immer wieder variiert werden. Ein Grund für ihr Scheitern ist allzu oft, daß sie, einmal aufgebaut, als selbstverständlich vorhanden hingenommen werden, daß nicht mehr an ihnen gearbeitet wird. Bindungen sind nichts Statisches; sie funktionieren nur, wenn sie als dynamische Wandlungsprozesse in der Weise gepflegt werden, daß man bereit ist, jeden Tag wieder mit neuen Chancen von vorn anzufangen. Junge Menschen muß man allerdings irgendwann freilassen, indem man sich selbst zunehmend, was die äußere Präsenz, nicht aber die innere Einstellung zu ihnen anbelangt, überflüssig macht. Der Weg der pädagogischen Bindung geht nun mal immer von der Fremderziehung zur Selbsterziehung, von der Führung zur Autonomie.

50. Religion, Weltbild und Ideologie

Der abnehmende Einfluß der Kirchen, der Familienzerfall, der auch die Werteerziehung beeinträchtigt, das Unterbrechen der Tradierung von Normen, von Sitten und Bräuchen dadurch, daß die Großmütter meist nicht mehr in der Nähe der Kinder leben und die wertepluralistische Konstruktion unserer Gesellschaft, die gegensätzliche Parteien und Verbände absichtlich Einfluß nehmen läßt, haben eine Fülle von Erschwernissen für den Weltbildaufbau junger Menschen geschaffen.

In einer totalitären Gesellschaft fallen „die Werte vom Himmel" herunter, sie werden verordnet und greifen deshalb in jedem Menschen zu. Das erleichtert Erziehung, auch wenn es schrecklich ist.

In unserer pluralistischen Gesellschaft mit ihren vielen rivalisierenden Normen und Werten, die über den Sog der Trends und die vielen Jugendkultnischen noch weiter zersplittert werden, ist dagegen eine Erziehung zu bewußten Werteentscheidungen in den Köpfen von Kindern und Jugendlichen nötig, die sehr viel schwieriger zu organisieren ist als in totalitären Systemen.

Kinder brauchen die Bindung an Normen und Werte zu ihrer Orientierung und zum angemessenen Handeln in der Gesellschaft, weil sie nur dann mit sich selbst ins Reine kommen, weil sie nur dann geringe Kollisionen mit anderen Menschen und entsprechend minimalisierte Versagenserlebnisse haben. Erfolg, Glücklichsein und Sozialverträglichkeit des Handelns setzen die Bindung der Seele an ein Weltbild, an eine Religion oder an eine Ideologie, auf der man steht, voraus. Wenn junge Menschen aber weder haben ein stimmiges Weltbild aufbauen können noch religiös oder ideologisch gebunden sind, sind sie aus kompensatorischen Gründen gezwungen, sich irgendwo anders ein normatives Fundament für ihr Werten und Handeln zu suchen. Wenn ihnen ein Weltbildaufbau im gesellschaftlich erwünschten Sinne nicht gelingt, driften sie in Ersatzwertegefüge im Subkulturellen ab, tauchen sie also beispielsweise in eine Jugendsekte, eine okkultistische oder Satanskultnische mit Schwarzen Messen, in eine Wehrsportgruppe, in die rechts- oder linksradikale Szene, beim Hooliganismus, in der HipHop-Bewegung mit ihren Rap-, Graffiti-, Breakdance- und Skateboardunternischen, bei den S-Bahn-Surfern oder in einer Straßen- bzw. Stadtteilgang ab. Dort gewinnen sie dann Handlungssicherheit, es werden ihnen ein Bekleidungsverhalten, ein Feindbild, ritualisiertes Freizeitverhalten, die Möglichkeit eines Ansehens- und Rangordnungsaufstiegs und sogar eine Insider-Sprache mit nur ihnen verständlichen Sprachcodes und Kampfgesängen, ein nischenspezifischer Musikgeschmack sowie Rituale eines Partnerschafts- und Freundschaftsverhaltens vorgegeben, sie brauchen dieses also nur noch zu übernehmen, sich damit zu identifizieren, und dann haben sie ein relativ geschlossenes Weltbild als Basis für ihr Lebensgefühl, die Sinnhaftigkeit ihres Tuns und für ihre Geborgenheits- und Solidaritätsbedürfnisse.

Aus der Sicht von Eltern, Lehrern und Vertretern der großen Volkskirchen sind Jugendsekten und Okkultismus, aber auch Esoterik, Wege in die religiöse Verwahrlosung. Aus der Sicht von jugendlichen Mitgliedern in Satanskultgruppen und in der New-Age-Bewegung sieht das allerdings ganz anders aus; sie glauben, daß sie mit ihren Schwarzen Messen, ihrem Opferkult und ihren Seancen endlich den „wahren" religiösen Weg gefunden haben. Ohne Bewertung betrachtet haben sie ja in der Tat eine weltbildhafte Einbettung, eine Bindung im Sinne von „religio" gefunden, die für sie eine welterklärende und Handlungsentscheidungen begünstigende Wertebasis ist.

Mit der Zunahme von Pluralismus und dem Schwinden kirchlichen Einflusses sind Sekten und okkulte Praktiken unter Jugendlichen zunehmend populärer geworden. Das Bedürfnis nach Überhöhung der Alltagswelt, nach übersinnlicher Weltdeutung, nach Gottesfurcht und nach Zuschreibung des Unerklärbaren an eine überweltliche Kraft, ist in jedem Menschen ebenso vorhanden wie das nach Bindung an irgendwelche Normen und Werte.

Etwa zwei Drittel aller Schüler experimentieren irgendwann einmal mit okkulten Praktiken, also mit Gläser-Rücken, Pendeln oder mit Deutungen über das Legen von Tarot-Karten bis hin zu Fantasy-Spielen. Fast jeder hat gelegentlich Angst vor einer alles sehenden und bewertenden göttlichen Instanz und versucht, irgendwo Beweise für ihre Existenz zu finden, und eigentlich alle jungen Menschen erhoffen sich Auskünfte von einer überirdischen Macht über ihren Lebenssinn und ihre Zukunft. Angst vor Sanktionen und vor dem Tod, aber auch die Furcht, den eigentlichen Sinn des irdischen Daseins nicht zu erkennen und das Gute zu versäumen, wecken Sehnsucht nach einem religiösen Überbau oder nach einem tröstenden Ersatz dafür. Sie machen verführbar, sich dort mit Gott, dem Guten und Bösen, der Zukunft sowie dem Tod auseinanderzusetzen, wo es sich gerade subjektiv überzeugend anbietet, bei den Scientologen, bei der Mun-Sekte, bei den Zeugen Jehovas, bei den Exorzisten, bei den Anhängern Schwarzer Messen, bei den Bhagwan-Jüngern oder in der New-Age-Szene.

Daß Gott für das Gute, für die Stimmigkeit und Berechenbarkeit der Naturgesetze, für die Werte des sozialen Zusammenlebens sowie für einen guten Umgang mit sich selbst steht, ist so abstrakt, daß es den vielen Analphabeten früher nicht ohne die biblischen Gleichnisse und die Institution einer Kirche zu vermitteln war. Die Naturwissenschaften lieferten noch so wenig Weltdeutung, daß das Unerklärbare Göttern oder einem Gott zugeordnet wurde. Das Bedürfnis nach Gott ist das Bedürfnis nach Schicksalsdeutung, nach Weltverständnis und nach Sinnerklärung bezogen auf das Geheimnisvolle des eigenen Lebens. Wenn das Weltbild Lücken, also Informationsdefizite, hat, springt Religion in die Bresche. Als man noch nicht wußte, daß Gewitterblitze durch Elektronen entstehen, die einen Ladungsausgleich herstellen, schrieb man sie „Gottes Strafe“ zu. Ideologie ist dagegen der Versuch, die Weltbilder verschiedener Individuen zu einer Stoßrichtung zusammenzuschließen und „auf Vordermann zu bringen“. Ideologien sind daher immer verzerrte, also nicht ganz stimmige, leicht oder grob unrealistische Weltbildvarianten. Die Subkultur einer Jugendsekte oder einer okkulten Gruppe schließlich ist Weltbildersatz, sie vertraut auf die verzaubernde Kraft der Antworten auf vermeintlich Unerklärbares, sie fasziniert mit einem Gemisch aus Reiz des Verbotenen und Abgabe von Verantwortung an Übernatürliches, und nur sehr mühselige Decodierungsprogramme vermögen mit sehr rationaler Entzauberung junge Menschen wieder aus dem Bann solcher Zirkel herauszuholen. Allein in Hamburg sind rund 80 religionsähnliche Gruppen tätig.

Man muß also erzieherisch vorbeugen, damit es gar nicht so weit kommt. Wenn die Familie, wenn die Gesellschaft mit ihrem Grundgesetz und ihren Menschenrechtskatalogen und wenn die Kirchen es nicht mehr schaffen, ein geschlossenes und stimmiges Weltbild mit zeitgemäßen Normen und Werten in jungen Menschen aufzubauen, dann muß es zumindest die einzige erzieherische Institution versuchen, die noch alle Kinder und Jugendlichen erreicht, und das ist die Schule. Sie kann das aber nur mit einem Bündel von welterklärenden Informationen, einem Eingehen auf religiöse und übersinnliche Bedürfnisse und vor allem mit dem Aufbau von Konfliktlösungskompetenzen im jungen Menschen schaffen.

51. Werteerziehung und Verantwortung

Die Faszination von Gewalt ist bei vielen Jugendlichen eine Kompensation ihres Wertemangels, wobei Werte grundsätzlich als etwas Positives, Erwünschtes angesehen werden müssen.

Über Werte läßt sich nur schwer Konsens erzielen; für einige Zeitgenossen sind Mitleid, Höflichkeit, Hilfsbereitschaft, Ordnungsliebe, Disziplin und Respekt vor dem Mitmenschen verstaubte Werte, die den jungen Menschen unnötig einengen, für andere sind sie so wertvoll, daß ihr Mangel von ihnen als Werteverlust beklagt wird; aber für Skinheads kann Fremdenfeindlichkeit zu einem hohen Wert mißraten.

Wertewandel, Wertepluralismus, Wertekollisionen und die Geringschätzung sozialer Werte bei gleichzeitigem Übermaß an Egoismus im Sinne von Durchsetzungsstärke, Lebenstüchtigkeit und taktischen Erfolgskompetenzen – die eine doppelte Moral in der Weise rechtfertigen, daß man im sozialen Nahraum hilfsbereit und solidarisch ist, sich gegenüber dem Gemeinwesen und unbekannten Menschen zugleich aber asozial verhält – kennzeichnen heute vielfach das Denken, Fühlen und Handeln junger Menschen. Sie überschauen nicht das Ganze des sozialen und politischen Zusammenlebens, weil das ein gehöriges Maß an erfolgreicher Erziehung und Bildung voraussetzen würde. Sie sind mit der Werteerziehung alleingelassen und deshalb mit Werteentscheidungen überfordert. Aus Mangel an Konfliktbewältigungskompetenzen gewinnt Gewalt daher für sie eine Ventilfunktion.

Wer glaubt, daß „verstaubte" Werte wie Nächstenliebe, Respekt vor dem Eigentum anderer, Zuverlässigkeit, Pünktlichkeit und Pflichtbewußtsein das Kind bloß einengen, und wer es deshalb vor allem seiner Selbstentfaltung überläßt, riskiert, daß es späterhin überall aneckt, scheitert, mit seinem starken Egoismus andere beeinträchtigt und Äußerlichkeiten wie Lebensstandard, Konsum, taktische Tüchtigkeit und Karriere- sowie Sozialprestigeerfolge zu Kriterien seines Handelns erhebt.

Kinder brauchen Grenzen zum Selbstschutz, zum Schutz anderer und zur Entwicklung ihrer Kräfte, und diese Grenzsetzungen müssen von allgemein akzeptierten Werten her erfolgen; Grenzen engen Kinder nicht ein, es sei denn, sie werden wirklich zu eng gesetzt, sie geben ihnen Orientierung fördernden Halt.

Ein Mangel an Wertebindungen zwingt Kinder und Jugendliche immer kompensatorisch zu Bindungen an alternative, selbst ausgewählte Werte, und die können zufällig gut (Tierliebe, Leistungsfreude) oder zufällig mißlich (Ausländerfeindlichkeit, politischer Radikalismus, kumpelhafte Solidarität mit Drogendealern, Sexsucht) sein.

Ein Defizit an positiver Wertebindung wird in der Sozialpädagogik Verwahrlosung genannt, ein hoher Grad an Wertebindung aber Verantwortung.

Rivalisierende Wertevorstellungen von Lehrern eines Kollegiums erschweren die Wertebildung im Schüler. Wenn der eine Pädagoge einen beim Rauchen erwischten 13jährigen bestraft, der andere lieber wegguckt und der dritte sich dazustellt und eine Zigarette mitraucht, dann bleibt der junge Mensch mit der Bewertung seines Verhaltens allein, und zugleich wird die Strafe des ersten Lehrers vollständig sinnlos, sie gerät in den Augen des Schülers zur bloßen Schikane, so daß er bestenfalls als gewiefter Taktiker erfolgreicher wird. Eltern suchen daher immer häufiger nach Schulen mit einem Wertekonsens im Lehrerkollegium, also zum Beispiel nach Konfessions-, Waldorf- oder Freien Schulen, wobei ihnen gar nicht so wichtig ist, welche konkreten Werte repräsentiert werden, Hauptsache es sind überhaupt irgendwelche. So werden in Hamburg bereits fast zehn Prozent aller Grundschüler in Privatschulen unterrichtet, meist sind es Katholische und Evangelische Schulen sowie Rudolf-Steiner-Schulen, und bundesweit hat sich die Zahl der Privatschüler in den letzten 20 Jahren von etwa 250000 auf rund 450000 erhöht, und das bei einer gleichzeitigen Abnahme der Gesamtzahl der Schüler von neun auf ungefähr sieben Millionen.

Seit mindestens 2500 Jahren beklagen eigentlich alle Erwachsenengenerationen und insbesondere die Alten den Zustand der Jugend und übersehen durchweg, was sich mit dem Wandel an Normen und Werten zugleich gebessert hat.

Umweltschutz und Gerechtigkeit sind beispielsweise Werte, die noch nie so stark unter jungen Menschen walteten wie heute; das gilt übrigens auch für die massenhafte Ablehnung von Gewalt. Zuvor haben die absoluten Zahlen von Gewaltdelikten und ihr Brutalitätsgrad in letzter Zeit zugenommen, aber die Zahl der jungen Täter ist in den letzten 35 Jahren deutlich rückläufig. Immer weniger junge Menschen werden nämlich Verlierer in den gesellschaftlichen Konkurrenzkämpfen (so haben sich die Zahlen der Gymnasiasten und auch der Abiturienten in den letzten 40 Jahren etwa versechsfacht, und Gymnasiasten neigen nicht dazu, ihre Probleme mit aggressiver Gewalt zu lösen), aber mit ihrem Seltenerwerden werden sie sich stärker ihrer Restgruppensituation bewußt, so daß sie aus ihrem erhöhten Frust heraus immer häufiger Straftaten begehen (das gilt zum Beispiel für Hauptschüler).

Wahrscheinlich werden also die aufeinanderfolgenden Jugendgenerationen nicht permanent „schlechter“, sondern die Normen und die bevorzugten Werte wandeln sich nur rascher, als die Vorvorderen mitzumachen bereit sind. Schon Sokrates warf nämlich 400 v. Chr. den jungen Leuten „schlechte Manieren, Autoritätsverachtung und Respektlosigkeit“ vor.

Das nordrhein-westfälische Landesinstitut für Schule und Weiterbildung in Soest führt seit 1987 in Hamm, Düren und Langenfeld einen Modellversuch „Demokratische Werteerziehung“ durch. Die jeweils an einer Hauptschule, einer Realschule und einem Gymnasium gewonnenen Erfahrungen mit dem Aufbau von Normenkollisions- und Konfliktbewältigungsstrategien aus Anlaß von Dilemmata des Alltags, die mit Rollenspielen und der Diskussion über alternative Handlungsmöglichkeiten ausgewertet werden, sind außergewöhnlich gut, weil beispielsweise die Gewaltbereitschaft der Schüler deutlich abgenommen, ihre Zivilcourage aber zugleich zugenommen hat. Die Jungen und Mädchen der drei Schulen haben Kompetenzen des Sich-Wehrens, des Sich-Behauptens und des Sich-Durchsetzens auf allgemein anerkannte und kultivierte Weise gewonnen, die ihre Standfestigkeit und ihre Fähigkeit zum Krisenmanagement in einer Weise präventiv erhöht, die spätere sehr aufwendige „Reparaturen“ von Verhaltensstörungen, in der Weise, daß „das Kind in den Brunnen gefallen ist“, weitgehend überflüssig machen.

Konkret sieht die Arbeit in diesem Modellversuch so aus, daß man im Schulleben nach Handlungsräumen für eine altersstufengemäße moralische Entwicklung durch Partizipation sucht, beispielsweise wenn in den von Schülern selbstverwalteten Schulkiosk eingebrochen wurde, wenn kleine Schüler unter dem Rauchen der großen leiden oder wenn ein türkischer Mitschüler ausländerfeindlich „angemacht“ wurde. Schule wird mit dieser werteerzieherischen Konzeption aber gleichzeitig immer wieder in ihrer strukturellen Gewalt, in ihrer selektionierenden Allmacht und mit ihren heimlichen Lehrplänen in Frage gestellt; die Ohnmacht des einzelnen Schülers gegenüber dem Systemmoloch Schule wird aus gegebenen Anlässen durch ein ihn beteiligendes Krisenmanagement überwunden, so bei der Notengebung, bei Versetzungen, beim Kurswechsel, bei Bestrafungen oder bei unterschiedlichen Erziehungsauffassungen von Lehrern und Eltern. Zudem wird akzeptiert, indem die Schüler ernsthaft in die Verantwortung und in Entscheidungsprozesse eingebunden werden, daß sie auch andere Wertvorstellungen haben als Lehrer und Eltern und daß diese auch über Fehler oder Umwege wachsen dürfen.

Allgemein anerkannte Werte wie Wahrheitsliebe und Freundschaft können im Alltag so kollidieren, daß ihre Priorität gegeneinander abgewogen werden muß. Wenn ein Schüler gesehen hat, daß ein Freund im Supermarkt einen Flummi-Ball gestohlen hat, und wenn er nun dazu befragt wird, muß er sich entscheiden, ob er eher zur Wahrheit steht und damit den Freund verrät oder ob für ihn Freundschaft höherwertig ist und er damit lügt. Mit der Zuspitzung dieses Dilemmas im Rahmen einer Diskussion und veranschaulicht durch mehrere Handlungsalternativen über Rollenspiele wird er über Jahre hinweg immer besser in die Lage versetzt, selbst angemessene Werteentscheidungen treffen und damit Probleme meistern zu können. Über das häufige Training des Umgangs mit Wertekollisionen werden junge

Menschen immer kompetenter in bezug auf die Macht des jeweils besten Arguments, so wenn es um die Integration von Ausländern, Behinderten oder Außenseitern geht, und er lernt dabei, Dissens auch gegenüber Verführungen und Anfeindungen besser aushalten zu können. Er muß nämlich auf Dauer erkennen, daß das, was für einzelne wie den Freund gut ist, noch lange nicht für die Gruppe akzeptabel ist, und daß das, was für die Gruppe angenehm ist, nicht unbedingt für die gesamte Gesellschaft taugt.

Erhobene Zeigefinger, Moralpredigten und Strafen allein bewirken noch keine guten werteerzieherischen Resultate; aber ohne Grenzsetzungen und ihr deutliches und konsequentes Einhalten und ohne Sanktionen bei Grenzüberschreitungen geht es auch nicht, denn ohne Abschreckung wächst die Gefahr von Abfärben und Wiederholung. Ohne Werteerziehung kommen Familie und Schule heute im ständig wertepluraler werdenden sozialen und politischen Umfeld nicht mehr aus; Werteerziehung als ein Stück gesellschaftlicher Zukunftsinvestition können wir uns nämlich leisten, denn sie ist „kostenneutral" möglich.

52. Wenn Kinder lügen

Wer lügt, sagt, tut oder glaubt etwas, was er eigentlich anders weiß. Bis zu 200mal lügt der Mensch am Tag, behauptet der Wiener Mentiologe (Lügenforscher) Peter Steglitz, und Männer flunkern 20 Prozent häufiger als Frauen, weil sie nicht so couragiert wie diese sind.

Das Lügen beginnt schon beim Kleinkind, das eine Vase zerbrochen hat und die Schuld aus Angst vor Strafe auf die Katze schiebt, die sich nicht wehren kann. Wenn Jungen lügen, neigen sie zum gleichzeitigen Schwitzen und zum Vermeiden von Blickkontakten, während Mädchen bei der Unwahrheit eher erröten und ihr Gegenüber fixieren.

Lügen ist hier im weitesten Sinne gemeint; es reicht vom entlastenden Selbstbelügen und der nicht ernst gemeinten Frage „Wie geht es dir heute?" über die soziale Lüge, die den anderen schonen will, das bewußte Weglassen von Informationen und die taktische Lüge, mit der man die Wahrheit so zurechtstutzt, daß man größere Erfolge erzielt (das „Schleimen" gehört dazu), bis zur Notlüge.

Der berühmteste Lügner der Geschichte ist der Freiherr Karl Friedrich Hieronymus von Münchhausen, der als „Lügenbaron" mit seinen unglaublichen Kriegs-, Jagd- und Reiseschilderungen im 18. Jahrhundert bekannt wurde; sie waren so etwas wie „Seemannsgarn" und „Jägerlatein", die ja auch wie die Fabeln und Märchen die Funktion haben, die Wahrheit so zu verändern, daß der Zuhörer zum aufmerksameren und zum stärker bewundernden Wahrnehmen motivert wird, oder eigentlich beabsichtigte Botschaften deutlicher zu akzentuieren.

Wenn man sich selbst oder andere belügt, wird das Leben vermeintlich leichter; das ist jedenfalls das Motiv der Notlüge, aber auch des Sich-selbst-etwas-Vormachens. Die Lüge hat etwas mit Sehnsucht, mit Traum, mit Phantasie und mit einem bewußt oder schließlich auch unbewußt herbeigeführten unstimmigen Weltbild zu tun. Sie kann bis zur Pseudologica phantastica, also zur selbständig gewordenen Einbildung, reichen.

Wenn Kinder immer wieder aus Selbstschutzbedürfnis die Unwahrheit sagen, kann ihre permanente Wiederholung wie beim autogenen Training dazu führen, daß sie das ursprünglich fälschlich Behauptete schließlich selbst als Wahrheit ansehen; die Lüge verfestigt sich zur Gewißheit, sie wird autonom, also unabhängig von der zugrundeliegenden Wahrnehmung. Eine solche Wahrnehmungswandlung spielt beispielsweise bei Prozessen um sexuellen Kindesmißbrauch eine Rolle, insbesondere wenn die behaupteten Taten lange Zeit zurückliegen. Sie ist aber auch im Sinne von Projektion bei besonders stark Verliebten typisch, die nur das Positive an ihrem Liebesobjekt sehen wollen, das Negative aber übersehen; selbst die deutliche Zurückweisung wird von Menschen mit dem Phänomen der Pseudogolica phantastica schließlich nicht mehr bemerkt oder gar als positiv gemeinte Zuwendung uminterpretiert.

Umfragen haben ergeben, daß die meisten Kinder Lügen an sich ablehnen, aber zugleich Notlügen in Zwangslagen für sinnvoll halten. Die Not ergibt sich in der Regel aus der Angst vor Strafe, vor Liebesentzug oder vor Verlust von Besitzständen oder von Bezugspersonen.

Wenn Kinder Notlügen durchweg für akzeptabel halten, erwächst daraus allerdings das erzieherische Problem, daß ihre Not dann auch nicht sichtbar wird. Angstfreie Erziehung ist also der beste Weg einer Erziehung zur Wahrhaftigkeit. Denn nur wer den Umgang mit Unbequemem langsam zu ertragen lernt, wird auch auf Dauer konflikt- und belastungsfähig, ohne ausweichen zu müssen.

Wer Drogen nimmt, um seine Wahrnehmungen und Empfindungen zu verändern, belügt sich ein Stück weit selbst, er kann eben auch nicht gut mit seinen Problemen umgehen.

Viele junge Menschen glauben, daß sie mit Lügen besser durch ihr Leben kommen. Aber „Lügen haben kurze Beine", sie werden meist irgendwann oder doch in einem so hohen Prozentsatz entlarvt, daß man dem Lügner am Ende gar nichts mehr glaubt. Irgendwie fühlen sich Kinder auch selbst dann nicht wohl, wenn ihre Lügen unentdeckt bleiben; es rührt sich ihr schlechtes Gewissen, und manchmal werden sie auch krank, weil sie mit jeder Lüge auch schlecht mit sich selbst umgehen. Sie spüren, daß die Lüge stets allenfalls die zweitbeste Möglichkeit ist, eine Krise zu überstehen, und daß es für sie und alle anderen günstiger wäre, wenn sie gut mit der Wahrheit umgehen könnten. Eine Erziehung zur Konfliktbewältigungskompetenz in Familie und Schule ist daher zugleich immer auch eine Förderung von Wahrheitsliebe.

Wenn Eltern sich in ihrer Alltagsbewältigung stets sehr taktisch verhalten, wenn sie sich von ihren Kindern am Telefon verleugnen lassen, wenn sie sie dazu ermuntern, bei ihren Lehrern mehr zu „schleimen" oder bei Klausuren zu schummeln, wenn sie in deren Gegenwart Strategien von Betrug und Verzerrung der Wahrheit um irgendwelcher Vorteile willen erörtern, erziehen sie sie zugleich zu einem größeren Geschick in bezug auf taktische Lebenstüchtigkeit.

Am Ende kann dabei herauskommen, daß junge Menschen nur noch wenig aus Überzeugung tun oder lassen, sondern nur noch deshalb, weil erwünschtes Verhalten belohnt und anderes bestraft wird. Sie orientieren sich dann nicht mehr vorrangig an Werten oder an ihrem Gewissen, sondern an den vermuteten Reaktionen ihres Umfeldes; sie sind dann leicht verführbar, korrumpierbar und eher außengesteuert als innengeleitet. Solche Menschen erkranken übrigens eher und sterben auch früher, beispielsweise am Herzinfarkt, weil sie weniger zu sich selbst, sondern eher zu erwünschten Erfolgen wie Ansehen, Außenwirkung, Vermeidung von Peinlichkeiten, Sozialprestige oder Karriere stehen.

Wenn ein Kind etwas sagt, das im Widerspruch zu seinem eigenen besseren Wissen steht, dann gibt es immer einen triftigen Grund dafür. Die Ursache des Lügens zu verstehen ist wichtiger als die Betroffenheit über die Zumutung von Unwahrheit:

- Von kleinen Kindern kennen wir die „Phantasie-Lüge" ihrer Traumwelt beim Zeichnen, beim Spielen, beim Plaudern oder beim Erzählen. Dieser schöpferischen Kreativität einer Märchenwelt sollte man freien Lauf lassen.
- Manchmal lügen Kinder aus innerer Not, aus Angst vor Liebesentzug, Zurückweisung oder Strafe. Die Notlüge von Kindern ist meist weniger eine charakterlich bedingte Abgebrühtheit, sondern mehr eine Kritik an oder ein Spiegelbild von den bisherigen Reaktionen der Bezugspersonen. Sie ereignet sich seltener, wenn Eltern, Erzieher und Lehrer nach einem Mißgeschick gemeinsam mit dem Kind in Ruhe erörtern, wie es zu dem Fehler gekommen ist.
- Es gibt Lügen, die gezielt eingesetzt werden, um Vorteile herauszuschlagen. Oft werden sie von Kindern gewählt, die schon viele Versagenserlebnisse hinter sich haben. Sie sind mit Prahlen, Angeben oder Aufschneiden bemüht, ihr Ansehen zu erhöhen bzw. in den Beliebtheits- und Tüchtigkeitsskalen von Gleichaltrigen eine höhere Rangordnungsposition zu gewinnen. Minderwertigkeitsgefühle begünstigen so etwas, und Erwachsene können ihnen entgegenwirken, indem sie Kinder so akzeptieren, wie sie sind, und ihnen reichlich Erfolgserlebnisse verschaffen.
- Mit mancher Lüge wird über den Umweg des Mitleiderregens verzweifelt nach Liebe geschrien. Diese Lügenart läßt sich dadurch rasch ausmerzen, daß man dem Kind den durchschauten Zusammenhang auf den Kopf zusagt und indem man dem Wunsch nach mehr Zuwendung entspricht.
- Die häufigste Lüge ist die, nach außen besser erscheinen zu wollen, als

man im Inneren zu sein glaubt. Kinder, die dazu neigen, schämen sich ihrer Gefühle, beispielsweise weil sie deretwegen schon einmal ausgelacht oder niedergemacht wurden. Dieser Scheinheiligkeit muß durch Entlarvung, durch Toleranz für und Ermunterung zum Anderssein, durch mehr Verständnis für ungewöhnliche Gedanken, Gefühle und Reaktionsweisen Einhalt geboten werden.

– Für die Entwicklung zur Selbständigkeit und stimmigen Selbsteinschätzung ist das Ausprobieren von Lügen, wie sie am 1. April üblich sind, die man aber kurz danach zugibt, wichtig. Lügen haben einen Reiz des Spielerischen, und in dieser Eigenschaft sind sie dem Witzeerzählen ähnlich; es ist für Kinder eine große Lust, ihre Eltern gelegentlich hereinzulegen, und ein Triumph auf dem Weg, die eigenen Möglichkeiten und Grenzen besser kennenzulernen. An dem Bedürfnis nach Ausgliedern einer eigenen, privaten, ja intimen Lebenswelt und ihrer wachsenden Autonomisierung liegt es, daß junge Menschen zwischen zehn und 14 Jahren am meisten und am perfektesten lügen. Für dieses entwicklungspsychologisch gesehen nachvollziehbare Flunkern sollten Eltern, Erzieher und Lehrer viel mehr Verständnis als bislang üblich aufbringen. Gleichzeitig müssen sie aber deutlich Grenzen gegen dieses Phänomen aufzeigen, damit sich Kinder und Jugendliche nicht an das Lügen gewöhnen, und sie müssen sie überzeugen, daß es reifer, überlegener, gesünder und lebenstüchtiger ist, ohne Lügen zurechtkommen zu können.

53. Wenn Kinder stehlen

Wenn Kinder zu Diebstählen neigen, sind die Ursachen sehr unterschiedlich.

Nur selten wird aus wirklicher Not etwas entwendet („Mundraub"). Durch die Medien und über die Werbung geraten Kinder in den Sog des Strebens nach einem sehr hohen materiellen Lebensstandard, der ihnen verheißt, daß sie durch Statussymbole begehrenswerter und angesehener werden. Materialismus verführt sie zu Vergleichen zwischen ihren Fernsehhelden und ihrer eigenen Lebensqualität und erweckt in ihnen übersteigerte und oft auch unrealistische Konsumbedürfnisse. Schwache und wenig anerkannte Kinder versuchen häufig, sich mit Äußerlichkeiten, mit Besitz aufzuwerten, sie sind abhängig von ihrer Wirkung auf andere, und sie wollen ihre Lage mit Kleidung, Spielzeug, Discman, Süßigkeiten oder Rollerskates verbessern.

Mißerfolge in der Schule, Ablehnung durch Gleichaltrige, Familienzerfall, permanente massive Kritik durch die Eltern und Unzufriedenheit mit dem eigenen Körper und seinen Leistungen können auf Dauer zu einem so geringen Selbstwertgefühl führen, daß Diebstahl, Kaufsucht und Besitz von sonst Unerreichbarem zu Ersatzbefriedigungen werden, die Defizite an Zuwendung und Wertschätzung sekundär ausgleichen sollen. „Wenn ich nichts kann und nichts wert bin, will ich wenigstens etwas haben" ist dann das Motto der kompensatorischen Bemühungen. Mit Gestohlenem will sich der junge Mensch selbst etwas Gutes zufügen.

In Cliquen Gleichaltriger gewinnt Diebstahl oft einen sportlichen Charakter; er wird als Mutprobe, als ein Stück Abenteuer mit dem prickelnden Reiz des Verbotenen angesehen, aber nur, wenn wenigstens ein anderer, der den gewagten Grenzübertritt bezeugen kann, zugegen ist. Klauen von Sprühdosen als Rangordnungsaufstieg ermöglichendes Jugendkultphänomen, auch als Aufnahmeritual einer Gruppe, spielt beispielsweise in der Graffitinische eine große Rolle.

Stehlen kann ebenso wie Zerstören ein Ausdruck von Protest gegen das Leiden unter gesellschaftlichen Mißständen sein, die man für das eigene Verliererschicksal verantwortlich macht. Das Respektieren fremden Eigentums wird dann weniger bedeutsam als das Bedürfnis nach Aufbegehren gegen das eigene Milieu und die eigene Biographie, insbesondere wenn die Bestohlenen anonym bleiben, so daß man sich nicht veranlaßt sieht, mit ihnen mitzufühlen, oder wenn sie nicht Einzelpersonen, sondern Konzerne wie die Supermarkt- und Kaufhausketten sind.

Die Bewertung von Diebstahl hat sich heute so sehr in Richtung Bagatellisieren verändert („Kavaliersdelikt"), daß bei vielen Tätern keinerlei Schuld- oder Unrechtsbewußtsein mehr aufkommt, allenfalls noch dann, wenn man der Mutter etwas aus dem Portemonnaie entwendet hat. Gleichzeitig haben die Gelegenheiten zum Klauen verführerisch zugenommen, man denke nur an die unbeobachteten Regale in Warenhäusern. Und wenn junge Menschen dann noch wissen, daß in jedem Preis eines Supermarktsartikels bereits eine Diebstahlquote eingerechnet ist, dann überschreitet ihr Mut erst recht ihre Hemmschwelle.

Das Motiv Stehlen aus Not kann dadurch beeinträchtigt werden, daß man Kindern und Jugendlichen ausreichend Taschengeld gibt, und zwar nach Altersstufen gestaffelt (5- bis 6jährige 2 Mark wöchentlich, 7- bis 9jährige 4 Mark, 10- bis 11jährige 5 Mark, 12- bis 13jährige 7,50 Mark, 14- bis 15jährige 10 Mark und 16jährige 15 bis 20 Mark), und daß man sich allen Sonderwünschen gegenüber (Kleidung, Schulsachen, CDs, Computerspiele, Spielzeug, Bücher) flexibel verhält. Vor allem muß aber von klein auf an die Bedeutung von Materialismus und Konsum im Kontrast zu bildenden und sozialen Verhaltensweisen deutlich heruntergespielt werden, auch über das Vorleben der Eltern. Dazu gehört der Wert, mit Wenigem möglichst lange auszukommen. In der familiären Haushaltsführung kann das vorgemacht werden: Reserven einteilen, Reste verwerten, Ausgaben planen, eine Phase der Askese einlegen, wenn das Konto überzogen ist, sich selbst etwas bauen und anbauen usw.

Neben den Hinweisen auf die Folgen von Diebstahl (Vorstrafen, Rufschädigung des Täters und seiner Familie, schlechteres Funktionieren des Gemeinwesens und seiner Spielregeln) muß die wichtigste Reaktion auf

Stehlen jedoch sein, das Selbstwertgefühl des Ertappten zu steigern, denn seine geringe Selbstachtung ist sowohl Ursache als auch Folge von Diebstahl. Andernfalls wird Rückfall durch Gewöhnung an diese Art des Grenzübertritts, aber auch an das nur anfangs schlechte Gewissen sowie an die mit Klauen beabsichtigte kompensatorische Selbstbefriedigung bis hin zur Verfestigung im Sinne von „krimineller Energie“ begünstigt.

Rückfälle deuten immer darauf hin, daß die ursächlichen Probleme noch nicht gelöst sind, und die können sehr tief liegen, wenn Kleptomanie, also Stehlsucht, vorliegt. Psychologen führen die innere Not von Kleptomanen auf eine „infantile Entwicklungshemmung des Sexualtriebes“ zurück, vor allem bei Mädchen. Aber selbst diese sehr weit gehende Deutung mündet in den therapeutischen Vorschlag ein, die mitmenschlichen Beziehungen von Kaufsüchtigen und Dieben auf ausreichende Aufmerksamkeit, Liebe, Leistungsanerkennung und Sinnerfüllung hin zu überprüfen.

Wenn junge Menschen immer wieder beim Stehlen erwischt werden, hilft dagegen, daß sie gesellschaftliche Rückwirkung spüren, indem sie den Schaden stets wiedergutzumachen haben und indem sie erleben, was sie angerichtet haben, zum Beispiel in der Form des sorgenvollen oder ängstlichen Leidens ihrer Opfer („Täter-Opfer-Ausgleich“). Denn nur personifiziert entwickeln sich Einfühlungsvermögen und Schuldbewußtsein. Strafen bewirken jedenfalls lediglich dann eine Verhaltensverbesserung, wenn sie Probleme lösen und nicht neue schaffen.

54. Wenn Kinder keine Freunde haben und sich einschließen

Der Mensch ist ein soziales Wesen, und so brauchen alle Kinder und Jugendlichen neben ihrer Familie auch Freunde.

Im Jugendalter ist es normal, daß sie sich immer wieder einmal für eine gewisse Zeit auch zurückziehen wollen, daß sie vorübergehend weniger sprechen, daß sie lange allein in ihrem Zimmer sein wollen, daß sie gelegentlich etwas größere Distanz zu beiden Eltern oder nur zum Vater oder nur zur Mutter wahren oder daß sie sich eine Weile auch von Freunden zurückziehen. Sie befassen sich gern mal mit sich selbst, sie verarbeiten dann neue Erlebnisse, denken über Veränderungen, ihren Liebeskummer und ihre Pläne nach und versuchen, sich von innen und von außen zu betrachten, weil sie nicht mehr, wie noch als Kind, ganz in sich ruhen und mit sich und der Welt eins sind. Jugendliche betrachten sich viel von außen, was Kinder kaum tun. Aus dem zeitweisen Rückzug heraus erwächst jedenfalls oft ein größerer Anlauf zu erneuter intensiver Kontaktaufnahme mit anderen.

Auf das Ausmaß des Sich-Zurückziehens kommt es an, wenn man beurteilen will, ob der junge Mensch mit seinem Bedürfnis nach Rückzug, nach

Sich-Einschließen und nach Kontaktminimalisierung noch pubertär bedingt normal reagiert oder ob schon eine Störung vorliegt.

Ein Übermaß an Kontaktarmut, Privatisierungsbestreben und Verzicht auf Kommunikation und Interaktion mit anderen ist bis zum übersteigerten Verlangen, sich so oft wie möglich einzuschließen und nur noch mit Musik, mit Büchern oder mit dem Computer leben zu wollen, bezeichnen wir als Regression, und wir zählen sie neuerdings zu den Autoaggressionen, also zu der Phänomenologie der Gewalt gegen sich selbst. Man traut sich im Umgang mit anderen zu wenig zu, man hat mit ihnen zu viele schlechte Erfahrungen gemacht, fürchtet sich vor deren Übererwartungen und mag sich oft selbst so wenig, daß man sich auch anderen nicht zumuten möchte. Da man aber eigentlich so gern Bezugspersonen und Freunde hätte, bleiben die sozialen Grundbedürfnisse beim regressiv gestörten Menschen weitgehend unbefriedigt. Der Verzicht auf Kommunikation und Interaktion mit Gleichaltrigen und mit der eigenen Familie ist daher immer ein Stück Gewalt gegen sich selbst, ein Ausdruck dafür, daß man sich in seiner eigenen Haut nicht ganz wohl fühlt. Linkische Bewegungen, Schüchternheit, Scheu, Platzangst, schweißnasse Hände, Zittern und Erröten beim Ansprechen sowie Stottern und psychosomatische Erkrankungen begleiten oft den Rückzug in die Einsamkeit. Alleinseinwollen steht als Begriff noch für das normale gelegentliche Aussteigen, Einsamkeit aber für das Leiden unter dem Alleinsein.

In sich zurückgezogene Kinder und Jugendliche sind meist Mädchen, räumlich sich zurückziehende aber überwiegend Jungen; beide nutzen als regressiv Gestörte die von den Normen und Werten der Gesellschaft angebotenen Handlungsspielräume zum Sich-Wehren, Sich-Behaupten und Sich-Durchsetzen nicht aus, während der aggressiv gestörte Mensch sie ständig überschreitet.

Regressiv gestörte Menschen neigen dazu, sich negative Urteile anderer über sie zu eigen zu machen; sie sind vielfach Opfer von Self-fulfilling-prophecy, von Stigmatisierung, sie haben ein ungünstiges Selbstbild, das sie sich zuschreiben lassen, und bauen es zu einem negativen Selbstkonzept aus. Ihr Fehler ist vor allem, daß sie sich Kritik nicht nur zu Herzen nehmen, sondern sie auch immer glauben. Weil mit ihnen so viel geschimpft wurde, schimpfen sie auch ständig mit sich selbst; sie neigen zu Selbstgesprächen voller Selbstvorwürfe, auch zu lauten, wenn sie allein sind.

Man vermutet immer, daß vor allem diejenigen Kinder stark gestört sind, die motorisch unruhig und besonders aggressiv sind. In Wirklichkeit haben es aber die regressiv auffälligen, die alles sie Belastende in sich hineinfressen, die still für sich leiden, schweigen und allenfalls einmal auf Ansprache hin rot werden, viel schwerer; ihre Störungen sind langanhaltender und bedürfen einer viel aufwendigeren Therapie.

Kontaktarme und stille Rückzugskinder sind für Lehrer meist ganz angenehm; sie reduzieren de facto die Klassenfrequenz, erfüllen mit ihrem erhöhten Angstpotential in der Regel die Fleiß- und Ordnungserwartungen und werden oft mit dem Hinweis auf der Klassenkonferenz „Sie bemüht sich ja, auch wenn sie keine Leuchte ist" versetzt, obwohl sie sich nicht melden und sich nicht am Unterrichtsgespräch beteiligen. Maßstab für schulisches Scheitern von Schülern ist nämlich durchweg nicht das Leiden des Schülers selbst, sondern der Leidensgrad der Lehrerschaft; Lehrer handeln eher, wenn sie sich gestört fühlen, als wenn der Schüler selbst gestört ist.

Regressiv gestörte junge Menschen tendieren zu Depressionen, Neurosen, Psychosen, zu bewußt herbeigeführten Selbstverletzungen, zu Nägelkauen, Bettnässen, Asthma, Hauterkrankungen, Eßstörungen, Migräne, Tabletten- oder Drogensucht sowie Todessehnsucht, weil sie zu wenig von sich selbst halten und sich kaum etwas zutrauen.

Ihre Therapie besteht also vor allem in der Eröffnung von Bewährungsfeldern, über die sie erfahren, daß sie etwas können, daß sie gebraucht werden und daß man sie mag. Zuwendung, Ansprache, Körperkontakt, Mutmachen, Zutrauen und Lob sind die Elemente, die ihnen am meisten helfen; vor allem aber sind es die Erfolgserlebnisse bei gleichzeitigem Vermeiden von weiteren Mißerfolgen, die ihnen gut tun, sie befreien und ihre Kräfte so entwickeln, daß sie auch zufriedener mit sich selbst werden.

Zum Glück kann jeder Mensch irgend etwas besonders gut und sei es im Sport, in der Musik, in der Technik, im Sozialen, beim Kochen und Backen, am Computer, im Rollenspiel oder mit seinem Gedächtnis. Man muß es nur als Elternteil, Erzieher oder Lehrer wahrnehmen können und dann möglichst häufig Situationen organisieren, in denen genau diese Leistung herausgefordert wird, und man muß dafür sorgen, daß junge Menschen, die sich als Versager fühlen, gerade auch bei Gleichaltrigen viel Anerkennung finden. Partner- und Kleingruppenarbeit sowie die Projektmethode sind besonders günstige Weisen, um die Fähigkeiten von Rückzugskindern herauszufordern, über Erfolge in kleinen Schritten zu stärken und in ein derart gestärktes Selbstvertrauen einmünden zu lassen, daß sich der ehemals regressiv Gestörte schließlich sogar einen Redebeitrag, ein Rollenspiel und körperkontaktreiches Tanzen zutraut.

Den größten Schritt nach vorn machen solche Kinder und Jugendlichen aber, wenn sie einen Freund oder eine Freundin finden, von denen sie ganz und gar so akzeptiert werden, wie sie sind; das Kennenlernen gelingt dabei am besten über ein gemeinsames Interesse, und sei es, daß beide Computerfreaks, Ornithologen oder tiefreligiöse Menschen sind.

Wenn junge Menschen sich in ihre Seele oder in ihr Zimmer zurückziehen, ist Lob für sie meist Balsam, Kritik aber Gift, denn sie kritisieren sich selbst bereits in Überdosis.

Sich in ihr Inneres zurückziehende Mädchen haben häufig eine überstarke Mutter, die pausenlos auf sie einredet und sie mit Übererwartungen nahezu erdrückt, während Jungen, die sich lange in ihrem Zimmer einschließen, vielfach einen besonders anspruchsvollen, zu eng und zu kalt erziehenden Vater haben, der nur entweder tadelt oder ignoriert, erwünschtes Verhalten jedoch für so selbstverständlich hält, daß er grundsätzlich auf Anerkennung, Lob und Ermutigung verzichtet.

55. Wenn Kinder ausreißen

In Lateinamerika gibt es etwa 40 Millionen Straßenkinder, meist sind sie von zu Hause weggelaufen oder fortgetrieben worden. 76 Prozent der kolumbianischen Straßenkinder verlassen bereits ihre Eltern, bevor sie zwölf Jahre alt sind. 90 Prozent der Ausreißer in den USA beginnen spätestens nach vier bis fünf Wochen damit, ihren Körper an Freier zu verkaufen, um überleben zu können.

In Deutschland werden täglich etwa 100 Menschen als vermißt gemeldet, und jährlich laufen bundesweit etwa 80 000 Kinder und Jugendliche von zu Hause oder aus einem Heim weg. 18 000 davon gelten als langfristig oder dauerhaft vermißt, darunter sind 6000 Kinder bis zu 13 Jahren und 12 000 Jugendliche von 14 bis 18 Jahren. Allein 50 000 junge Menschen bis zu 18 Jahren entfliehen ihren Familien alljährlich wegen deren Armut.

Die Ursachen für dieses Ausreißen oder die Absicht, für immer aus der Familie auszusteigen, sind aber, differenziert gesehen, sehr vielfältig: Grundsätzliche Ablehnung durch die Eltern oder einen Elternteil, ständige Kritik oder Übererwartungen von seiten der Eltern, Streit in der Familie, Schulversagen, Angst vor dem Ausbildungsplatz oder der Arbeitswelt, körperliche Mißhandlungen oder sexueller Mißbrauch in der Familie, Abenteuerlust in bezug auf die „große weite Welt", der mitreißende Sog einer weglaufen wollenden Freundesgruppe, Liebeskummer oder Sehnsucht nach anderen, erfüllenderen menschlichen Bindungen, ein Abdriften in die Drogenszene oder das Eingefangenwerden durch eine Jugendsekte können neben der materiellen Unterversorgung auslösend sein.

Manchmal steht am Beginn eines solchen „Trebeganges" auch nur der Wunsch, die Eltern mögen aus Sorge um ihr abhandengekommenes Kind ihren Führungsstil in Richtung mehr Verständnis, Emotionalität, Geborgenheit oder Zugestehen von Freiräumen verändern, weil sie sich durch die Flucht des jungen Menschen plötzlich ihrer Liebe zu ihm bewußt werden.

Schon immer liefen Kinder und Jugendliche von ihrem Zuhause weg; aber allein in den letzten 20 Jahren hat sich ihre Zahl in Anbetracht immer mehr zerfallender Familienverhältnisse verdoppelt. Was sie sich von ihrem Ausreißen erhoffen, tritt allerdings meist nie ein, es sei denn eine vorübergehende Verbesserung des Familienklimas. In der „großen weiten Welt" werden sie immer enttäuscht. Meist zieht es sie zunächst in das Milieu der Bahnhöfe von großen Städten, und dort werden sie dann leicht Opfer von kaputten Menschen wie Freiern, Drogenabhängigen, kriminellen Cliquen oder religiös verirrten Gruppen; sie unterschätzen ihre finanzielle Not und sind dann gefährdet, ihren Körper oder ihre Seele mitsamt ihren Illusionen zu verkaufen.

Kinder und Jugendliche, die ausreichend dosiert zwischen Liebe, Ansprache, Verständnis, Forderungen und Grenzerfahrungen und mit Bezugspersonen, die es auch über Krisen hinweg mit ihnen aushalten, aufwachsen, kommen eigentlich nie auf die Idee wegzulaufen.

Junge Ausreißer kündigen ihre Absicht meistens mehrmals an, bevor sie sie in die Tat umsetzen, weil sie sich bereits schon von der bloßen Ankündigung eine Verbesserung ihrer Situation erhoffen. Eltern, die sich dann nicht selbst zu helfen wissen, sollten sich an einen vertrauensvollen Lehrer oder Schulleiter, an eine Erziehungsberatungsstelle oder an die Sozialen Dienste wenden.

In früheren Zeiten kam es nicht selten vor, daß sich ein Junge auf ein Frachtschiff schlich und sich dort bis zum Auslaufen versteckte, weil er fremde Häfen kennenlernen wollte. Nur selten haben Ausreißer ihren Entschluß zuvor in allen Konsequenzen überlegt. Meist ereignet sich so ein Schritt aus einer spontanen Laune oder einem konkreten Ärgernis heraus, und fast immer kommen solche Kinder über kurz oder lang zurück, weil sie aus der Distanz zu ihren Eltern dann doch wieder die Vorzüge der häuslichen Geborgenheit zu schätzen wissen.

Im allgemeinen will ein weglaufendes Kind seine Eltern nur schocken, sie auf seine innere Not aufmerksam machen und erreichen, daß sie sich über seine sehnsüchtig von ihnen erwartete Rückkehr dankbar freuen und danach liebevoller als zuvor sind. Mit seiner „Explosionsmethode" will es seine Eltern zu einer Einstellungs- und Verhaltensänderung zwingen, sie also letztendlich umerziehen. Wenn das der Fall ist, ist Weglaufen ein „gewerkschaftliches Kampfmittel", das aus Hilflosigkeit, aus Ohnmacht heraus eingesetzt wird. Der Erfolg gibt den meisten Ausreißern Recht, denn nur selten erwartet sie Strafe, statt dessen aber zumindest eine Zeitlang größeres Verständnis, größere Schonung und ein Mehr an Wunscherfüllung.

Nach dem Ausreißen und Zurückkehren muß die vorausgehende innere Not des jungen Menschen genau erkundet werden, damit sie überwunden werden kann, denn das Weglaufen ist ja nur ein Symptom für Unwohlsein bzw. Unbehagen.

Viele Kinder, die ausreißen, tun das nur, weil sie nicht in der Lage sind, ihre Überforderungskrise in der Schule, im Freundeskreis oder die durch den ständigen Streit ihrer Eltern bedingte zu artikulieren, sich mit Sprache zu wehren, zu behaupten oder durchzusetzen oder weil sie überhaupt nicht wissen, wie man auf ein Problem zugeht und einen Konflikt löst, so daß sie kompensatorisch mit der Flucht ausweichen. Vielen Eltern wird mit dem Weglaufen ihres Kindes schlagartig bewußt, worunter es leidet, anderen bleibt das eigentliche Motiv aber noch sehr lange verborgen; glücklicherweise hilft die spektakuläre Aktion des Kindes zumeist in beiden Fällen, seine Lebenssituation ein wenig zu verbessern. Allerdings nutzt sich dieses

Mittel der Einflußnahme auf die Eltern mit seiner permanenten Wiederholung durchweg sehr rasch ab, so daß es dann nicht nur vollständig ineffektiv wird, sondern auch noch die Sanktionsbereitschaft der Eltern erhöht.

56. Außenseiterschicksale

Außenseiter wollen selbst meist keine Außenseiter sein. Sie haben Probleme mit sozialen Gruppen, und ihre Integration ist auch für ihre Helfer, also ihre Eltern, Erzieher und Lehrer, ein schwieriges Stück Arbeit, denn ihr Aussehen, ihre nationale oder religiöse Zugehörigkeit, ihre Kontakt- und Kommunikationsschwierigkeiten, ihre Ausfälle und Behinderungen, aber auch ihre sexuellen Vorlieben lassen sie nicht so ohne weiteres zu. Schuld können auch die unüblichen Normen und Führungsstile ihres Elternhauses, merkwürdige Angewohnheiten ihres Vaters oder ihrer Mutter oder Verbote haben, die dazu führen, daß das übliche Freizeit- und Gruppenverhalten der Gleichaltrigen derart ungewohnt ist, daß Orientierung und Verhaltssicherheit für Außenseiter doppelt schwierig werden.

Wenn Lehrer völlig andere Normen repräsentieren als die Eltern, kommt es im Kind zwangsläufig zur Unverträglichkeit verschiedener Führungsstile und Weltbilder, die es dann schwierig werden läßt und die Gefahr des Ausgestoßenwerdens erhöht. Das trifft beispielsweise die türkischen Mädchen mit ihren Kopftüchern und den Verboten ihrer Eltern, am Schwimmunterricht, an Schulfesten oder an Klassenfahrten teilzunehmen. Lehrer sehen sich dann gelegentlich gezwungen, nachdem vermittelnde Gespräche mit den Eltern nicht weitergeführt haben, das Kind zu stärken und gleichzeitig um Toleranz und Mithilfe bei den Mitschülern zu werben.

Die Integration muß immer von beiden Seiten her erfolgen; der Außenseiter muß in die Gruppe hineingeführt werden, die Gruppe muß sich aber zugleich für ihn öffnen.

Erziehung zur Toleranz als Voraussetzung für Integration ist ein schwieriges Unterfangen, weil Minderheiten und das von der Norm Abweichende ein Stück weit zur Regelhaftigkeit des Üblichen hingeführt werden müssen, andererseits aber bei den Mehrheiten die Toleranzbandbreite in der Weise erweitert werden muß, daß das Andere, das Fremde, das Neue, das Ungewöhnliche schließlich als lebensbereichernd empfunden wird. Eine pluralistische Gesellschaft braucht ganz besonders die erzieherische Arbeit gegen Vorurteile, Intoleranz, Diskriminierung und Haß, und ihre Außenseiter helfen dabei, indem sie Lernanlässe für die Ausdehnung von Akzeptanzgrenzen und für das Wertschätzen der Vielfalt bieten; das wissen wir aus den guten Erfahrungen mit Integrationsklassen, mit multikulturellen Spiel- und Lerngruppen sowie mit übernationalen Wohnprojekten und internationalen Kinderdörfern. Gerade Kinder müssen lernen, daß es nie genügt, sich selbst wohlzufühlen, wenn damit gleichzeitig die Gefühle anderer verletzt werden; bei Kindern sind solche Integrationsprozesse, die ja auch gegen mißliche Rangordnungsbildungen wirken, jedenfalls schneller und effektiver von Erfolg gekrönt als bei Jugendlichen und Erwachsenen.

Soziometrische Tests zur Ermittlung von Außenseitern und Untenstehenden müssen als Ausgangspunkt für integrative Bemühungen jedoch abgelehnt werden, weil sie Stigmatisierungs- und Ausgrenzungsprozesse zunächst völlig unnötig fördern, wenn man beispielsweise fragt: „Neben wem möchtest du am liebsten sitzen und neben wem überhaupt nicht?" Man sollte sich da eher auf seine direkte Wahrnehmung von Sympathiegefällen verlassen.

Außenseiter haben oft schon viele Niederlagen in den Rangordnungen von Beliebtheit, Tüchtigkeit und Stärke erlebt und haben im Kampf um die Anerkennung in den Hierarchien ihren Gruppen bereits resigniert, so daß sie sich gar nicht mehr um einen Zugewinn an Ansehen bemühen. Sie haben sich aber dann nicht nur aufgegeben, sie halten auch von sich selbst nicht mehr viel. Häufig haben sie sich längst mit ihrem mißlichen Schicksal abgefunden und die Flucht in außersoziale Bewährungsfelder angetreten, wie da sind der Umgang mit Computern, mit Technik, mit chemischen Experimenten, mit Kochen, mit Schachspielen, mit Botanisieren oder mit Tieren.

Gegenüber Außenseitern müssen Eltern und Pädagogen Bewährungsfelder eröffnen, über die diese auch von anderen anerkannt werden. So fallen Mädchen, die von Jungen anfangs wegen ihres Körperbaus nicht akzeptiert wurden, später oft durch ein hohes Maß an Sozialkompetenz, an Schauspielkunst oder an Humor auf, mit dem sie ihre Außenseiterrolle zu überwinden vermögen und mit dem sie schließlich von allen geschätzt oder sogar geliebt werden.

Außenseiter versuchen übrigens gern, Pluspunkte gegenüber anderen Außenseitern zu gewinnen; sie rivalisieren mit ihnen, indem sie die gleichen fiesen Mittel aktiv einsetzen, unter denen sie als Opfer selbst sehr leiden. Jeder noch so gering anerkannte Mensch braucht offenbar immer noch jemanden, der noch tiefer steht, so daß er wenigstens auf seine Schultern steigen kann.

57. Medieneinflüsse, Werbung und Trends

Die bewußt gestalteten Erziehungsräume Familie und Schule haben es immer schwerer, sich gegen die nicht absichtsvoll pädagogisch gemeinten Einflußfaktoren der Medien, der Werbung und der Trends der Gleichaltrigkeit zu behaupten.

Die Medien greifen sehr stark in die kindliche Seele ein, die Werbung will Konsumreize im Kind wecken, und der Sog der Jugendkultszenerie gewinnt für viele junge Menschen eine größere Bedeutung als die Normen und Werte, die gut erziehende Eltern und Lehrer repräsentieren.

Jugendideale in bezug auf Aussehen, Sportlichkeit, Kosmetik, Kleidung, Kraft, Abenteuerlust und Freizeitaktivitäten, aber auch in bezug auf die Verknüpfung von Musik und Lebensäußerungen, von Verdrängungsstrategien und Ersatzbefriedigungen, von Karriere, Lebensstandard und Sexualität bestimmen zunehmend das Leben auch von Kindern und Erwachsenen.

Die drei Generationen Kindheit, Jugend und Erwachsenenalter orientieren sich immer mehr an den Trends des Jugendalters, das ja eigentlich mit seiner Pubertät, seinem Ausprobieren von Abenteuerreizen und Grenzübertritten ein noch unausgegorenes, noch zerrissenes, noch auf der Suche nach sich selbst und seiner Einbindung in die Gesellschaft sich befindendes ist. Hans Heinrich Muchow kennzeichnet dieses Übergangsalter mit der Sprache der 50er Jahre als „Flegeljahre", und er bündelt mit diesem Begriff das Unfertige, die Abenteuerlust sowie das Austesten von Grenzen und von vermuteter Selbständigkeit, gleichzeitig aber auch die Verführbarkeit.

Das ständige Suchen danach, wie es denn die anderen machen, die Angst, etwas zu versäumen, den Anschluß an die Trends zu verpassen, ohne Außenseiter zu werden, macht Jugendliche verführbar, von außen steuerbar.

Sie glauben Gleichaltrigen mehr als Erwachsenen, und Kinder suchen mittlerweile bei Jugendlichen und in der Jugendszene eher Vorbilder als bei reifen Menschen, die sie für „out" oder für auch nur den Trends und alten Werten hinterherlaufend halten.

Die Trends sehen sie in der Schule, in der Disco, auf Partys, in den Jugendkultnischen der Skater, vor allem aber auf dem Bildschirm, im Kino, in den Printmedien, in Werbesendungen und auf Werbeplakaten, sie sind Orientierungsmarken für sie, sie liefern ihnen Antworten auf Fragen, wie man zu sprechen, sich zu kleiden, sich zu frisieren hat, welche Musikrichtung angesagt ist, wie man seine Freizeit zu verbringen hat, wie man sich zu schminken hat, ob man Ringe durch das Ohrläppchen oder durch die Nase zu ziehen hat, in welche Restaurants man zu gehen hat (siehe „McDonald's"), welche Zeitschriften man zu lesen hat (siehe „Bravo"), welche Sportarten „in" sind (Skateboard-, Mountainbike-Fahren, Wildwasser-Rafting, Gleitschirmspringen, Freeclimbing, Streetball, Roller-Skaten, Kick-Boxen, Bodybuilding, Wrestling), aber auch wie man sich gegen die Erwartungen von Eltern und Lehrern wehren, behaupten und durchsetzen kann.

Schon kleine Kinder werden Opfer von Werbung; sie vermögen nicht zwischen den Unterhaltungs- und Werbeblöcken in Kinderprogrammen zu unterscheiden (das gilt z. B. für 37 Prozent der Vierjährigen) und drängen mit den in ihnen geweckten Konsumwünschen sofort nach solchen Sendungen ihre Eltern zum Kauf von „Power-Rangers"-, „Jurassic-Park"-, „Ninja-Turtles"- oder Dino-Figuren, Barbie-Puppen, Super Sookern, Discmen und ferngesteuerten Elektronik-Autos. Derartige Kinderprogramme werden beispielsweise geschickt am Sonnabend- und Sonntagmorgen angeboten, wenn die Eltern noch schlafen und nicht ihren pädagogischen Pflichten im Sinne des

Dreierschritts Auswahl, Dosierung und Gesprächsbegleitung von Sendungen nachzukommen vermögen.

Schon 20 Prozent der Sechs- bis Achtjährigen sehen mehr als 40 Stunden pro Woche fern, 30 Prozent bis zu 30 Stunden und 25 Prozent gar gelegentlich bis Mitternacht. Jeder dritte Neunjährige in Deutschland hat bereits ein eigenes Fernsehgerät auf seinem Zimmer, was bedeutet, daß eine große Zahl von Filmen, Shows und Werbeblöcken von den Eltern nicht mehr kontrolliert und damit auch nicht erzieherisch relativiert werden kann. In den USA sehen junge Menschen im Zeitraum zwischen dem dritten und achtzehnten Lebensjahr im Durchschnitt etwa 500 000 Werbespots, die auch ihr Weltbild mitprägen, behauptet Neil Postman.

Das gleiche gilt für den Einfluß von Computerspielen. Jeder vierte Grundschüler besitzt schon einen eigenen Computer, der oft von den Eltern gar nicht bedient werden kann. Und was da in der Schule an kopierten Disketten gehandelt, getauscht und ausgeliehen wird, ist der reinste Horror. Gewaltverherrlichende, fremdenfeindliche, rassistische, pornographische und weltbildverzerrende Spiele beeinflussen viele Kinderseelen, ohne daß die Erwachsenen das mitbekommen.

Aber selbst gegenüber den Printmedien haben die Erwachsenen durchweg keine Lust oder Zeit zu einer filternden Kontrolle oder Gegensteuerung.

Sonderbare sexualpädagogische Vorschläge auf Ratgeberseiten von Jugendzeitschriften, Rechtsradikalismus propagierende Broschüren, die unter der Hand in Schulen weitergereicht werden, der Abdruck von gewaltverherrlichenden und frauenfeindlichen Rap-Texten, vor allem aber die vielen Comic-Hefte mit ihren Geschichten, in denen die Gültigkeit der naturwissenschaftlichen und der sozialen Gesetze vollständig außer Kraft gesetzt ist, vermitteln ein unstimmiges Weltbild. Wenn in Comics ständig Wesen aus großer Höhe auf die Erde klatschen und dann noch zwei Meter tief in sie hinein, abgebrannt und von Kanonenkugeln getroffen werden, mitten in heftige Explosionen geraten, sich untereinander grausam zusammenschlagen und vernichten und kurz danach alles wieder in Ordnung ist, lernen kleine Kinder etwas Falsches; die Wesen sind völlig unbeschädigt, und die Sozialkontakte stehen vor einem unbelasteten Neuanfang. In Kindern entsteht dadurch der Eindruck, daß sich Mitgefühl mit Opfern nicht lohnt, weil diese ohnehin immer gut und unverletzt aus sämtlichen Dilemmata herauskommen; sie können also selbst bei der Dokumentation schlimmster Gewalt und verwerflichster Normenverletzungen kein Unrechts- oder Schuldbewußtsein und sowieso kein auch nur einigermaßen stimmiges Weltbild aufbauen.

Sachsen ist das erste Bundesland, das in seinen schulischen Stundentafeln ein Fach Medienerziehung verankert. Es tut gut daran, denn der unkontrollierte Einfluß von Printmedien, Fernsehsendungen, Werbung, Videofilmen und der der Jugendszenerie-Trends auf junge Menschen ist wesentlich größer als der von Lebensfeldern wie Geographie oder Chemie. Er muß gegensteuernd pädagogisch bearbeitet werden, damit Verführungen und Sogwirkungen, auch die der Gleichaltrigkeit, reduziert werden und damit junge Menschen den kritischen Umgang mit den auf sie einwirkenden Reizen lernen können.

Gerade die noch „heilen“ Familien mit ihren im Sinne von Normen- und Wertekonsens „gut“ erziehenden Eltern brauchen mittlerweile dringend die pädagogische Unterstützung der Schulen gegen mißliche gesellschafts- und seelenverändernde Trends und verführerische Sogwirkungen in bezug auf Gewalt, Rassismus, Materialismus, Sucht, Rauschbedürfnisse, Kaufzwang und stoffliche sowie musikalische Ersatzbefriedigungen.

Aber auch die Eltern selbst können nicht aus ihrer Verantwortung entlassen werden; sie müssen Medien, Sendungen, Filme, CDs, Videospiele und Werbeeinflüsse sowie Freunde mit auszuwählen helfen, sie sollten deren Reizwirkungen relativieren und sie mit Gesprächen wohldosiert kommentieren, damit junge Menschen nicht ihre kritische Distanz dazu einbüßen oder damit sie sie überhaupt erst gewinnen. Sie sollten zwar Fernsehgeräte, Videorekorder und Computer im Hause haben, aber nicht unbedingt im Kinderzimmer.

58. Lebenswelt Bildschirm: Fernsehen, Video und Computer

Familie, Schule und Gleichaltrigkeit gibt es schon lange als intentionale und funktionale erzieherische Einflußwelten. Die Familie hat sich vielfach von der Groß- über die Klein- bis zur Kleinstfamilie gewandelt, sie ist von Auflösungstendenzen bis hin zu dem Phänomen, daß sie für viele Kinder de facto gar nicht mehr vorkommt, gekennzeichnet, aber auch durch Inkonsequenz und Hilflosigkeit der Eltern.

Die Schule hinkt mit ihrem Erziehungsauftrag den raschen Veränderungen hoffnungslos hinterher, und die Trends der Gleichaltrigkeitsszenerie von Kindern und Jugendlichen überleben sich immer rascher. Dennoch lernen Kinder am meisten über Freunde und über den Bildschirm, offenbar also mehr als in Familie und Schule zusammen. Deshalb liegen der Bildschirmkonsum und die Freunde auch mit jeweils 94 Prozent ganz vorn, wenn bei Kindern nach ihren liebsten Freizeitbeschäftigungen gefragt wird. Junge Menschen verbringen übrigens während ihrer Schülerjahre nur rund 15000 Stunden im Unterricht, aber etwa 18000 Stunden vor dem Fernseher. Die Lebenswelt Bildschirm hat sich erst nach dem Zweiten Weltkrieg so richtig etabliert, auch wenn es vorher schon Kinos gab. Allein ihre schnelle Ausdehnung von einem Fernsehprogramm auf etwa 30 Kabelprogramme und ihre Anreicherung durch Videogeräte, Spielkonsolen, Gameboys und Computer hat dafür gesorgt, daß sie mittlerweile nahezu das bedeutendste erzieherische Einflußfeld geworden ist.

Was sie vermittelt, wird besonders stark geglaubt, besonders wenig angezweifelt, wird also für Wahrheit bzw. für „bare Münze“ gehalten. Der britische Psychologe Richard Wiseman von der University of Hertfordshire hat festgestellt, daß nur 51,8 Prozent der erwachsenen Fernsehkonsumenten in der Lage sind, den Wahrheitsgehalt des Gesehenen richtig einzuschätzen, während das aber 73,4 Prozent der Radiohörer und 64,2 Prozent der Zeitungsleser durchaus vermögen, weil sie bei diesen Medien nicht von Augenkontakten beeinflußt werden. Bei Kindern ist die Überzeugungschance des Bildschirms natürlich noch weitaus größer.

Die Kombination von Ton und actionreichem farbigen Bild macht die Bildschirmeinflüsse auf Kinder, gepaart mit ihrem hohen Glaubens- bzw. Vertrauensgrad gegenüber den bewegten Bildern, relativ konkurrenzlos im Vergleich zur wortlastigen und bilderarmen Schule, so daß Kinder, die am Wochenende mehr als 30 Stunden vor der „Glotze" gesessen haben, wie in Hamburg-Horn, am Montagmorgen nicht mehr so ohne weiteres auf das Wort des Lehrers umschalten können. Sie können schlichtweg nicht mehr zuhören, wenn das Bild fehlt („Montags-Syndrom"). Erst wenn durch freie Gesprächskreise, in denen sie ihre überreich gehabten und noch nicht verarbeiteten Eindrücke haben herauslassen können, durch psychomotorisches Extraturnen, eine stimmige Schulfrühstück-Ernährung sowie durch langes Erzählen und Vorlesen des Lehrers ihr geschwächter Hörsinn wieder aufnahmefähig geworden ist, können sie vielleicht ab Dienstag wieder dem Unterricht folgen.

Kleine Kinder, die schon besonders früh viel fernsehen, verstehen anfangs die die Bilder begleitende Sprache noch nicht, so daß sie versuchen, sich ausschließlich an den Bildern selbst zu orientieren. Sie wählen schließlich in ihrer Wahrnehmung das Hören ganz ab und verlassen sich nur noch auf das Sehen. Ihr Hörsinn nimmt lediglich das Nonverbale an Sprache wahr, also Schreien, Explodieren, Jammern und Aufprallen, aber nicht mehr den Wortsinn des Verbalen. So darf es nicht verwundern, daß Fünfjährige, denen man eine sechsteilige Tom-und-Jerry-Serie vorgeführt hat, bei der jede Folge mit einer anderen Fremdsprache unterlegt war und nur der erste Teil mit Deutsch, diese Variation überhaupt nicht bemerkt haben.

Schule muß heute vor allem eine kompensatorische Hörerziehung, eine Erziehung zum Zuhörenkönnen, pflegen, um erzieherisch den mißlichen Auswirkungen der ausufernden Bildschirmwelt gegenzusteuern.

Weil die Kinderprogramme der öffentlich-rechtlichen Sender ARD und ZDF sehr sprachlastig sind, weichen wegen ihres Mangels an Sprachkompetenz immer mehr Kinder auf die Privatsender aus, in denen die Comics und Action-Filme mehr von der Farbe, der Bewegung und der Handlung, aber auch mehr von Gewalt leben. Nur noch zu 25 Prozent sehen sechs- bis 13jährige ARD und ZDF, aber zu 75 Prozent die Kommerzsender mit ihren „Lucky-Luke"-, „Bim-Bam-Bino"-, „Vampy"-, „Familie-Feuerstein"-, „Power-Ranger"- und „Paulchen-Panther"-Filmen.

Kinderfernsehen ist inzwischen ein hart umkämpfter Markt geworden, in dem es um Einschaltquoten, Werbezeiten und Konsumförderung, nicht aber um die Schonung und Förderung von kindlichen Seelen geht.

Die öffentlich-rechtlichen Sender geraten dabei immer mehr in Zugzwang; sie dürfen nicht so viel werben, sie werden stärker politisch und damit auch pädagogisch kontrolliert, und sie werden zur „Freiwilligen Selbstkontrolle Fernsehen" in bezug auf Gewaltformen und -dosen gezwungen; sie versuchen daher mit Qualität, aber auch mit Computershows wie „Magazin X-Base", die unter anderem das naturwissenschaftliche sowie das High-Tech-Interesse der Kids einfangen, junge Zuschauer zurückzugewinnen und Unterhaltung gleichzeitig mit etwas Pädagogik zu verbinden.

Die Multimedia-Entwicklung verheißt aber auf Dauer eher schlechte Prognosen; es lockt der Milliarden-Markt der neuen Medien. Schon in wenigen Jahren wird die Möglichkeit bestehen, in jedem Haushalt zwischen bis zu 500 Filmangeboten gleichzeitig zu wählen, die aus der ganzen Welt kommend digital ins Kabel – die Infobahn – eingespeist werden und national nicht mehr kontrolliert werden können. Eine derartige Medienrevolution droht, immer mehr Freizeit der jugendlichen Konsumenten zu verschlingen; sie wird ihre Einsamkeit fördern, aber auch ihren Bewegungsmangel, und sie wird gemeinsam mit dem um sich greifenden Computer und seinen Spielen völlig neue Hirnvernetzungen im Kopf von Kindern zustande bringen, die anders und anderes lernen werden als ihre Eltern, jedoch auch mehr. Am Ende werden sie uns aber auch fremd werden, sie werden andere Menschen sein, computerähnlicher, rationaler, emotionsbehinderter, weil sie von der Art, wie Computer arbeiten, zunehmend in ihrem Denken, Fühlen und Handeln verändert werden, denn Computer arbeiten ganz anders als menschliche Hirne. Schließlich sind sie so etwas wie ein „neuer Mensch" – und das ist ohne Bewertung gemeint –, so daß Lernen nur noch als CD-ROM- und Online-Lernen effektiv ist, und Schulen werden gar nicht mehr anders können, als den Computer verstärkt einzusetzen.

An der Ausstattung der immer elektronischer werdenden Kinderzimmer werden Unsummen verdient. Allein 1994 haben die Firmen Sega und Nintendo Geräte und Spiele für Kinder im Wert von mehr als 50 Milliarden Mark verkauft; wenn das nicht eine Kindheit verändernde Zukunftsinvestition ist! Sega, Nintendo und Sony kämpfen zur Zeit hart um Marktanteile bei Spielkonsolen mit 32 oder 64 Bit (Spiele auf CD-ROM oder „Cartridge"- Einschüben gespeichert), die zum Anschluß an das Fernsehgerät gedacht sind; ihr Preis liegt zwischen 250 und 450 Dollar. Immer mehr Eltern scheinen bereit zu sein, 2000 Mark und mehr in einen Personalcomputer mit Multimedia-Fähigkeiten für ihr Kind zu investieren, und zwar nicht nur zur Unterstützung schulischer Fähigkeiten, sondern auch für Vergnügungen.

Nur ein einziger Computerspielhit wie das Prügelspiel „Mortal Kombat" bringt schon so viel Geld ein wie der Erfolgsfilm „Forest Gump".

Den künftigen Kindern droht eine virtuelle Wunderwelt aus interaktiven Spielfilmen in Multiplex-Anlagen, die das Kino veraltet aussehen lassen, aus Vergnügungsparks mit Cyber-Attraktionen, die das frühere Spielen mit Klettern, Schaukeln, Rutschen, Hüpfen, Springen, Balancieren und Matschen ersetzen, und einer häuslichen Multimedia-Welt mit Gameboy, Spielekonsole, TV, Video, Modem, Personalcomputer, Laptop, Walkman, Discman, Radio, CD-Player und Datenautobahn, die für anderes im Kinderzimmer kaum noch Platz lassen. Seekriege, Weltraumschlachten, Töten per Knopfdruck, Horrorszenarien, Monsterwelten, Pornographisches aller Art, Punktgewinnen für Zuschlagen und Zerstören, das alles wird dann ins häusliche Umfeld transportiert, wird die Kids noch mehr zu visuellen Menschen machen, die Akustisches nur dann wahrnehmen, wenn es so überdosiert wie das Stakkato der Rap- und Techno-Musik vom Walkman her oder aus übergroßen Boxen direkt auf ihre geschwächten Trommelfelle trifft.

1,5 Millionen Deutsche leben jetzt noch ohne Fernsehgerät. Kinder, die heute ohne Fernseher aufwachsen, die nicht Alf oder die Simpsons kennen, werden Außenseiter; sie haben Informationsrückstände, sie können auf dem Schulhof über die Medienereignisse nicht mitreden, sie haben Defizite bei der Anbindung an High-Tech- und Szene-Sprachcodes, und sie gewinnen auch nicht die bei Gleichaltrigen sich einstellenden neuen Hirnvernetzungen, auf die sich die Wirtschaft, diesen Prozeß mit ihren Computern noch fördernd, zunehmend einstellt. Sie haben daher auch später schlechtere Berufschancen, weil sie nicht so „arbeitsweltgerecht" sozialisiert worden sind.

Überdies holen sie bei jeder sich bietenden Gelegenheit Bildschirmkonsum exzessiv und dann eher mißlich nach, so wenn sie mal bei einem Freund übernachten. Sie befürchten, sonst ganz „out" zu sein, sie wollen wissen, warum die anderen „die Glotze so geil" finden und was eigentlich den Reiz des Prickelnden bei Action-, Zombie- und Horrorfilmen sowie Pornos ausmacht. Amerikanische Kinder sehen bis zu ihrem 18. Lebensjahr etwa 200 000 Gewalttaten und davon rund 25 000 Morde auf dem Bildschirm. Allein in dem Film „Rambo III", den man auch in unseren Videotheken ausleihen kann, kommen 123 Morde vor. Das amerikanische Justizministerium möchte daher erreichen, daß wie bei Zigaretten, auf deren Schachteln vor Krankheitsgefahren gewarnt und Giftstoffe vermerkt werden, auch bei Filmen im Vorspann steht: „In diesem Film kommen zwölf Morde, vier Vergewaltigungen und weitere 45 Gewalttaten vor," damit vor allem Eltern, die keine Zeit haben, den Film selbst anzuschauen, wissen, was auf ihre Sprößlinge zukommt.

Denn der Fernseher dient vielen Eltern als Babysitter, sie parken ihre Kleinen davor, damit sie nicht stören und damit sie nicht mit ihnen spielen oder sprechen müssen. Deutsche Kinder sehen heute im Schnitt täglich 101 Minuten fern, mit Lesen verbringen sie aber nur 21 Minuten. 82 Prozent der sechs- bis 13jährigen sehen übrigens täglich fern.

Was folgt aus alledem für Eltern und Pädagogen:

– Kinder, die viel fernsehen, haben immer gleichzeitig einen Mangel an Außenwelterfahrungen. Sie sind sinnesgeschwächt, bewegungsgestört, haben zu selten Haut- und Spielkontakte mit anderen Menschen, können nicht mehr richtig Kräfte, Entfernungen, Geschwindigkeiten, Zahligkeiten und verschiedene Materialien einschätzen, sie sind also unfallgefährdet und gewinnen ein unstimmiges Weltbild.

- Kleine, nicht so intelligente und zu viel fernsehende Kinder sind gefährdet, über Modellernen die Bildschirmgewalt auf dem Schulhof nachzuleben.
- Größere, intelligentere und wenig vor der „Flimmerkiste" sitzende junge Menschen wissen bei gewaltreichen Bildschirmereignissen immer, daß es sich nur um Filme handelt, die nicht immer etwas mit der Lebenswirklichkeit zu tun haben. Sie bleiben meist in kritischer Distanz zu dem Gesehenen, werden aber von der wirklichen Gewalt dieser Welt, wie sie beispielsweise tägliche Nachrichtensendungen aus Bosnien, Tschetschenien und Ruanda ins Haus transportieren, im Sinne von Hemmschwellenveränderungen eher erreicht, und zwar unter dem Motto: „Wenn die Großen ihre Probleme auf diese Weise lösen, darf ich das auch bei meinen Konflikten."
- Ältere, intelligentere und wenig fernsehende Kinder werden durch reale Gewaltdarstellungen im Fernsehen verunsichert und überfordert. Die aktuelle Berichterstattung im Fernsehen belaste die acht- bis 13jährigen durch ihre „Komplexität, Unverständlichkeit und kontextlose Präsentation angstmachender Bilder", heißt es in der Untersuchung der Wissenschaftler Helga Theunert und Bernd Schorb vom Münchener Institut Jugend – Film – Fernsehen: Das Realtity-TV „irritiere, verunsichere und ängstige die Kinder durch die bewußte Vermischung von Realität und Fiktion". Bei der Untersuchung wurden Nachrichtensendungen und Magazine im Stil von Reality-TV berücksichtigt. Großen Einfluß auf den Umgang der Kinder mit Gewaltszenen in Fernsehinformationen haben auch die Eltern. Sie waren in die Befragung von 100 Kindern aus Hamburg und München einbezogen worden. Im Mittelpunkt der Untersuchung im Auftrag der Hamburgischen Anstalt für neue Medien und der Bayerischen Landeszentrale für neue Medien standen die Sendungen „Tagesschau", „Explosiv", „Aktenzeichen XY" und „Notruf".
- Fernsehgewalt an sich erhöht noch nicht die Gewaltbereitschaft junger Menschen; sie reagieren höchst verschieden darauf, entspannen sich sogar oft wie Erwachsene bei Kriegsfilmen oder Western unter dem Motto: „Ich hatte zwar eine schwere Woche, aber denen im Film geht es ja noch schlechter." Wir nennen diese relativierende Läuterung auch Katharsis und kennen den Effekt aus den Trauerspielen der alten Griechen.
- Wenn eine Fernsehszene zeigt, was Gewalt anrichtet, ist sie nicht so gefährlich. Boxkämpfe, Krimis und Kriegsfilme vermitteln in der Regel die Folgen von Aggressionen, so daß sie auch abschrecken können. Gefährlich für Kinder sind jedoch Comic-Filme und Wrestling-Sendungen (Show-Catchen), weil in ihnen die Einwirkung mechanischer Gewalt auf den menschlichen Körper verharmlost wird. Die Opfer bleiben am Ende

immer unbeschädigt, so daß Kinder meinen, man könne Konflikte ruhig so austragen und dabei auch noch das Zuschlagen als Problemlösungsmittel akzeptieren; sie gewinnen mit solchen Sendungen weder Einfühlungsvermögen noch Schuld- oder Unrechtsbewußtsein, noch ein stimmiges Weltbild.

- Der Fernsehkonsum von Kindern muß immer ausgewählt, dosiert und mit Gespräch begleitet werden. Keinen Fernseher zu besitzen oder Bildschirmerfahrungen zu verhindern ist heute nicht mehr zeitgemäß, weil Kinder dadurch ins Abseits und in ein gewisses Maß von Lebensuntüchtigkeit gedrängt werden. Fernsehprogramme bereichern unser Leben, sie dürfen nicht grundsätzlich so verteufelt werden, wie man es in früheren Zeiten auch mit dem Buch, mit der Eisenbahn und mit den ersten Mickymaus-Heften gemacht hat.
- Ein- und zweijährige Kinder sollten gar nicht fernsehen, dreijährige höchstens 15 Minuten am Tag. Vier- bis Siebenjährige sollten sich durchschnittlich mit 40 Minuten begnügen, Acht- bis Elfjährige mit etwa einer Stunde und Zwölf- und 13jährige mit zwei Stunden. Vom 14. Lebensjahr an sollte kein Mensch länger als zweieinhalb Stunden vor der „Glotze“ sitzen, weil das seinem Körper, seinen sonstigen Aufgaben und Sozialkontakten und seinen Entspannungs- und Aktivitätsbedürfnissen nicht dienlich ist.
- Besonders gewalttätige Jugendliche wie Skinheads und Mitglieder von Straßenbanden sehen übrigens besonders wenig fern. Sie leben lieber auf der Straße. Ihr Aggressionsbedürfnis wird also kaum vom Bildschirm gespeist.
- Heutzutage sind wir ja froh, wenn Kinder viel lesen. Bücher fördern ihre Phantasie, ihre Sprachkompetenz, ihre Bildung, ihr Abstraktionsvermögen und ihre Autonomie. Es kommt aber auch darauf an, was und wieviel gelesen wird. Lesesucht kann nämlich auch ein Symptom von Kontaktschwierigkeiten sein, von Rückzug, von Bedürfnis, sich in seinem Zimmer und in seiner Traumwelt abzuschließen; das gleiche gilt für übermäßigen Disc- und Walkmankonsum, der auch für Abschottungsbedürfnisse, für Ersatzweltsuche und Ausstieg aus Anforderungen über den Rausch durch umfassende Musikberieselung steht. Manchmal geht die Lesewut mit Depressionen einher, weil die Bücherwelt auch eine Fluchtwelt ist und das permanente Lesen von dem Bewußtsein begleitet wird, daß man es stellvertretend für das Erleben der wirklichen Welt, in der man eigentlich agieren möchte und die man durch das Lesen versäumt, macht, auch weil man sich nicht so richtig die Kommunikationen und Interaktionen der wirklichen Welt zutraut. Leseratten haben oft genauso wie fernsehsüchtige Kinder Bewegungs-, Spiel- und Sozialerfahrungsmangel, sie sind vielfach mehr im Sinne von Autoaggressionen gestört als Bildschirmfreaks; aber letztlich kommt es beim Lesen wie bei allem auf die richtige Dosierung an. Ein Zuviel ist genau so schlecht wie ein Zuwenig.

Am besten ist immer der Mittelweg, wenn also Kinder sich viel bewegen, gelegentlich fernsehen, mal mit dem Vater spielen, mal mit den Geschwistern und mit den Freunden balgen, mal lesen, mal schmusen, mal Musik machen oder hören, mal am Computer sitzen, mal basteln, mal Schularbeiten machen, mal mit der Pfadfindergruppe wegfahren und hin und wieder mußevoll träumen, ihren Phantasien nachgehen, essen oder feiern.

59. Materialismus, Geld, Konsum und Armut

Nachdem sich in diesem Jahrhundert immer mehr Menschen von der normativen Umklammerung der beiden Volkskirchen gelöst haben, nachdem mit dem Kaiserreich, der Weimarer Republik und dem Dritten Reich auch jeweils wieder Weltbilder und ihre Werte zusammenbrachen, zumal nach den beiden Weltkriegen, entwickelten sich Materialismus und Konsum zu den beiden höchsten Leitwerten der Nachkriegszeit, flankiert von dem auf Äußerlichkeiten bedachten Sozialprestigebedürfnis. Geld ist das Erstrebenswerteste aller Ziele geworden, und das gilt im Moment im Sinne eines Nachholbedarfs besonders für die Menschen der neuen Bundesländer nach der Wende mit dem Zusammenbruch der DDR.

Selbst christliche Konfirmationsfeiern sind zu Geldzählfesten der Jugendlichen verkommen.

Zugleich entdecken aber immer mehr junge Menschen, daß Materialismus und Konsum nur ein Stück weit tragen und dann in eine innere Leere einmünden, daß es noch Lebenssinn darüber hinaus geben müßte. Sie sind auf der Suche nach neuen, immateriellen Werten, nach Überhöhung, nach Übersinnlichem, Ideologie, Religion oder Religionsersatz. Aber bis sie da etwas gefunden haben, sind sie oft lange in einer schweren Lebenskrise, in der sie sich mit Rauschbedürfnis und Sucht wenigstens vorübergehend Glücksgefühle jenseits des allgegenwärtigen Runs nach Mammon, Statussymbolen sowie hochanerkannten Qualifikationszertifikaten verschaffen wollen. Der Wettlauf nach Geld und Bildungsabschlüssen läßt viele Verlierer auf der Strecke bleiben.

In einem der reichsten Länder der Erde spaltet Armut bzw. „Neue Armut" die Bevölkerung:

- Mehr als jeder zwanzigste Einwohner muß im Laufe des Jahres zum Sozialamt.
- 7,5 Prozent der Westdeutschen und sogar 14,8 Prozent der Ostdeutschen haben im Jahre 1994 mit einem Haushaltseinkommen leben müssen, das nicht einmal die Hälfte des durchschnittlichen Einkommens in der Bundesrepublik betragen hat.
- Bei den großen Familien mit drei und mehr Kindern haben 16,2 Prozent im Westen und 45,5 Prozent im Osten unter der Armutsschwelle leben müssen.

- 180000 Menschen leben auf der Straße, weitere 700000 sind in Unterkünften oder Hotels einquartiert.
- Die Zahl der Sozialhilfeempfänger lag 1994 mit 4,9 Millionen doppelt so hoch wie 1980. Mehr als die Hälfte von ihnen ist im erwerbsfähigen Alter.
- Kinder sind teuer; wer Kinder hat, hat eine größere Chance, an der Grenze zur „Neuen Armut" leben zu müssen.
- Eltern mit Kindern gehören heute schon zu einer Minderheit der gesamten Wählerschaft, bei ihnen wird also politisch gewollt gespart. Nur noch 15 Prozent der Bevölkerung sind Kinder und Jugendliche bis zu 16 Jahren. Ihr Anteil war noch nie so niedrig.
- Der private Schuldenberg wächst und wächst. 1994 standen die Deutschen mit knapp 380 Milliarden Mark Schulden für Konsumgüter bei den Banken in der Kreide. In Zeiten der Hochkonjunktur konnten die Darlehensnehmer ihre Kredite in der Regel pünktlich zurückzahlen. Doch heute sind etwa zwei Millionen Haushalte überschuldet. Die Gerichtsvollzieher pfänden Sparbücher und Gehälter. Die Zahl der Zwangsvollstreckungen in Deutschland ist 1994 um zehn Prozent auf fast neun Millionen gestiegen.
- Etwa 50000 Kinder und Jugendliche in der Bundesrepublik sind obdachlos. 90 Prozent dieser vernachlässigten Jungen und Mädchen kommen aus verarmten Familien. 1,8 Millionen deutsche Kinder leben in Familien mit Einkommen an oder unterhalb der Sozialhilfegrenze; für sie gewinnt Geld eine extrem hohe Bedeutung, so daß sie, wenn sie eines Tages darüber verfügen können, meist nicht mit ihm umgehen können.
- 500000 Kinder leben in Obdachlosensiedlungen oder „absolut verheerenden Wohnverhältnissen", wie der Deutsche Kinderschutzbund beklagt. Je mehr Kinder eine Familie hat und je geringer ihr Einkommen ist, desto größer ist die Aussicht auf zu kleine und völlig unkindgemäß gelegene Wohnungen und Nachbarschaften.
- Ein deutsches Kind kostet monatlich etwa 800 bis 900 Mark, das Kindergeld liegt aber weit darunter.

Sonderbar ist, daß es Kindern und Jugendlichen einerseits so schlecht geht, daß sie aber andererseits so stark die Familieneinkäufe mitprägen; sie geben selbst fast elf Milliarden Mark im Jahr aus, und zwar für Mountainbikes, Skateboards, Mofas, Fahrräder, Computer, Musikanlagen, Fernseher, Walkmen, Gameboys, Sparen, Klamotten, Süßigkeiten, Schallplatten und CDs, Spielzeug einschließlich Videospiele, Hobbys, Bücher, Comics, Zeitschriften und andere Lesestoffe, Getränke, Schulsachen, Kinos, Discos, Jahrmärkte, Sport und Fahrgeld.

Bei Jugendlichen zwischen 13 und 15 Jahren beträgt das monatliche Taschengeld im Schnitt in den alten Bundesländern 48 Mark, in den neuen 33 Mark, und jeder von ihnen bekommt darüber hinaus etwa 2000 Mark jährlich von Verwandten und Freunden zugesteckt. Unabhängig von ihren Einkünften sind sie aber auch Kaufmotoren ihrer Familien. Sie bestimmen entscheidend mit, wenn es um Lebensmittel, Kosmetika, Home-Computer, Walkmen, Taschenrechner, Sportgeräte oder die Neuanschaffung eines Autos geht, so daß Werbestrategien immer wieder das „Trendpotential" der Kleinen erkunden, denn davon hängen Marktanteile ab. So rangiert im Moment „Duplo" vor „Snickers" und „Fanta" vor „Sprite", und wehe es wird nicht die richtige Marke Tiefkühlkost oder die „beste" Hautcreme gekauft!

Das hängt auch damit zusammen, daß Kinder im Unterschied zu Erwachsenen besonders gern Werbesendungen sehen, von denen sie sich steuern lassen. Bezogen auf die Botschaften der Spots sind sie also besser als ihre Eltern informiert.

Bereits die etwa sieben Millionen deutschen Kinder bis zum zwölften Lebensjahr verfügen über etwa 1,5 Milliarden Mark Taschengeld. Hinzu kommen 1,9 Milliarden Mark für Arbeiten im Haus und im Garten, als Babysitter, als Bote für Blumenläden oder Apotheken, durch das Ausführen von Hunden und als Prämien für gute Schulnoten und Zeugnisse und 750 Millionen Mark zum Geburtstag, zu Weihnachten, zur Konfirmation, zur Jugendweihe oder zur Kommunion.

Mit viel Phantasie werben die deutschen Banken um die jüngsten Kunden. Minderjährigen werden zum Teil kostenfreie oder gar verzinste Girokonten mit Dispo-Kredit eingeräumt. Mit der EC-Karte können sie sich sogar Geld am Automaten holen. Und für die ganz Kleinen gibt es ein Sparbuch mit Himbeergeschmack; Stichproben der Verbraucherzentrale Baden-Württembergs unter 17jährigen Schülern haben ergeben, daß zwei Drittel der Jugendlichen über ein eigenes Girokonto verfügen und zwölf Prozent sogar eine Eurocheque-Karte besitzen. Doch 26 Prozent dieser jugendlichen Kontoinhaber sind bei ihrer Bank bereits verschuldet.

Nach Paragraph 110 des Bürgerlichen Gesetzbuches sind Kinder vom siebten Lebensjahr an beschränkt geschäftsfähig, sie dürfen also frei über ihr Taschengeld verfügen (Empfehlungen dazu stehen im Kapitel 53 mit dem Thema: „Wenn Kinder stehlen").

Die durch den Luxus in Filmen und durch die Werbung geförderten Konsumanreize gaukeln jungen Menschen leider vor, daß zu einem lebenswerten Dasein reichlich Materielles gehört. Läßt man Kinder mit dieser mediengestalteten unrealistischen Traumwelt ohne korrigierende Gespräche allein, können rasch aus Kaufwünschen und Kaufrauscherlebnissen Konsumzwänge oder eine krankhafte Kaufsucht werden, die eventuell sogar in Kleptomanie einmündet.

Kennzeichen der Kaufsucht sind, daß mehr gekauft wird, als das Einkommen zuläßt, daß sich Schulden anhäufen und daß selbst dann weiter gekauft wird, wenn der totale finanzielle Ruin droht. „Shopping" wird somit zur wichtigsten und lustvollsten Beschäftigung überhaupt, in gleichem Maße nehmen aber andere, zum Beispiel soziale Interessen ab.

Eltern können die Anbahnung dieser Krankheit übrigens mit dem diagnostizieren, was Suchtforscher beschreiben: Zunächst geht die Kontrolle über das Wissen um den Zusammenhang von Leistung, Geld und Kaufkraft verloren, wie sehnsuchtsvolle verbale Ankündigungen verraten; nach der Befriedigung des Kaufzwanges stellt sich Entspannung ein, die dem Hochgefühl nach Alkohol- oder Haschkonsum entspricht; danach folgen Ernüchterung und schließlich Reue.

Gegen eine solche Entwicklung hilft, den Kindern nur wenig Taschengeld im wöchentlichen oder monatlichen Abstand zu geben, weil sie dadurch zum Einteilen gezwungen werden, sie zum Sparen zu ermuntern und ihnen nur selten Zusatzwünsche zu erfüllen. Askese im Umgang mit Geld muß gelernt werden, und daher ist es erzieherisch richtig, einem sehnlichen Wunsch erst zum nächsten Geburtstag, zu Weihnachten oder in Verknüpfung mit einem Zeugnis zu entsprechen, damit perspektivische Überbrükkungsleistungen aufgebaut werden und damit das Prinzip „Genuß sofort" nicht zur Gewohnheit wird.

Daß in Hessen und Niedersachsen die Familien die Schulbücher wieder selbst oder mitbezahlen sollen, daß in Hamburg die Schüler an jedem zweiten Tag ihre Klassenräume selbst fegen und aufräumen sollen, ist erzieherisch gesehen ein guter Schritt, weil junge Menschen damit eher lernen, daß Schulmaterialien und Ordnung auch einen Wert haben, daß ein Zusammenhang zwischen Leistung und Lebensgenuß besteht und daß Behörden, Putzfrauen und Dienstmädchen etwas vollbringen, was nicht selbstverständlich, nicht mühelos ist und das ohne Geld, das ja ein Gegenwert für Arbeit bzw. Leistung ist, nicht zu haben ist.

Unklug ist hingegen, wenn Eltern versuchen, ihren Kindern vorzuschreiben, was sie mit dem Taschengeld oder dem Selbstverdienten zu machen haben. Kinder hassen elterliche Einmischung bei der Verwendung ihrer „Kohle". Überdies lernen sie mit einer derartigen Bevormundung weder den richtigen Umgang mit Geld, der ja auch nur über Fehler möglich ist, noch Verzicht, Askese bzw. Durchstehen von „Armutsphasen".

Geld schafft aber auch noch andere pädagogische Probleme:

- Man betrügt sich selbst, indem man sich aus dem eigenen Sparschwein wieder etwas herausfingert.
- Man leiht sich etwas bei Freunden, verschuldet sich vielerorts, stopft das eine Loch mit dem nächsten und gibt es nur ungern, zu spät oder gar nicht mehr zurück.
- Man greift gelegentlich in das Portemonnaie der Mutter, klaut Kleinigkeiten im Supermarkt oder knackt Automaten, weil die Wünsche größer als die Möglichkeiten geworden sind. Mit den Erfolgen des Unentdecktbleibens ereignet sich dann per Gewöhnung oft der Einstieg in eine „kriminelle Karriere", die hoffentlich durch eine sehr frühe „Bauchlandung" noch rechtzeitig unterbrochen werden kann.
- Kleinen Kindern und schwächeren Schulkameraden wird auf dem Schulweg oder dem Schulhof unter Androhung von Gewalt Geld abge-

preßt, oder es werden Lederjacken oder teure Sportschuhe „abgezogen“ und dann zu Geld gemacht.

- Man leidet mit seiner und der familiären Armut unter einem vermuteten sozialen Gefälle, weil man Geld zum Maßstab für Prestige macht, und handelt sich dadurch völlig unnötig Minderwertigkeits- oder Verlierergefühle ein. Daß es letztlich vielmehr auf ganz andere, immaterielle Werte zum Wohlfühlen ankommt, muß dann erzieherisch nachgereicht werden.
- Konsum macht süchtig, wenn man zu teure Hobbys wie Schallplatten-, Comic-, Briefmarken-, Füllfederhalter- oder Modelleisenbahnlokomotivensammeln hat, die man ganz allein finanzieren muß.
- Für einige junge Menschen gewinnt Geld einen derart hohen Stellenwert, daß sie im wahrsten Sinne des Wortes bereit sind, über Leichen zu gehen, oder daß sie es fertigbringen, ihren Körper auf dem Strich zu verkaufen.

Wenn Eltern das alles verhindern wollen, müssen sie die pädagogische Gratwanderung zustande bringen, daß sie einerseits den Wert von Geld herunterspielen und ihren Kindern nicht damit Ruhe oder Wohlverhalten abkaufen, daß sie andererseits aber auch ihre Kinder nicht so asketisch kurzhalten, daß in ihnen Geld zu einem überhöhten Sehnsuchtsobjekt wird und sie sich gezwungen wähnen, sich auf kriminelle Weise „Flüssiges“ zu beschaffen, weil es ihnen auf legalem Weg nicht gelingt.

60. Disziplin, Ordnung, Arbeit und Job

Ordnung ist das Ergebnis von Disziplin, wobei Disziplin durch ein Leben in Ordnung sehr begünstigt wird. Disziplin ist die Einsicht in die Notwendigkeit von Ordnung im Sinne von Selbstdisziplin, während der militärische Begriff von Disziplin oder auch die frühere Vorstellung der Schulpädagogik von Disziplin und Zucht eigentlich nur die äußere Anpassung an Ordnungsvorgaben im Sinne von Dressur meinten.

Der ukrainische Pädagoge Anton S. Makarenko hat einmal treffend gesagt: „Wenn ein Mensch etwas tun muß, das ihm angenehm ist, so tut er es immer auch ohne Disziplin; Disziplin ist gerade dann vorhanden, wenn ein Mensch auch etwas, was ihm sonst unangenehm ist, mit Befriedigung tut.“ An anderer Stelle formuliert er: „Bedenken Sie, daß die paradoxe Behauptung, Disziplin sei Freiheit, selbst von Kindern sehr leicht begriffen wird!“ Er wollte damit sagen, daß Disziplin als bewußtes Einhalten von Spielregeln und von sich selbst gesetzten Normen die Freiheit verschafft, daß man seinen Schrank nicht abschließen muß und daß man gut durch die Schule kommt, wenn man immer alle Schulsachen parat hat, wenn man immer alle Hausaufgaben macht und für Klausuren lernt.

Disziplin und Ordnung gelten manchmal als unmoderne Begriffe. Der Hauptaufwand von Erziehung befaßt sich aber mit dem Aufbau von Fähigkeiten, sich selbst zu organisieren, und von normativen Anbindungen, die im Resultat durchaus Disziplin genannt werden können. Das braucht viel Zeit und Geduld, muß dem Kind Ausprobieren und Fehler zugestehen und wird ganz modern Soziales Lernen und in seinen Resultaten Leistungsbereitschaft, Sozialkompetenz und politische Mündigkeit genannt. In dem Maße, wie Disziplin und damit Ordnung nicht erreicht werden, spricht man von Erziehungsdefiziten, Marginalisierung, Verhaltensstörungen oder – wieder ganz unmodern – von Verwahrlosung.

Disziplin ist heute ein so schwieriges Erziehungsziel, weil darunter wegen der gegensätzlichen Normen unserer pluralistischen Gesellschaft so Unterschiedliches verstanden wird. Was der eine Pädagoge für unverzichtbar hält, ist für den anderen relativ unwichtig oder gar falsch.

Am Ende kommt dabei für Schüler in Schulen oder für Kinder in Familien ohne Wertekonsens heraus, daß sie sich nur an Regeln halten können, die sie selbst für wichtig halten, und eventuell sind das schlichtweg zu wenige.

Umgekehrt trägt ein ordentliches Verhalten, das nur aufgrund äußeren Drucks und ohne Einsicht in seine Notwendigkeit entstanden ist, meist nicht sehr weit, es wird nur bei Anwesenheit der kontrollierenden Instanz vorgetäuscht, es wird bloß taktisch eingesetzt, um Strafen oder Benachteiligungen zu vermeiden; die vermeintliche Disziplin wird also lediglich durch Angst zusammengehalten.

Erziehung ohne Zustimmung des jungen Menschen, ohne Überzeugungen, die sich schließlich zu diszipliniertem Handeln verdichten, ist deshalb eine ziemlich vergebliche Angelegenheit. Allerdings geht es ohne Dressur am Beginn von Erziehung gar nicht, denn Kleinkinder können noch nicht verstehen, warum sie etwas tun oder lassen sollen.

Mit Ordnung beginnt also Erziehung immer, und erst später kann aus der Einsicht in ihre Notwendigkeit nach und nach immer mehr Disziplin daraus werden; die äußere Ordnung verlagert sich dabei stetig zunehmend auch in den Kopf, und das Resultat dieses Prozesses nennen wir Disziplin.

Kleine Kinder und auch Geistigbehinderte klammern sich übrigens sehr an äußere Ordnungen; sie brauchen unbedingt feste Gewohnheiten für ihr Wohlbefinden; wenn die fehlen, verlieren sie rasch ihre Orientierungs- und damit Verhaltenssicherheit, so daß sie eventuell sogar auf einen gutgemeinten Methodenwechsel eines Mobilität, Flexibilität und Kreativität fördern wollenden Lehrers mit Panik reagieren.

Die Ungewißheiten der modernen Welt haben auch die britischen Kinder erfaßt. Zwölfjährige haben das unbeschwerte Spielen mit Gleichaltrigen verlernt. Sie leben schon in Angst, einmal keinen Arbeitsplatz zu finden. Nur drei Prozent dieser Altersgruppe fühlen sich noch in einer sorglosen Kindheit geborgen. Das ergab eine Untersuchung britischer Psychologen, die 600 Kinder und Jugendliche aller Bevölkerungsgruppen von zwölf bis 19 Jahren befragt haben. Eine ähnliche Studie hatte vor zehn Jahren ergeben, daß noch über ein Fünftel der Kinder eine sorglose Kindheit hatte. Der Sozialpsychologe David Lewis erklärte zu dem von der neuen Untersuchung dokumentierten Trend, daß Kinder immer früher um „das Alter der Unschuld" gebracht werden, das einst als das Charakteristikum der Kindheit galt.

Die Untersuchung identifizierte vier große Gruppen. Die größte Gruppe sind mit 28 Prozent die Sofahocker. Sie drücken sich um die Anforderungen der Lebenswirklichkeit und leben in einer Ersatzrealität von Fernsehen und Computern. Zweitstärkste Gruppe sind mit 24 Prozent die Braven, die sich für nichts begeistern können, sich bereitwillig in vorgegebene Muster einfügen und ihre Zukunft als Eltern sehen. Die Leistungsorientierten, von Ehrgeiz Motivierten, machen als dritte Gruppe immerhin 23 Prozent aus. Eine vierte Gruppe von 22 Prozent charakterisierten die Psychologen als Aussteiger, die in den Tag hineinleben und gegen gesellschaftliche Normen mit Schockeffekten verstoßen. Sie würden oft von einer uneingestandenen Angst getrieben, daß die Welt im Chaos versinkt.

Nur drei Prozent der Zwölfjährigen leben heute noch sorglos in einer heilen Welt. Sie werden nach der englischen Kinderbuchautorin Enid Blyton die Blyton-Kinder genannt. Lewis kommentierte den Report, der 1994 unter dem Titel „Majors Kinder" erschien, so: „Vor Jahren waren Kinder von der wirklichen Welt noch unberührt. Dieser Lebensstil schwindet rasant, weil wir die jungen Menschen unter Druck setzen, schneller erwachsen werden zu müssen."

In Indien, wo mehr als 100000 Kinder jährlich oft schon vor dem zehnten Lebensjahr verheiratet werden, knüpfen Dreijährige zehn Stunden täglich Teppiche; kolumbianische Kinder klopfen in finsteren Bergwerksschächten Steine, und in Peru schleppen die kleinen Arbeitssklaven für einige Pfennige Lohn schwere Kisten auf die Wochenmärkte; billige Kinderarbeit ist weltweit auf dem Vormarsch, sie drangsaliert etwa 200 Millionen Jungen und Mädchen vor allem in den Entwicklungsländern.

Die neueste erschreckende Meldung kommt aus Pakistan: Laut einem amerikanischen Fernsehbericht lassen die Firmen Adidas America und Reebok dort Sportartikel von 25000 sechsjährigen Kindern fertigen. Noch schlimmer ist, daß dort Zehnjährige im Auftrag des internationalen Kinderhilfswerks UNICEF chirurgische Instrumente herstellen sollen.

Auch in Deutschland sind nach einer Schätzung des Kinderschutzbundes mehr als eine halbe Million Kinder illegal beschäftigt. Sie helfen in Supermärkten aus, tragen morgens vor der Schule Zeitungen und nachmittags Werbeblätter aus oder hüten spät nachts bei den Nachbarn die Kinder ein.

In Brandenburg leistet fast jedes zweite Kind zwischen zwölf und 14 Jahren verbotene Kinderarbeit. Insgesamt verdient sich jeder sechste Schüler der Klassen sieben bis zehn durch illegale Tätigkeiten etwas Taschengeld hinzu, ergab eine in Potsdam veröffentlichte Umfrage des Sozialministeriums unter rund 37000 Schülern. Vor allem Jungen opfern ihre Freizeit, um nach der Schule mit Jobs ihren Geldbeutel aufzufüllen.

In der Mitte des letzten Jahrhunderts hat Karl Marx zu Recht ein Verbot der immer mehr um sich greifenden Kinderarbeit gefordert. Sechzig Stunden Arbeit pro Woche in Bergwerken, an Webstühlen oder auf Walfangschiffen für Hungerlöhne waren für Zehnjährige Realität. Solche extrem gesundheitsschädliche, psychisch vernichtende und lebenverkürzende Ausbeutung, wie es sie heute noch massenhaft in der Dritten Welt gibt, muß verboten werden.

Andererseits wissen wir, daß Arbeit ein menschliches Grundbedürnis ist, daß sie der Selbstverwirklichung und der Verantwortungsentwicklung dient, und zwar auch schon bei Kindern, beispielsweise wenn sie in dem landwirtschaftlichen Betrieb ihrer Eltern gelegentlich mithelfen.

Spiel ist aus der Sicht von Kindern oft Ernst und kann für sie bereits schwere Arbeit sein, so wenn sie Flugmodelle basteln, Leistungssport betreiben, Computer programmieren oder ihre elektrische Eisenbahnanlage aufbauen. Selbstgewählte und richtig dosierte Arbeit vor dem Übergang von der Schule in die Berufswelt und der vorsichtige Umgang mit selbstverdientem Geld bringen jungen Menschen oft einen positiven Entwicklungsschub. Das Zusammenspiel von Menschen am Arbeitsplatz, die Abhängigkeit von Menschen und Sachen und auch die Monotonie der Arbeitswelt erleben zu können, all das hat eine disziplinierende Rückwirkung auf die Persönlichkeit des Schülers, es bringt oft auch ein korrigierendes Zurechtrücken eines vorher noch unrealistischen Weltbildes und damit von utopischen Berufsträumen mit sich. Gebraucht zu werden, ein wichtiges Rädchen in einem Arbeitsprozeß sein zu können macht stolz und bringt einen Schuß positive Ernsthaftigkeit in das eigene Leben. Jobs sind aber auch gute Alternativen zu mißlichen Freizeitbeschäftigungen wie Videogucken, Spielhallenbesuch, Gangbanging, Graffiti-Sprühen, Alkohol- und Drogenkonsum, Hooliganismus oder Disco-Jams.

Viele Schüler tragen bereits Zeitungen aus, helfen an Tankstellen, arbeiten in den Gewächshäusern ihres Familienbetriebes, fahren Traktor oder Mähdrescher auf dem elterlichen Bauernhof oder nehmen Ferienjobs an, ohne Schaden zu nehmen, aber um Arbeitswelterfahrungen und ein paar Mark reicher. All das ist nicht verboten und entspricht sogar den hundert Jahre alten Zielen der Arbeitsschulpädagogik. So pauschal, wie es Gewerkschaften tun, sollte Kinderarbeit also nicht abgelehnt werden.

Wenn ein Job nicht die Schulerfolge beeinträchtigt, wenn er jederzeit kündbar ist, wenn er gesundheitliche Risiken weitgehend ausschließt und wenn er nicht das Familienleben beeinträchtigt, sollten Eltern ihm, selbstverständlich seine Art, seinem Umfang und das Alter des Kindes berücksichtigend, nachdem sie den Betrieb vorher in Augenschein genommen und mit dem Verantwortlichen dort gesprochen haben, durchaus zustimmen.

61. Die Schullaufbahnentscheidungen

Kein Land hat ein derart vielfältiges Schulwesen wie Deutschland. Die im Grundgesetz verankerte Kulturhoheit der 16 Bundesländer erlaubt jeweils andere Lösungen, so daß nicht zwei der Länder auch nur ein annähernd vergleichbares System haben.

Für Eltern wird die Wahl einer für ihr Kind angemessenen Schullaufbahn unglaublich schwer, wenn es eine sechsjährige Grundschule in Brandenburg, sonst aber vierjährige Grundschulen gibt, wenn sie zwischen Hauptschulen und Realschulen, Kooperativen und Integrierten Gesamtschulen, Sekundarschulen, Differenzierten Mittelschulen, Regionalen Schulen, Integrierten Haupt- und Realschulen sowie einer Fülle von Privatschulen wie den Konfessionsschulen, den Waldorfschulen, den Freien Schulen, den Landerziehungsheimen, den Deutsch-Französischen- und Internationalen Schulen, zwischen Altsprachlichen und Regel-Gymnasien, Gymnasien mit Z-Klassen, in denen es einen verstärkten Englisch-Unterricht gibt, Wirtschafts- sowie Technischen Gymnasien, Gymnasien mit einer „Profil-Oberstufe" und solchen mit „D-Zug-Klassen" zum Abitur nach Klasse 12 wählen können.

Außerdem müssen sie sich entscheiden, ob sie ihr Kind mit fünf Jahren in eine Vorschule schicken oder nicht, ob sie es mit sechs Jahren einschulen wollen oder einen Antrag auf Zurückstellung um ein Jahr stellen, ob sie eine Integrationsklasse, eine Integrative Regelklasse, ein Förderzentrum als Integration der Schule für Lernbehinderte mit der Hauptschule, eine Volle Halbtagsschule, eine Ganztagsschule, eine Schule mit Pädagogischem Mittagstisch und nachmittäglichen Neigungskursen oder Hausaufgabenhilfe oder eine Schule mit dem Primat des Offenen Unterrichts bzw. der Projektmethode anwählen wollen, ganz zu schweigen von dem Angebot an Nachbarschafts- oder Stadtteilschulen oder von besonderen Profilbildungen beispielsweise in bezug auf Spanisch, Russisch, Chinesisch, Italienisch, Informatik, Musik, Sport, Schach oder Darstellendes Spiel.

Darüber hinaus haben sie Schwierigkeiten, sich in dem Begriffswirrwarr zu orientieren, das für jeweils Ähnliches existiert; so heißen die Klassenstufen 5 und 6 in Hamburg Beobachtungsstufe, in Hessen Förderstufe und in Niedersachsen Orientierungsstufe, die Zusammenführung von Haupt- und Realschule im Saarland und in Sachsen-Anhalt Sekundarschule, in Sachsen Differenzierte Mittelschule, in Thüringen Regelschule, in Rheinland-Pfalz Regionale Schule und in Hamburg Integrierte Haupt- und Realschule, und die Volle Halbtagsgrundschule wird in Hamburg Verläßliche Halbtagsgrundschule genannt.

11,8 Millionen deutsche Schüler werden von etwa 700 000 Lehrern an 45 000 Schulen betreut; die Länder kostet dieses Unternehmen mehr als 62 Milliarden Mark jährlich. Konsens über ein stimmiges, zeitgemäßes Schulsystem besteht dabei aber keineswegs, denn auch die Lehrer werden höchst unterschiedlich ausgebildet, bezahlt und, bezogen auf stark variierende Wochenunterrichtsstundenverpflichtungen, eingesetzt. Die Anteile von Unterricht und Erziehung sind dabei nicht festgelegt, und auch über die Länge der Bildungszeiten können sich die Kultusminister nicht einigen.

In Berlin und Nordrhein-Westfalen endet die Hauptschule mit Klasse 10, in den anderen Bundesländern nach Klasse 9 oder nach Wahl der Eltern entweder nach Klasse 9 oder Klasse 10.

Sachsen klammert sich an das Abitur nach Klasse 12, Bayern und die meisten SPD-regierten Länder an ein Abitur nach Klasse 13, Baden-Württemberg, Hessen und Rheinland Pfalz bieten hingegen ein Abitur sowohl nach Klasse 13, aber auch über die „D-Zug-Klassen" nach Klasse 12 an.

In einigen Bundesländern wie Brandenburg beginnt das Gymnasium mit Klasse 7, in den meisten anderen mit Klasse 5, in einigen wie Hamburg entscheiden ganz allein die Eltern, ob sie ihr Kind zum Gymnasium schicken; in anderen gibt es Zugangsvoraussetzungen, so in Sachsen ein Notendurchschnitt von 2,0 in Deutsch, Mathe, Heimat- und Sachkunde, in Baden-Württemberg von 2,0 über sämtliche Fächer hinweg, in Bayern von 2,5 in Deutsch, Mathe und Heimatkunde oder einen Probeunterricht.

In der DDR gab es ein zweigliedriges Schulsystem mit der Polytechnischen Oberschule (POS) bis zur Klasse 10 und der Erweiterten Oberschule (EOS), die zum Abitur in Klasse 12 führte. Kein Wunder ist also, daß die Eltern der neuen Bundesländer nicht so ohne weiteres die Notwendigkeit eines nunmehr dreigliedrigen Schulsystems einsehen; so besuchen in Mecklenburg-Vorpommern nur rund 15000 Schüler die Hauptschule, aber jeweils etwa 60000 die Realschule und das Gymnasium, die Hauptschule wird also als Angebot nur ungern angewählt.

Alle zwei Jahre ermittelt das Dortmunder Institut für Schulentwicklungsforschung, welchen Schulabschluß die deutschen Eltern für ihr Kind erhoffen. Die jüngsten Zahlen: 55 Prozent wünschen das Abitur, 35 Prozent den Realschulabschluß und nur zehn Prozent den Hauptschulabschluß. Die letzte Zahl muß man vor dem Hintergrund sehen, daß 9,4 Prozent aller Schüler nicht einmal den Hauptschulabschluß erreichen, für die ist er also ein Zugewinn.

Im wesentlichen begehren Eltern demnach den Realschulabschluß und das Abitur, aber deutlich mehr das Abitur als Hochschulreife.

Die richtige Schullaufbahnentscheidung beginnt schon mit der Frage nach dem für das einzelne Kind angemessenen Einschulungstermin. Soll es mit fünf Jahren in ein Vorschule? Soll es mit sechs Jahren eingeschult werden? Soll das Kind, weil es noch zu klein oder noch nicht reif genug ist oder noch ein Jahr länger im Schonraum der Familie seine Kräfte zur Förderung der „Startgerechtigkeit" in Klasse 1 in Ruhe entfalten könnte, erst mit sieben Jahren eingeschult werden?

Die meisten Kinder werden in Schleswig-Holstein um ein Jahr zurückgestellt (16,7 Prozent); es folgen Berlin (11,2 Prozent), Hessen (11,1 Prozent), Niedersachsen (10,5 Prozent), Hamburg (10,2 Prozent), Baden-Württemberg (9,5 Prozent), Bremen (9,4 Prozent), Sachsen (8,5 Prozent), Nordrhein-Westfalen (8,3 Prozent), Thüringen und Sachsen-Anhalt (jeweils 8 Prozent), Rheinland-Pfalz (7,2 Prozent), das Saarland (6 Prozent), Mecklenburg-Vorpommern (5 Prozent) und Bayern (4,3 Prozent). Aus Brandenburg liegen keine Zahlen vor.

Während Hamburg mit seinem Schulgesetzentwurf künftig die generelle Einschulung aller Kinder mit sechs Jahren („Einschulung ohne Auslese") vorsieht, und zwar unter dem Motto seiner Schulsenatorin Rosemarie Raab „Die Schule muß sich den Kindern anpassen, nicht die Kinder der Schule", und noch nicht so reife Kinder im Rahmen einer „neugestalteten Eingangsstufe" (Klassen 1 und 2) und in Integrativen Regelklassen über den zusätzlichen Einsatz von Sonderpädagogen gezielt durch kompensatorische Bemühungen an die Schulfähigkeit heranführen will, behaupten Kinderärzte, daß es immer mehr Kinder so gravierend an Bewegungsfähigkeits- und Sinnesentwicklung mangelt, daß sie eigentlich erst mit sieben Jahren eingeschult werden dürften.

Wenn Eltern es mit den Schullaufbahnentscheidungen richtig machen wollen, sollten sie folgendes bedenken:

- Das Schulsystem und bestimmte Schulformbezeichnungen sind nicht ganz so wichtig wie die konkrete erzieherische Ausgestaltung einer Schule und das Engagement ihrer Lehrer.
- Elternhäuser und Kinder sind zu unterschiedlich, als daß nur eine Schulsystemgestaltung die richtige sein könnte. Wenn Kinder zu Hause geborgen und gut erzogen sind, reicht oft eine Schule, die sich im wesentlichen auf Unterricht und Bildung beschränkt. Sind Kinder aber schwierig, sinnesgeschwächt, mit Ausfällen oder Teilleistungsschwächen behaftet, sind sie nur unzureichend oder inkonsequent erzogen, sollte eine erzieherisch starke Schule gewählt werden, die erst erzieht und dann unterrichtet.
- Die deutschen Schulsysteme sind heute so offen, daß man über jeden Weg, und sei es über Gesamtschulen, Aufbau- und Abendgymnasien oder den Zweiten Bildungsweg zum Abitur kommen kann.
- Die frühe Verplanung von Kindern in Richtung Gymnasium und Abitur, ergänzt durch intensiven Nachhilfeunterricht, eine Internatserziehung, schulpsychologische und kinderärztliche Therapien, Gastschülerschicksale in England oder in den USA und flankierende Computerlernprogramme zu Hause, richtet oft wesentlich größeren Schaden an, als daß sie Nutzen bringt. Die täglichen kleinen Versagenserlebnisse und die ständig enttäuschten Gesichter von Lehrern und Eltern zwingen solche Schüler vielfach in psychosomatische Erkrankungen und Autoaggressionen bis hin zur Drogenabhängigkeit und zur Todessehnsucht. Bildung darf nicht nur Drill plus Kränkung sein, sie muß auch Entlastung, Muße und Erfolgserlebnisse ermöglichen, damit der junge Mensch nicht Schaden an seiner Seele nimmt.

– Sechsjährige Grundschulen lassen eine stimmigere Schullaufbahnprognose zu als vierjährige.
– Altsprachliche und Elitegymnasien mit ihrem hohen Sozialprestige sollten nur dann angewählt werden, wenn das Kind sich auch für Griechisch und Latein begeistern kann und wenn es zu einem Bildungsgang bereit ist, in dem es trotz fehlender Pädagogik zum Abitur kommen kann.
– Die Orientierungs- bzw. Förderstufen der Klassenstufen 5 und 6 sind vielfach mörderische, auf zwei Jahre ausgedehnte Ausleseprüfungen, an deren Ende allein die Lehrer, nicht aber mehr die Eltern über die weitere Schullaufbahn entscheiden.
– Berichtszeugnisse („Lernentwicklungsberichte") sind pädagogisch günstiger als Notenzeugnisse, vorausgesetzt sie werden von Anfang an gegeben, weil sich der Schüler dann in ihnen orientieren kann, vorausgesetzt aber auch, die Lehrer erstellen sie liebevoll und engagiert und vermögen die Leistungsentwicklung treffend wiederzugeben. Werden sie nur mit Versatzstücken aus dem Computer zusammengestellt, sind sie herkömmlichen Notenzeugnissen unterlegen.
– Integrationsklassen, in denen die Nichtbehinderten mit Behinderten gemeinsam lernen, Offener Unterricht, die Projektmethode, Schulen mit Frühstück und Pädagogischem Mittagstisch, mit nachmittäglichen Angeboten von Neigungskursen bis zur Hausaufgabenhilfe, mit Hort oder als Volle Halbtags- oder gar Ganztagsschulen, solche mit dem Konzept „Stadtteilschule" und solche mit Entlastungs- und Kuschelecken, mit Pflanzen und Tieren und von den Schülern gestalteten Wänden, mit kreis- oder u-förmigen oder Gruppentisch-Sitzordnungen, mit Co- und Teamteaching und einem starken Klassenlehrerprinzip (noch besser mit zwei Klassenlehrern) und solche mit Profilbildung, mit einem Mehr an Autonomie, was Gestaltungsfreiheit anbelangt, sowie mit Lehrern, die zu Hausbesuchen und zu Elternstammtischen bereit sind, sind fast immer erzieherisch besser als Schulen, die immer der Entwicklung hinterherlaufen oder, indem sie ein Mehr an erzieherischer Zuwendung als Zumutung empfinden, ganz konservativ an dem festhalten, was schon immer war.

62. Neurologische Störungen, Teilleistungsschwächen und Linkshändigkeit

Wenn ein Kind blind ist oder mit dem Down-Syndrom „mongoloid" und geistigbehindert, erkennen wir die Behinderung stets sofort und verhalten uns in der Regel als Pädagogen den Besonderheiten entsprechend angemessen. Wir nehmen die Behinderung wahr, verstehen sie und finden dann hoffentlich die richtigen Antworten. Jedenfalls arbeiten wir dann nicht mit Schuldzuweisungen gegenüber dem Kind.

Ganz anders ist es bei den vielen neurologischen Störungen und Teilleistungsschwächen, die nicht auf den ersten Blick erkennbar sind. Wenn solche Kinder die Erwartungen nicht ohne weiteres erfüllen können, fordern wir sie auf, sich zusammenzureißen, sich zu konzentrieren oder sich Mühe zu geben, bei Wiederholung schimpfen wir und schließlich folgen Strafen.

Viel zu oft wird die Schwäche, die ein Schüler zeigt, mit einer vermuteten Charakterschwäche assoziiert, und er wird dann für schuldig erklärt. In der Folge muß er nicht nur mit seinem Mißerfolg, sondern auch mit seinem schlechten Gewissen fertig werden, so daß es nicht verwundern darf, wenn er auf Dauer den Versagensbereich, sei es Lesen und Schreiben, sei es Rechnen, Musik, eine Fremdsprache oder Technik, ganz und gar als Leistungsbereich für sich abwählt, so daß er in ihm noch schlechter wird, und zur Kompensation seine Kräfte in diejenigen Leistungsbereiche verlagert, in denen er etwas kann. So entsteht oft Lese- und Rechtschreibschwäche (Legasthenie), Rechenschwäche (Dyskalkulie) oder die Technikfeindlichkeit der Menschen mit den beiden „linken Händen", aber auch die Aversion gegen Englisch- oder Sportunterricht.

Etwa jeder dritte Schüler in Deutschland gilt als verhaltensgestört, jeder fünfte als sprachgestört; in manchen Regionen wie in Hamburg-Horn, in denen die Kinder mit einem Mangel an Bewegungserfahrungen nicht mehr rückwärts gehen und deshalb auch nicht mehr rückwärts zählen können, hat die Rechenschwäche mittlerweile die Lese- und Rechtschreibschwäche überholt. Etwa 70 Prozent der deutschen Schüler gelten als neurologisch gesehen gestört (Hyperaktivität, nervöse Tics, Wahrnehmungs-, Konzentrations- und Durchhaltevermögensstörungen, Rot-Grün-Blindheit, Farbenblindheit, Hörschwächen, Koordinationsschwächen, Sinnesschwächen in bezug auf Haut- und Gleichgewichtssinne, Unfähigkeit, Kräfte, Geschwindigkeiten und Entfernungen einzuschätzen, partielle Hirnausfälle durch Sauerstoffunterversorgung bei der Geburt im Sinne von Minimaler Cerebraler Dysfunktion [MCD], psychosomatische Störungen wie das Nichtlachenkönnen der Emotionsgeschädigten, Bettnässen, Nägelkauen, endogene Depressionen, Migräne, Asthma, Magenkrämpfe, Hauterkrankungen, Eßstörungen, vegetative Dystonien und vieles andere mehr gehören dazu) oder mit Teilleistungsschwächen bei an sich normaler oder überdurchschnittlicher Intelligenz (Legasthenie, Dyskalkulie u. a.) behaftet.

Viele dieser Störungen oder Defizite kann man pädagogisch, psychologisch, mit Ernährungsumstellung oder kinderärztlich beheben, andere deutlich verringern; das setzt aber diagnostische und therapeutische Fähigkeiten der Eltern, Erzieher, Lehrer und der sonstigen spezialisierten „Reparateure" voraus. Meist gelingt aber nicht einmal die Diagnose, und wenn die nicht stimmt, verschlimmert sich durchweg die Störung des Kindes, und zwar über den Mechanismus Versagen, Schuldzuweisung und kompensatorisches Ausweichen auf andere Leistungsbereiche.

Ein Kind, das so dick ist, daß es keinen Aufschwung am Reck schafft, gleicht diese Schwäche oft beim Völkerball oder beim Fußballspiel aus;

wenn es aber dort auch wegen seiner Körperfülle gehänselt wird, will es schließlich im Sport gar nichts mehr leisten; am liebsten nimmt es dann nicht teil, und wenn es dennoch muß, steht es nur herum, versteckt es sich oder simuliert es eine Verletzung oder eine Krankheit, damit es am Rande auf der Bank sitzend endlich entlastet aufatmen kann. Wenn es nicht vollends depressiv ist, begibt es sich in der Folge auf die Suche nach alternativen Bewährungsfeldern; so wird es vielleicht im Rechnen gut werden oder beim Rollenspiel, und es wird vielleicht gut darin sein, anderen zu helfen, wenn sie etwas nicht verstanden haben. Wenn sich aber nichts findet, was auch die Lehrer gut finden, dann wird es vielleicht Klassenkasper oder Angeber, oder es verschenkt stets Süßigkeiten, Spielzeug und einen Teil seines Schulbrotes, um beliebter zu werden. Funktioniert das auch nicht, dann gibt es noch entweder die Chance, außerschulische Erfolge bei Schlägereien im Rahmen von Bandenbildung zu haben, Graffiti-Sprüher zu werden oder sich noch mehr mit Essen ersatzzubefriedigen. Solange sich Körper und Seele noch nicht entschieden haben, welche Störung, welche Kompensation, welche Autoaggression als Ausweg gewählt werden soll, tobt der Frust ohne Kanalisierung im Körper herum; die Folge ist dann die motorische Störung, die Hyperaktivität, mit der ein solches Kind keine fünf Minuten lang still auf seinem Stuhl sitzen kann.

Wenn die Ursache von Auffälligkeiten und Störungen nicht richtig diagnostiziert wird, kommt es oft zur Verschärfung der anfangs noch harmlosen Schwächen, Ausfälle und Devianzen.

Deutlich machen läßt sich ein solcher Teufelskreis am Beispiel der Legasthenie. Wenn ein Schüler als lese- und rechtschreibschwach erkannt wird, wird ihm in der Regel geraten, zu üben oder nicht zu üben; eine Empfehlung, wie er optimaler lernt, erhält er aber nicht, weil die meisten Lehrer überhaupt nicht wissen, wie ein Kind lernt, was dabei in ihm abläuft. Es fehlt ihnen nämlich durchweg an Kenntnissen der Lernpsychologie, die wiederum in Kenntnisse der Verhaltenspsychologie eingebettet sein müssen.

So wird, wenn ein Kind schlecht liest und schreibt, zunächst gar nicht bemerkt, daß mit den vielen Versagens- und Unlusterlebnissen Lernhemmungen jahre- oder monatelang regelrecht konditioniert und ausgebaut werden. Kinder lernen nämlich Schreiben in vier Stufen:

- Zunächst ist der Haupteingangskanal in sie das Hören; Schreiben wird also am Beginn vor allem auditiv gefördert. Da 90 Prozent der LRS-Kinder wahrnehmungsgestört sind und daher nicht gut zuhören können, geraten sie schon am Anfang ins Hintertreffen. Ein normales Kind behält etwa 20 Prozent des einmal Gehörten, durch häufiges Wiederholen kann der Lernerfolg auf 100 Prozent erweitert werden.
- In der zweiten Stufe überwiegt die optische Wortbilderfassung, die wahrnehmungsschwachen Kindern auch kaum gelingt. Ein normales Kind behält etwa 30 Prozent des einmal Gesehenen.
- In der dritten Stufe werden Hören und Sehen verknüpft; da die LRS-

Kinder aber noch nicht einmal die Stufen 1 und 2 hinkriegen, versagen sie bei der Verknüpfung erst recht. Durch die Verknüpfung von Hören und Sehen behält ein normales Kind etwa 50 Prozent des einmal Wahrgenommenen.

- Die Kombination von Hören, Sehen und Tun ist beim Schreibenlernen die vierte Stufe; die Verknüpfung dieser drei Reize führt dazu, daß ein normales Kind gehörte, gesehene und selbstgeschriebene Wörter zu 90 Prozent behält.

Wahrnehmungsgestörte Kinder haben aber so geringe Erfolge in den Stufen 1 bis 3, daß sie die Stufe 4 kaum erreichen; sie fallen dann als Legastheniker auf. Bei einem Übermaß an gehabten Mißerfolgen, die auch immer zugleich als kränkend empfunden werden, wagen sie sich schließlich gar nicht mal mehr an die Stufen 1 und 2 heran; sie geben sich keine Mühe mehr, verlieren immer mehr den Anschluß an die anderen Kinder, und ihre Lernhemmung wird bezogen auf diesen Leistungsbereich manifest. Sie können dann nur noch auf andere Stärken ausweichen, so daß sie oft in Schreibstunden malen oder rechnen, während die anderen Fortschritte im Schreiben machen.

Wenn das Zusammenspiel der Stufe 4 nicht funktioniert, sucht das Kind zunächst immer wie Autofahrer im Stau nach Umgehungsstraßen; es blendet zum Beispiel das Hören oder das Sehen aus, wenn es ihm schwerfällt; damit sinkt aber die Effektivität seiner Schreibleistungen noch weiter ab.

Die Therapie von Legasthenie muß also vor allem wieder mit der Stufe 1 beginnen, ohne Zeitdruck und mit kleinen Erfolgserlebnissen verknüpft. Wird die jeweils nächste Stufe immer erst dann angegangen, wenn die vorherige bewältigt worden ist, stellt sich schließlich auch der Erfolg der Stufe 4 ein. Allerdings wird der Aufwand um so größer sein müssen, je älter das Kind ist; denn wenn bestimmte Entwicklungsstufen für bestimmte Lernschritte versäumt wurden, muß später ein Vielfaches an Zeit, Kraft und Geduld eingesetzt werden. Gleichzeitig wird es nie mehr so erfolgreich enden, als wäre es gleich alles richtig gelaufen. Das gilt für Sprache ganz besonders, aber auch für Bewegungsabläufe, Sinnesentwicklungen, emotionale Reifungen und für das Phänomen Autismus, unter dem in Deutschland etwa 40000 Kinder leiden. Sie leben wie hinter Mauern, die sie um sich gezogen haben, stumm, verschlossen, von Ängsten und Zwängen geplagt, und erst durch die behavioristische Methode des Lernens über Erfolg (einen Löffel Essen gibt es nur, wenn der erwünschte Laut nachgesprochen wird) kann man sie schrittweise aus ihrer Verweigerung von Außenkontakten, also aus ihrer vom Blick nach innen gekennzeichneten Isolation befreien.

Die meiste Kraft muß bei Legasthenikern wie Autisten dafür aufgewandt werden, die bereits konditionierte Lernhemmung wieder rückgängig zu machen. Das gelingt nur äußerst mühsam und nur in dem Maße, wie das Kind selbst Erfolgserlebnisse hat.

Legastheniker schreiben also falsch, weil sie schlecht hören. Belege für diese These haben jetzt auch Hirnforscher in Boston gefunden. Schon in den siebziger Jahren hatte die Neurowissenschaftlerin Paula Tallal von der Rutgers University in Newark (US-Staat New Jersey) festgestellt, daß Kinder, die kurze Stakkato-Laute schlecht hören, später Schwierigkeiten haben, das Lesen zu lernen. Das bestätigen die Hirnschnitte von fünf verstorbenen Legasthenikern: Im sogenannten linken Kniekörper sind bei ihnen die Nervenzellen deutlich kleiner als in Vergleichshirnen von Nicht-Legasthenikern. Diese Hirnstruktur aber ist die Relaisstation des Thalamus, in dem visuelle und akustische Reize verarbeitet werden, ehe sie in die Großhirnrinde weitergeleitet werden. Gerade die großen, bei Legasthenikern nur in geringer Zahl vorhandenen Zellen verarbeiten die schnellen Stakkato-Laute, wie sie etwa in den Stoppkonsonanten b, k oder t vorkommen. Entwickelt wird derzeit ein Sprachcomputer, der diese Konsonanten betont langsam wiedergibt, damit Legastheniker sie deutlich hören und die zum Erkennen von Wörtern erforderlichen Klangmuster im Gehirn verankern können.

Bei rund sieben Prozent aller Kinder wird im Alter zwischen sieben und neun Jahren eine Legasthenie-Diagnose gestellt. Die Schüler können Buchstaben wie b und d nicht voneinander unterscheiden, beim Lesen lassen sie Silben oder ganze Wörter aus. Seit den sechziger Jahren laborieren Mediziner, Pädagogen und Psychologen an Methoden, mit denen sie das mysteriöse Versagen kurieren wollen. Auf der Suche nach den Ursachen der Legasthenie definierten die Wissenschaftler bislang über 60 Störungen, die für das schulische Handicap verantwortlich sein sollen. Sie reichen von der „Raumlagelabilität" über das „Skotopische Sensitivitäts-Syndrom" (SSS), das eine Störung beim Dunkelsehen beschreibt, bis zur „Kortikalen Reifungsverzögerung" im Kinderkopf. Doch außer einer üppigen Einnahmequelle für die Therapeuten ist bei alledem nicht viel herausgekommen.

Daß Mädchen oft in den Fremdsprachen und Jungen in Mathematik besser sind, ist weniger auf genetische Prädispositionen zurückzuführen als auf die Steuerung durch unterschiedliche Rollenerwartungen. Weil man den Mädchen nur geringe mathematische Leistungen zutraut und die Jungen schon früh verstärkt in nichtsprachliche Leistungsbereiche wie Technik und Sport treibt, wächst in ihnen aus der Zuschreibung von unterschiedlichen Fremdurteilen auch ein unterschiedliches Selbstkonzept; sie wählen das, was man von ihnen gar nicht oder nur gering erwartet, als Bewährungsfelder schon früh ab und versuchen dort gut zu sein, wo andere schon im Vorwege bessere Leistungen von ihnen vermuten.

Wenn man einem jungen Menschen immer wieder sagt, er sei unmusikalisch oder unsportlich, dann glaubt er es auch irgendwann, und er bemüht sich fortan in anderen Leistungsbereichen, so daß er schließlich vollends den Anschluß an Musik oder Sport verliert, dort dann noch schlechter wird und in der Folge erst recht ausweicht, bis der Teufelskreis sich am Ende mit dem ursprünglichen Urteil bestätigt.

Teilleistungsschwächen wie die Dyskalkulie nehmen zu, weil immer mehr Kinder ohne umfassende Außenwelterfahrungen aufwachsen, falsch ernährt sind und sich, mit Geschwister-, Vater- und Freundesmangel geschlagen, in ihrer Einsamkeit nicht optimal entfalten können.

Aber auch die melodischen, visuellen und rhythmischen Erfahrungen, die ein Kind mit der Geschwindigkeit, der Klangfarbe und den Pausen der mütterlichen Sprache macht, signalisieren ihm schon von Anfang an, auch ohne daß es die Worte versteht, ob sich Bedürfnisbefriedigung oder Frustration ankündigt. Wenn die Mutter ihm mit ihrem verbalen und nonverbalen Sprachverhalten, wozu auch Mimik und Gestik, Nähe und Distanz gehören, überwiegend Versagenserlebnisse verschafft, wird schon ein wichtiger Baustein für seine späteren Sprachschwächen angelegt, denn es hat gelernt, daß ihm über Sprache viel zu viele Enttäuschungen vermittelt werden.

Unerwünschte oder als störend empfundene Kinder fallen daher meist durch ihre geringe Sprachkompetenz auf. Wegen ihres restringierten Sprachcodes, der vielfach auch noch mit Stottern oder Poltern einhergeht, werden sie vom Beginn der Schulzeit an gehänselt und ausgelacht, so daß ihr Schicksal, Legastheniker und später Handwerker oder Techniker werden zu müssen, weitgehend entschieden ist.

Mädchen sind übrigens nur halb so oft von Legasthenie betroffen wie Jungen, was sicher daran liegt, daß Mütter mit ihren Töchtern unbewußt mehr sprechen als mit ihren Söhnen, daß sich Sprache bei Mädchen etwa ein Jahr früher entfaltet als bei Jungen und daß Mädchen über das Spielen mit Puppen mehr Sprechanlässe haben als Jungen, die sich mit Bauklötzen, Legosteinen oder Autos beschäftigen.

Rechenschwache Kinder, die auf die Frage des Lehrers, wieviel 1 + 2 + 1 – 3 sind, antworten „Wollen Sie ein ungefähres Ergebnis haben oder gleich das endgültige?“, sind oft ganz plietsch, können aber Zahlen nicht von Gegenständen abstraktieren; sie haben keine Vorstellung von ihrem Wert bzw. ihrer Größenordnung, so daß 100 und 1000 für sie einfach nur undifferenziert viel ist; sie schreiben Ziffern seitenverkehrt oder vertauschen sie, machen Stellenwert-Fehler (schreiben also letztlich 4,83 statt 43,8), können Textaufgaben nicht in Symbole umsetzen und vermögen zwar vorwärts zu zählen und zu addieren, aber nicht rückwärts zu zählen und zu subtrahieren. Überdies rechnen sie permanent mit ihren Fingern und zählen Aufgabenlösungen an Buntstiften ab; sie haben Orientierungsprobleme im Gelände und haben eine evidente Schwäche bei der Unterscheidung von links und rechts.

Weil sie beim Rechnen mehr Versagens- als Erfolgserlebnisse haben, weichen sie allen zahligen Anforderungen auch psychosomatisch mit Reaktionen wie Müdigkeit, Hals- oder Kopfschmerzen, Husten, Magenverstimmungen, plötzlichen Hautrötungen, Nägelkauen, Räuspern, Harndrang oder Schweißausbrüchen aus. Etwa vier Prozent der deutschen Schüler – in Gebieten mit Sozialem Wohnungsbau bis zu 20 Prozent – leiden unter Dyskalkulie. Die Ursache liegt eigentlich immer in einem Mangel an Bewegungs- und Spielerfahrungen, auch mit Gleichaltrigen, also auch in einer Unterversorgung mit Körperkontakt, in zu seltenen Erfahrungen mit Zahligkeiten und verschiedenen Materialien wie Holz, Glas, Sägespäne, Laub und Gras, Lehm, Stein, Metall und Knetmasse sowie in einem Defizit an Erprobungen mit Schaukeln, Rutschen, Klettern, Laufen, Springen, Hüpfen, Balancieren und Matschen.

Die Therapie arbeitet mit psychomotorischem Extraturnen, in dem künstlich in der Turnhalle nachgeholt wird, was Kinder an Bewegungs-, Spiel- und Sozialerfahrungen versäumt haben, mit farbigen Zahlenstäben und -plättchen, mit anfaßbaren Mengen, über deren Ergreifen sich Begreifen ereignet, so daß die abstrakte Zahl einen konkreten Erfahrungsbezug erhält, aber auch mit Taschenrechnern und Computern, weil sie für ein höheres Maß an Lust des Umgangs mit Zahlen sorgen und daher die so wichtigen kleinen Erfolgserlebnisse begünstigen, sowie mit zahlenorientierten Spielen und Bildergeschichten.

Eine Therapie rechenschwacher Kinder dauert, wenn sie klein sind, bis zu zweieinhalb Jahre, wenn sie älter sind, wesentlich länger. Etwa vom 15. Lebensjahr an bleibt sie gelegentlich aber auch vollständig erfolgslos, weil die entsprechende Entwicklungsstufe für den Aufbau eines Zahlenverständnisses verpaßt wurde. Aber selbst solche ewig rechenschwachen Menschen sind in der Lage, sich im Alltag Brücken für den Umgang mit Geld zu bauen; sie können zwar nicht rechnen, wissen aber immer genau, ob das Wechselgeld, das sie zurückerhalten haben, stimmt.

Ob jemand zum Schreiben oder Hämmern lieber die linke oder rechte Hand benutzen möchte, ist angeboren und hat etwas mit der unterschiedlichen Entwicklung der linken und rechten Hirnhälfte zu tun (die linke ist für die rechte Körperhälfte und das Rationale zuständig, die rechte für die linke Körperhälfte, aber auch für das Musische und für Emotionalität). Früher hat man Linkshänder gezwungen, mit rechts zu schreiben, heute läßt man sie gewähren. Das ist zwar besser so, hat aber dennoch Nachteile. Denn unsere Schreibschrift ist, rein technisch gesehen, für Rechtshänder entwickelt worden; deshalb ist sie für Linkshänder mühseliger. Überdies verwischen Linkshänder das gerade Geschriebene oft wieder mit ihrer Hand, so daß sich bei ihrem Schreiben Unmuts- und Versagenserlebnisse einstellen, die dazu führen können, daß der für sie so unlustbetonte Leistungsbereich des Schreibens von ihnen vernachlässigt und schließlich in ihrem Inneren abgewählt wird. Über Ausstrahlungseffekte leiden sie dann unter dem gesamten Fach Deutsch und schließlich auch unter den Fremdsprachen, so daß Linkshänder besonders häufig mit guten Leistungen in Mathematik, Technik und Musik kompensieren.

Dieses Abdriften kann von Anfang an dadurch verringert werden, daß Linkshändern erlaubt wird, mit nichtverwischbaren Stiften zu schreiben, daß sie besonders viele Schreibanlässe, bei denen sie Erfolge haben, zum

Trainieren eröffnet bekommen und daß jede Kritik an ihrer Art zu schreiben vermieden wird.

Trotzdem bleiben Linkshänder in der für Rechtshänder gestalteten Welt immer etwas benachteiligt. Zum Glück haben sich jedoch amerikanische Studienergebnisse als nicht haltbar erwiesen, die besagten, daß Linkshänder im Schnitt eine um neun Jahre kürzere Lebenserwartung haben als ihre rechtshändigen Zeitgenossen. Allenfalls stimmte an der bloß einfaktoriellen Untersuchung, daß stets erfolgsarme Menschen nicht so alt werden wie Menschen, die sich durchweg wohler fühlen.

63. Hochbegabte Kinder

In der Bundesrepublik diskutieren Pädagogen und Politiker seit Jahren über das Pro und Contra der besonderen Förderung überdurchschnittlich begabter Kinder. In Japan aber sind Hochbegabtenschulen längst etabliert.

Die Zahl der hochbegabten Kinder und Jugendlichen in Deutschland wird auf 350000 geschätzt; sie haben einen Intelligenzquotienten von 130 an aufwärts („Genieschwelle"), gelegentlich bis zu 200, während der IQ des Bevölkerungsdurchschnitts ja mit 100 definiert ist; und um ihn herum befindet sich die Masse der Menschen.

Entgegen landläufiger Annahme haben es hochbegabte Kinder sehr schwer. Sie sind anders und vielfach schon im Grundschulalter unterfordert. Sie können bereits vor ihrer Einschulung lesen, schreiben und rechnen (was übrigens jedes sechste Kind kann), sie langweilen sich recht bald im Unterricht der Regelschule, so daß sie mit Verhaltensauffälligkeiten ausweichen. Allgemein fallen – zum Leidwesen insbesondere ihrer Eltern – ihr geringes Schlafbedürfnis und ihr ständiges neugieriges Fragen auf.

Von manchen Pädagogen werden Hochbegabte daher als Behinderte eingestuft, und sie raten zu einer zusätzlichen „Fütterung" solcher Kinder mit Mathematik, Informatik, Fremdsprachen oder Musikunterricht. In Braunschweig gibt es eigens ein privates zur Hochschulreife führendes Internat für hochbegabte oder, wie es selbst sagt, „spitzenbegabte Kinder", die Jugenddorf-Christophorusschule, die als Schule in Freier Trägerschaft zum Christlichen-Jugenddorf-Werk gehört, das ansonsten nur Einrichtungen für Behinderte betreibt; sie hat seit der Wende auch eine Zweigstelle in Rostock. Darüber hinaus gibt es noch eine Jugenddorf-Christophorusschule in Königswinter.

Sie bietet Unterricht in Ganztagsform an, zu dem auch 53 Arbeitsgemeinschaften (z. B. Japanisch, Arabisch, Volkswirtschaftslehre, Medizin oder Gebärdensprache) gehören, die die „Gedankenvernetzung" fördern und ausnutzen sollen, sowie einen „außerunterrichtlichen Bildungsbereich".

Hochbegabte wurden früher als „Wunderkinder" bezeichnet, und man denkt dabei an Mozart oder den Schachspieler Kasparow. Allerdings gibt es

Kinder, die in nur einem Leistungsbereich wie dem der Musik herausragende Leistungen zeigen, während andere in fast allen Fächern außergewöhnlich gut sind.

Es wird immer wieder von Kindern berichtet, die bereits mit dreieinhalb Monaten zu sprechen beginnen, mit drei Jahren schon schwierige mathematische Aufgaben lösen, mit fünf Jahren Klaviervirtuosen sind, mit zwölf die Hochschulreife erwerben und mit 17 ihren Doktor machen. Aber man muß Früh- von Hochbegabungen unterscheiden, denn nur einige frühbegabte Kinder sind auch noch im späteren Leben hochbegabt.

Für die Höhe der menschlichen Intelligenz sind mindestens 20, wahrscheinlich jedoch über 100 Gene verantwortlich. Ihre günstige Kombination sorgt für eine besonders große Zahl an Hirnvernetzungen. Tragisch ist, wenn eine Hochbegabung mit Teilleistungsschwächen (wie in dem Film „Rain Man") einhergeht, so daß es zu dem Phänomen des „genialen Idioten" kommt, der beispielsweise weder lesen noch schreiben kann, aber spielend mit Zahlen oder mit weit zurückliegenden Kalenderdaten zu operieren vermag oder der über ein „Tonbandgedächtnis" verfügt, mit dem er in relativ beliebiger Länge einen vorher noch nie gehörten Text nach einmaligem Vortragen vollständig wiedergeben kann, eventuell sogar rückwärts. Bei autistischen Kindern kommen solche Phänomene gelegentlich vor; offenbar kompensieren sie ihre Ausfallerscheinungen mit außergewöhnlichen Stärken in anderen Hirnbereichen, also beispielsweise mit einem eidetischen Talent.

Die Nichtentdeckung und Nichtförderung einer Hochbegabung birgt Gefahren einer Persönlichkeitsentwicklung in Richtung Neurosen, Psychosen, Depressionen, anderen Autoaggressionen oder gar Kriminalität.

Es stimmt nämlich die Aussage nicht, daß jedes hochbegabte Kind schon irgendwie seinen Weg machen werde, wenn es in der Regelschule stets in einer Sonderrolle ist. Es muß stärker gefordert werden, damit seine Reizbilanz stimmt, und daher kann es an der Jugenddorf-Christopherusschule in der gymnasialen Oberstufe bis zu sieben Leistungskurse anwählen und sich einen Stundenplan bauen, der 48 Wochenstunden Unterricht in fächerübergreifenden Lernbereichen umfaßt.

Hochbegabte Kinder sind oft besonders sensibel gegenüber eigenen und von außen kommenden Störungen. Und auch sie müssen intellektuelle und soziale Grenzerfahrungen machen, auch sie müssen erleben, wo ihre Möglichkeiten ein Ende haben, weil sie sonst kein realistisches Weltbild gewinnen. Sie brauchen daher in besonderer Weise eine individualisierende Pädagogik in kleinen Lerngruppen, die sie nicht nur intellektuell, sondern auch emotional, sozial und kreativ anspricht.

Die öffentliche Regelschule kann solchen Schülern eigentlich nur mit den Arbeitsweisen des Offenen Unterrichts und der Projektmethode (Stuhlkreis, Freie Arbeit, Wochenplan, Partner- und Gruppenarbeit, Praktisches Lernen) sowie mit dem Einsatz der Neuen Medien (CD-ROM- und Online-Lernen) entsprechen. Sie muß für sie wie in Baden-Württemberg, Rheinland-Pfalz und Hessen „D-Zug-Klassen" anbieten, die nach einer Aufnahmeprüfung am Ende der Klasse 4 ein Jahr früher zum Abitur, nämlich am Ende der Klasse 12, führen, oder sie muß das Überspringen von Klassen vorsehen, wie es in Hamburg am Ende der fünften Klassenstufe und nach dem ersten Halbjahr der Klasse 10 an sieben Gymnasien und zwei Gesamtschulen möglich ist. Leider konnten jedoch 1993 nur sechs Hamburger Schüler von 22 vorgeschlagenen dafür gewonnen werden; die anderen wollten lieber bei ihren Freunden in ihrem Klassenverband bleiben.

Als der seinerzeitige FDP-Vorsitzende Hans-Dietrich Genscher zu Beginn der 80er Jahre die Schaffung von privaten „Eliteschulen und -universitäten" im Zuge einer allgemeinen Bildungsoffensive forderte, damit Deutschland mit einer besseren Ausschöpfung von Begabungspotentialen wieder Anschluß an die USA und Japan finden könne, warf ihm die SPD vor, sein Vorschlag sei eine „Kampfansage an die demokratische Kultur der Bundesrepublik". Heute sehen die Sozialdemokraten das sehr viel differenzierter.

64. Noten- oder Berichtszeugnisse

In Dänemark gibt es seit 1976 in den Klassen 0 bis 7 keine Noten mehr, und niemand wünscht sie zurück. Ab Klasse 8 gibt es die Zensuren 0 bis 13, wobei 0 bis 6 unsicher, 7 bis 9 mittel und 10 bis 13 ausgezeichnet bedeuten. Die 20jährigen Erfahrungen mit der Notenfreiheit haben nach dänischen Studien ergeben:

- Das Arbeitsklima ist ruhiger und optimistischer.
- Die Lernarbeit hat mehr Arbeitscharakter.
- Fähigkeitsentwicklung dominiert über Wissenserwerb.
- Die Schule gewinnt mehr Zeit, um auf gesellschaftliche Veränderungen zu reagieren.
- Schwächere Schüler arbeiten unbelasteter, sie werden nicht mehr so stark von Versagenserlebnissen in Stigmatisierung und Resignation getrieben, denn ein Sitzenbleiben gibt es nicht.
- Rangordnungsgefühle werden minimalisiert.
- Das Verhältnis zwischen Lehrern und Eltern, aber auch zwischen Lehrern und Schülern ist unbelasteter.

Das gilt aber alles nur, wenn den Schülern von Anfang an Noten erspart bleiben; wenn sie plötzlich statt einer Note einen Berichtstext erhalten, nachdem sie sich jahrelang an Noten orientiert haben, können sie mit der Notenfreiheit nicht mehr so gut umgehen, wie ihre Eltern, die sich oft nur deshalb an Noten klammern, weil sie sich eine Schule ohne die Mechanismen eines angstmachenden Zensurendrucks gar nicht vorstellen können.

In Deutschland sind drei Viertel aller Schüler vor der Ausgabe der Zeugnisse nervös, sorgenvoll, ängstlich oder krank, 13 Prozent reagieren mit psychosomatischen Störungen wie Kopfschmerzen, Schlafstörungen, Durchfall, Erbrechen, Hautreizungen und Appetitlosigkeit. 65 Prozent halten Noten für ungerecht, und 41 Prozent sind mit ihrem Zeugnis unzufrieden. Not, Nöte, Noten scheint eine Steigerungsform zu sein, die sich auch in den mittlerweile bundesweit etablierten Zeugnissorgentelefonen widerspiegelt, aber auch in der auffälligen Zunahme von Weglaufen, Todessehnsucht und Suizidversuchen junger Menschen um die Zeugnisausgabetermine herum.

Die Antworten der 16 deutschen Kultus- und Bildungsministerien auf die mißlichen Folgen von Noten und Zeugnissen sind sehr unterschiedlich:

- Mit dem Hamburger Schulgesetzentwurf ist geplant, Zeugnisse nur noch einmal im Jahr zu erstellen.
- Bundesweit sind die Klassenstufen 1 und 2 weitgehend notenfrei. Berichtszeugnisse bzw. Lernentwicklungsberichte sind an die Stelle von Ziffernzeugnissen getreten.
- In den Klassenstufen 3 und 4 können die Hamburger Eltern auf Elternabenden abstimmen, ob sie lieber Noten oder Texte haben wollen. Bei den Drittkläßlern entscheiden sich nur noch 50 Prozent der Eltern für Noten, bei den Viertkläßlern aber noch 80 Prozent.
- In den Hamburger Gesamtschulen kann die Schulkonferenz (Lehrer, Eltern, Schüler, Hauspersonal) entscheiden, ob Berichtszeugnisse bis zur Klasse 8 gegeben werden sollen. Schon jetzt ist für die Gesamtschulen geregelt, daß jede Note mit einem danebenstehenden Text erläutert wird.
- Der Hamburger Schulgesetzentwurf sieht Notenfreiheit bis zur Klasse 6 vor.
- Schleswig-Holstein und Niedersachsen überlegen, ob sie die Noten bis zur Klasse 4 abschaffen. Schon jetzt gibt es in Schleswig-Holstein in Klasse 3 Berichtszeugnisse und in Klasse 4 „erweiterte Notenzeugnisse" (Note plus Bericht).
- Die Gewerkschaft Erziehung und Wissenschaft fordert Notenfreiheit grundsätzlich bis zur 8. Klasse.
- In dem Waldorfschulen gibt es schon immer bis zur Klassenstufe 12 Berichtszeugnisse.

In den fünf neuen Bundesländern wurde die Note 6 erst 1991 eingeführt, und die 11 alten Bundesländer haben ihr Notensystem erst 1953 vereinheitlicht (in Rheinland-Pfalz wurde die 6 eingeführt, in Bayern wurde die 1 von der schlechtesten zur besten Note).

Die Geschichte der Noten beginnt in den Jesuitenschulen des Mittelalters mit der Verteilung von Brötchen für gute Leistungen. In den späteren Latein-, Kloster- und Priesterschulen gab es dann Zertifikate mit Vermerken wie „tüchtig" und „unbedingt tüchtig". Noch 1370 wurden nicht einzelne Leistungen benotet, sondern nur das Gesamte, z.B. mit dem „Matura"-Vermerk, dem späteren Abitur. Mit der Einführung des gegliederten Schulwesens im 19. Jahrhundert bestanden die Zeugnisse aus spezifiziertem Lob und Tadel in Form einer Sittentafel: „geht dem Lehrer zur Hand", „Katechismo wohl inne", „des Rechnens durchaus unerfahren", „im Buchstabieren nicht uneben" und ähnliches stand darin. Als die Schulen begannen, das frühere „Adelsprivileg" durch Qualifikations- und Berechtigungsvermerke zu ersetzen, kam es auch dabei noch mehr auf „Betragen", „Ordnung" und „Fleiß" als auf konkrete Fachleistungen an.

Ende des letzten Jahrhunderts wurden Noten vor allem als Strafmittel eingesetzt, um den Schüler „zu enttäuschen", damit er „den verdienten Tadel durch doppelte Anstrengungen austilgen" könne, wie es 1887 in der „Enzyklopädie des gesamten Erziehungs- und Unterrichtswesens" formuliert ist. Und das hat sich bis heute so tief in die Volksseele eingegraben, daß sich viele Menschen immer noch nicht vorstellen können, daß es auch andere Lernanreize gibt als die Angst vor der Note als Motor des Bemühens.

Konsens, wie man am besten mit Noten und Textformulierungen umgeht, gibt es nicht. Zu vielfältig sind die „Lösungen", die bundesweit gefunden wurden:

- In Religion gibt es gelegentlich nur die Vermerke „teilgenommen" und „nicht teilgenommen" (Hamburg).
- In Wahlpflichtkursen gibt es manchmal die Dreierstufung „teilgenommen", „mit Interesse teilgenommen" und „mit großem Interesse teilgenommen".
- Manche Lehrer geben in Musik und Sport nur die Noten 1 bis 3.
- Akzentuierungen wie 2−, 2/3 oder 3+ zeigen das Bedürfnis nach weiteren Differenzierungen an.
- Neben dem pauschalen Hauptschulabschluß, dem Realschulabschluß, der Fachhochschulreife und dem Abitur gibt es merkwürdige Zwischenqualifikationen wie die „Teilqualifikation im Sinne des Realschulabschlusses" für Hauptschüler, den „Qualifizierten Hauptschulabschluß", der dem Realschulabschluß entspricht, den „Erweiterten Hauptschulabschluß" nach Klasse 10 der Hauptschule, den „Qualifizierenden Hauptschulabschluß", der zum Übergang in die gymnasiale Oberstufe berechtigt, die „Fachoberschulreife" nach Klasse 10 usw.
- Eine 3 an einem altsprachlichen Gymnasium kann wesentlich wertvoller im Ansehen der Öffentlichkeit sein als eine 1 an einem Aufbaugymnasium.
- Ein in Bayern erworbener Realschulabschluß gilt als höherwertig im Vergleich zu einem in Hamburg erworbenen (in Bayern beginnt die Realschule mit Klasse 5, in Hamburg mit Klasse 7).
- In den gymnasialen Oberstufen werden statt der Noten 1 bis 6 die Punkte 15 bis 0 vergeben.
- In den Gesamtschulen gibt es ein neunstufiges Notensystem von B 1 bis A 6, wobei B Gymnasialniveau bedeutet, A Haupt- und Realschulniveau und eine B 4 das gleiche ist wie eine A 1.

Weil es fast keinen Schüler gibt, der sich in sämtlichen 15 Fächern auf Hauptschulniveau befindet, und keinen, der in allen 16 Fächern auf Realschulniveau ist, weil sich die Leistungsfähigkeit eines jeden Menschen von

Fach zu Fach höchst unterschiedlich darstellt, hatten die Kultusminister bereits 1975 ein Konzept in ihren Schubladen, mit dem die drei herkömmlichen Abschlüsse Hauptschulabschluß, Realschulabschluß und Abitur durch „Profilabschlüsse“ ersetzt werden sollten, die von Fach zu Fach beschreiben sollten, was jemand kann, wobei nicht ganz so wichtig ist, was er nicht kann. Der Profilabschluß sollte unabhängig von der besuchten Schulform zuerkannt werden, denn ein Hauptschüler kann ja in Physik hervorragend sein, während ein Gymnasiast in diesem Fach eventuell äußerst schwach ist.

Die Notengebung entspricht einem nach vermeintlichen Niveaus gegliederten und mit dem Mittel der Selektion arbeitenden Schulsystem, während Berichtszeugnisse eher zu integrativen, auf Fördern, Verstehen und Soziales Lernen ausgerichteten Schulformen mit Offenem Unterricht und der Projektmethode passen.

Befürworter von Notenzeugnissen sagen, daß Kinder mit Zensuren an die spätere Notengebung und an die Leistungsrangordnungen der Arbeitswelt gewöhnt werden müßten, während ihre Gegner meinen, daß eine frühe Notengebung eine positive Spätentwicklung durch „mitreißende Effekte“ verhindere. Wer Lernentwicklungsberichte den Notenzeugnissen vorzieht, muß deshalb zwangsläufig gleichzeitig für eine mindestens sechsjährige Grundschule bzw. für Integrationsformen wie die Sekundar- oder die Gesamtschule sein.

Schullaufbahnprognosen nach Klasse 4, die ja oft mit einem Notenbild verknüpft werden, erweisen sich übrigens in einem Drittel aller Fälle nach oben oder unten als falsch, nach Klasse 6 stimmen sie hingegen nur in ein einem Sechstel aller Fälle nicht. Ohne Beginn der Vorpubertät und ohne Erfahrungen im Umgang mit einer Fremdsprache lassen sich jedenfalls noch keine sehr stimmigen Schullaufbahnentscheidungen treffen; deshalb tun Eltern gut daran, auch gegen die Empfehlung der Grundschule mit einer Anmeldung zum Gymnasium, zur Gesamtschule oder einer Integrierten Haupt- und Realschule den Weg ihres Kindes zum Abitur oder zum Realschulabschluß länger offen zu halten.

Vielleicht besteht übergangsweise also die beste Lösung für ein immer noch unzeitgemäßes Schulsystem darin, dem Schüler sowohl Noten als auch ausführliche Lernentwicklungsberichte zu geben, und zwar nur einmal im Jahr und frühestens ab Klasse 5, besser noch ab Klasse 7; und das letztere wäre dann immer noch ein Jahr früher als beim bewährten dänischen Modell, das Schüler erst ab Klasse 8 mit Noten konfrontiert.

65. Schulerfolg, Schulstreß, Schulmüdigkeit und Schulversagen

Eigentlich wollen ja alle Eltern und Lehrer sowie die Schüler selbst Schulerfolge. Statt dessen kennzeichnen Begriffe wie Schulstreß, Schulmüdigkeit, Schulnot, Schulangst, Schulfrust, Schulversagen und das „Burn-out-Syndrom“ in „vergreisten“ Lehrerkollegien ihre Alltagssituation.

Schulanfänger freuen sich meist auf die Schule, aber in Klasse 4 gehen nur noch 45 Prozent von ihnen gern dahin. Nimmt man alle Schülerjahrgänge zusammen, dann bewerten 43 Prozent der Jungen und Mädchen in Deutschland ihre Lehrer negativ, während es in den USA nur zehn Prozent sind, und in der 13. Klasse der deutschen Gymnasien fühlen sich nur noch vier Prozent der Schüler wohl.

Schon ab Klasse 1 werden die Schüler zur sitzenden Lebensweise erzogen; sie müssen langsam lernen, 45 Minuten auf einem Stuhl zu sitzen, und das zwei bis acht Stunden pro Tag. Sie werden überwiegend mit Worten drangsaliert und müssen mit großem Durchhaltevermögen und hoher Konzentration so leben, wie es außerhalb der Schule nur sehr selten üblich ist, nicht mal in der Arbeitswelt, wenn man von Berufen wie Unfallchirurg oder Fluglotse einmal absieht.

Anfangs entsprechen die schulischen Erwartungen kaum ihren Mobilitäts-, Spiel- und Interaktionsbedürfnissen. Gewiß ist es richtig, Schüler zunehmend in die Lage zu versetzen, sich in den Lebensweisen der Erwachsenenwelt zurechtzufinden, denn Stillsitzen ist ja kein Selbstzweck. Das Wissensvolumen unserer Gesellschaft ist stetig umfangreicher geworden, und Schule vermittelt ohnehin zuwenig davon. Wissen ist aber Macht und erleichtert Lebenstüchtigkeit. Schule muß also immer ein Kompromiß zwischen dem Ausleben des Eigenwertes der kindlichen Lebensstufen einerseits und möglichst früh einsetzenden, umfangreichen und langanhaltenden Bildungseffekten andererseits sein. Motivation, Schulleben, Schulerfolg, angemessenes Lehrerverhalten und die Vernetzung von kindlichen Entfaltungsbedürfnissen mit gesellschaftlichen Erwartungen stehen als Ansprüche gegen Phänomene wie Verhaltensschwierigkeiten, Schulmüdigkeit, Schulangst und Schulversagen; sie geben der Schule einen Anflug oder gar einen Anstrich von Scheitern ihrer institutionellen und persönlichen Bemühungen.

Andrea Ernst und Sabine Stampfel berichten in ihrem „Kinder-Report“:

- 35 Prozent der deutschen Schüler haben mit Versetzungsgefährdungen zu tun,
- 22 Prozent haben schon mindestens einmal eine Klasse wiederholen müssen,
- sieben Prozent mußten die Schule wegen schlechter Noten wechseln, und
- 24 Prozent geben an, daß ihre Leistungen nicht den elterlichen Wünschen entsprechen.

Der Wandel der elterlichen Erwartungen in Richtung Gymnasium und Abitur (55 Prozent erhoffen sich für ihr Kind die Hochschulreife) und das Phänomen, daß immer mehr Kinder im Sinne einer Bildungskarriere, die auch Nachhilfe- und Klavierunterricht, Hockey- und Tennisspielen, Reiten und Gastschülerphasen im Ausland umfaßt, mit den hohen Zielen ihrer Eltern verplant werden, vergrößert Schulnot massenhaft, insbesondere wenn Kinder gegen die ausdrücklichen Empfehlungen der Grundschule dennoch auf ein Gymnasium, am liebsten auf ein altsprachliches, geschickt werden. Allzu viele Kinder durchlaufen die Schule mit dem Motto: „Du hast zwar keine Chance, aber nutze sie!" Versagenserlebnisse, ständig enttäuschte Elterngesichter und Verhaltensprobleme sind damit vorprogrammiert.

Dabei bietet das offene deutsche Schulwesen eine derartige Vielfalt, daß jeder einen angemessenen Lernort und Bildungsgang für sein Sosein finden kann, und sei es eine Waldorf- oder Freie Schule, ein Landerziehungsheim, eine Integrationsklasse, eine Gesamtschule, eine Schule mit Offenem Unterricht oder eine Sonderschule. „Mein Kind soll es einmal besser haben als ich", sagen viele Eltern und vernachlässigen damit die Kräfte ihres Sohnes oder ihrer Tochter. Dabei haben sie oft Recht mit dem Ausprobieren des gymnasialen Bildungsganges, denn viele Schüler kommen trotz schlechter Prognose dennoch zum Abitur.

Am größten ist die Schulnot in Gymnasien, weil diese nicht vorrangig erzieherisch, sondern wissenschaftsorientiert stundengebend vorgehen. Ihre Lehrer arbeiten mit dem Prinzip des „erziehenden Unterrichts", das voraussetzt, daß die Schüler im wesentlichen zu Hause erzogen werden. So arbeiten Elitegymnasien oft mit dem sie leitenden Motiv: „Wer bei uns zum Abitur kommt, muß wirklich gut sein, denn wir machen keine Erziehung." Als die Gesamtschulverfechter nach 1968 von einer Schule für alle Begabungen und alle Schichten träumten, ahnten sie noch nicht, daß dieses Ziel mittlerweile erreicht ist, nur nicht in der Gesamtschule, sondern im Gymnasium; allerdings paßt die gymnasiale Pädagogik überhaupt nicht mehr zur Bandbreite ihrer Schülerschaft. Wären aber Gymnasien pädagogisch besser als heute, würden noch mehr Schüler zum Abitur kommen, und daß wollen weder Politiker noch die Mehrheit der Gymnasialeltern, die ohnehin finden, daß ein Schüleranteil von bis zu 40 Prozent eines Jahrgangs auf den Gymnasien ihr Kind nicht mehr elitär genug erscheinen läßt, so daß sie zunehmend auf Privatschulen mit hohem Leistungsanspruch und auf staatliche Schulen mit „gutem" Ruf wie die Gelehrtenschulen ausweichen.

Die Chancenungleichheit wird überwiegend nicht durch die Schule selbst bewirkt, sondern durch das, was Schüler aufgrund ihrer Biographie und ihres Milieus in die Schule mitbringen. Ein intelligentes Kind, das allein mit einer alleinerziehenden berufstätigen Mutter an der Grenze zur „Neuen Armut" lebt, hat im allgemeinen eine schlechtere Schulprognose als ein mittelmäßiger Schüler aus bestbehütetem reichem Elternhaus:

- 20 Prozent aller deutschen Schüler erhalten Nachhilfeunterricht; meist haben sie selbständige oder verbeamtete Eltern (24 Prozent), während Kinder von Sozialhilfeempfängern und Arbeitslosen kaum Nachhilfe erhalten (acht Prozent).
- Von denjenigen Schülern, die bereits eine Klasse wiederholt haben oder die versetzungsgefährdet sind, erhält jeder dritte Nachhilfe, an Gymnasien jeder zweite.
- Jungen sind vom Schulversagen doppelt so häufig betroffen wie Mädchen, weil Eltern gegenüber Jungen ehrgeiziger sind und weil sich Mädchen eher an die Lehrererwartungen anpassen.
- Gesamtschüler brauchen am seltensten Nachhilfe (fünf Prozent).
- Besonders oft gibt es Nachhilfe um die Pubertät herum, also in den Klassenstufen 7 bis 9, weil dann einerseits die Lern- und Verhaltensprobleme zunehmen, andererseits die Eltern aber noch nicht so weit resigniert haben, daß sie von ihrem vorgeplanten Weg zum Abitur ablassen wollen.

Wie können es Eltern also richtig machen?

- Die Schullaufbahnentscheidung sollte so spät wie möglich getroffen werden, also erst nach der 6. oder besser nach der 10. Klasse. Sechsjährige Grundschulen, Landerziehungsheime, Waldorfschulen, Gesamtschulen und Aufbaugymnasien bieten auch später noch den Weg zum Abitur an.
- Die Grundschulempfehlungen sollten ernst genommen und, da sie gelegentlich auch falsch sind, mit den eigenen Einschätzungen und Erwartungen so abgewogen werden, damit Kindern Verliererschicksale und ihre mißlichen Folgen erspart bleiben.
- Hausaufgabenkooperationen mit Mitschülern des eigenen Kindes sind entlastend, motivationsfördernd und verschaffen über Vergleichsmöglichkeiten einen besseren Überblick über die Leistungsfähigkeit von Klasse und Kind.
- Eltern sollten sich überlegen, ob sie nicht eine Hausaufgabenpatenschaft für einen Mitschüler des Sohnes oder der Tochter, der in seiner Klasse nicht optimal betreut werden kann, übernehmen, weil sich dann mitreißende Effekte für beide Kinder einstellen.
- Eltern müssen eine intensive Kommunikation mit den Lehrern ihres Kindes pflegen. Elternabende, Elternstammtische, Tage der offenen Tür und Lehrersprechstunden sind gute Gelegenheiten dafür, ebenso die Mithilfe beim Offenen Unterricht und Hospitationsangebote der Lehrer.
- Eltern tun gut daran, sich nach Schule und Mittagessen oder am Abend das von den Kindern im Unterricht Erlebte berichten zu lassen.
- Eine elterliche Lernberatung, die zum Nachschlagen des Schülers in Wörterbüchern und Lexika oder zum Beschaffen von Informationen ermuntert, die hilft, Spiel- von Hausaufgabenzeiten zu trennen, die Anlässe für Lesen, Schreiben, Malen und Rechnen bietet und die dazu führt, daß sich die Kinder die Vokabeln abhören lassen oder den entworfenen Aufsatz-

text der Mutter noch einmal vorlegen, ist wesentlich effektiver, als es Moralpredigten, enttäuschte Gesichter, Strafen, Stubenarreste oder Geldzuwendungen für gute Noten je hinbekommen können.

Manche Schulen gehen übrigens interessante neue Wege, um Schulprobleme zu verringern. An der Grund- und Hauptschule in Wörth am Main im unterfränkischen Landkreis Miltenberg haben Eltern und Lehrer schriftliche Verträge geschlossen, in denen sie sich zu einer Art Solidargemeinschaft zusammenschließen und zu bestimmten Verhaltensweisen gegenüber den Kindern verpflichten. „Die Eltern der Klasse 2b vereinbaren zum Wohle ihres Kindes und der anderen Kinder, obszöne Begriffe und Schimpfwörter aufzugreifen, zu klären und nicht mehr zu verwenden“, heißt es beispielsweise in einem Vertrag, den fast alle Eltern unterschrieben haben. Die Mütter und Väter der Erstkläßler haben sich darauf verständigt, daß Spielsachen nicht mit in die Schule gebracht werden und daß ihre Sprößlinge nur ausgewählte Fernsehsendungen anschauen. In der Klasse 5b haben sich die Eltern vorgenommen, ihr Kind jeden Tag mindestens einmal zu loben, und alle Sechstkläßler sollen künftig bis 15 Uhr ihre Hausaufgaben machen.

Nach einigen Monaten ist Rektor Linus Markert hoch zufrieden mit dem Experiment. „Wir haben keine heile Welt hier, aber in allen Klassen haben sich positive Veränderungen eingestellt“, resümiert er. Der Geräuschpegel im Unterricht sei schlagartig gesunken, die Gewalttätigkeit der Schüler habe abgenommen, und die Schulleistungen seien deutlich besser geworden.

Hoffentlich sind diese Erfolge nicht nur durch den Reiz des Neuen, sondern auch aus Überzeugung auf allen Seiten zustande gekommen, denn sonst tragen sie nicht sehr weit.

66. Hausaufgaben und Nachhilfe

„Was Hänschen nicht lernt, lernt Hans nimmermehr“, heißt ein altes Sprichwort, das sich heute vor allem bessergestellte Eltern schulpflichtiger Kinder immer mehr zu Herzen nehmen. Die Folge ist, daß Kinder dieser Familien zunehmend private Nachhilfe erhalten.

Fast jeder fünfte Jugendliche in Westdeutschland bekommt zusätzlichen Nachhilfeunterricht. Das ergab eine Untersuchung der Universität Bielefeld im Auftrag der Weltgesundheitsorganisation WHO. Deren Grundlagen waren eine Befragung von fast 6000 nordrhein-westfälischen Schülern im Alter zwischen elf und 17 Jahren und eine Auswertung bundesweiter Studien. Die beiden Autoren der Untersuchung, Klaus Hurrelmann und Andreas Klocke, führen den Boom der Nachhilfe auf veränderte Bildungsansprüche zurück. Während 1950 noch 80 Prozent der Schüler in der siebten Klasse eine Hauptschule besuchten, sind es heute nur noch 27 Prozent, in Hamburg, Berlin, Darmstadt oder Göttingen nur noch 10 Prozent oder darunter. Dafür stieg der Anteil der Schülerzahlen bundesweit auf den Realschulen von sechs auf 28 Prozent, auf den Gymnasien von 13 auf 36 Prozent an. Die Eltern versuchen, ihren Kindern die günstigste Startposition für die Berufslaufbahn zu erschließen. Sie reagieren damit auf die gestiegenen Qualifikationsanforderungen in der Berufswelt; wenn irgend möglich, soll das Kind das Abitur erreichen. Das aber geht nicht ohne Auseinandersetzung mit den bisweilen völlig überforderten Zöglingen ab. In den 60er und 70er Jahren stritten Mutter und Tochter noch um Kleider, Freund und lange Haare, hing der Haussegen bei politischen Diskussionen oder der Frage nach der NS-Vergangenheit der Eltern schief. Heute sind die Generationsbeziehungen in den Familien einerseits erstaunlich konfliktfrei, andererseits gibt es viel „Zoff", wenn es um schulische Leistungen geht.

Die Angst der Eltern vor dem Zeugnis hat in Westdeutschland inzwischen einen neuen Geschäftszweig begründet, der daran gut verdient. Zu jeweils einem Drittel teilen sich Lerninstitute, nebenberuflich arbeitende Lehrer sowie Studenten und Schüler dieses Geschäft. Insgesamt erhalten von 3,7 Millionen Schülern der Sekundarstufe I in den alten Bundesländern 750 000 durchschnittlich zwei Stunden in der Woche Nachhilfe. Dies belastet das elterliche Portemonnaie monatlich mit 150 bis 200 Mark; wöchentlich werden insgesamt rund 30 Millionen Mark für Nachhilfe ausgegeben, das sind mehr als 1,5 Milliarden Mark pro Jahr. In den neuen Bundesländern ist mit den außerschulischen Förderstunden bislang erst wenig Geld zu machen: Nur 40 000 Schüler oder vier Prozent haben einen privaten Lehrer.

Viele beklagen übrigens, daß durch die vermehrte Nachhilfe eine Verzerrung der Chancengleichheit entstünde. Zwar hat es schon immer Nachhilfeunterricht gegeben, doch heute ist er zunehmend eine Domäne der gehobenen Schichten geworden. So unterstützen in den oberen sozialen Schichten etwa 24 Prozent der Eltern ihre Kinder mit bezahlter Nachhilfe, in den unteren Schichten sind es dagegen lediglich zwölf Prozent.

Mit der Nachhilfe finanzieren die Eltern etwas, was eigentlich die Schule leisten müßte. Elterliche Übererwartungen und erzieherische Defizite der Schule ergänzen sich zu einem erheblichen Leidensfaktor für Schüler. Wenn 55,6 Prozent aller Klassenwiederholer an Gymnasien Nachhilfeunterricht bekommen, läßt sich die Schuld nicht nur ehrgeizigen Eltern zuschieben, zumal es auch Gymnasien gibt, an denen so gut wie keiner sitzenbleibt und an denen unter dem Motto gearbeitet wird, „Bei uns kann man auch den Realschulabschluß machen", während es andere in bezug auf ihren elitären Ruf für förderlich halten, möglichst viele benachteiligte Schüler „abzusägen".

Mädchen benötigen übrigens um die Hälfte seltener Nachhilfeunterricht als Jungen; das ist ein Hinweis darauf, daß Jungen vor allem an ihrem Lernverhalten, also an einem erzieherischen Mangel, und weniger an Intelligenzdefiziten scheitern. Gerade das Lernverhalten, das damit beginnt, daß man seine Hausaufgaben macht, für Klausuren lernt und seine Hefte und Bücher im Unterricht zur Verfügung hat, läßt sich aber mit pädagogischem Geschick und Aufwand relativ leicht verbessern; dafür sind aber Gymnasiallehrer zu schlecht ausgebildet und zu selten bereit; homogene Lernverbände mit geringer Leistungsbandbreite sind ihnen meist lieber als erzieherisches Engagement gegenüber Schülern zu investieren, die das besonders nötig haben.

Nachhilfebemühungen sind immer dann erfolgreich, wenn man vor allem die Schüler zu motivieren vermag, ohne die Lehrer und das Schulsystem verändern zu wollen, wenn man die Schüler in die Lage versetzt, mit sich selbst im Rahmen der vorhandenen Lehrer besser klarzukommen. Eltern sind übrigens durchweg schlechte Nachhilfelehrer; sie sind zu dicht am Kind dran und zu ungeduldig; das Kind spielt beim Nachhilfeunterricht durch Mutter oder Vater nicht selten deren Schwächen aus, um sich gegen die mißlichen Anforderungen zu wehren.

Nachhilfe muß den Schüler in Distanz zu den Lehrern bringen, unter denen er leidet. Danach muß die Freude am Lernen organisiert werden. Das gelingt über sauber geführte Mappen und Hefte mit schöner Schrift und Datumsangabe, über das Notieren der zu erledigenden Hausaufgaben, über optimal vorbereitete Klausuren und Tests, die dann gute Noten und somit Erfolgserlebnisse bringen, über das wohlige Gefühl, alle Hausaufgaben gemacht zu haben, so daß man den Lehrern in der Stunde ruhig in die Augen gucken kann, und über den schon am Abend zuvor fertig gepackten Schulrucksack. Ein guter Tip für nachhelfende Eltern, Lehrer, Studenten und Schüler ist, immer schon etwas weiter zu arbeiten, als der Unterrichtsstand der Klasse ist, weil der Nachhilfeschüler dann bereits etwas mehr weiß als die sonst guten Mitschüler; das vermittelt Erfolgserlebnisse und Pluspunkte beim Lehrer.

Und überhaupt muß man Nachhilfeschülern nicht nur beibringen, wie sie sich in Sachen Unterricht und Hausaufgaben besser organisieren können, wie sie am besten lernen und Vokabeln memorieren, sondern auch wie sie ein Mindesmaß an taktischen Kompetenzen im Umgang mit Lehrern walten lassen können. Man muß ihnen vormachen, wie man nachfragt, wenn man etwas noch nicht verstanden hat, wie man grüßt, wie man mit einer ungerechten Note auf den Lehrer und das Problem zugeht, was man tut, wenn der Lehrer in der Mathearbeit zwei richtig gerechnete Aufgaben übersehen hat, wie man sich für ein Fehlverhalten entschuldigt, also wie man Konflikte bewältigt und nicht, wie man ihnen ausweicht.

Weil Hausaufgaben den Lehrern die Arbeit erleichtern, weil mit ihnen den Eltern schulische Aufgaben zugespielt und zugemutet werden und weil sie wegen der höchst unterschiedlichen Milieus und Fördermöglichkeiten durch die Eltern selektierend wirken, fordern viele ihre Abschaffung und die Verpflichtung der Schulen, die Lern-, Vertiefungs-, Übungs- und Anwendungsanteile der Hausaufgaben selbst zu übernehmen, damit die soziale Ungleichheit über das Element Hausaufgaben nicht mehr länger zur Selektion führt.

Für Hausaufgaben spricht, daß viele Schüler daheim ruhiger, selbstbestimmter und mit ihnen angemessenem Tempo und nach eigener Methode lernen können, daß sie Pausen selbst einrichten und mehr Fehler machen dürfen, daß sie ohne Versagensängste etwas nachschlagen oder erfragen können, daß sie mehr und länger lernen können, wenn sie es wollen, und daß sie nicht in Gruppen untergehen, wenn ihnen geholfen wird, sondern daß man sich ihnen individuell zuwendet, wenn sie Hilfe brauchen.

Viele Schüler kommen gerade wegen der Hausaufgaben zu guten Noten; einige lernen sogar über Hausaufgaben und Nachhilfe zusammen in kürzerer Zeit wesentlich mehr als in der Schule, besonders deutlich wird das beim Vokabellernen.

Hausaufgaben und Nachhilfe gestatten im Konkurrenzkampf gegen gute Mitschüler ein paar Startvorteile in die nächste Unterrichtsstunde hinein. Schüler leiden unter Hausaufgaben eigentlich nur, bevor sie angefangen haben; nach ihrer Erledigung sind sie hingegen meist ganz froh und entspannt, denn über bewältigte Hausaufgaben bekommen sie oft Erfolgserlebnisse, die sie in der Schule nicht haben.

Die Abschaffung der „Schulis", wie die Kids liebevoll die Hausaufgaben nennen, würde zu einer erheblichen Reduktion der Gesamtlernzeit von Schülern führen; dieses verringerte Lernzeitvolumen müßte dann kostenträchtig für den Staat durch ein erweitertes Angebot an Vollen Halbtagsschulen und Ganztagsschulen aufgefangen werden. Schüler, die zu Hause keine Hilfe bekommen und dort keinen richtigen Arbeitsplatz haben, würden davon profitieren, diejenigen jedoch, die nachmittags optimal von Eltern oder Nachhilfelehrern unterstützt werden, würden sich wohl ohne Hausaufgaben eher verschlechtern, wenn sie auf diese Weise nicht sogar statt einer Doppelbelastung eine Dreifachbelastung erhalten: Unterricht am Vormittag, Hausaufgaben am Nachmittag in der Schule, Nachhilfe am Abend und Wochenende zu Hause. Denn schon jetzt kommen viele Zehn- bis 14jährige auf eine wöchentliche Arbeitszeit von 50 Stunden, also auf mehr als Erwachsene.

Einen bilanzierenden Satz zum Pro und Contra der Diskussion um den Sinn von Hausaufgaben hat das Dortmunder Institut für Schulentwicklungsforschung formuliert: „In der stillen Arbeit zu Hause, im Wechsel von Aufundabgehen, Nachdenken und Wiederhinsetzen können Kinder ihren eigenen Arbeitsrhythmus am besten finden und so Erlerntes verfestigen und sich neues Wissen aneignen." Und eine besonders gute Prognose haben sie dabei, wenn sie auch noch einen Lehrerstudenten finden, der nicht nur Hausaufgaben mit ihnen macht, sondern auch noch mit ihnen spielt, rangelt, Sport treibt, ißt, ins Kino geht und am Computer sitzt, wenn also die „Schulis" eingebettet sind in ein lustbetontes und ein Stück weit entspezialisiertes Zusammenleben.

67. Die unzeitgemäße Schule und ihre rasche Veränderung

Kinder sind sehr verschieden, und wenn sie, regional abweichend, zunehmend ihren Lehrern Diagnose- und Therapieschwierigkeiten bereiten, dann liegt es vor allem an den Faktoren Familieveränderung, Trendeinflüsse der Jugendkultszenerie und Bildschirmeinflüsse. Wenn die Familie erzieherisch gesehen noch einigermaßen intakt ist, wird sie mit den aus dem Pluralismus unserer Gesellschaft erwachsenden Sogwirkungen auf ihre Kinder oft noch ganz gut fertig; aber wehe, sie ist kaputt, unvollständig und pädagogisch inkonsequent oder hilflos. Lehrer, die schon lange im Dienst sind, stellen fest, daß sie vor 15 Jahren ein bis zwei schwierige Schüler in ihrer Klasse hatten, die einen Großteil ihrer Kraft und Zeit erforderten, vor zehn Jahren waren es schon drei bis vier solcher Kinder und Jugendlichen, vor fünf Jahren fünf bis sechs und jetzt sind es sieben bis acht, die nahezu das gesamte Engagement binden.

Solche erschöpften und alten Lehrer („Burn-out-Syndrom", „Vergreisung" der Lehrerkollegien), die einmal in ganz anderen Zeiten für ganz andere Kinder ausgebildet wurden, stellen dann schließlich fest, daß auch die „pflegeleichteren", angepaßteren und zu Hause relativ gut erzogenen jungen Menschen ihnen immer mehr Schwierigkeiten bereiten, und zwar weil diese wegen der total gebundenen Aufmerksamkeit für die gestörten Schüler schlichtweg zu kurz kommen. Gerade die nicht so problematischen Schüler werden also Opfer der Zunahme an veränderten Kindern, sie werden unterfordert, ständig in ihrem Lernen gestört, sie langweiligen sich und sind genervt, weil der Unterricht wegen der Schüler mit einem besonders hohen erzieherischen Zuwendungsdefizit und -bedarf nicht vorankommt.

Wenn es so weit ist und wenn dann noch die Kultusministerien landauf und landab gleichzeitig die Klassenfrequenzen und die Unterrichtsverpflichtungen der Lehrer erhöhen und an der Ausstattung sowie der Instandhaltung der Schulen sparen, dann kippt so eine Klasse am Ende um, ist nicht mehr beschulbar und tritt in einen Teufelskreis von Devianzen ein.

Lehrer reagieren auf diese Entwicklung in vier Stufen:

- Zunächst leiden und jammern sie und hoffen auf eine größere Fürsorge des Staates.
- Sodann stellen sie einen Versetzungsantrag, weil es irgendwo noch immer Schulen gibt, in denen die mißliche Entwicklung nicht so weit vorangeschritten ist, in denen die Schüler noch nicht so viele Probleme in die Schule mitbringen. Mit einer Versetzung gewinnt man etwa fünf Jahre, in denen man noch so weitermachen kann wie bisher.
- In der dritten Stufe resignieren sie und flüchten in Krankheit und Frühpensionierung.
- Und erst in der vierten Stufe, wenn dem Versetzungsantrag nicht stattge-

geben wurde, wenn sie nicht bereit sind, krank zu werden, und wenn sie gemerkt haben, daß das Kultusministerium nicht willens ist, eine verstärkte Fürsorgepflicht ihnen gegenüber wahrzunehmen, sondern spüren, daß die Bedingungen sich im Zuge von Sparzwängen der öffentlichen Haushalte noch weiter verschlechtern werden, sind sie bereit, mit ihrem eigenen Handeln etwas zu verändern.

Während Schulen bislang vor allem konzeptionell und auch ideologisch von oben herab gestaltet wurden, wandeln sie sich zur Zeit massenhaft von unten her, und zwar aus Not vor Ort. In manchen Stadtteilen von Großstädten wie in Bremen-Vahr, Hamburg-St.Pauli und Berlin-Kreuzberg, in mittleren Städten wie Neumünster und Mannheim, in kleinen Städten wie Borken, Solingen und Mölln und in den ländlichen Gebieten der neuen Bundesländer lassen sich Lehrer immer mehr einfallen, um die Bedingungen ihres Arbeitsplatzes zu verbessern, damit die Kinder überhaupt erst einmal in die Lage versetzt werden, dem Unterricht zu folgen und etwas zu lernen:

- Im freien Gespräch des Stuhlkreises zu Beginn des Unterrichts können Schüler loswerden, was sie an Erlebnissen und Reizen zu Hause und über den Bildschirm noch nicht verarbeiten konnten.
- Mit einem gemeinsamen Frühstück werden die Kinder so ernährt, daß sie sich konzentrieren und durchhalten können.
- Mit psychomotorischem Extraturnen werden nicht gehabte Bewegungs-, Spiel- und Körperkontakterfahrungen nachgereicht, um Sinnesschwächen bis hin zu Wahrnehmungsstörungen zu kompensieren.
- Mit Schlafplätzen in der Schule für Kinder von Prostituierten, mit einer Waschmaschine im Nebenraum der Klasse für die Wäsche bettnässender Kinder, mit Kuschel- und Entlastungsecken im Klassenraum wird die leibliche Versorgung der Kinder unterstützt.
- Mit Horten an der Schule, mit Vollen oder Verläßlichen Halbtagsgrundschulen, mit der Entwicklung in Richtung Offene Ganztagsschule, mit nachmittäglichen Neigungskurs- und Hausaufgabenhilfeangeboten, mit dem Pädagogischen Mittagstisch und dem Konzept Nachbarschaftsschule, das zur engeren Zusammenarbeit mit Polizei, Feuerwehr, Betrieben, Jugendamt, Sportvereinen, Erziehungs- und Drogenberatungsstellen sowie Jugendfreizeitstätten führt, wird familienergänzend und manchmal auch familienersetzend gearbeitet.
- Mit offenen Unterrichtsformen, der Projektmethode, Integrativen Regelklassen, Integrationsklassen, Förderzentren (Integration von Haupt- und Sonderschule) und der verstärkten Zusammenarbeit von Haupt- und Realschulen bis hin zu ihrer Integration sowie mit einem Ausbau des Prinzips Lernentwicklungsberichte statt Notenzeugnisse werden Versagenserlebnisse und damit Verliererschicksale reduziert und das Zusammenbleiben der Schüler in der Region, im Ort oder im Stadtteil begünstigt.
- Mit Hausbesuchen, Elternstammtischen und Arbeitskreisen, in denen El-

tern und Schüler sitzen, wird die Zusammenarbeit von Schule und Familien gefördert.
- Mit einem verstärkten Klassenlehrerprinzip (vier statt zwei Fächer in der eigenen Klasse), mit der Institutionalisierung von zwei Klassenlehrern pro Klasse, dem Co-Teaching (zwei Lehrer im Unterricht) oder dem Team-Teaching (fünf Lehrer führen drei Parallelklassen) und mit dem Klassenlehrertag werden die erzieherischen Effekte gegenüber schwierigen Schülern erhöht, wird ein Kennenlernen von Biographie und Milieu der Schüler begünstigt und werden Umfassung, Kontinuität und Kontrolle verbessert.
- Mit der graduellen Entpflichtung von der Lehrplan-, Richtlinien- und Erlaßanbindung nehmen sich Schulen ein Stück Autonomie heraus, daß ihnen eine sensiblere erzieherische Anpassung an ihre Umgebung (Stadtteil-, Regional-, Nachbarschaftsschule) und an die jeweiligen Bedürfnisse und Defizite ihrer Schüler gestattet.

In Hamburg gibt es daher mit dem Entwurf für ein neues Schulgesetz insofern ein Novum, als mit ihm parlamentarisch und ministeriell nachgereicht werden soll, was sowieso schon ist; es geht also im wesentlichen um die nachträgliche Legalisierung einer bereits vorhandenen erzieherischen Auseinanderentwicklung der Schulen, die je nach Stadtteil und höchst unterschiedlichen Erwartugnen ihrer Eltern gegenüber den Funktionen von Schule ganz andere Probleme vorfinden und Lösungen für sie gefunden haben.

Als Helmut Fend 1980 seine „Theorie der Schule" schrieb, nannte er die traditionellen drei Hauptfunktionen der gesellschaftlichen Institution Schule, an die sich heute immer noch viele Lehrer klammern, indem sie einen verstärkten Erziehungsauftrag als Zumutung zurückweisen:
- Die Qualifikationsfunktion zur Vorbereitung auf Studium und Arbeitswelt,
- die Selektionsfunktion im Sinne eines „Rüttelsiebes", mit der die Schüler auf verschiedenwertige Abschlüsse hin sortiert werden,
- und die Legitimations- bzw. Reproduktionsfunktion im Sinne von vorherrschenden Wertvorstellungen der Gesellschaft.

Heute wachsen der Schule ständig weitere Funktionen zu, deren Notwendigkeit einerseits aus wirtschaftlichen Sachzwängen (Auswirkungen des Konzepts „Wirtschaftsstandort Deutschland" auf die neuen Herausforderungen in der Arbeitswelt) abgeleitet wird, andererseits aus dem Phänomen „veränderte Kinder und Jugendliche" als Folge von Familienverfall, Bildschirmeinflüssen und Jugendkulttrends, und zwar
- eine Innovationsfunktion (z. B. in bezug auf „Neue Medien"),
- eine Integrationsfunktion (Gesamtschule, Behinderte und Nichtbehinderte, Deutsche und Ausländer),
- eine kompensatorische Funktion (Sinnesschwächen, Teilleistungsschwächen, neurologische Störungen),

- eine familienergänzende Erziehungsfunktion (Klassenlehrerprinzip),
- eine leibliche Versorgungsfunktion (Psychomotorik, Ernährung, Emotionalität),
- eine Präventionsfunktion (Gewalt),
- diagnostische und therapeutische Funktionen (Autoaggressionen, Rauschbedürfnis, Sucht),
- eine die Kindheit vor dem Überspringen von Entwicklungsstufen bewahrende Funktion (Bewegungs- und Spielerfahrungen),
- eine die Einflüsse von Gleichaltrigkeit regulierende Funktion (Trends der Jugendkultszenerie)
- sowie eine politisch gewollte Sparfunktion als Beitrag zur Sanierung der Haushalte.

Schule ist für viele Kinder, die es zu Hause noch gut haben, eventuell noch zeitgemäß, für zunehmend andere aber ganz und gar nicht mehr; zwar verändert sie sich im Moment rasch, auch im Sinne eines pluraleren Profilbildungsangebotes, aber ihre Veränderungen gehen nicht immer in die richtige Richtung:

- Was Lehrer ohnehin schon zu viel machen, nämlich Unterrichten, sollen sie in Zukunft mit den bundesweit beschlossenen Erhöhungen ihrer Unterrichtsverpflichtungen noch mehr machen, so daß sie das, was sie bereits jetzt zu wenig tun, noch weniger leisten können, nämlich Erziehen.
- Die Aufteilung der kindlichen Persönlichkeit auf einen Tutor, zwölf Fachlehrer und – wenn es nicht so klappt – auf Spezialisten in Beratungszentren (Schulpsychologen, Sozialpädagogen, Beratungslehrer, Präventionslehrer, Familienhelfer und Schriftberater) ist ein pädagogischer Kunstfehler, weil die Addition von Fachleuten noch kein Ganzes ergibt und nicht den kindlichen Kräften und Bedürfnissen entspricht. Gerade schwierige Kinder benötigen ein entspezialisiertes Zusammenleben mit ein bis zwei Bezugspersonen, in denen die Kompetenzen der Spezialisten gebündelt sein müssen. Das gibt aber die bisherige Lehrerbildung nicht her und auch nicht die Arbeitsplatzbeschreibung der in der Schule tätigen Pädagogen. Kinder brauchen also die Wiederentdeckung des Klassenlehrerprinzips für ihr Gedeihen, und zwar um so mehr, je weniger sie in ihre Familie eingebettet sind.
- Die Lehre von den sinnvollen Größen in der Pädagogik wird mit zu großen Klassen, zu großen Schulen, mit einer überdimensionierten Kaufhausarchitektur der Schulgebäude, mit einem übertriebenen Fachlehrer- und Kursprinzip und mit der Aufteilung des Kindes auf allzu viele fachwissenschaftsorientiert arbeitende Stundengeber und auf spezialisierte Reparateure vernachlässigt. Vorschüler ertragen keine Gruppen über 15 Kinder hinaus, Schüler ertragen keine Klassen mit mehr als 20 junge Menschen, nicht mehr als eine Vierzügigkeit der Parallelklassen, keine Schulen über 800 Schüler, und sie brauchen zwei Klassenlehrer, bei denen sie zusammen 18 Wochenstunden oder mehr haben, und zwar bis

zur Klasse 10 oder 11. In Nordrhein-Westfalen machen deshalb erstmals Gesamtschullehrer nicht unbedingt gegen die Idee der Gesamtschule, aber gegen die Kunstfehler ihrer Verwirklichung mobil.

- Eventuell ist es zeitgemäß, den Englischunterricht nicht erst mit Klasse 5, sondern schon in Klasse 3 beginnen zu lassen. Mit einer „Kultur des Wechsel" jedoch, wie die Hamburger Schulsenatorin Rosemarie Raab ihre Pläne rechtfertigt – also die englischsprachige Versorgung der Grundschüler durch Lehrer von benachbarten Gymnasien sicherzustellen, indem sie als „Spagatlehrer" an zwei Schulen wirken –, wird man weder den Kontinuitäts- und Umfassungsbedürfnissen der Schüler noch den pädagogischen Möglichkeiten der Lehrer gerecht.
- Sparbedingte Organisationsmaßnahmen wie die Schaffung von „Wanderlehrern" und „Wanderklassen" und die Übernahme eines Teils von Fachunterricht durch Referendare führen zur Anreicherung von Verhaltensschwierigkeiten auf der Schülerseite und zur Vermehrung von Erziehungsproblemen auf der Lehrerseite.
- Pädagogen um so mehr mit Wochenstunden zu belasten und um so schlechter zu bezahlen, je mehr sie erziehen müssen, signalisiert ihnen, daß Erziehung entweder eine geringwertige oder eine leichte Arbeit ist. Wie sonst sollte man erklären, daß Erzieher in Integrationsklassen 38,5 Stunden pro Woche in der Schule arbeiten müssen, Grund- und Hauptschullehrer 27 Stunden, Realschullehrer 26 Stunden und Studienräte an Gymnasien nur 24 Stunden?
- Wüßten die Politiker, wie Kinder lernen und wie man sie erzieht und welcher Zusammenhang zwischen Lernen und Erziehen besteht, würden sie sofort die Lehrerbildung reformieren. Lehrer sind heutzutage durchweg fachwissenschaftlich überqualifiziert, aber pädagogisch-psychologisch, sozialpädagogisch, verhaltensgestörten- und lernpädagogisch, kinderärztlich und ernährungskundlich unterqualifiziert. Die zweite Fachwissenschaft ihres Studiums müßte also dringend sofort durch ein Bündel der eben genannten Aspekte ersetzt werden, damit Kinder nicht noch schwieriger und gestörter werden, damit ihre Lehrer besser dignostizieren und therapieren können.

Das alles wird sich aber nur ändern und bessern, wenn Politiker Kinder endlich als die wichtigste Zukunftsinvestition unserer Gesellschaft begreifen, an denen nicht linear gespart werden darf, und wenn die Eltern, die ja auch Wähler sind, diese Verbesserungen einfordern.

Im Moment neigen sie leider noch dazu, sich hämisch zu freuen, wenn die Unterrichtsverpflichtung der Lehrer heraufgesetzt wird, weil sie selbst als Kinder schlechte Erfahrungen mit ihnen gemacht haben oder weil sie den „Stundengebern" mit „guter" Bezahlung auf einer „kleinen Morgenstelle" die vielen Schulferien und das nachmittägliche Entspannen im Liegestuhl des sonnendurchfluteten Gartens nicht gönnen. Das Ansehen des Lehrerberufs in der Öffentlichkeit ist eben zur Zeit denkbar schlecht; daß aber massenhaft

Kinderschicksale an der öffentlichen Fehleinschätzung der großenteils mörderischen Lehrerbelastungen vor Ort (Englisch in der 5. Stunde einer 8. Hauptschulklasse an einem Montag Ende November bei Regen) hängen, wird im Angesicht von einigen „schwarzen Schafen" unter den 700 000 deutschen Lehrern allzu oft übersehen.

68. Der Bildungswahn und die profilierte Schule im pluralistischen Wettbewerb

Im Jahr 1999 wird es in Deutschland 12,9 Millionen Schüler geben, 900 000 mehr als jetzt. Nach einer Prognose der Kultusministerkonferenz wird danach die Zahl der Lernenden aber deutlich sinken, und zwar bis zum Jahr 2005 auf 10,8 Millionen.

Durch den „Bildungsgipfel" beim Bundeskanzler im Jahr 1994 ist der Eindruck vermittelt worden, wir hätten so etwas wie einen Bildungsnotstand, analog zum Begriff der „Bildungskatastrophe" von Georg Picht in den 60er Jahren. So wie seinerzeit eine Bewegung der Entdeckung von „Begabungsreserven" bei Landkindern, Arbeiterkindern, Frauen und Katholiken („das katholische Arbeitermädchen vom Lande") aus dem vermuteten „Technologiedefizit" Westeuropas und der USA im „Kampf der Systeme zwischen Ost und West" erwuchs, so wird heute ein Rückstand des „Wirtschaftsstandortes Deutschland" im Vergleich zu Japan und den USA angenommen. Im Unterschied zu den 60er Jahren, in denen die Schule unter dem Motto der Aktion Gemeinsam „Schick dein Kind länger auf bessere Schulen!" finanziell besser ausgestattet wurde, damit ein Mehr an „wissenschaftsorientiertem Unterricht" im Rahmen eines ausgebauten Fachlehrer- und Kurssystems möglich werden konnte, versucht man heute bei enorm engen öffentlichen Haushalten, die Bildungslandschaft einerseits mit Sparmaßnahmen gesundschrumpfen zu lassen, andererseits aber auch mit Reformen effektiver zu machen. Denn man kann darauf vertrauen, daß bei Eltern und jungen Menschen selbst mehrheitlich so etwas wie ein noch nie dagewesener „Bildungswahn", wie Johannes Beck das Phänomen nennt, existiert.

Die Bildungsprobleme unserer Gesellschaft sind der fehlende politische Konsens über ein zeitgemäßes Schul- und Hochschulsystem, die mangelnde Motivation junger Menschen in bezug auf konkrete Bildungsinhalte, seien sie nun humanistischer, allgemeinbildender, naturwissenschaftlicher oder sonstwelcher Art, und die Uneinigkeit über die Antwort auf die Frage, welche Bildungsabschlüsse höherwertiger und welche minderwertiger sind. Einig sind viele Eltern und Schüler in der Annahme, daß ein hoher Bildungsabschluß – welcher auch immer das nun ist – mit Sozialprestige, Karriere und hohem Lebensstandard in direktem Zusammenhang steht, und sie halten den Hauptschulabschluß plus Abschluß der hochqualifizierenden und teuren Berufsfachschule für Uhrmacher für nicht ganz so wertvoll in bezug auf Lebenschancen wie den Weg durch ein langweiliges Durchschnittsgymnasium zum Abitur und in die Universität hinein.

Der Bildungswahn bezieht sich also auf einen massenhaften Run in Richtung Abitur und Hochschulen. Abschlußberechtigungen scheinen wichtiger als die jeweiligen Bildungsstoffe einer Lehranstalt.

Das zweite Motiv von Eltern und Schülern bezieht sich auch noch nicht auf die Vermittlung von Wissen; sie wollen das hochwertige Berechtigungszertifikat mit einer erzieherischen oder atmosphärischen Dimension verknüpft sehen, und dabei sind die Erwartungen höchst unterschiedlich; sie beziehen sich alternativ auf

- den Wertekonsens einer anthroposophisch akzentuierten staatlichen Schule oder einer Waldorfschule,
- die religiöse Einbettung der Bildung in einer Konfessionsschule,
- die musische Prägung einer Schule mit berühmtem Chor oder Orchester,
- die sportliche Schwerpunktsetzung mit ausgebautem Schwimm-, Hockey-, Tennis-, Ski-, Handball-, Fußball-, Basketball-, Ruder- oder Schachunterricht,
- die Ausgestaltung der Schule zu einer Vollen Halbtagsschule oder Ganztagsschule mit Pädagogischem Mittagstisch, Hort oder nachmittäglicher Hausaufgabenhilfe, mit außerunterrichtlichen Neigungskursen oder im Rahmen eines Konzeptes „Schule im Stadtteil", Regional- oder Nachbarschaftsschule,
- mehr Selektion (dreigliedriges Schulsystem mit Hauptschule, Realschule und Gymnasium) oder mehr Integration (Integrative Regelklassen, Integrationsklassen, Orientierungs-, Förder- oder Beobachtungsstufe, Integrierte Haupt- und Realschule, Gesamtschule),
- mehr Entlastung und Förderung durch Lernentwicklungsberichte („Berichtszeugnisse"), die frühe Versagenserlebnisse verringern,
- einen etwas früher beginnenden kompensatorischen Bildungsgang zur Erhöhung der Startgerechtigkeit (Vorschule) oder eine Zurückstellung von der Einschulung um ein Jahr, damit das Kind im Schonraum von Familie und Kindergarten noch ein Jahr länger reifen kann,
- eine kleine Schule mit ausgebautem Klassenlehrerprinzip, zwei Klassenlehrern oder Co-Teaching, die der Schüler besser überschauen kann, oder eine stark differenzierende und damit eine individuelle Profilbildung fördernde große Schule mit einem deutlichen Fachlehrer- und Kursprinzip,
- eine Schule, die mit einen kurzen Schulweg erreichbar ist, oder eine Schule „mit gutem Ruf", die weite Wege, also „Bussing", zur Folge hat,
- oder eine Schule mit umfassender, die Eltern entlastender oder alternativer Pädagogik (Internate, Landerziehungsheime, Freie Schulen).

Erst danach, also an dritter Stelle, spielen Bildungsakzentuierungen eine Rolle; dazu gehören

- altsprachliche oder humanistische Gymnasien mit Latein und Griechisch (Gelehrtenschulen),

- naturwissenschaftliche oder neusprachliche Gymnasien,
- Wirtschafts- oder Technische Gymnasien,
- Schulen mit einer „Profil-Oberstufe“ wie die Hamburger Max-Brauer-Gesamtschule, in der die Schüler sich einen Bildungsschwerpunkt selbst gestalten können,
- Schulen mit dem Angebot von zweiten oder dritten Fremdsprachen wie Spanisch, Russisch, Türkisch, Chinesisch und Italienisch,
- Musik- oder Informatikzweige, die Möglichkeit zu Doppelqualifikationen (Abitur plus Facharbeiterbrief als Chemielaborant wie an der Odenwaldschule) oder ein erweiterter Englischunterricht in E- oder Z-Klassen, in denen auch andere Fächer neben Englisch in englischer Sprache unterrichtet werden (so etwas gibt es im Saarland auch für Französisch),
- Grundschulen, die schon in Klasse 3 mit Englisch oder Französisch beginnen,
- Schulen mit besonders hohen Leistungserwartungen, an denen viele Schüler scheitern, weil ihr Abitur dann als schwer erreichbar und deshalb für besonders hochwertig gilt,
- Grundschulen, an denen vermeintlich mehr gelernt wird, weil noch Notenzeugnisse anstelle von Berichtszeugnissen gegeben werden,
- und eine rasche wissensreiche Förderung durch „D-Zug-Klassen“ zum Abitur nach Klasse 12, durch Schulen, die ein Überspringen von Klassen ermöglichen, oder in Hochbegabtenschulen.

Der Ruf einer Schule ist dabei oft wichtiger als ihr konkretes Lernangebot; allerdings hinkt der Ruf immer hinter der Realität hinterher: Schulen, die schon längst besser geworden sind, haben noch immer einen schlechten Ruf, und Schulen, die enorm nachgelassen haben, erfreuen sich immer noch eines nicht kaputt zu kriegenden guten Ansehens.

In einigen Städten gibt es bereits so etwas wie ein „Schulranking“, also „Schulhitlisten“, in Abständen von Stadtillustrierten durchgeführt. Schulen, die dabei unten stehen, lassen sich meist sofort etwas einfallen, damit ihr Ruf wieder besser wird: Angebot einer Cafeteria, Einrichtung eines Shuttle-Dienstes zum nächsten Bahnhof, damit weit entfernt wohnende Schüler schneller zum Unterricht gelangen können, nachmittägliche Hausaufgabenhilfe in der Schule, Frühstück und Mittagstisch in einer schuleigenen Mensa, neue Leitprinzipien wie das unter dem Motto „an unserem Gymnasium kann jeder auch den Realschulabschluß machen, so daß hier keiner mehr sitzenbleibt oder Rückläufer zur Realschule wird“, ein Elterncafé, Elternstammtische, die Begünstigung von Integrationsklassen, Offenem Unterricht und Projektmethode, die Betreuung sinnesgeschwächter, wahrnehmungsgestörter und hyperaktiver Schüler durch psychomotorisches Extraturnen und Präventionslehrer.

Veröffentlichte Beliebtheitsskalen von Schulen – und dazu gehört ja letztlich auch das Publikmachen von Anmeldezahlen – sorgen für eine gesunde

Konkurrenz zwischen Schulen, also für einen Wettbewerb, bei dem sie sich gezwungen sehen, entweder mit einem ganz besonderen Angebotsprofil auch weit entfernt wohnende Schüler anzulocken oder mit einer besseren Pädagogik vor Ort mehr Schüler anzuziehen, damit sie nicht eines Tages aus Mangel an Schülern ganz geschlossen werden.

Aber es ist ja auch tröstlich, daß so viele junge Menschen in Deutschland noch derart leistungsorientiert in bezug auf Qualifikationen und Berechtigungen sind; in den neuen Bundesländern mit ihrem hohen Nachholbedarf wollen 84 Prozent der Schüler „aus ihrem Leben etwas machen und sich nicht treiben lassen", in den alten Ländern sind es immerhin noch 52 Prozent, und in Ostdeutschland blicken 76 Prozent optimistisch in ihre Zukunft gegenüber 71 Prozent in den elf alten Ländern.

Weil Kinder allzu unterschiedlich erzogen sind und mit höchst verschiedenen Voraussetzungen für Lernen in die Schule kommen und weil Eltern jeweils etwas ganz Anderes von Schule erwarten, brauchen wir in Zukunft wohl das von Klaus Hurrelmann beschriebene „Zwei-Wege-Modell" des Schulwesens. Wir benötigen Schulen, in denen erzogen und unterrichtet wird, und Schulen, in denen unterrichtet und erzogen wird, die beide irgendwie zur Hochschulreife führen, die man aber auch nach Klasse 10 in Richtung Ausbildungsplatz und Berufsschule verlassen kann. Beide Bildungsgänge dürfen nicht mehr höher- oder minderwertig sein, sie müssen jeweils andersartig, aber gleichwertig sein, damit es künftig nicht mehr diesen gewaltigen momentanen Prestigesog in Richtung Abitur und Universität gibt.

Innerhalb dieser beiden großen Wege Gesamtschule und Gymnasium sind Aspektdifferenzierungen im Sinne von kleinen individualisierenden Wegen gut, also musische, technische, altsprachliche, mathematische, fremdsprachliche, wirtschaftliche und sportliche beispielsweise, aber auch konfessionelle, anthroposophische, solche der Anpassung an die jeweiligen Nachbarschaftsbedingungen der Schüler und solche der Schulen in Freier Trägerschaft (z. B. der Freien Schulen).

Vielfältige Schulprofile im schulpluralistischen Wettbewerb mit einem höheren Maß an Autonomie, die eine bessere regionale Anpassung ermöglicht, werden die Zukunft des deutschen Schulwesens und seiner Systementwicklung bestimmen, sie werden seine Leistungsfähigkeit erhöhen und damit auch wieder größere Lerneffekte zeitigen, vorausgesetzt die Lehrerbildung wird ab sofort entschieden reformiert, und zwar in Richtung auf ein Mehr an Sozialpädagogik, Pädagogischer Psychologie einschließlich Lernpsychologie, Verhaltensgestörten- und Lernbehindertenpädagogik, kinderärztlichen Diagnosekompetenzen und Ernährungskunde, und die Arbeitsplatzbeschreibung des Lehrers wird dann hoffentlich zulassen, daß er weniger unterrichtet, damit er mehr Zeit für Erziehung gewinnt.

69. Schulautonomie, Privatschulen und Internate

In Hessen und Hamburg, aber auch in Schleswig-Holstein gibt es heftige Diskussionen darüber, ob man den einzelnen Schulen etwas mehr Selbständigkeit zugestehen sollte oder nicht. So befürchtet der Hamburger Bürgermeister Henning Voscherau einen schwindenden Einfluß der parlamentarischen Kontrolle über die staatliche Institution Schule, wenn man ihr mehr Freiraum geben würde. Andererseits sind schon seit langem viele Schulen aus der Not vor Ort heraus gezwungen, flexibler mit Richtlinien, Stundentafeln und Lehrplänen umzugehen, damit überhaupt erst die erzieherischen Voraussetzungen für ein effektives Lernen geschaffen werden. Wenn Kinder nicht zuhören und sich nicht konzentrieren können, weil sie am Montagmorgen die Überfülle der Reize von 30 Stunden Bildschirmkonsum am Wochenende noch nicht verarbeitet haben und wegen des damit verbundenen Bewegungsmangels, ergänzt durch eine meist falsche Ernährung, hyperaktiv sind, dann müssen sie erst einmal ein gemeinsames Frühstück mit gesunder Kost, einen Stuhlkreis mit freiem Gespräch zum Herauslassen der aufgestauten Erlebnisse und ein psychomotorisches Extraturnen anbieten, um dieses „Montags-Syndrom" so weit zu überwinden, daß danach wieder Unterricht möglich wird.

In Hessen können Schulen neuerdings ihre Lehrer selbst einstellen; eine freie Stelle wird dort ausgeschrieben, und die Schulleitung oder ein Ausschuß von Lehrern wählen dann aus den Bewerbern denjenigen aus, der am besten in das Kollegium, zu den Schülern, zur Schulkonzeption und zum regionalen Umfeld und den Elternerwartungen paßt. Der bislang so oft beklagte Zustand, daß Lehrerkollegien fraktioniert sind (in Verbände, Parteien, unterschiedliche Führungsstilauffassungen), wird damit graduell überwunden. Ein größerer Wertekonsens und das Ziehen an einem Strang, wenn es um Erziehungsweisen und ihre konsequente Einhaltung geht, werden damit begünstigt. Denn viele Eltern entfliehen nur deshalb dem staatlichen Schulwesen, weil sie sich bei den Schulen in privater Trägerschaft mehr Normen- und Werteverbindlichkeit erhoffen. Schon fast zehn Prozent der deutschen Schüler sind deshalb in Privatschulen (Waldorfschulen, Konfessionsschulen, Landerziehungsheime, Internate, Freie Schulen, Internationale Schulen, Deutsch-Französische Schulen und andere Ersatzschulen).

In Hamburg will man mit dem Konzept Schulautonomie zum einen eine größere Selbständigkeit bei der Verwendung der Haushaltsmittel gestatten („Budgetierung"); die einzelne Schule bekommt einen festen Betrag, mit dem sie selbst Schwerpunkte in bezug auf Reparaturen, Modernisierung von Gestühl, Erneuerung der Lehrmittel und Bücher, Anschaffung von Computern, Einstellung von Schulassistenten, Erziehern und Sozialpädagogen sowie in bezug auf nachmittägliche Angebote setzen kann.

Zum anderen will man damit legalisieren, was ohnehin schon durch Profilbildung und Anpassungszwänge an Stadtteile und unterschiedliche elterliche Erwartungen sowie an die von den Kindern mit in die Schule gebrachten Besonderheiten zu Tendenzen der Auseinanderentwicklung geführt hat. Engagierte, einfallsreiche Lehrer, die moderne, also zeitgemäße Lösungen im Sinne von Integration, Öffnung des Unterrichts, Projektmethode, Vernetzung der bisherigen Fächer zu Lernbereichen und Schlüsselqualifikationen wie Sozialkompetenz, Teamfähigkeit, Erkundungs-, Planungs- und Handlungskompetenz, Kreativität, Konfliktfähigkeit und politische Mündigkeit bereits praktizieren, sollen das künftig mit reinem Gewissen tun.

Zum dritten bedeutet Schulautonomie aber auch ein Stück „Sponsoring", einen Deut mehr an Konzepten, die von einer „Schule als Firma" mit „Bandenwerbung" und „Schulmanagement" sprechen. Weil der Staat die Weiterentwicklung der Schulen im „Wirtschaftsstandort Deutschland" künftig nicht mehr in vollem Umfang allein wird finanzieren können, wenn man an die immer evidenter werdende Notwendigkeit ihres Ausbaus zu Vollen Halbtags-, Ganztags- und Gesamtschulen mit Vorschulen, Horten, Pädagogischen Mittagstischen, Integrationsklassen und an ihre Ausstattung mit „Neuen Medien" (CD-ROM- und Online-Lernen) denkt, werden Schulen auch mit Betrieben enger zusammenarbeiten müssen, von denen sie dann unterstützt werden, werden sie Räume für Computer- und Fremdsprachenkurse vermieten müssen, werden sie in besseren Wohnvierteln auch die Eltern zur Kasse bitten müssen, denen sie im Gegenzug mehr Partizipation zuzugestehen haben, werden sie also auch wie Fußballvereine Werbeflächen auf den Sporttrikots ihrer Schüler vermieten müssen.

In Nordrhein-Westfalen überlegt man bereits, ob man nicht jeweils drei bis fünf Schulen zu einem Verbund verknüpfen sollte, der dann von einem Manager ökonomischer, aber auch lerneffektiver geführt werden könnte, so daß gleichzeitig viele teure Schulleiterstellen entbehrlich werden würden.

Schulpluralismus, Schulprofilierungen und Schulautonomie bereichern die erzieherischen Strukturen unserer Gesellschaft sehr; für jedes Kind ließe sich dann ein ihm angemessener Erziehungs- und Bildungsweg finden, der sowohl den Wünschen seiner Eltern in bezug auf Bildungsinhalte, Qualifikationen, Normen und Werte sowie erzieherische Atmosphäre entspricht als auch seinen besonderen Möglichkeiten oder Defiziten als auch den höchst unterschiedlichen Erwartungen der Ausbildungsbetriebe, der Berufsschulen, der Hochschulen sowie der Wirtschafts- und Arbeitswelt, denn die ist ebenfalls pluralistisch und sucht höchst unterschiedliche Bildungs- und Leistungsprofile bei Schülern, wenn sie überhaupt junge Menschen zu integrieren bereit ist.

Ein hohes Maß an Autonomie haben schon jetzt die vielen Schulen in freier Trägerschaft; und sie tragen mit ihren ganz unterschiedlichen Profilen in positiver Weise zu einem reichhaltigen, Individualisierung ermöglichenden Pluralismus des deutschen Schulwesens bei. In den letzten 20 Jahren hat sich der Anteil der Privatschüler an der gesamten Schülerschaft

Deutschlands nahezu verdoppelt. Immer mehr Eltern mißtrauen dem staatlichen Schulwesen. Sie wollen ihm ihr Kind entziehen, indem sie sich gleichzeitig bessere Sozialisationsmöglichkeiten in den Ersatzschulen erhoffen: Mal geht es ihnen um einen höheren Stellenwert der Werteerziehung bzw. um einen größeren Wertekonsens eines Lehrerkollegiums, mal um eine stärkere Betonung des Aspektes Leistungsschule, mal um weltanschauliche oder religiöse Motive, mal um ein großstadtfernes Lernen auf dem Land – mißachtend, daß die meisten „modernen" Jugendlichen mit dem Landleben überhaupt nichts mehr anfangen können –, mal um die Rund-um-die-Uhr-Betreuung von Internaten, mal um Kompensation von bisherigen Leistungs- und Notenschwächen oder den Ausgleich eines Schulkarriereknicks, mal um ihre eigene erzieherische Hilflosigkeit bzw. Inkonsequenz, mal um die Minimalisierung negativer Trends der Jugendkultszenerie, mal um „Elitebildung", mal um internationale oder fremdsprachliche Erziehungskonzeptionen, mal aber auch darum, daß sie selbst überhaupt keine Zeit haben, sich um ihr Kind zu kümmern oder daß sie selbst das Internatsschülerdasein derart genossen haben, daß sie es auch ihrem Sohn oder ihrer Tochter gönnen.

Was Eltern vor allem von Privatschulen erwarten, hat eine Umfrage ergeben:

- weniger negative Sogwirkungen, wie sie sich durch die „Schmuddelkinder" in der staatlichen Schule ergeben,
- ein höheres Engagement der Lehrer und ihre größere erzieherische Qualifikation,
- ein höheres Leistungsniveau,
- eine umfassendere Betreuung,
- ein besseres Ansehen der jeweiligen Privatschule, das sozialen Aufstieg begünstigt,
- mehr Soziales, Kulturelles, Weltanschauliches oder Religiöses bzw. mehr Werterziehung, Disziplin, Ordnung und Kontrolle.

Die Zahl der deutschen Waldorfschulen hat sich seit 1970 um 35 auf 153 erhöht, und es können an ihnen bei weitem nicht alle Schüler aufgenommen werden, die von ihren Eltern dahin gewünscht werden. Anerkannte Privatschulen wie sie erhalten Geld vom Staat. Darüber hinaus erwarten Konfessionsschulen von den Eltern im Schnitt ein Schulgeld von 50 Mark im Monat, Waldorfschulen von 200 Mark, Alumnate (in denen man nur wohnt, während man an staatlichen Schulen in der Nähe unterrichtet wird) 1200 Mark und Landerziehungsheime 2400 bis 3000 Mark.

Die Wirklichkeit von Internaten und Landerziehungsheimen sieht allerdings anders aus, als die meisten Eltern vermuten und erhoffen: Alkohol-, Drogen- und Tabakkonsum spielt eine große Rolle und steckt auch die „Neuen" an; Kinder aus problembeladenen Familien treffen geballt auf Schulversager, deren Verhalten, wenn sie mit 14, 15 oder 16 Jahren ins Internat kommen, nur noch geringfügig erzieherisch beeinflußt werden kann;

und mit der „Elitebildung“ hapert es auch oft, denn Internate sind Wirtschaftsbetriebe, für die Erfolg gleich Abitur ist, und das nehmen sie meist intern ab, so daß die Erfolgsrate groß ist, was den Abschluß anbelangt, aber nicht immer in bezug auf Bildungsinhalte.

Schüler, die staatliche Schulen besuchen, kosten den Staat etwa 12 000 Mark pro Jahr, Privatschüler hingegen nur ungefähr 6000 Mark, und diese Summe möchten einige Bundesländer sogar noch kürzen. Der Staat profitiert also von den Ersatzschulen und duldet sie deshalb auch gern. Allein an den etwa 60 000 Waldorfschülern sparen die Kultusministerien fast 170 Millionen Mark jährlich.

An Freien Schulen als staatlich genehmigten Schulen ohne Zuschuß gibt es kein Lernpensum, keinen Pausenzwang und keine Noten, oft auch keine Jahrgangsklassen und keinen festgelegten Stundenplan. Schulangst, Lernunlust, Leistungsverweigerung und Versagen bleiben den Kindern in ihnen weitgehend erspart.

Statt dessen werden Lernprozesse materialreich, schülerzentriert und lustbetont gestützt, angeregt von den Konzeptionen Maria Montessoris, Peter Petersens und Celestin Freinets. Freie Schulen sind meist von Elterninitiativen gegründete Gegenschulen, in denen Kinder außer sitzen und lernen auch sich bewegen, spielen, essen, sich entspannen, musizieren und Körperkontakt pflegen können; sie sprechen alle Sinne des Kindes an, bremsen das Überspringen der kindlichen Entwicklungsphasen mit einer Verlängerung ihres Schonraumes, machen sie aber gleichzeitig im Sozialen, in der Konfliktbewältigung und in der Selbständigkeit früher erwachsen. Da sie aber nicht Qualifizierung und Lebenstüchtigkeit verhindern wollen, reicht ihr Konzept oft nur bis zum zehnten, zwölften oder 13. Lebensjahr; dann wechseln die Kinder auf staatliche Schulen über, meistens übrigens ohne große Probleme, weil sie nämlich bereits selbständig, kritisch, konfliktfähig, sozial, flexibel, kreativ, handlungskompetent und anpassungsfähig geworden sind. Bundesweit gibt es momentan etwa 85 Freie Schulen und Gründungsinitiativen; mit Sicherheit wird diese Zahl deshalb noch anwachsen, weil immer mehr Eltern eine Freie Schule zur Unterstützung ihrer häuslichen Erziehungsnormen für erforderlich halten, damit die Welten von zu Hause und Schule nicht auseinanderfallen, sondern ein stimmiges, also widerspruchsarmes Ganzes ergeben.

70. Zum Erziehungsauftrag der Schule

Einem hungrigen Kind kann man schlecht den Dreisatz beibringen. Einem kaum oder völlig inkonsequent erzogenen Schüler gegenüber bleibt Unterricht relativ ineffektiv.

Immer mehr Kinder kommen mit gravierenden Erziehungsdefiziten, mit Ausfällen und schlimmen Störungen in die Schule, die auf die Hilflosigkeit ihrer Eltern zurückzuführen sind, auf den Mangel an leiblicher Versorgung, auf das Fehlen von Bezugspersonen, auf Über- oder Unterforderungen, auf eine nicht ausgewogene Sinneskost, auf Ernährungsunstimmigkeiten oder darauf, daß sie unerwünscht sind oder nicht in den Lebenszusammenhang ihrer Eltern passen.

Solche Kinder binden zunehmend im Unterricht derart viel Zeit und Kraft ihrer Lehrer, daß auch die Mitschüler, die gut versorgt aus geordneten Verhältnissen kommen, leiden, sich langweilen und schließlich ebenfalls verhaltensschwierig werden.

Erziehung innerhalb des Unterrichts, über den „erziehenden Unterricht" Johann Friedrich Herbarts früher noch möglich, funktioniert heute immer weniger, allerdings nach Regionen, Stadtteilen, Schulformen und Klassenstufen unterschiedlich.

Viele Lehrer kommen deshalb nur noch zurecht, wenn sie sich auch über die Schulstunden hinaus pädagogisch engagieren, also vor Unterrichtsbeginn, in den Pausen und nach Schulschluß. Sie müssen dann Einzelgespräche mit Schülern führen, mit ihnen spielen, Sport treiben, kochen, essen, auf Fahrradtour gehen und sie zu sich nach Hause einladen, mit ihnen ins Theater, ins Kino, zum Schwimmen oder auf den Jahrmarkt gehen, sie müssen Hausbesuche machen, Elternstammtische einrichten, Tage der offenen Tür anbieten, jeden zweiten Monat einen Elternabend machen, eine Fahrradwerkstatt initiieren oder auch noch nachts Krisenintervention betreiben, weil sie nur dann im Sinne von erzieherischer Investition im Unterricht noch einigermaßen über die Runden kommen, zur Entlastung ihres eigenen Kräftehaushalts, aber auch zu derjenigen der noch etwas pflegeleichteren Schüler.

Nun formulieren zwar sämtliche Richtlinien aller Schulformen auch stets den Erziehungsauftrag der Schule; aber Zeit für eine sozialpädagogische, psychologische, präventionspädagogische, kinderärztliche oder ernährungskundliche Zuwendung zum einzelnen Kind und seiner problembeladenen Familie ist in der Arbeitsplatzbeschreibung für Lehrer dennoch nicht so richtig vorgesehen. Im übrigen sind sie für die neuen erzieherischen Herausforderungen unserer Zeit auch gar nicht ausgebildet. Darüber hinaus empfinden viele vorhandene Lehrer einen verstärkten Erziehungsauftrag als Zumutung; sie wollen vor allem nur fachwissenschaftlich orientierte und benotende Stundengeber sein.

In dem Maße jedoch, wie Lehrer sich nicht auch als Erzieher verstehen, ist Schule unzeitgemäß, denn ohne Erziehung bleibt etwa 60 bis 80 Prozent ihres Aufwandes ineffektiv.

Die zeitgemäße Schule muß Unterricht in Erziehung einbetten, ihr Unterricht setzt Erziehung durch die Lehrer voraus. Erziehung – als ein nicht mehr so gut zur Entwicklung unserer Gesellschaft passender, weil zu gewalttätiger Begriff – muß heutzutage vor allem eine optimale Beziehungsgestaltung zwischen Lehrer und Schüler und zwischen den Schülern bedeuten.

Für junge Menschen ist Beziehung wichtiger als Erziehung, denn wenn sie so viel wie ein gut funktionierendes Zusammenleben meint, ereignet sich Erziehung in ihrem Rahmen wie von selbst. Autorität, Forderungen, Deutlichkeit, Konsequenz, Grenzsetzungen und die Bereitschaft, es mit dem anderen über Krisen hinweg auszuhalten, impliziert nämlich der Begriff von einer guten Beziehung.

Lehrer müssen künftig anders ausgebildet werden als die vorhandenen, meist alten Pädagogen, die für andere Kinder in anderen Zeiten geschaffen wurden. Ein zeitgemäßer Lehrer muß diagnostische und therapeutische Fähigkeiten haben, damit er erkennen und beheben kann, worunter ein junger Mensch leidet oder warum er so ist, wie er ist. Er braucht dafür Einblicke in die Biographie und in das Milieu des Schülers, er muß am Gesicht die Ernährungsfehler erkennen können, er muß wissen, wie ein Kind lernt, er muß die Minimale Cerebrale Dysfunktion ebenso wie die Rot-Grün-Blindheit wahrnehmen und das Aufmerksamkeits-Wahrnehmungs-Defizit seines Schülers auf die Schwäche des Hörsinns zurückführen können, er muß sehen können, ob ein Jugendlicher drogenabhängig ist, er muß lernbehinderten- und verhaltensgestörtenpädagogische Kompetenzen haben, aber auch zum allumfassenden Klassenlehrer, der überdies noch mit einem Co-Klassenlehrer zusammenzuarbeiten in der Lage ist, ausgebildet sein. Daraus erwächst ein total gewandeltes Berufsbild für Lehrer, das durch eine zeitgemäße Arbeitsplatzbeschreibung ergänzt werden muß, mit der Lehrer weniger Unterricht geben, damit sie mehr Zeit für Erziehung gewinnen.

Mit einem derart gewandelten Lehrerberufsbild würde man dann auch andere, neue Lehrer in Studium, Referendariat und Schule bekommen und nicht mehr in so großer Zahl wie heute noch diejenigen Personen, die nur stoffvermittelnde Stundengeber sein wollen.

Vor allem ist wichtig, die erzieherische Kraft von Lehrern zu bündeln, indem sie nicht mehr bis zu 200 Schüler pro Woche in einem ausgedehnten Kurssystem zu unterrichten haben, sondern indem sie im wesentlichen nur noch die Schüler ihrer eigenen Klasse unterrichten. Das häufige Zusammensein erst ermöglicht Zusammenleben, Umfassung des ganzen Schülers einschließlich seines Zuhauses und seines bisherigen Lebensweges, Kontrolle, Kontinuität, Engagement und Erfolg; dazu muß man als Klassenlehrer mindestens zwei Stunden täglich in seiner Klasse sein.

Zwei Klassenlehrer pro Klasse ist das erzieherisch Optimale; am besten ist es, wenn es ein Mann und eine Frau sind, die möglichst viel Unterricht der Klasse abdecken (das ist kostenneutral möglich, indem zwei Lehrkräfte zusammen zwei Klassen führen), die auf diese Weise zum Austausch bei Problemen, also zu einer Steigerung erzieherischer Effekte gezwungen sind, die sich in leichter oder großer Gegensätzlichkeit ihrer Persönlichkeiten ergänzen sollten, die sich selbst zu einem Team – am besten sympathiegesteuert – zusammenfinden müssen und die sich wegen des hohen Umfassungsgrades des Schülers schließlich auch nicht mehr seinen Augen und seinen Problemen entziehen können, obwohl sie eigentlich ursprünglich nur Stundengeber sein wollten.

Kinder brauchen nicht die Addition von Spezialisten, also nicht einen Kinderarzt, einen Therapeuten, einen Tutor, zwölf Fachlehrer und ein Beratungszentrum in der Schule, in dem Schulpsychologen, Sozialarbeiter, Präventionslehrer, Beratungslehrer, Familienhelfer und Schriftberater an ihnen herumreparieren; ihre Addition ergibt noch kein sinnvolles erzieherisches Ganzes, weil sie den Bedürfnissen des jungen Menschen zuwiderläuft. Kinder brauchen die Bündelung möglichst vieler Kompetenzen in einer Person, und das kann nur ein dafür auch ausgebildeter Klassenlehrer sein; noch besser sind zwei Klassenlehrer, an die sich der Schüler im entwicklungsbedingten Phasenwechsel oder mit unterschiedlichen Themen variierend wenden kann, so daß er nicht Gefahr läuft, nur einer Lehrerpersönlichkeit, zu der die Wellenlänge nicht stimmt, hoffnungslos über Jahre hinweg ausgeliefert zu sein. Ein alleinerziehender Klassenlehrer kann nämlich genauso mißlich sein wie ein alleinerziehender Elternteil.

Eine erzieherisch stärkere Schule bekommen wir also nur, wenn sie entspezialisierter und, bezogen auf wissenschaftsorientierten Fachlehrer- und Kursunterricht, entprofessionalisierter wird. Das intensive erzieherische Zusammenleben von Lehrern, die vielseitig kompetent sind, und Schülern bringt jedenfalls meist bessere Unterrichts- und damit Lernerträge bis hin zur klassischen Vermittlung kognitiver Lernziele als eine Ansammlung von hochspezialisierten Fachkompetenzen, die als „Fachidioten“ nur ihr Gebiet perfekt beherrschen, sei es nun Chemie oder Legasthenie, sei es Musiktherapie, Drogenkunde oder Interventionstechniken gegenüber Scheidungsschicksalen.

Für immer mehr Kinder werden Lehrer zum graduellen Elternersatz, wird die Schule zum Familienersatz, aber nur wenn Lehrer und Schule diese Herausforderung auch annehmen; ansonsten driften die jungen Menschen in die über 200 meist mißlichen Jugendkultnischen ab, die reichlich für teure Langzeitschäden in unserer Gesellschaft sorgen. Wenn die Schule ihren bisherigen und den ihr im Moment darüber hinaus zugespielten Erziehungsauftrag annimmt, kostet sie nur kurzfristig mehr; langfristig spart sie der Gesellschaft damit eine Menge an Kosten ein, und zwar in bezug auf Gewalt, Kriminalität, Sucht, Arbeitslosigkeit und Krankheit.

Reparatur ist bei jungen Menschen erheblich aufwendiger und kostspieliger als Prävention. Wenn man es erzieherisch gleich von Anfang an richtig macht, braucht man nur ein Zehntel des Aufwandes, den nachgereichte Therapie schließlich erfordert.

Am besten funktioniert Erziehung in der Schule übrigens immer, wenn Lehrer und Eltern bei allen Strategien Konsens erzielen, und zwar einerseits die Lehrer untereinander, andererseits aber die Lehrer mit den Eltern. Gelegentlich haben Kinder jedoch derart schreckliche Eltern, daß ein abgestimmtes Vorgehen nicht möglich ist, sondern daß versucht werden muß, das Kind gegen seine eigenen Eltern zu stärken, damit es sich nicht mehr schuldig fühlt, damit es in seinen positiven Persönlichkeitsanteilen unterstützt wird und damit es Orientierung und Verhaltenssicherheit ohne ein ständiges Hin- und Hergerissensein zwischen gegensätzlichen Normen, Führungsstilen und Vorbildern gewinnen kann.

Schule ist vor allem dann besonders erziehungstüchtig, wenn sie es schafft, junge Menschen in die Lage zu versetzen, auf Konflikte angemessen zuzugehen, Krisen aktiv durchzustehen und Probleme zu lösen, damit sie nicht mit Süchten, mit Krankheiten, mit Gewalt und mit Abdriften in Subkulturelles auszuweichen lernen. Konfliktbewältigungsstrategien aufbauen heißt das Zauberwort einer erzieherisch zeitgemäßen Schule; zwar handelt es sich dabei um eine unschön monströse Verbalschöpfung, aber dennoch muß sie Eltern, Erziehern, Lehrern und Bildungspolitikern verständlich werden, damit sie dafür sorgen, daß Unterricht wieder über Erziehung bzw. Beziehung effektiv wird und damit die oft erst langfristig sichtbar werdenden gesellschaftlichen Probleme minimalisiert werden.

71. Der Lehrer als Bezugsperson und als Selektionsschicksal

Leider geraten viele junge Menschen in einen Lehrerbildungsgang, weil sie den eigentlich gewünschten Studienplatz in Jura, Medizin oder Betriebswirtschaft nicht bekommen haben, weil sie eine „kleine Morgenstelle" mit guter Bezahlung und vielen Ferien anstreben, weil sie bloß Fachlehrer für Chemie oder Französisch werden wollen, weil sie über ein Pädagogikstudium ihre Autobiographie mit schlechten Lehrern und einem kaputten Elternhaus aufarbeiten wollen oder weil sie Kontaktschwierigkeiten in der Erwachsenenwelt haben, wenn sie nicht gar pädophil sind. Nur etwas mehr als zehn Prozent wollen der Kinder wegen Lehrer werden; nur sie sind bereit, mit Kindern umfassend auch über Unterrichtsstunden hinaus zusammenzuleben und sich den Familien ihrer Schüler zuzuwenden.

Im Zuge des allgemeinen Familienzerfalls und der zunehmenden Zahl einsamer, vernachlässigter Kinder, die nicht gut in den Lebenszusammenhang ihrer Eltern passen, stehen immer mehr Lehrer im Alltag vor der Frage, ob sie auch bereit sind, so etwas wie ein Freund ihrer Schüler zu werden. Viele Lehrer erkennen, daß sie stets mehrere Schüler in ihrer Klasse haben, von denen Bezugspersonenbedürfnisse ihnen gegenüber signalisiert werden, und sie müssen dann entscheiden, ob sie ganz, begrenzt oder gar nicht darauf eingehen wollen.

Lehrer, die über ihren Unterrichtsauftrag hinaus auch Bezugsperson für diejenigen Schüler sind, die das brauchen, die ihre Rolle auch als eine des Zusammenlebens verstehen, mit dem sie ein Stück weit die ihnen anvertrauten Kinder und Jugendlichen begleiten, erzielen in der Regel wesentlich bessere Erziehungs- und Lernresultate als Lehrer, die etwas unbeteiligter vorrangig wissensvermittelnde Stundengeber und Anwälte der klassischen selektiven Schulfunktion sein wollen.

Insofern wird der Lehrer zum Schicksal für seine Schüler, die mit ihm entweder einen Tutor haben, der sie nur zwei Stunden pro Wochen unterrichtet und sie dabei weder richtig kennenlernen noch ihre Leistungsentwicklung bei vielen Fachlehrern überblicken kann, noch in ihnen kontinuierlich etwas aufzubauen vermag und die Lernerfolgsentwicklung kontrollieren kann und der ansonsten auch nicht sonderlich an ihrem Wohlbefinden interessiert ist und sie vielleicht sogar am liebsten durch Sitzenlassen oder Schulformwechsel loswerden möchte, oder statt dessen einen umfassend für sie engagierten Klassenlehrer, der sich auch in ihrer Freizeit und in Kooperation mit den Eltern um sie kümmert und der sich mit zwölf oder 14 Unterrichtsstunden in seiner Klasse um Kompensation, Integration und Individualisierung bemüht.

Nur Lehrer, die besonders viel in ihren Klassen sind und die auch in den Pausen und nach der Unterrichtszeit für ihre Schüler da sind, können Bezugspersonen sein; das setzt aber in ihnen eine schülerbezogene Berufsmotivation voraus, während eine vorrangig fachwissenschaftlich bezogene in der Regel zu Beziehungsdefiziten und zu einer Überbetonung des Selektionsgedankens führt.

Eine zeitgemäße Schule muß die Biographie und das Milieu, also Familie, Nachbarschaft und Freizeit ihrer Schüler mit Unterricht und der ganzen Person des Lehrers verknüpfen. Sie muß versuchen, durch ein Geflecht von Beziehungen so etwas wie eine Lebensstätte im Stadtteil oder in der Region zu werden. Sie braucht dafür dringend den für das Kind und nicht nur für das Fach ausgebildeten Lehrer.

Ein Klassenlehrer (noch besser sind zwei), der mindestens vier Fächer in seiner Klasse unterrichtet, ist ganz besonders während der Vorpubertät und der Pubertät vonnöten, also für Elf- bis 16jährige. Er gibt zwar auch Unterricht, vor allem aber mag er Kinder und Jugendliche, bejaht ihre Gefühlsäußerungen, interessiert sich für ihre Konfliktsituationen und hilft ihnen dabei, sie zu bewältigen.

Engagierte Lehrer haben auf Dauer auch engagierte Schüler. Und Lehrer, die ein ehrlich gemeintes freundschaftliches Verhältnis zu ihren Schülern suchen, finden das in der Regel auch. Mit dem neuen Berufsbild für Lehrer, das sich in Hessen recht revolutionär durch die autonome Schule und den Angestelltenstatus der Lehrer andeutet, wird so etwas zum Glück gefördert, denn eine Beamtenmentalität widerspricht dem ganz und gar.

Pädagogen in einem stark ausgebauten Fachlehrersystem haben derart viele Schüler pro Woche zu unterrichten, daß sie über den geringen Unterrichtsanteil in ihrer eigenen Klasse eigentlich nur noch auf unerwünschte Verhaltensweisen von Schülern reagieren können, sie vermögen ihnen aber nicht mit einer intensiven Zuwendungspädagogik vorzubeugen. Mit mehr als zwei täglichen Stunden in ihrer Klasse werden hingegen Klassenlehrer veranlaßt, über den Unterricht hinaus auch mit ihren Schülern zu leben, und zwar bei Klassen- und Sportfesten, in Projektwochen, bei Theaterproben, auf Ausflügen, auf gelegentlichen Wochenend- und Ferienfahrten und bei Hausbesuchen.

Im Moment ist die Chance, auf einen schlechten Lehrer zu treffen, relativ groß und damit auch das Los, entweder zu scheitern oder trotz dieses Lehrers noch Erfolg zu haben. Es gibt Lehrer, die immer dann, wenn ein Schüler Schwierigkeiten hat oder macht, diesen loswerden wollen; es gibt aber auch andere, die dann erst richtig anfangen, sich zu engagieren, weil sie bereit sind, es mit jungen Menschen insbesondere auch über ihre Krisen hinweg auszuhalten. So leben manchmal sitzengebliebene Schüler richtig auf, wenn sie einen neuen Klassenlehrer bekommen, der sich durch mobile, aktive, kreative und mit ihren Schwächen für ihn interessante Schüler in seinem Engagement herausgefordert fühlt; sie sind dann in ihrer enormen Leistungssteigerung überhaupt nicht mehr wiederzuerkennen. Sie verschmerzen wegen ihrer Erfolge sogar ihr vorheriges Versagen; sie stellen aber zugleich auch mit ihrer deutlichen positiven Verhaltenswandlung und ihrem Zugewinn an Lerneffekten ihrem vorherigen Lehrer und seinem Selektionsprimat, also seiner Einstellung zu jungen Menschen und seinen pädagogischen Kompetenzen ein schlechtes Zeugnis aus.

Leider haben es Lehrer, die auch als Bezugspersonenangebote für ihre Schüler zur Verfügung stehen, oft sehr schwer in ihrem Kollegium, gegenüber ihrer Schulleitung und bei einigen Eltern; sie werden neidvoll wegen ihres „Überengagements", das „die Preise verdirbt", angefeindet, oder ihr Handeln wird als ein sexuell motiviertes mißverstanden; sie laufen Gefahr, für pädophil, schwul oder – und das wäre noch nicht ganz so schlimm – für Menschen mit einem überakzentuierten pädagogischen Eros, der auch der eigenen Befriedigung dient, gehalten zu werden.

72. Die Schule als Belastung für das Familienklima

Als Willy Starck 1974 sein Buch „Die Sitzenbleiberkatastrophe" schrieb, wurde erstmals einer breiten Öffentlichkeit bewußt, wie sehr sich schulisches Scheitern in die Psyche des Kindes im Sinne von Verliererschicksal eingräbt, wie sehr aber stets auch die gesamte Familie unter dem Versagenserlebnis leidet.

In Baden-Württemberg sind 1994 insgesamt 23 000 Schüler an Grund-, Haupt- und Realschulen sowie Gymnasien nicht versetzt worden. Die Zahlen steigen an, denn von den Realschülern mußten 3,9 Prozent ihre Klasse wiederholen (1991: 3,5 Prozent); an Gymnasien ist die Durchfallquote von 3,3 auf 3,7 Prozent gestiegen. Nur an den Grundschulen blieb der Anteil der Wiederholer mit 1,1 Prozent konstant.

Schulnot ist besonders zu den beiden Zeugnisterminen im Jahr das Hauptthema in vielen Familien. Und wenn die Verwarnungen in den Halbjahreszeugnissen und die Nichtversetzungsvermerke am Schuljahresende auf Familien treffen, die von Arbeitslosigkeit, von finanziellen Engpässen oder von Krankheit und von Scheidung geplagt sind, wenn der betroffene Schüler schon einmal sitzengeblieben war oder trotz Nachhilfeunterrichts bereits einmal Rückläufer wurde, wenn er überdies kaum Freunde oder Freundinnen zu gewinnen vermag, dann ist die Not oft doppelt so groß.

Eltern planen die Schulkarriere ihrer Kinder über Grundschule, Gymnasium, Abitur und Studium zunehmend früher, und sie sind dann um so mehr geschockt, wenn sie einen Knick bekommt oder in endgültiges Scheitern einmündet. Schulisches Versagen geht vielfach mit einem Abdriften in allgemeine Verhaltensstörungen, in Jugendkulttrends, in stoffliche Ersatzbefriedigungen bis hin zur Sucht und in psychosomatische Erkrankungen einher; es strahlt beim Schüler in Form von schlechter Laune, Gereiztheit, Depressionen, Angst oder Todessehnsucht aus und vermittelt dann den Eltern das Gefühl von hoffnungsloser Unerreichbarkeit des jungen Menschen, gepaart mit Hilflosigkeit und Ohnmacht in um sich greifenden Beziehungsproblemen voller gegenseitiger Schuldzuweisungen zu Hause. Völlige Sprachlosigkeit zwischen Eltern und Schülern ist nicht selten die Folge.

Schüler und Eltern sind mittlerweile weniger als früher bereit, das Schicksal Schullaufbahn in einem selektierenden Schulsystem einfach so hinzunehmen, weil die Qualifikations- und Berechtigungserwartungen in ihren Augen eine stetig größer gewordene Bedeutung, die etwas mit Lebenschancen zu tun hat, gewonnen haben. Sie mißachten daher die Grundschulempfehlung, zahlen Unsummen für die Hoffnung auf Nachhilfeerfolge, topfen den Schüler selbst vor dem endgültigen Aus in ein vermeintlich leichteres Gymnasium oder in eine Privatschule um, versuchen es alternativ mit einem teuren Internat oder legen gar Widerspruch gegen eine Nichtversetzung vor einem Verwaltungsgericht ein.

Während in den alten Ländern vor 35 Jahren nur etwa sechs Prozent eines Schülerjahrgangs Abitur machten, sind es heute schon 35 Prozent. Da aber etwa 55 Prozent der deutschen Eltern für ihr Kind das Abitur wünschen, wird die Schulnot mancher Familien schon an der bloßen Zahlendifferenz deutlich. Kinder werden dabei häufig zwischen den überhöhten elterlichen Erwartungen mitsamt ihren ständig enttäuschten Gesichtern, den gleichzeitigen Auflösungsprozessen ihrer Familie, den fehlenden Fördermöglichkeiten und einer mangelhaften Arbeitsplatzsituation zu Hause (Hausaufgaben auf dem Küchentisch zwischen Kaffeeflecken und Butterbrotpapier), ihrer geringen eigenen Begabung und den pädagogischen Defiziten ihrer Lehrer und ihrer konkreten Schule mit ihrem unzeitgemäßen Stoffballast zerrieben.

Eltern, die auf Mißerfolge in der Schule mit Liebes- und Taschengeldentzug, mit Stubenarrest und Strafen, mit exzessivem Nachhilfeunterricht, der fast die gesamte Freizeit okkupiert, oder mit Lockprämien für gute Noten antworten, verhalten sich im allgemeinen nicht der inneren Not ihrer Kinder entsprechend. Sie verschlimmern durchweg die Situation des Kindes, bauen unnötig zusätzliche Ängste auf, lähmen die Fähigkeiten des jungen Menschen durch zu viel Druck und geben den Schulnoten überhaupt ein zu großes Gewicht in bezug auf späteres Lebensglück.

Wenn Kinder den elterlichen Erwartungen oder denen der Lehrer nicht entsprechen, wird meist die Schuld zunächst der Schule zugeschoben, manchmal mit Recht, denn die unterschiedlichen Lehrerpersönlichkeiten sind für jede Bildungskarriere ein bedeutender Risikofaktor.

Kaum ein Schüler scheitert an seiner Intelligenz, die meisten versagen wegen ihres Lernverhaltens, ihrer geringen Motivation oder Unfähigkeit, sich selbst und ihre Schulpflichten zu organisieren. Das Schicksal Lehrer ist dabei bedeutsamer als die gewählte Schulform, denn fast jeder noch so schlechte Schüler kann theoretisch gesehen ein guter Schüler in jeder Schulform werden, wenn er nur auf den zu ihm passenden Lehrer und auf optimale Methoden trifft.

Viele Konflikte zwischen Lehrern, Eltern und Schülern und damit viele Familienbelastungen sind darauf zurückzuführen, daß die Zielvorstellungen der drei Gruppen zu weit auseinanderliegen. Während für die meisten Lehrer die lehrplankonforme Stoffvermittlung und ihr Bedürfnis nach homogenen Lerngruppen Vorrang haben und die Eltern insbesondere auf Kompensation, Förderung und Integration sowie auf eine hochwertige Abschlußberechtigung und auf effektive erzieherische Methoden gegenüber der Persönlichkeit ihres Kindes hoffen, mit denen die Lehrer Defizite in Erfolge umwandeln, wollen die Schüler vor allem ein lustbetontes Schulleben haben, und ansonsten sind sie unabhängig von konkreten Bildungsinhalten überwiegend nur an guten Noten und höherqualifizierenden Zeugnissen interessiert.

Wegen der durchweg nicht konformen Erwartungen von Lehrern, Eltern und Schülern gegenüber dem, was Schule zu leisten hat, weichen Eltern immer mehr auf pädagogisch starke Schulen aus, die auch schülerzentriert vorgehen und die für motivierende Effekte zu sorgen vermögen. Und dazu taugen am ehesten solche mit Offenem Unterricht, der Projektmethode und Integrationsklassen, integrierte Systeme, die den Weg zum Abitur länger offenhalten und dem Schüler ein frühes zu Restbewußtsein stigmatisierendes Verliererschicksal ersparen (Integrierte Haupt- und Realschule, Integrierte Gesamtschule, Waldorfschule, Schulen mit Lernentwicklungsberichten anstelle von Notenzeugnissen bis zu den Klassen 4, 6 oder 8), Privatschulen wie die Freien Schulen und die Landerziehungsheime sowie gute staatliche Schulen, in denen eine Pädagogik des Wahrnehmens, Verstehens und Förderns und eine freundschaftliche Lehrer-Schüler-Bindung im Vordergrund stehen und in denen weitgehend auf Drohen, Sanktionieren und Selektieren verzichtet wird.

Meine langjährigen Hamburger Erfahrungen mit Patenschaften zwischen

Lehrerstudenten und schwierigen Schülern haben ergeben, daß sich selbst mit ganz unerfahrenen Pädagogen, wenn sie nur die richtige Einstellung zum Kind haben, Schulnöte und daraus sich ergebende Familienbelastungen meist rasch reduzieren und durch schulische Erfolge ablösen lassen. Das Programm heißt einfach: „Ich mag dich; ich hole dich da ab, wo du dich gerade befindest; Ich bin für dich da, wenn du mich brauchst; ich weiß, daß du es kannst und daß du es schaffst; ich mache zwar auch Hausaufgaben mit dir, ich spiele, tobe, musiziere, esse und balge aber auch mit dir; ich strafe dich mit gar nichts für eine schlechte Note, sondern ich helfe dir, deinen Fehler zu erkennen und ihn beim nächsten Mal zu vermeiden." Entspezialisiertes Zusammenleben bringt eben mehr als der Nürnberger Trichter, Zutrauen bringt mehr als Strafen, und Fördern bringt mehr als Selektion.

73. Vom Schwinden der Schule

Der Amerikaner Lewis J. Perelman behauptet in seinem Buch „School's out", daß Schulen in einer Übergangsphase der Entwicklung der Gesellschaft notwendig waren für dasjenige, was Eltern an ihrem Anbeginn nicht vermitteln konnten, nämlich Lesen, Schreiben und Rechnen bei Volksschülern und Latein, Griechisch, Hebräisch und Astronomie bei Gelehrtenschülern, daß aber ihre Zeit heute vorbei sei, da junge Menschen ohnehin über Bildschirm und Gleichaltrigkeit zusammen mehr lernen würden als in Familie und Schule zusammen. Würden Schulen heute tun, was Eltern nicht können, müßten sie vor allem erziehen.

In den USA ist es allerdings wirklich fraglich, ob es sinnvoll ist, irgendwelche Kästen in die Landschaft zu stellen, dort etwa 2000 junge Menschen einzupferchen, von Polizisten bewachen zu lassen, Schüler mit kugelsicheren Westen auszustatten und Lehrern zu gestatten, mit einer Waffe in den Unterricht zu geben, damit sie sich im Notfall verteidigen können. Jugendbanden dringen dort immer wieder in die Gebäude ein, um Drogen zu verkaufen und mit Gewalt etwas abzupressen oder jemanden einzuschüchtern, und überall liegen Crack- und Heroingeschädigte in den Gängen und Toiletten herum. Der jugendkulturelle Einfluß ist dort derart verheerend, daß man wirklich schlußfolgern könnte, es wäre das Beste, die Schüler würden zu Hause lernen – Perelman nennt das „Homelearning" – und wären mit einem ganz woanders sitzenden Lehrer verkabelt (CD-ROM- und Online-Lernen). In der niederländischen Stadt Tilburg ist für 1000 Schüler der Donnerstag unterrichtsfrei, die Schüler lernen zu Hause am Computer, sind aber mit dem Lehrer „online" verbunden. Sie lernen dabei so viel, daß man feststellen kann, das bisherige Wochenpensum ließe sich mit Hilfe des Computers auf zwei Tage zusammenfassen, und es wäre dann auch noch effektiver, was das Langzeitgedächtnis anbelangt. Gleichzeitig würde man mit diesem „Tele-Lernen" drei Schultage für Soziales Lernen, Projektarbeit, leibliche Versorgung, erzieherische Kompensation, Prävention und Vernetzung gewinnen. Hirnforscher wie Ernst Pöppel aus Jülich berichten übrigens, daß Computer-Kids, die oft und lange vor dem Bildschirm sitzen, bereits derart andere Hirnvernetzungen haben, daß sie uns nicht nur fremd geworden sind, sondern auch ganz anders lernen als wir. Sie können mit den herkömmlichen Schulen so gut wie nichts mehr anfangen; für sie sind die so etwas wie ein Knast.

So wie Schule heute eingerichtet und ausgestattet ist, ist sie nicht mehr zeitgemäß. Unmodern ist ihr Gestühl, kalt ist ihre Raumgestaltung, schlecht ausgebildet und überaltert sind ihre Lehrer, überholt sind ihre Lehrmethoden, und ineffektiv ist das Lernen der Kinder. Trotz aller Reformbemühungen ist Schule meistens immer wieder so, wie sie schon vor 100 Jahren war: Der Lehrer kommt mit einem Buch unter dem Arm in die Klasse, sagt, man möge Seite 43 aufschlagen, Markus möge lesen, Maria möge übersetzen, wer eine Frage habe, solle sie stellen, und dann gibt es eine Hausaufgabe, und es wird die nächste Klassenarbeit angekündigt.

Etwa 60 Prozent des Unterrichts ist im Sinne der beabsichtigten Lernerfolge bloße Zeitverschwendung. Lehrer sind viel zu oft mit der Disziplinierung einzelner Schüler und mit Organisatorischem beschäftigt, sie sind langweilig, diagnostisch und präventionspädagogisch unfähig, sie verstehen nichts von Lernpsychologie und von der leiblichen Versorgung von Schülern, sie sind mehr am Stoff als an den jungen Menschen interessiert und nicht bereit, ein schülergemäßes Schulleben zu initiieren. Sie sind eben meist für Kinder früherer Zeiten ausgebildet. Überdies ist ihr Arbeitsplatz so gestaltet, daß sie eigentlich nur in übervollen Klassen mit denkbar armseliger Ausrüstung Stunden geben sollen, daß sie also alles, was darüber hinaus geht, mit schlechtem Gewissen tun müssen.

Sie befinden sich bezogen auf die weit fortgeschrittene Entwicklung der Arbeits- und Wirtschaftswelt, auf die Kinderzimmerausstattung, auf die Angebote der Medien, der Freizeitwelt und der Touristikbranche in einer hoffnungslos rückständigen Konkurrenzsituation, wenn es um Einflüsse auf junge Menschen geht. So wie die beiden großen Volkskirchen mit der gesamtgesellschaftlichen Entwicklung nicht Schritt halten konnten – von einigen Pastoren abgesehen –, so kommen mir Lehrer heute – ebenfalls von Ausnahmen abgesehen – wie Schiffbrüchige vor, die auf einem im Ozean treibenden Floß versuchen, den Delphinen, die um sie herum schwimmen, mit Hilfe einer zufällig vorhandenen Apfelsinenkiste zu erklären, wie ein Computer funktioniert.

Die Schule als staatliche Einrichtung, die alle Kinder in gleicher Weise zu erreichen und mit Gleichem zu versorgen trachtet, ist im Schwinden begriffen; sie löst sich gerade pluralistisch in eine Fülle von profilierten Bildungsgängen, in Richtung Autonomie und zunehmende Privatisierung auf, weil

- erstens bundesweit mit der Kulturhoheit der Länder kein Konsens über das zu erzielen ist, was sie leisten soll und wie sie gegliedert und gestaltet sein soll,

– zweitens Eltern und Schüler höchst Unterschiedliches und auch Gegensätzliches von ihr erwarten,
– sie drittens mit den Anpassungserfordernissen an Informatik (Trend zur „Info-Gesellschaft") und Neue Medien einschließlich CD-ROM- und Online-Lernen künftig nicht mehr finanzierbar sein wird, nicht zuletzt auch deshalb, weil die Schülerzahl in Deutschland bis zum Jahr 2000 um etwa 18 Prozent ansteigen wird, und
– sie viertens deshalb so schlecht zeitgemäß werden kann, da in den Länderhaushalten Schuldentilgung mittlerweile ein größerer Posten ist als gesellschaftliche Zukunftsinvestition über Kinder, denn was frühere Generationen bereits verwirtschaftet haben, wird an den heutigen Kindern gespart. 1994 hatten Bund, Länder und Gemeinden bereits 1,549 Billionen Mark Schulden, und allein der Bund mußte 53 Milliarden Mark Zinsen dafür zahlen.

In Hessen sollen Lehrer demnächst nur noch Angestellte sein, von der einzelnen Schule selbst eingestellt und – im Rahmen eines für sie eingerichteten Etats – bezahlt werden. Bremen will die Lehrerbelastung nach unterschiedlichen Fächern faktorisieren, so daß Sportlehrer mehr unterrichten müssen als Chemielehrer; Nordrhein-Westfalen überlegt, die Schulleiter durch Schulmanager zu ersetzen, weil in Kultusministerien, Schulbehörden und Rektoraten bislang durchweg Lehrer sitzen, die von modernem Management und von wirtschaftlichen Aspekten zu wenig verstehen, denn sie waren ein Leben lang vor allem nur in Schulen. Hamburg will mit seinem Autonomiekonzept auch Sponsoring einzelner Schulen durch Firmen ermöglichen; einige Bundesländer wie Thüringen, Brandenburg und Sachsen-Anhalt kennen keine Hauptschulen mehr, Hamburg will sie mit den Förderschulen zu „Förderzentren" zusammenschließen.

Hamburg möchte nicht nur die Noten bis zur Klasse 6 abschaffen, sondern auch die 45-Minuten-Takte in der Grundschule, damit Frühstücken sowie Bewegungs- und Spielerfahrungen den Unterricht flexibel unterbrechen können und ihn effektiver geraten lassen; einige Bundesländer erleichtern das Zurückstellen von der Einschulung mit sechs Jahren, andere wie Hamburg wollen eine „Einschulung ohne Auslese", Sachsen-Anhalt will eine Orientierungsstufe einführen, während Hamburg sie gerade abgeschafft hat, einige wie Bayern halten am Abitur in Klasse 13 fest, andere wie Sachsen kämpfen für das Abitur in Klasse 12, einige wie Brandenburg sind für die sechsjährige Grundschule, andere halten die vierjährige für überlegen, einige schwören auf Offenen Unterricht, Integrationsklassen und Lernentwicklungsberichte, andere halten so etwas für „Teufelszeug", einige wie Nordrhein-Westfalen diskutieren die Zusammenlegung einzelner Schulen zu Stufenzentren („Stufenschulen") mit einem Management an der Spitze, andere sind gerade dabei, ihre zu groß geratenen Schulen zu teilen, einige versuchen, das Klassenlehrerprinzip als eines, das den Bedürfnissen junger Menschen nach Umfassung eher entspricht, wiederzuentdecken, andere wie Hamburg bevorzugen dagegen eine „Kultur des Wechsels“ mit „Pendel-“, „Spagat-“ und „Wanderlehrern“, die gleichzeitig zwei Schulen angehören und damit nirgendwo so richtig als Bezugspersonen zur Verfügung stehen. Einige Bundesländer wie Hamburg und Schleswig-Holstein sind gerade dabei, mit Mittelkürzungen Privatschulen in die Knie zu zwingen, während andere wie Hessen ihre Ausdehnung begünstigen.

Aber auch inhaltlich lösen sich die Schulen bezogen auf ihren Grad von Verbindlichkeit immer mehr auf; Profilbildungen sind „in“, sie verbessern die Konkurrenzsituation und begünstigen eine hohe Rangordnungsposition beim Ranking, fördern also hohe Anmeldezahlen, weil sie Schüler einerseits von schwachen Leistungsbereichen entlasten, ihnen andererseits aber eine Akzentuierung in dem ermöglichen, was sie gut können oder was sie lernen wollen: Chinesisch, Italienisch, Spanisch, Russisch, erweiteter Englisch- oder Französischunterricht, Englisch oder Französisch ab Klasse 3, das Angebot von Friesisch, Sorbisch oder Plattdeutsch, Informatik, Sport, Musik, Darstellendes Spiel, Technik, Wirtschaft, Schach und vieles anderes mehr bis hin zu einer „Profil-Oberstufe“ erlauben dem Schüler ungewöhnliche Schwerpunktsetzungen. Schulen „mit besonderer pädagogischer Prägung“, mit anthroposophischer Ausrichtung, mit Pädagogischem Mittagstisch und Hausaufgabenhilfe, mit außerunterrichtlichen Neigungskursen, mit ungewöhnlichen Leistungskursdifferenzierungen, als Verläßliche Halbtags- oder Offene Ganztagsschulen, als Regional- oder Stadtteilschulen, mit zwei Klassenlehrern, Co-Teaching, Team-Teaching oder einem Klassenlehrertag, mit Hort und mit Vorschule, mit „D-Zug-Klassen“ zum Abitur nach Klasse 12 für Hochbegabte, mit der Chance zum Überspringen einzelner Klassenstufen oder mit einer Lernbereichsgliederung anstelle einer fachbezogenen Gliederung erweitern das reiche Angebot noch, so daß jeder Schüler etwas finden kann, das genau zu ihm oder den Erwartungen seiner Eltern paßt, und das gilt auch für den Aspekt Werteerziehung bzw. Wertekonsens eines Lehrerkollegiums.

Schule ist auch deshalb im Schwinden begriffen, weil im Zuge der Sparmaßnahmen zunehmend folgender Umverteilungsmechanismus angewandt wird: Am Rande des Schulsystems werden aus optischen Gründen der Öffentlichkeit gegenüber für eine kleine Zahl von Schülern positive Reformen eingeleitet: Hort an der Schule, Pädagogischer Mittagstisch, Integrative Regelklassen, Integrationsklassen, Englisch ab Klasse 3, Volle Halbtagsgrundschule, Offene Ganztagsschule, Schule im Stadtteil usw. Das dafür erforderliche Geld wird aber im Zentrum von Schule eingespart, im Üblichen der Regelschulen, also beispielsweise in den Gymnasien und mit Erhöhungen der Wochenstundenverpflichtung der Lehrer. So soll in Hamburg sogar die Vorschule für die Kinder eingespart werden, die im Rahmen der angestrebten Kindertagesheimplatzgarantie bereits einen sie erzieherisch versorgenden Platz haben.

Handels- und Handwerkskammern, große Betriebe und auch die Hochschulen können mit diesem Ausmaß an Pluralismus und Profilbildung eigentlich ganz zufrieden sein, weil irgendwo immer noch solche Schüler erzogen und gebildet werden, die ihren Ansprüchen genügen, und sei es der Absolvent einer konservativen, humanistischen bzw. altsprachlichen Gelehrtenschule, denn auch die wollen manche Eltern nach wie vor im Angebot wissen.

Auch die Mädchen kommen wieder stärker auf ihre Kosten, seitdem die totale Koedukation in Frage gestellt wird, seitdem es wieder reine Mädchengruppen im Sport, in Informatik, in Chemie und in Physik gibt und seitdem die Grünen in Hessen sogar in die Koalitionsverhandlungen mit der SPD die Forderung nach einem Modellversuch „Feministische Mädchenschule" eingebracht haben.

Schulen wandeln sich zur Zeit sehr schnell, vom einzelnen Lehrer und der Schule vor Ort her, von den Kultusministerien her und auch auf seiten des Privatschulangebots. Sie verändern sich aber nicht schnell genug, ihr Wandel ist langsamer als derjenige der Gesellschaft, so daß beispielsweise Gesamtschullehrer in Nordrhein-Westfalen „in den Untergrund" gegangen sind; sie kritisieren als Gesamtschulanhänger die Kunstfehler der Verwirklichung von Gesamtschulen (Übergröße, nichtkindgemäße Architektur, übertriebenes Fachlehrer- und Kursprinzip, ein Übermaß an Koordinations- und Konferenzzwängen), haben aber Angst, daß sie Nachteile wegen ihrer Kritik in Kauf nehmen müssen, so daß sie hinter eigens für die vermuteten Solidaritätsbekundungen eingerichteten Telefonnummern anonym bleiben wollen.

Viele glauben übrigens, daß uns in Sachen Schule Japan und die USA schon weit davongelaufen sind. Die japanischen Schulen mit ihren möderischen Leistungsanforderungen erzeugen die weltweit höchste Schülersuizidrate, und die Schulen in den USA sind etwa so miserabel, wie mit der Kritik Lewis J. Perelmans zu Beginn dieses Kapitels berichtet. Ein Schüler dort hat im Jahr nicht einmal halb so viele Unterrichtsstunden wie ein deutscher; das Verhältnis liegt bei 1460 Stunden pro Jahr zu 3528. Eine US-Kommision stellte zudem fest, daß auch die Qualität des Unterrichts hinter Japan und Deutschland zurückbleibt.

Vielleicht ist die Zeit von Schule ja wirklich vorbei, denn für das wenige, das sie im Kopf, im Herzen und im Leib des Schülers zustande bringt, ist sie zu teuer; für das, was sie aber in die Zukunft hinein erzieherisch und in bezug auf Informatik-Kompetenzen leisten müßte, ist sie zu ärmlich ausgestattet. Deutschland ist eines der reichsten Länder der Welt, es spart aber zur Zeit gewaltig in seinen Schulen. Kein Wunder ist also, daß neulich bei einer Umfrage ein Schüler in Hamburg sagte: „Mein Lieblingslehrer ist der türkische Hausmeister, alles andere ist Schrott."

74. Resignierte, hilflose und besserwissende Eltern

Es gibt bezogen auf Erziehung nicht die Eltern an sich, sondern im wesentlichen drei Gruppen:

– Eine kleine, aber stetig wachsende Gruppe von Eltern empfindet ihr Kind schon vor der Geburt oder gleich danach als störend, oder sie hat es als nicht so gut in ihren Lebenszusammenhang passend bereits resigniert aufgegeben, oder der neue Freund der Mutter meint nur die Mutter, kann aber mit ihrem Kind nichts anfangen. Resignierte Eltern haben nur noch geringe Interessen an ihrem Jungen oder Mädchen; oft passiert das erst im Jugendalter, wenn die Pubertät Renitenz, Abenteuerlust, Abdriften in mißliche Jugendkultnischen, Schulversagen und schwere Verhaltensstörungen oder zumindest als solche empfundene Schwierigkeiten im Sinne von fehlender Anpassungs- oder Unterwerfungsbereitschaft mit sich bringt. Solche Eltern haben für sich eine negative Bilanz gezogen und gehen mit ihrem abschließenden negativen Urteil deshalb nicht mehr zu schulischen Elternabenden; sie wollen keine Hilfe mehr in Sachen Erziehung, und wenn sie einmal auf einen Erziehungsratgeber stoßen oder im Fernsehen und in Zeitungen etwas über pädagogische Probleme mitbekommen, suchen sie nur nach Bestätigungen für ihre Ablehnung. Meist hoffen sie lediglich noch darauf, daß ihr Sohn oder ihre Tochter recht bald ausziehen. Sie lehnen Hausbesuche von Lehrern oder Jugendamtsmitarbeitern ab und sind für Erzieher nicht mehr erreichbar. Ihnen kann also auch nicht geholfen werden.

– Am anderen Ende der Bandbreite elterlicher Einstellungen und Erziehungsweisen befindet sich eine kleine, aber auch stetig wachsende Gruppe von Eltern, die alles an und in ihrem Kind verplanen, die genau wissen, daß es schon mit einem Jahr das Schwimmen lernen muß, daß es gut ist, wenn es schon vor der Einschulung lesen, schreiben und rechnen kann, die es während der Grundschulzeit täglich quer durch die Region zum Training, Kindergeburtstag oder Musikunterricht chauffieren, die ihm schon früh einen Computer mit fremdsprachlichen Eingreifprogrammen oder den Anfangsunterricht fördernder Software kaufen, es zum Klavierspielen, Tennistraining oder Reiten animieren, die es auch gegen die Empfehlung der Grundschule an einem Gymnasium – am liebsten an einem altsprachlichen – anmelden, die bei aufkeimender Schulnot sofort einen Nachhilfelehrer engagieren und bei ausbleibendem Erfolg einen Internatsplatz suchen, den 14jährigen in den Sommerferien zur Aufbesserung der Englischnote in eine Londoner Familie geben und mit 17 Jahren als Gastschüler für ein Jahr in die USA, ganz zu schweigen von dem Ski-Camp in den Alpen, in das sie ihren Sprößling unter dem Motto „Wir wollen immer nur das Beste für dich, denn du sollst es einmal besser haben als wir" zu Ostern schicken, und von dem Reiterhof, auf dem die Tochter ungefragt Urlaub machen muß. Solche Eltern fragen schon in der zweiten Klasse allwöchentlich bei der Grundschullehrerin nach, ob es denn auch etwas mit dem Gymnasium und mit dem Abitur wird; sie kritisieren ständig die Lehrer, drohen mit Anwälten, nehmen negative Formulierungen in Berichtszeugnissen und schlechte Noten nicht ohne weiteres hin und beschweren sich ständig bei der Schulleitung oder der Schulaufsicht. Sie nehmen ebenfalls keine erzieherischen Ratschläge an, denn sie wissen bereits alles besser. Für viele Lehrer sind derartige Eltern ein Alptraum; sie empfinden sie als nerviger und schlimmer als diejenigen Eltern, die sich nicht mehr sonderlich für ihr Kind interessieren. Aber auch die von diesen Eltern verplanten Kinder selbst sind arm dran. Sie folgen den Übererwartungen sehr lange äußerst bemüht, sie sind höflich und wirken auf den ersten Blick als gut erzogen und „pflegeleicht". Sie haben dabei aber fast täglich kleine und große Versagenserlebnisse. Immer wieder zeitigt ihre permanente Überforderung schlechte Noten, und immer wieder müssen sie in die enttäuschten Gesichter ihrer Eltern schauen. Irgendwann kommt dann aber stets der Zeitpunkt, zu dem sie schlagartig ausrasten. Sie weichen in Autoaggressionen aus, steigen mit psychosomatischen Erkrankungen wie Asthma oder Allergien aus, greifen meist aus Anlaß von Partys bei Freunden zu Drogen, machen Kampfsaufen und rauchen exzessiv, dämpfen und stimulieren sich mit Tabletten, flüchten auf Partys, HipHop-Jams und in ecstasyreiche Techno-Discos, bleiben nächtelang weg, machen ihre Hausaufgaben bewußt nicht mehr, kleiden, piercen und frisieren sich provokativ, um sich von den elterlichen Normen, von denen sie sich im Rückblick jahrelang mißhandelt fühlen, abzusetzen und ziehen schließlich meist ganz früh von zu Hause weg, nachdem sie sich bereits früher als andere an eine Freundin oder einen Freund fest gebunden haben.

– Zwischen diesen beiden Extremen gibt es aber die große Gruppe der hilflosen Eltern, die ihr Kind zwar lieben, jedoch nicht wissen, wie man es mit der Erziehung richtig macht. Vor allem für sie ist dieses Buch geschrieben. Diese Eltern sind selbst oft in der Zeit nach 1968 erzogen worden, als alles in der Erziehung, was über Jahrhunderte gewachsen war, auf einen Schlag in Frage gestellt wurde, selbst der einmalige Klaps auf den Po, der nur einmal im Verlauf einer 17jährigen Sozialisation gegeben wird. Während der Phase der stets falsch verstandenen „antiautoritären" Erziehungsbewegung ist ganz viel an pädagogischer Ohnmacht, Mutlosigkeit, Inkonsequenz, Grenzenlosigkeit und mangelnder Deutlichkeit erwachsen, was Eltern noch heute permanent bei all ihrem pädagogischen Handeln und Unterlassen zweifeln läßt. Sie machen im Alltag eigentlich alles falsch, wenn es um Zubettgehzeiten, um Fernsehkonsum, um Taschengeld, um Uhrzeiten für das Nachhausekommen, um Lügen und Stehlen, um Schularbeiten und um die Erfüllung von Konsumwünschen geht. Sie müssen also immer wieder zum erzieherischen Mut und zum Autoritativen ermuntert werden, nicht jedoch zu einem autoritären

Erziehungsstil, weil der nicht nach der Zustimmung des Kindes fragt, diese aber für eine erfolgreiche Pädagogik notwendig ist, wenn sie nicht zur Dressur mißraten soll. Kinder brauchen nämlich Autorität, also konkrete positive Vorbilder, ein Leitbild aus Normen und Werten, angemessene Herausforderungen in ihre Zukunft hinein, Grenzsetzungen, Deutlichkeit, Konsequenz und daß man es mit ihnen auch über ihre Krisen hinweg aushält. Die Autorität setzt schon vom Begriff her ihre Zustimmung voraus, sie ereignet sich nämlich in ihrem Kopf. Daneben brauchen sie in mittlerer Dosierung vor allem Liebe, viel Zeit des Zusammenseins mit ihren Eltern, Ansprache, Zuhören, Bewegung zur Reifung ihrer Sinne, Spiel für sich allein und mit anderen, Körperkontakt, Muße und Entlastung sowie eine für ihren Körper stimmige Ernährung. Ihre natürlichen Innenreize, die etwas mit ihrem Bedürfnis nach Sinnes- und Kräfteentfaltung zu tun haben, müssen stets in einem ausgewogenen Verhältnis zu den von außen auf sie einwirkenden Reizen stehen.

Die Reizbilanz junger Menschen muß nämlich stimmig sein, weil sie nur dann nicht aggressiv oder autoaggressiv werden müssen, weil sie nur dann nicht in Gewalt, in psychosomatische Hauterkrankungen, Depressionen, Süchte oder in stoffliche Ersatzbefriedigungen wie Eßsucht, Bulimie, Tablettenabhängigkeit oder Drogenkonsum ausweichen müssen. Wenn Fernsehen, Essen, Geld, Anforderungen und Entlastungen richtig dosiert sind, wenn weder „Affenliebe" noch Schlüsselkinddasein ihr Schicksal ist, wenn sie gelernt haben, wie man sich kultiviert wehren, behaupten und durchsetzen kann, daß aber auch Grenzen ihrem Aktionsbedürfnis Einhalt bieten müssen, dann besteht eine große Chance, daß sie lebenstüchtig, erfolgreich, sozial, konfliktfähig, nett und „pflegeleicht" im mitmenschlichen Umgang, also auch für ihre Eltern geraten, gedeihen bzw. gelingen.

75. Autoritäres, Antiautoritäres und die Notwendigkeit von Autoritäten

Der Begriff Autorität wird in der Öffentlichkeit im allgemeinen falsch verwendet. So stand jüngst in einer Zeitung: „40 Prozent der Deutschen sind für mehr Autorität an den Schulen." Eigentlich müßten 100 Prozent dafür sein, denn Kinder brauchen Autorität für ihre störungsfreie Entwicklung, für den Aufbau eines stimmigen Weltbildes, mit dem sie sich erst so orientieren können, daß sie nicht ständig und überall zu ihrem Schaden anecken. Die Autorität ereignet sich nämlich in ihnen, sie ist ihre Zustimmung zu Vorbildern, zu Normen und Werten, zu Forderungen an sie, zu Grenzsetzungen, zu Deutlichkeit, zu Konsequenz und zu der Bereitschaft, es auch mit ihnen über ihre Krisen hinweg auszuhalten.

Vieles tun sie nur, um auszuprobieren, was geschieht, wenn sie an Grenzen des Erlaubten stoßen oder sie gar überschreiten, wenn sie die

Grenzen der ihnen zugestandenen Freiheit also verletzen. Oft wissen sie um die vereinbarten Grenzen ganz genau, testen aber aus, was ihre Verletzung an Reaktionen bewirkt. Und dieses Feedback sorgt dann für künftigen Respekt vor Normen und Werten anderer, vor allem wenn die deutliche Grenzerfahrung auch noch mit dem Bewußtsein für ihre Notwendigkeit, also mit einsehbaren Begründungen verknüpft wird.

Wenn bei Grenzübertritten gar nichts passiert oder inkonsequenterweise nur gelegentlich, lernen Kinder etwas Falsches, nämlich daß die Grenze gar nicht so wichtig ist, und sie sind dann gezwungen, noch weiter zu gehen, bis dann hoffentlich irgend etwas geschieht, das ihr normatives Schwimmen durch Halt ersetzt. Nur mit Grenzerfahrungen können sie jedenfalls ein Rechts- bzw. Schuldbewußtsein und Sozialkompetenz aufbauen.

Kinder brauchen Forderungen, damit sie ihre Kräfte entwickeln können. Nur wer ihnen etwas zutraut, zeigt auch, daß er sie achtet, und wenn man sie herausfordert, lernen sie, daß sie mehr können, als sie vermuteten.

Alexander Sutherland Neill, auf dessen Summerhill-Projekt die antiautoritäre Pädagogik mit ihren Kinderladen-Konzeptionen zurückgeht, hat diesen Begriff selbst gar nicht benutzt. Was er meinte, war so etwas wie eine zwangarme Erziehung. Er hat versucht, die üblicherweise von den Erwachsenen ausgehenden Zwänge auf die der Schülergruppe seines Internates zu verlagern, indem er ihr Selbstverwaltung und Selbstregulierung ihrer Probleme zugestand. Die notwendigen Grenzsetzungen nach sozial unverträglichem Verhalten sollten von den Gleichaltrigen selbst kommen, und die finden beispielsweise mit Beschlüssen einer Vollversammlung meist viel deutlicher und strenger statt, als wenn sie von verständnisvollen Pädagogen organisiert werden. Neill wird mißverstanden, wenn man annimmt, er wollte Kinder ohne Führen, ohne Autoritäten und ohne Grenzsetzungen einfach nur liberal-chaotisch wachsen lassen. Autonomie bzw. Selbstverwaltung von Gruppen junger Menschen erfordert Spielregeln, die das Zusammenleben funktionabel machen, und damit auch Sanktionsmaßnahmen, wenn notwendige Grenzen, die dem Schutz anderer und des Gemeinwesens dienen, verletzt werden.

Auch in den deutschen Kinderläden nach 1968 gab es schließlich brutale Grenzerfahrungen durch die Kinder selbst, also beispielsweise wenn ein „freies Kind" seinen Frust über ein anderes dadurch zum Ausdruck brachte, daß es ihm einen Eimer mit Farbe über den Kopf stülpte und daß sich dieses dann mit erbärmlichem Schreien und mit dem seinerseitigen Versuch wehrte, dem Täter den Eimer an den Kopf zu werfen.

Autoritäres Erzieherverhalten ist so lange in Ordnung, wie das ganz kleine Kind Begründungen noch nicht verstehen kann, denn vor dem Anfassen glühender Kohlen, vor dem orientierungslosen Überqueren einer verkehrsreichen Straße und vor dem Klettern auf das Balkongitter muß es zu seinem Schutz bewahrt werden.

Sobald Kinder aber Begründungen verstehen können, muß auf Autoritäres deshalb weitgehend verzichtet werden, weil es ohne die Zustimmung des Kindes etwas erreichen will, die man jedoch in der Erziehung, wenn sie nicht eine über nackte Angst wirkende Dressur sein soll, braucht. Zur Autorität gehört immer Überzeugung und Zustimmung, nur sie bringt Werteerziehung, Sozialkompetenz und politische Mündigkeit zustande. Das Antiautoritäre nach 1968 war also an sich nicht schlimm; schlimm war das Mißverständnis, daß Kinder Alleingelassensein als Selbständigkeit zu verstehen lernen sollten und die Hilflosigkeit und Inkonsequenz ihrer Eltern als Freiheit. Das Alleingelassensein des bloßen Wachsenlassens kennen wir von den Schlüsselkindern; die Hilflosigkeit, die fehlende Deutlichkeit, der Verzicht auf Grenzsetzungen und die alltägliche Inkonsequenz, die heute erlaubt, was morgen verboten und übermorgen wieder erlaubt wird, kennzeichnen im Moment den Erziehungsstil allzu vieler Eltern in Deutschland, die ihr Kind einerseits lieben, ihm andererseits aber viel Schaden zufügen, wenn sie nicht die Bedeutung einer umfassenden vorbildlichen Bezugsperson, die Notwendigkeit von Leistungserwartungen, von deutlichen Grenzsetzungen und den Segen von Orientierung gebender Verläßlichkeit im Sinne von Konsequenz wiederentdecken.

Wachsenlassen, Alleinlassen, Grenzenlosigkeit und Hilflosigkeit in bezug auf die mittleren Dosierungen von Zuverlässigkeit und Stetigkeit haben junge Menschen in den letzten 25 Jahren zu einem Mehr an Egoismus und Konsumorientierung gezwungen. Normative Weltbildarmut und unstetige Grenzerfahrungen haben sie derart haltlos gemacht, daß sie Ersatzhalterungen suchen mußten, um lebenstüchtig zu werden. Wenn sie kein geschlossenes Weltbild in sich haben und von außen inkonsequent geführt werden, klammern sie sich eben im Inneren an ihr Ich und seine Triebe und im Äußeren an die materialistischen Trends; wenn sie den Trieben innen und dem Sog der Trends außen einfach nachgeben, dann gewinnen sie eben auch eine Verhaltenssicherheit, die allerdings oft nur über den heutigen Tag hilft.

Als 1993 der 25. Jahrestag der antiautoritären Bewegung begangen wurde, schrieb die nordrhein-westfälische Landtagsabgeordnete Beate Scheffler in einer von ihr vorgelegten Bilanz-Broschüre: „Die Jugendlichen von heute, unsere Kinder, sind auch das Produkt unserer Erziehung. Es war unsere Revolte, die viele Wertsysteme zusammenbrechen ließ. Wir haben jede Autorität in Frage gestellt. Wir wollten die Familie am liebsten auflösen. Wir haben aber unsere Erziehungsziele nicht erreicht."

Und der Essayist Thomas Schmid stellt dazu ergänzend fest: „Im Grunde steckte in der Idee von der antiautoritären Erziehung ein Stück modernen Größenwahns. Es sei möglich, so glaubte man, Werte und Verbindlichkeiten der Gesellschaft ohne Rückbezug auf Traditionen und damit auch Autoritäten neu zu schaffen. Damit hat man sich überhoben und teilweise das Gegenteil des Gewünschten erreicht: antiautoritäre Ellenbogenmonster. Freiheit und Bindung sind alles andere als Gegensätze. Nicht Autorität, sondern nur begründungslose Autorität ist schädlich."

Und diese „begründungslose Autorität" ist das Autoritäre, das für Jugendliche deshalb ein völlig unzulängliches Erziehungsmittel ist, weil sie Tabus nur mit Überzeugungen respektieren können. Das Autoritäre arbeitet mit der Angst als Handlungs- und Unterlassungsmotiv, die Autorität hingegen mit im Kopf und im Herzen des jungen Menschen akzeptierten Normen, Werten und Grenzsetzungen, ohne die Erziehung mißlingt.

76. Schlußwort I: Die Zukunft der vier Lebenswelten Familie, Gleichaltrigkeit, Bildschirm und Schule

Werden „Familienzerfall", „Werteverlust", „Politikverdrossenheit" und die „Spirale der Gewalt" dazu führen, daß „unsere Welt immer mehr aus den Fugen gerät"?

Wertewandel ist für jede Gesellschaft normal, und Wertevielfalt sowie rivalisierende Werteantinomien charakterisieren ein gewollt pluralistisches Gemeinwesen mit seinen konkurrierenden Parteien. Sich in diesem Normengewirr orientieren zu können, fällt jungen Menschen schwerer als in totalitären Systemen. Erziehung muß sie dazu in die Lage versetzen, indem sie Maßstäbe für Werteentscheidungen und für angemessene Konfliktbewältigungsstrategien beim Sich-Wehren, Sich-Behaupten und Sich-Durchsetzen aufbaut. Kinder und Jugendliche müssen an Menschen, an ein Weltbild und an ihre Zukunft gebunden sein, sie müssen Vorbilder, Überzeugungen und Perspektiven haben, die ihnen eine gewissengesteuerte Verhaltenssicherheit geben.

Bloß äußerliche Zwänge reichen nicht aus, sie vertrauen auf Angst und Dressur, sorgen vielleicht für Ordnung, die nur etwas Äußerliches ist, nicht aber für die richtigen inneren Einstellungen, die zu Handeln aus Einsicht in Notwendigkeiten führen. Der falsche Weg ist daher der völlig überholte, den man einer kürzlich erschienenen Zeitungsmeldung entnehmen kann:

„Der Präsident der Lehrergewerkschaft in Singapur hat die Regierung des Stadtstaates aufgefordert, Pädagogen die Prügelstrafe mit Stock zu erlauben. Nur so könne der 'allgemeinen Schwächung der Gesellschaft' entgegengewirkt werden; den Lehrern das Recht auf angemessene Züchtigung zu entziehen bedeutet, die Säule der Disziplin in Schule und Gesellschaft zu schwächen oder zu erschüttern."

Bezogen auf die großen vier Lebenswelten, in denen Kinder und Jugendliche heute aufwachsen, wird die erzieherische Zukunft wohl wie folgt aussehen:

- Die Familie wird wahrscheinlich noch weiter zerfallen, ihr Bestand ist mit politischen Mitteln kaum zu sichern, also auch nicht mit einem erhöhten Kindergeld und mit Appellen an die Eltern, der Kinder wegen zu heiraten, zusammenzubleiben und ihnen die Geborgenheit einer Wohnstubenatmosphäre zu bieten. In dem Maße, wie Singularisierung immer mehr um sich greift (in München sind schon 53 Prozent aller Haushalte Single-Haushalte), werden Kinder und Jugendliche Familienersatz suchen. Wenn sie in der Schule, der kirchlichen Jugendarbeit, im Sportverein, in der Jugendfeuerwehr, im Jugendfreizeitzentrum und bei den Pfadfindern kein ihnen zusagendes Angebot mit hohen Reizdosen finden, werden sie die Funktionen von Familie, also Geborgenheit, Anerkennung, Wir-Bewußtsein, Orientierung, Identifikation, Solidarität, Freizeitbeschäftigung, Emotionalität, leibliche Versorgung, Geschwisterlichkeit, Väterlichkeit und sinngebende Weltbildanbindung bei Freunden in Jugendkultnischen, die auch sehr mißlich sein können (Skinheads, Hooligans, Graffiti-Sprayer, Crash-Kids, Stadtteilbanden, Jugendsekten, okkultistische Gruppen u. a.), suchen. In dem Maße, wie es Eltern, Erzieher und Lehrer schaffen, Kindern und Jugendlichen Familie zu bewahren, sie zu ergänzen oder gar zu ersetzen, wird ihre Erziehung erfolgreicher sein.

- Die Trends der Gleichaltrigkeit werden teilweise industriell und mit Werbung gesteuert, teilweise erwachsen sie aus dem Protest von jungen Menschen, die sich als Verlierer fühlen, gegen das Althergebrachte, das Etablierte und dasjenige, dem sie die Schuld für ihre Lage zuschreiben. Die Trends werden mehrheitlich von eher gescheiterten Menschen aus eher kaputten Familien gemacht, sie üben aber zunehmend einen Sog auch auf die Kinder und Jugendlichen aus „heilen" Familien aus, die ihnen oft deshalb erliegen, weil sie nichts versäumen und nicht Außenseiter werden wollen, weil sie „in", was ja „im Trend" liegend heißt, sein wollen. Wer den Trends erliegt, ist mehr außen- als innengesteuert. Erziehung muß daher die Fähigkeit zur kritischen Distanz, zur selbstbewußten autonomen Entscheidung und zum Zugehen auf Probleme und Bewältigungen von Krisen aufbauen, damit junge Menschen ihren Konflikten nicht mit der Flucht in psychosomatische Störungen (Autoaggressionen, Depressionen), in die stoffliche Ersatzbefriedigung (Eßsucht, Drogen, Rauschbedürfnis) oder in den Untergrund der Jugendkultszenerie (Graffiti, Rap-Jams mit Hasch, Techno-Partys mit Ecstasy) ausweichen müssen.
- Jugendliche lernen mittlerweile über die Gleichaltrigkeit und die Bildschirmwelt (Fernsehen, Video, Computer) mehr als in Familie und Schule zusammen. Für kleine Kinder, die viel fernsehen und deshalb einen Mangel an Erfahrungen in der wirklichen Welt haben (Bewegungs-, Spiel-, Sinneserlebnisse), ist schlimm, daß die Bildschirmwelt und ihre graue Alltagswelt weit auseinanderklaffen. Was ihre Fernsehhelden in der actionträchtigen farbigen und luxuriösen Welt Kaliforniens dürfen, dürfen sie zu Hause meist nicht, auch weil es dort zu teuer ist. In Comic- und Wrestling-Sendungen wird überdies die Gültigkeit der naturwissenschaftlichen Gesetze und der sozialen Werte so weit außer Kraft gesetzt, daß sie weder lernen, sich in einen anderen Menschen hineinzufühlen,

noch können sie mit dem durch sie vermittelten Eindruck, daß mechanische Gewalt gegenüber Menschen weitgehend folgenlos bleibt, ein Schuld- oder Unrechtsbewußtsein entwickeln. Die ständige Vermengung von Unterhaltungs- und Werbeanteilen in Kindersendungen bewirkt in ihnen eine Überbewertung von Materialismus und Konsumdenken. Die Existenz von Fernsehprogrammen an sich ist durchaus lebensbereichernd. Auf den Umgang mit ihnen kommt es aber an. Eltern müssen Sendungen auswählen, zeitlich dosieren und mit Gespräch begleiten, und die Fernsehanstalten müssen entweder über den Weg einer freiwilligen Selbstkontrolle Gewaltszenen und Werbeanteile in Kindersendungen entschärfen, minimalisieren, entflechten, ankündigen und verpönen, oder sie müssen gesetzlich zur größeren Enthaltsamkeit gezwungen werden.

– Wenn die Familie überhaupt nicht mehr oder völlig hilflos und inkonsequent erzieht und die Gleichaltrigkeit mit ihren Trends sowie die Bildschirmwelt ohne zugrunde liegende pädagogische Konzepte mit hohen Reizdosen auf junge Menschen funktional einwirken, dann bleibt für die meisten Kinder und Jugendlichen eigentlich nur noch die Schule als positiv gestaltbarer intentionaler Erziehungsraum übrig. Die Schule muß also ihren Erziehungsauftrag, den sie ja über ihre Richtlinien durchaus hat, wesentlich stärker annehmen, damit auch die weniger werdenden noch „gut“ erziehenden Familien so unterstützt werden, daß ihre Kinder und Jugendlichen nicht den Reizen, Trends und Sogwirkungen von Jugendkultszenerie und Bildschirmwelt erliegen. Das setzt eine andere Lehrerbildung, die mehr sozialpädagogische, psychologische, sonderpädagogische, kinderärztliche und ernährungskundliche sowie klassenlehrerpädagogische Kompetenzen mit diagnostischen und therapeutischen Fähigkeiten aufbauen muß, aber auch eine andere Arbeitsplatzbeschreibung für Lehrer voraus, die künftig sowohl insgesamt weniger als auch in einer geringeren Zahl von Klassen unterrichten müssen, damit sie mehr Zeit für die erzieherische Zuwendung zu schwierigen Kindern und ihren Familien gewinnen. Das Lehrerdasein würde auf diese Weise ein anderes Berufsbild erhalten, und damit wäre begünstigt, daß in Zukunft auch andere Menschen in das Lehrerstudium und in den Lehrerberuf kommen, und zwar nicht mehr überwiegend solche, die nur stoffvermittelnde Stundengeber auf einer kleinen Morgenstelle mit guter Bezahlung und vielen Ferien werden wollen, sondern vor allem solche, die Schüler ein Stück ihres Lebens begleiten wollen, die auch ihr Freund sein wollen, die Erziehen für eine ebenso wichtige Leistung wie Unterrichten halten, die wissen, daß effektiver Unterricht gute Erziehung und leibliche Versorgung voraussetzt, und die verstanden haben, daß Beziehung wichtiger als Erziehung ist, daß also Schulen und Klassen unbedingt kleiner als heute sein müssen und daß der Lehrerberuf in dem Maße entspezialisiert werden muß, wie Zusammenleben von Schülern und Lehrern damit begünstigt wird. Auf einer Tagung 1993 in Hamburg haben Lehrerstudenten, Referendare, Lehrer und Dozenten aus Hochschule, Studienseminar und Lehrerfortbildung zusammengestellt, was an der jetzigen Lehrerbildung noch so unzeitgemäß ist, daß es vor allem die Schüler, aber auch unsere gesamte Gesellschaft in Form von Unbildung, Gewalt, neurologischen Störungen, Sucht, Kriminalität und Krankheit ausbaden müssen:

- Lehrerbildung in den derzeitigen Strukturen ist überholt.
- Lehrerbildung in der inhaltlichen Gestaltung ist desolat.
- Lehrerbildung in der einseitigen Ausrichtung auf die Vermittlung von Fachwissen ist wirklichkeitsfremd.
- Lehrerbildung wird sozialen Problemlagen nicht gerecht.
- Lehrerbildung geht an gesellschaftlichen Herausforderungen vorbei.

Eine zeitgemäße Schule muß über ihre bisherigen Funktionen Qualifizierung, Selektion und Reproduktion von Gesellschaft hinaus auch noch folgende Aufgaben übernehmen, für die die Lehrer ausgebildet sein und Raum in der Schule haben müssen: Innovation (Neue Medien), Kompensation (Erziehungsdefizite), Integration (Behinderte und Nichtbehinderte, Deutsche und Ausländer, alle Schichten und Begabungen), Familienersatz (z. B. in Form von Väterlichkeit und Geschwisterlichkeit), leibliche Versorgung (Psychomotorik, Frühstück, Mittagstisch, Muße), Prävention (Gewalt), Diagnose und Therapie (Ausfälle, Teilleistungsstörungen), Förderung des Auslebens der kindlichen Entwicklungsstufen (Bewegung, Spiel) und Steuerung gegen die Trends der Gleichaltrigkeit (mißliche Jugendkultnischen, Konsumzwang, Rauschbedürfnis).

77. Schlußwort II: Erziehen, Beraten, Begleiten und Ablösen; von der Erziehung zur Beziehung

Kinder gehören uns nicht, wir dürfen sie nur ein Stück ihres Lebens begleiten. Wir erziehen sie, wenn sie noch klein sind; dann geht die Erziehung immer mehr in Beratung über, weil Überzeugung besser ist als Dressur oder Zwang. Schließlich lösen die jungen Menschen sich äußerlich von uns ab, bleiben aber hoffentlich innerlich für immer mit uns verbunden. Erziehung ist ein recht gewaltsamer Begriff, wie auch derjenige der Führung. Wir ziehen nur in dem Sinne an einem Kind herum, wir ziehen es nur insofern hoch, als daß wir seine Sinne und Kräfte in seine Zukunft und in die weite Welt hinaus herausfordern, denn wir dürfen es weder über- noch unterfordern, wenn wir es richtigmachen wollen. Der Beziehungsbegriff geht sensibler mit dem Kind um als der Erziehungsbegriff, der seine Grobheit vom autoritären Anspruch dem Kind gegenüber erhalten hat. Erziehung hat etwas mit dem alten Begriff der Zucht zu tun, während Beziehung gestaltetes Zusammenleben und die gemeinsame Arbeit von Erwachsenem und Kind an ihrem Verhältnis zueinander meint. Der Bindungsbegriff beschreibt, weil er Positives ausdrücken will, die passende Wellenlänge, die stimmige Chemie zwischen beiden, also einen guten Draht bzw. Kanal für Kommunikation und Interaktion, über den dann Überzeugung, Wissensvermittlung, Anspruch und Entlastung sich wie von selbst ereignen, ohne daß dann noch zusätzlich ein Erziehen nötig ist. Denn zur guten Beziehung zwischen Elternteil und Kind, zwischen Lehrer und Schüler, zwischen Erzieher und jungem Menschen gehört auch, daß der Ältere dem Jüngeren Halt gibt, damit er nicht haltlos oder verhaltensgestört wird. Beziehung ermöglicht Anlehnung und Umfassung zugleich. Die zeitgemäße Wandlung des Erziehungsbegriffs zu dem der Beziehung meint allerdings nicht das bloße Wachsenlassen als Gegenbegriff zu dem des Führens im Sinne der vor Theodor Litt formulierten Antinomie des Führens oder Wachsenlassens, sondern eher das, was die Antipädagogen Unterstützen statt Erziehen nennen.

Jede Erziehung dient dem Zweck, daß sich der Erzieher nach und nach überflüssig macht. Der Weg geht immer von der Fremderziehung über die Beziehung zur Selbsterziehung. Die Nähe der Eltern zu ihrem Kind wandelt sich auch dadurch, daß junge Menschen mit zunehmendem Alter immer mehr die Nähe anderer Bezugspersonen, also von Freunden und Freundinnen suchen. Wenn sie zunehmend Körperkontakt von Gleichaltrigen bekommen, schwindet das Bedürfnis nach Körperkontakt zu den Eltern. Deren Nähe gewinnt dann eine andere Qualität, sie verändert sich von der körperlichen und räumlichen über die bloß verbale bis hin zur seelischen Nähe, die auch dann erhalten bleiben kann, wenn Tausende von Kilometern zwischen den Wohnorten liegen. Jederzeit zurückkommen zu können, bei den Eltern notfalls immer ein Refugium finden zu können, ist dann für den jungen Menschen wichtiger als das konkrete Zuhausesein.

Die langsame Ablösung des jungen Menschen vom Elternhaus – erst innerlich, dann äußerlich und dann nur seelisch zurückkehrend – ist meist nur für klammernde Eltern voller Besitzansprüche an ihre Kinder und solche Mütter und Väter, die ihre Tochter oder ihren Sohn als Partnerersatz mißverstanden haben, sehr schmerzhaft. Mit einer von Anfang an falschen Einstellung leiden sie dann unter dem „Leeres-Nest-Syndrom", was beispielsweise viele Väter dazu veranlaßt, dann noch einmal eine ganz neue Familie zu gründen. In der Regel tendieren die jungen Menschen um das 19. Lebensjahr herum deutlich von zu Hause weg, nachdem sie zuvor schon Ansätze dazu gewagt und ausprobiert haben; ihre Ablösung geht dann mit Abgrenzung einher. Jugendliche, die sich zu Hause nie so richtig wohl gefühlt haben, tendieren stärker vom Elternhaus weg; sie suchen sich eher andere Lebenspartner und ziehen früher aus, haben aber meist schon lange vor dem Auszug ihren Lebensmittelpunkt ganz woanders.

Eltern, die die fortschreitende Reifung ihres Kindes nicht bewußt mitvollzogen haben, die den Jugendlichen immer noch als ihr kleines Kind sehen und so behandeln, treiben ihn um so früher von sich weg, weil sie ihn zwingen, seine Bedürfnisse nach erwachsenen Umgangsformen ausschließlich anderswo zu befriedigen. Manchmal sind es auch ziemlich vertrocknete, völlig verbitterte und resignierte Eltern, die das Leben und ihre Süchte kaputt gemacht haben, die ihren noch wunderbar vitalen und mobilen Kindern außer Trostlosigkeit und grauem Alltagstrott nicht mehr viel bieten und sie mit ihrem Drang in die weite Welt und in die Zukunft allein lassen, so daß sie erfüllendere Beziehungen und einen größeren „Kick" schon ganz früh außerhalb der Familie suchen.

Aber auch durch religiöse oder ideologische Verführungen sowie durch den subkulturellen Sog von Jugendgruppen kann die Ablösung junger Menschen vom Elternhaus beschleunigt werden. Sie kapseln sich in solchen Fällen dann zunächst zu Hause ab, schließen sich in ihrem Zimmer ein, reden nicht mehr viel, sind oft weg und ändern ihr Bekleidungs-, Frisur- und Sprachverhalten. Danach bleiben sie häufig tagelang ganz weg, ohne zu sagen, wo sie sind, und ziehen schließlich eines Tages ganz unvermittelt aus. Besonders schnell geht solche Ablösung, wenn der junge Mensch in den Bannkreis der Scientologen, der Vereinigungskirche des Mun, der Gesellschaft für Transzendentale Meditation und von Anhängern der New-Age-Bewegung, des Schamanismus, von Hexen-, Exorzismus- und Satanskulten, von Geistheilslehren, der Aum-Sekte oder von Jugendsekten wie den „Kindern Gottes" geraten ist.

Meist steht dabei am Anfang Faszination aufgrund eines zufälligen Kontaktes, verknüpft mit der Aussicht auf eine neue Weltdeutung und damit Sinnerfüllung; danach folgt die systematische Zerstörung der bisherigen personalen Sicherheit und schließlich der Aufbau einer neuen Identität, mit der der junge Mensch seiner früheren Umgebung fremd wird; er ist anders codiert worden, und wenn er überhaupt jemals aus seiner neuen Welt wieder herauskommt, dann nur über ein sehr aufwendiges Decodierungsprogramm. Besonders junge Menschen aus kaputten Familien, mit religiösen, historischen und politischen Informationsdefiziten – und deshalb vor allem solche aus den neuen Bundesländern, in denen das alte Weltbild über Nacht zusammenbrach – sind offen für Sinndeutungs-, Religions- und Ideologiealternativen.

Ein einzelner Freund oder eine Freundin können ebenfalls schlagartig eine innere oder äußere Ablösung vom Elternhaus bewirken. Wer total verliebt der Faszination eines Menschen erlegen ist, ist oft bereit, weil „Liebe blind macht", alles Althergebrachte plötzlich über Bord zu werfen; er opfert sogar ziemlich leichten Herzens seine Eltern, sein Zuhause und seinen Heimatort dafür auf. Wenn dann späterhin Ernüchterung oder Enttäuschung folgen, kann es geschehen, daß der junge Mensch geläutert, reumütig und um eine Erfahrung reicher zurückkehrt; es kann aber auch sein, daß Scham oder der Stolz, den Fehler nicht zugeben zu wollen, einer Rückkehr im Weg stehen und daß nur ein Brückenschlag von den Eltern her eine Fortsetzung der alten Beziehung in der alten Umgebung möglich macht.

Manchmal sind Eltern derart grausam zu ihrem Kind, daß man ihm eine frühe Trennung von ihnen geradezu wünscht. In Deutschland ist jedoch nicht möglich, was in den USA dem zwölfjährigen Gregory Kingsley Klarheit gebracht hat: Er hat sich im September 1992 vor Gericht von seiner 30jährigen Mutter scheiden lassen, um als Adoptivsohn in der Pflegefamilie, die ihn zuvor aufgenommen hatte, bleiben zu können. Viele erhoffen sich von diesem Urteil einen Ausstrahlungseffekt, der zur allgemeinen Stärkung der Rechte von Kindern in der ganzen Welt führt. Gregory Kingsleys Kommentar nach der Verhandlung belegt übrigens sein durch die Trennung gewonnenes Selbstbewußtsein: „Ich tue dies nicht gegen meine Mutter, ich tue es für mich, weil ich glücklich sein möchte." Gregory war nämlich nie Besitz seiner Mutter, sie durfte ihn nur ein Stück seines Lebens begleiten ...

Literatur

Amendt, Gerhard: Wie Mütter ihre Söhne sehen, Bremen 1993.

Ariès, Philippe: Geschichte der Kindheit, München 1993.

Arlt, Marianne: Pubertät ist, wenn die Eltern schwierig werden, Freiburg i. Br. 1992.

Assheuer, Thomas/Hans Sarkowicz: Rechtsradikale in Deutschland, Berlin ²1992.

Axline, Virginia M.: Dibs, München o. J.

Ayres, A. Jean: Bausteine der kindlichen Entwicklung, Berlin 1984.

Bader, Birgit/Ellinor Lang (Hrsg.): Stricher-Leben, Hamburg 1991.

Baensch, Torsten: Jugendlichen Raum lassen? Maßnahmen und Projekte gegen national-autoritäre Orientierungen und rechtsextremistische Tendenzen, Hamburg 1992.

Bärsch, Walter: Erziehungskonflikte, Königstein/Ts. 1978.

Bäuerle, Siegfried (Hrsg.): Der suchtgefährdete Schüler, Regensburg 1993.

Balser, Hartmut: Systemische Problembewältigung, Wetzlar 1994.

Beck, Johannes: Der Bildungswahn, Reinbek 1994.

Benz, Ute und Wolfgang (Hrsg.): Sozialisation und Traumatisierung, Kinder in der Zeit des Nationalsozialismus, Frankfurt a. M. 1992.

Bettelheim, Bruno: Liebe allein genügt nicht, Die Erziehung emotional gestörter Kinder, Stuttgart 1991.

Bieler, Manfred: Still wie die Nacht, Memoiren eines Kindes, Hamburg 1989.

Bollnow, Otto F.: Die pädagogische Atmosphäre, Heidelberg 1964.

Brück, Horst: Die Angst des Lehrers vor seinem Schüler, Reinbek 1978.

Buber, Martin: Reden über Erziehung, Heidelberg 1962.

Büttner, Christian: Mit aggressiven Kindern leben, Weinheim ³1992.

Büttner, Christian: Wut im Bauch, Gewalt im Alltag von Kindern und Jugendlichen, Weinheim 1993.

Büttner, Christian/Aurel Ende (Hrsg.): Trennungen, Kindliche Rettungsversuche bei Vernachlässigungen, Scheidungen und Tod, Weinheim 1990.

Büttner, Christian/Eberhard W. Meyer (Hrsg.): Rambo im Klassenzimmer, Weinheim 1991.

Burkowski, Ursula: Weinen in der Dunkelheit, Bergisch Gladbach 1992.

Callahan, Mary: Tony, Bergisch Gladbach 1990.

Dannhäuser, Albin: Mosaiksteine, Gedanken über Schule, Lehrer und Politik, München 1992.

Defersdorf, Roswitha: Drück mich mal ganz fest!, Freiburg i. Br. 1991.
Deutscher Bildungsrat: Strukturplan für das Bildungswesen, Stuttgart 1970.
Dieckmann, Dorothea: Unter Müttern, Eine Schmähschrift, Reinbek 1993.
Dreikurs, Rudolf/Vicki Stoltz: Kinder fordern uns heraus, Stuttgart 1992.
Eisenberg, Götz/Reimer Gronemeyer: Jugend und Gewalt, Reinbek 1993.
Ekmann, Paul: Warum Kinder lügen, Hamburg 1990.
Eppendorfer, Hans: Kleine Monster, Innenansichten der Pubertät, Hamburg 1985.
Ernst, Andrea/Sabine Stampfel: Kinder-Report, Wie Kinder in Deutschland leben, Köln 1991.
Ernst, J./J. Angst: Birth Order, Its Influence on Personality, Berlin 1983.
Farin, Klaus/Eberhard Seidel-Pielen: Krieg in den Städten, Berlin 1991.
Farin, Klaus/Eberhard Seidel-Pielen: Rechtsruck, Rassismus im neuen Deutschland, Berlin 1992.
Faulstich-Wieland, Hannelore: Koedukation – Enttäuschte Hoffnungen?, Darmstadt 1991.
Fend, Helmut: Theorie der Schule, München ^{2}1981.
Fend, Helmut: Sozialgeschichte des Aufwachsens, Weinheim 1989.
Flitner, Andreas: Mißratener Fortschritt, München 1977.
Flitner, Andreas: Reform der Erziehung, München 1992.
Friesen, Astrid von: Liebe spielt eine Rolle, Erziehung im Geben und Nehmen, Reinbek 1995.
Gardner, Howard: Der ungeschulte Kopf, Wie Kinder denken, Stuttgart 1993.
Giesecke, Hermann: Das Ende der Erziehung, Neue Chancen für Familie und Schule, Stuttgart 1985.
Glöer, Nele/Irmgard Schmiedeskamp-Böhler: Verlorene Kindheit, Jungen als Opfer sexueller Gewalt, München ^{3}1990.
Glotz, Peter: Die deutsche Rechte, München ^{2}1992.
Goetze, Herbert (Hrsg.): Pädagogik bei Verhaltensstörungen – Innovationen, Bad Heilbrunn 1994.
Goldstein, Sonja/Albert J. Sonit: Wenn Eltern sich trennen, Was wird aus den Kindern?, Stuttgart 1989.
Grell, Jochen: Techniken des Lehrerverhaltens, Weinheim ^{12}1989.
Gudjons, Herbert: Pädagogisches Grundwissen, Bad Heilbrunn 1993.
Hacke, Axel: Der kleine Erziehungsberater, Erfahrungen eines liberalen Elternpaares mit drei Kindern, München 1992.
Hansen, Wilhelm: Die Entwicklung des kindlichen Weltbildes, München ^{5}1960.
Hansmann, Otto: Kindheit und Jugend zwischen Mittelalter und Moderne, Weinheim 1995.
Heinemann, Evelyn/Udo Rauchfleisch/Tilo Grüttner: Gewalttätige Kinder, Frankfurt a. M. 1992.

Heinemann, Karl-Heinz (Hrsg.): Der antifaschistische Staat entläßt seine Kinder, Jugend- und Rechtsextremismus in Ostdeutschland, Köln 1992.
Heitmeyer, Wilhelm, u. a.: Gewalt, Schattenseiten der Individualisierung bei Jugendlichen aus unterschiedlichen Milieus, Weinheim 1995.
Hentig, Hartmut von: Schule neu denken, Eine Übung in praktischer Vernunft, München 1994.
Hesse, Silke/Klaus Hurrelmann: Gesundheitserziehung in der Schule, in: Prävention 2/1991, S. 50ff.
Hirsch, Kurt/Peter B. Heim: Von links nach rechts, München 1992.
Hurrelmann, Klaus: Familienstreß, Schulstreß, Freizeitstreß, Gesundheitsförderung für Kinder und Jugendliche, Weinheim 1990.
Hurrelmann, Klaus/Heidrun Bründel: Gewalt macht Schule, München 1994.
Hurrelmann, Klaus/Christian Palentien/Walter Wilken: Anti-Gewalt-Report, Weinheim 1995.
Jungjohann, Eugen: Kinder klagen an, Angst, Leid und Gewalt, Frankfurt a. M. 1991.
Kammerer, Dorothea: Aggression und Gewalt bei Jungen, München 1993.
Knoll, Joachim H.: Gewalt und Spiele, Düsseldorf 1993.
Koch, Friedrich: Negative und positive Sexualerziehung, Heidelberg 1971.
Kohlberg, Lawrence: Zur kognitiven Entwicklung des Kindes, Frankfurt a. M. 1974.
Korczak, Janusz: Wie man ein Kind lieben soll, Göttingen 1971.
Kowalsky, Wolfgang: Rechtsaußen, Berlin 1992.
Lasch, Christopher: Geborgenheit, Die Bedrohung der Familie in der modernen Welt, München 1987.
Lorent, Hans-Peter de: Schule ohne Vorgesetzte, Geschichte der Selbstverwaltung der Hamburger Schulen von 1870 bis 1986, Hamburg 1992.
Lukesch, Helmut: Video im Alltag der Jugend, Regensburg 1989.
MacCracken, Mary: Charlie, Eric und das ABC des Herzens, Außenseiter im Klassenzimmer, Frankfurt a. M. 1991.
Makarenko, Anton S.: Ausgewählte pädagogische Schriften, hrsg. von Horst E. Wittig, Paderborn 1961.
Markefka, Manfred: Vorurteile, Minderheiten, Diskriminierung, Neuwied ^{6}1990.
Meißner, Monika/Ernst A. Stadter: Kinder lernen leben, Beziehungslernen in der Grundschule, München 1995.
Meyerberg, Rüdiger: Auch Schule produziert Gewalt, in: Einblicke 18/1993, S. 24ff.
Mönks, Franz. J./Irene H. Ypenburg: Unser Kind ist hochbegabt, Ein Leitfaden für Eltern und Lehrer, München 1993.
Molcho, Samy: Körpersprache der Kinder, München 1992.
Montagu, Ashley: Körperkontakt, Stuttgart 1992.

Morris, Desmond: Babywatching, Was dir dein Baby sagen will, München 1991.
Nave-Herz, Rosemarie: Familie heute. Wandel der Familienstrukturen und Folgen für die Erziehung, Darmstadt 1994.
Neill, Alexander S.: Theorie und Praxis der antiautoritären Erziehung, Das Beispiel Summerhill, Reinbek [14]1970.
Nelson, Jane: Kinder brauchen Ordnung, München 1992.
Nielsen, Carsten Staehr: Eifersucht – Ein Gefühl, das uns hemmt und weiterbringt, Kopenhagen 1992.
Nirumand, Bahman (Hrsg.): Angst vor den Deutschen, Reinbek 1992.
Nohl, Herman: Die pädagogische Bewegung in Deutschland und ihre Theorie (1935), Frankfurt a.M. [8]1978.
Nolting, Hans-Peter: Lernfall Aggression, Reinbek 1993.
Ogger, Günter: Nieten in Nadelstreifen, Deutschlands Manager im Zwielicht, München 1992.
Oser, Fritz: Moralisches Urteil in Gruppen, Soziales Handeln, Verteilungsgerechtigkeit, Frankfurt a.M. 1981.
Perelman, Lewis J.: School's out, New York 1993.
Posselt, Ralf-Erik/Klaus Schumacher: Projekthandbuch Gewalt und Rassismus, Mülheim 1993.
Postman, Neil: Das Verschwinden der Kindheit, Frankfurt a.M. [7]1982.
Postman, Neil: Wir amüsieren uns zu Tode, Frankfurt a.M. 1985.
Postman, Neil: Keine Götter mehr. Das Ende der Erziehung, Berlin 1995.
Preuschoff, Gisela und Axel: Gewalt an Schulen, Und was dagegen zu tun ist, Köln 1992.
Redl, Fritz/David Wineman: Kinder, die hassen, München [4]1984.
Reinprecht, Hansheinz: Kinder erziehen ohne Ärger, Graz 1993.
Richter, Horst-Eberhard: Wer nicht leiden will, muß hassen, Zur Epidemie der Gewalt, Hamburg 1993.
Röhrs, Hermann: Die Reformpädagogik, Ursprung und Verlauf unter internationalem Aspekt, Weinheim [3]1991.
Rolff, Hans-G.: Wandel durch Selbstorganisation, Theoretische Grundlagen und praktische Hinweise für eine bessere Schule, Weinheim 1993.
Rossberg, Ewa: Einzelkinder, Reinbek 1993.
Roth, Heinrich: Der Wandel des Begabungsbegriffs, Stuttgart 1961.
Rusch, Regina (Hrsg.): Plötzlich ist alles ganz anders, Kinder schreiben über unser Land, Frankfurt a.M. 1992.
Rutschky, Katharina: Erregte Aufklärung, Kindesmißbrauch, Hamburg 1992.
Scarbath, Horst: Träume vom guten Lehrer, Donauwörth 1992.
Scarbath, Horst/Margareta Gorschenek/Petra Grell: Sexualität und Geschlechtsrollenklischees im Privatfernsehen, Berlin 1994.
Schmidtbauer, Wolfgang: Die Angst vor Nähe, Reinbek [3]1985.

Schnack, Dieter/Rainer Neutzling: Kleine Helden in Not, Jungen auf der Suche nach Männlichkeit, Reinbek 1990.
Schoenebeck, Hubertus von: Antipädagogik im Dialog, Weinheim ³1992.
Schröder, Burkhard: Rechte Kerle, Skinheads, Faschos, Hooligans, Reinbek 1992.
Schultz, Hans J. (Hrsg.): Trennung, Stuttgart 1984.
Solms, Wilhelm (Hrsg.): Begrenzt glücklich, Kindheit in der DDR, Marburg 1992.
Sommer, Norbert (Hrsg.): Überall Haß, Krisen, Kriege und Gewalt – Gründe und Auswege, Berlin 1994.
Spranger, Eduard: Der geborene Erzieher, Heidelberg ³1963.
Spranger, Eduard: Psychologie des Jugendalters, Heidelberg ²⁶1960.
Spreiter, Michael (Hrsg.): Waffenstillstand im Klassenzimmer, Weinheim 1993.
Starck, Willy: Die Sitzenbleiberkatastrophe, Stuttgart 1974.
Stoltenberg, Annemarie/Rainer Meier: Wie zersäge ich mein Kind?, Hamburg 1993.
Struck, Peter: Die Hauptschule, Stuttgart 1979.
Struck, Peter: Sozialpädagogik der Schule und Soziales Lernen, Stuttgart 1980.
Struck, Peter: Projektunterricht, Stuttgart 1980.
Struck, Peter: Pädagogik des Schullebens, München 1980.
Struck, Peter: Pädagogik des Klassenlehrers, Hamburg 1981.
Struck, Peter: Erziehungsdefizite in Familie, Schule und Gesellschaft, Hannover 1992.
Struck, Peter: Pädagogische Bindungen, Frankfurt a. M. 1984.
Struck, Peter: Schul- und Erziehungsnot, Ein Ratgeber für Eltern, Lehrer und Bildungspolitiker, Neuwied ²1993.
Struck, Peter: Familie und Erziehung, Pädagogik zum Anfassen, Neuwied ³1995.
Struck, Peter: Erziehung gegen Gewalt, Ein Buch gegen die Spirale von Aggression und Haß, Neuwied 1994.
Struck, Peter: Neue Lehrer braucht das Land, Ein Plädoyer für eine zeitgemäße Schule, Darmstadt 1994.
Struck, Peter: Schulreport, Zwischen Rotstift und Reform, oder Brauchen wir eine andere Schule?, Reinbek 1995.
Struck, Peter: Zuschlagen, Zerstören, Selbstzerstören; Kinder, Jugendliche und Gewalt, Darmstadt 1995.
Thiersch, Hans/Jürgen Wertheimer/Klaus Grunwald (Hrsg.): „... überall, in den Köpfen und Fäusten“, Auf der Suche nach Ursachen und Konsequenzen von Gewalt, Darmstadt 1994.
Tillmann, Klaus-J.: Sozialisationstheorien, Reinbek ²1990.
Tillmann, Klaus-J. (Hrsg.): Was ist eine gute Schule?, Hamburg ²1994.
Tomas, Stefan: Knieriesen, Hildesheim 1992.
Upmeyer, Arnold: Soziale Urteilsbildung, Stuttgart 1985.

Vogt, Gregor, M./Stephen T. Sirridge: Söhne ohne Väter, Frankfurt a. M. 1993.
Voss, Reinhard/Roswitha Wirtz: Keine Pillen für den Zappelphilipp, Alternativen im Umgang mit unruhigen Kindern, Reinbek 1991.
Wagner, Bernd (Hrsg.): Handbuch Rechtsextremismus, Reinbek 1994.
Wallerstein, Judith/Sandra Blakeslee: Gewinner und Verlierer, München 1989.
Wallrabenstein, Wulf: Offene Schule – offener Unterricht, Reinbek 1991.
Wieck, Wilfried: Söhne wollen Väter, Wider die weibliche Umklammerung, Hamburg 1992.
Winn, Marie: Kinder ohne Kindheit, Reinbek 1992.
Ziem, Jochen: Boris, Kreuzberg, 12 Jahre, Berlin 1988.
Zimmer, Katharina: Wer sind unsere Kinder?, München 1994.
Zöller, Dietmar: Wenn ich mit euch reden könnte ... Ein autistischer Junge beschreibt sein Leben, München 1991.

Register

Abitur 219. 249. 260
Ablösen 275
Adamson-Macedo, Elvidina 114
Adoptionen 10
Ängste 101. 159
Affenliebe 117. 143. 162
Aggressionen 91
Agoraphobie 160
Aktion Gemeinsinn 246
Alkohol 101. 122
Allergien 38. 101
Amendt, Gerhard 83
Anerkennung 37. 154
Angst 39. 101
Ansprache 29
Anti-Aggressivitäts-Training 139
Antiautoritäres 150. 269
Antipädagogen 276
Arbeit 214
Arbeitswut 126
Armut 210
Asthma 8. 38. 40. 101
Aufklärung 162
Aufmuth, Ulrich 144
Ausländer 137
Ausreißer 81. 198
Aussehen 109
Außenseiter 200
Autismus 8
Autoaggressionen 40. 100
Autoritäres 11. 84. 143. 269
Autorität 11. 143. 269
Ayres, A. Jean 120

Bandura, Albert 139
Bartoshuk, Linda 127
Beck, Johannes 246
Begleiten 275
Beobachtungsstufe 218
Beraten 275
Berechtigungen 249
Berichtszeugnisse 221. 230. 247
Bettnässen 40
Bewegte Schule 28
Bewegungserfahrungen 26. 29. 36. 43. 128
Beziehung 255. 275
Bezugspersonen 11. 19. 21. 47. 257
Bildschirmwelt 16. 24. 29. 87. 96. 128. 202. 204. 272
Bildungskatastrophe 246
Bildungswahn 246
Bindungen 19. 181. 276
Björkman, Kari 21. 152
Blickkontakt 10
Blyton, Enid 216
Bodybuilding 169
Bulimie 19. 41. 104
Burn-out-Syndrom 234. 241

CD-ROM- und Online-Lernen 229. 251. 262. 264
Comics 94. 203
Computer 34. 204. 263. 273
Computerspiele 34. 203
Crack 121. 125

Defersdorf, Roswitha 116
Dement, William 180
Depressionen 101. 105
Deutlichkeit 149
Deutscher Kinderschutzbund 79. 81
Devianzpädagogik 249
Diebstahl 193
Distanzlosigkeit 31
Disziplin 214
Down-Syndrom 221
Drogen 66. 101. 120
Drücken 116. 120
Dyskalkulie 27. 222
D-Zug-Klassen 218. 230. 248

Ebert, Ronald 93
Ecstasy 120. 167. 273
Eifersucht 111
Ein-Eltern-Familien 22. 50. 130
Einsame Kinder 62. 94
Einschließen 195
Einschulung 220
Einzelkinder 76
Ekel 159
Ekzeme 38. 102
Eliteschulen 221. 252
Eltern 236. 254. 267
Embryo 3
Entspezialisierung 256
Ernährung 29. 42. 249
Ernst, Andrea 234
Erstgeborene 78
Erziehen 11. 249. 254. 275
Erziehungsauftrag 253
Esser, Günther 122
Eßstörungen 19. 28. 41. 42. 102. 104
Eßsucht 41. 42. 126
Eurythmie 28
Explosionsmethode 13

Fäkaliensprache 23. 94. 135
Familie 68. 87. 184. 259. 272
Familienersatz 95. 129
Fehlermachen 26. 145
Feindbilder 95. 154
Fend, Helmut 243
Fernsehen 16. 24. 38. 96. 202. 204. 273
Fettleibigkeit 177
Fettsucht 41. 177
Flehmig, Inge 27
Förderstufe 218
Freie Schulen 188. 218. 249. 253
Freinet, Celestin 84. 253
Freizeit 165
Freud, Sigmund 107
Freundschaft 162. 195
Freundschaftlichkeit 49
Frieden 172
Frisur 109
Fröbel, Friedrich 84
Frühgeburten 1
Frühstück 242

Ganztagsschule 218. 240
Geburt 159
Geld 210
Genscher, Hans-Dietrich 230
Gesamtschule 218. 231. 235. 266
Geschwisterfolge 76
Geschwisterlichkeit 49. 76
Gesellschaft für deutsche Sprache 4
Gestik 177
Gesundheit 53. 176
Gewalt 68. 92. 134. 208
Gleichaltrigkeit 129. 272
Gleichgewichtssinn 26. 120
Goethe, Johann Wolfgang 67. 126
Gott 186
Graffiti 127. 132
Grenzerfahrungen 18. 140. 269
Großmütterlichkeit 49. 184
Großväterlichkeit 49
Grundschule 31. 218

Grundschulempfehlung 236. 248. 267
Gymnasium 66. 218. 235. 247

Haschen 120. 273
Hauptschule 218
Hausaufgaben 218. 236. 237
Hauterkrankungen 28. 39. 102. 178
Hautkontakte 10. 51. 113. 116
Hautsinn 29. 116
Heimkinder 36. 152. 183
Herbart, Johann Friedrich 254
Hierarchiebedürfnisse 140. 154
Hirnforschung 263
Hobbys 165
Hochbegabte 228. 248. 265
Hochexpressive Kinder 177
Hoffmann-Nowotny, Heinz-Joachim 69
Hofstätter, Peter R. 157
Hort 72. 221. 242
Hospitalismus 8. 23
Hurrelmann, Klaus 44. 125. 137. 237. 249
Hyperaktivität 31. 35. 41. 42. 102. 223

Ideologie 20. 184
Ignorieren 146
Imitationslernen 107. 208
Integrationsklassen 220. 221. 242
Integrative Regelklassen 220. 242
Internate 220. 247. 250

Jobs 214
Jugendalter 14. 17
Jugendamt 21. 152
Jugendbanden 132. 154
Jugenddorf-Christophorusschulen 228
Jugendgefängnis 97
Jugendkultnischen 17. 25. 88. 132
Jugendsekten 132. 156

Kahl, Reinhard 27
Kampfsport 95. 169
Kaspar-Hauser-Kinder 8
Kaufrausch 126
Keeley, Lawrence 136
Keller, Gottfried 110
Key, Ellen 81. 84
Kinderärztliches 249
Kinderarbeit 84. 216
Kinderernährungswerk 44. 47
Kinderfeindlichkeit 50
Kindergarten 63. 137
Kinderkrippe 23
Kindertagesheime 63. 265
Kinderzimmer 32
Kindesalter 11
Kindesmißhandlungen 79
Kingsley, Gregory 277
Kirche 184
Klassenlehrer 37. 243. 247. 255
Kleidung 109
Kleinkinder 7
Klocke, Andreas 237
Körperkontakt 10. 29. 36. 95. 113. 117
Körpersprache 24
Kommunikation 22. 134. 196
Konfessionsschulen 218. 247
Konfliktlösungen 96. 129. 139. 257
Konsequenz 149
Konsum 32. 201. 210
Kontaktstörungen 196
Koordinationssinn 120
Krankheit 176
Krieg 172
Krisen 151
Kuttula 21. 152

Laissez-faire-Führungsstil 143
Landerziehungsheime 218. 252
Laybourn, Ann 76
Legasthenie 222
Lehrer 257

Lehrerbildung 275
Leibliche Versorgung 51. 244
Leistung 154
Lernbehindertenpädagogik 249
Lernentwicklungsberichte 221. 233. 242. 247
Lernpsychologie 249
Lese- und Rechtschreibschwäche 222
Letztgeborene 78
Lewis, David 215
Liebe 162
Liebeskummer 165
Linkshändigkeit 221
Litt, Theodor 276
Loben 146
Loriot 54
Lügen 190

Machos 97
Männlichkeit 54
Magersucht 41. 104
Makarenko, Anton S. 13. 150. 152. 214
Markert, Linus 237
Martinius, Joest 123
Marx, Karl 216
Materialismus 128. 210
Medieneinflüsse 86. 201
Messerstecher 98
Messner, Reinhold 144
Metsemakers, Job 77
Meyer, Roger 127
Migräne 28. 101
Mimik 177
Mittlere Kinder 78
Modellernen 208
Montags-Syndrom 24. 128. 205
Montessori, Maria 33. 84. 253
Moser, Heide 120
Motivationen 20
Motorik 28
Muchow, Hans H. 202
Münchhausen, Karl F. H. von 190
Mütterlichkeit 49. 51. 146
Musik 167
Musisches 28. 247
Muße 28. 65. 275

Nachbarschaft 87
Nachbarschaftsschule 218
Nachhilfe 236. 237
Nägelkauen 40. 102
Nähe 36. 116
Narzißmus 111
Neill, Alexander S. 143. 270
Nervöse Tics 28. 39
Neue Armut 210
Neuralgien 39
Neurodermitis 38. 102. 179
Neurologische Störungen 221
Nielsen, Carsten S. 112
Nikotin 122
Nissen, Gerhardt 142
Normen 20. 185
Notenzeugnisse 230. 264

Obdachlosigkeit 211
Offener Unterricht 218. 242
Okkultismus 101. 132. 185
Opaschowski, Horst W. 50
Ordnung 214
Orientierungsstufe 218
Overprotection 53. 65. 78

Pädagogische Psychologie 249
Pädagogischer Mittagstisch 31. 218. 242
Perelman, Lewis J. 262. 266
Perspektiven 20
Petersen, Peter 84. 253
Picht, Georg 246
Pöppel, Ernst 263
Poltern 8. 94
Postman, Neil 85. 203
Power-Drinks 122
Prävention 244. 263
Privatschulen 188. 218. 250

Profilierte Schule 218. 246. 265
Projektmethode 218. 242
Prügelstrafe 143. 146
Pseudokrupp 38
Psychomotorik 26. 227. 242
Psychosomatische Störungen 28. 38
Pubertät 14. 17

Qualifikation 243. 249

Raab, Rosemarie 220. 245
Rangordnungen 95. 157
Rap-Musik 127. 167
Rauchen 122
Rauschbedürfnis 120
Realschule 218
Rechenschwäche 27. 222
Regression 196
Reizbilanzen 29. 35. 269
Religion 20. 184. 247
Ruhe 65. 176

Salzmann, Christian Gotthilf 44
Sammelwut 39. 126
Satanskult 101. 132. 156
S-Bahn-Surfen 132
Scheffler, Beate 143. 271
Scheidungskinder 69. 71
Schlagen 79
Schlüsselkinder 62
Schmid, Thomas 271
Schorb, Bernd 208
Schreien 1. 61
Schulautonomie 250. 264
Schule 272
Schulerfolg 234
Schulgewalt 140
Schullaufbahnentscheidungen 218. 233
Schulmanager 251. 264
Schulmüdigkeit 234
Schulnot 234. 260
Schulranking 248
Schulstreß 234
Schulversagen 234
Schuppenflechte 178
Schwangerschaft 1
Seiffge-Krenke, Inge 102
Sekten 132. 156
Selektion 243. 247. 257
Self-fulfilling-prophecy 61. 196
Sexualität 82. 114. 162
Sexueller Mißbrauch 79. 83. 95
Singles 70. 273
Sinnesentwicklung 26. 29
Sinnesschwächen 28. 29
Sitzenbleiben 259
Skater 132. 170
Sokrates 188
Sonderpädagogik 220. 249
Sorgerecht 72
Sozialhilfe 2. 211
Sozialpädagogik 249
Spielen 27. 31. 32. 87
Spielerfahrungen 27. 32. 86
Spielsucht 36. 126
Spitz, René 115
Sport 27. 31. 167. 247
Sprachentwickung 22. 93
Sprachgewalt 23. 94. 134
Stadtteilschule 218
Stampfel, Sabine 234
Starck, Willy 259
Steglitz, Peter 190
Stehlen 193
Steiner, Rudolf 28. 84
Stigmatisierung 196
Störende Kinder 12. 59. 267
Stottern 8
Strafe 143. 146
Straßenkinder 198
Streit 68
Stufenschule 264
Stuhlkreis 24. 31. 242
Sucht 120
Suizid 39. 106. 175
Summerhill-Projekt 143. 270

Tabletten 101. 123
Täter-Opfer-Ausgleich 97. 99. 139. 195
Tallal, Paula 225
Taschengeld 194. 212
Techno-Musik 29. 101. 167. 273
Teilleistungsschwäche 220. 221
Theunert, Helga 208
Tod 172
Todessehnsucht 39. 102. 106. 175
Trends 128. 201

Überfürsorge 54. 65
Übergewicht 41. 43
Umwelt 170
Underprotection 53
Unerwünschte Kinder 59

Väterlichkeit 36. 49. 54. 146
Vaughan, Denis 168
Verantwortung 187
Vergreiste Kollegien 241
Verhaltensgestörtenpädagogik 249
Verläßliche Halbtagsschule 31. 218. 242
Verliererschicksal 259
Vernachlässigung 62. 94
Verplante Kinder 12. 65. 267
Versagensschicksal 242. 259
Verwahrlosung 188
Video 204. 273
Volle Halbtagsschule 31. 218. 242
Vorbilder 149
Vornamen 4
Vorpubertät 20. 109
Vorschule 22
Voscherau, Henning 250

Waffen 96. 136
Wahrnehmungsstörungen 224
Waldorfschulen 28. 188. 218. 231. 247. 252
Warzen 38. 102
Weglaufen 81
Weidner, Jens 139
Weltbild 20. 184
Werbung 16. 201
Werteerziehung 20. 97. 184. 187. 247. 272
Wir-Bewußtsein 95. 154
Wiseman, Richard 205
Wohnstubenatmosphäre 51
Wolfskinder 8
Wrestling 94. 169. 273

Zeugnisse 230. 242. 260. 264
Zigaretten 123
Zucker 127
Zuhören 24
Zuwendung 35
Zwänge 39. 159
Zwillinge 79